看见书系

刘炜 张倩仪 著 | 樊锦诗 题词 | 陈万雄 出版顾问

# 读懂中国

## 用文物讲述中华上下五千年

SPM 南方传媒
全国优秀出版社
全国百佳图书出版单位
广东教育出版社
·广 州·

图书在版编目（CIP）数据

读懂中国：用文物讲述中华上下五千年 / 刘炜，张倩仪著. — 广州：广东教育出版社，2024.6
ISBN 978-7-5548-6018-2

Ⅰ. ①读… Ⅱ. ①刘… ②张… Ⅲ. ①文物—中国—青少年读物 Ⅳ. ①K87-49

中国国家版本馆CIP数据核字（2024）第108566号

著　　者：刘　炜　张倩仪
题　　词：樊锦诗
出版顾问：陈万雄
特约编务：段侯彧　徐丹丹　苗　筠

本书由广东教育出版社与商务印书馆（香港）合作出版

读懂中国：用文物讲述中华上下五千年
DUDONG ZHONGGUO: YONG WENWU JIANGSHU ZHONGHUA SHANGXIA WUQIAN NIAN

出 版 人：朱文清
策划统筹：卞晓琰　周　莉
特约审读：萧宿荣
责任编辑：周　莉　卓晓纯　杨柳婷
责任技编：吴华莲
封面设计：郭　静
装帧设计：友间文化
责任校对：林晓珊
出版发行：广东教育出版社
（广州市环市东路472号12—15楼　邮政编码：510075）
销售热线：020-87614531
网　　址：http://www.gjs.cn
邮　　箱：gjs-quality@nfcb.com.cn
经　　销：广东新华发行集团股份有限公司
印　　刷：唐山富达印务有限公司
（河北省唐山市芦台经济开发区农业总公司三社区　邮政编码：064099）
规　　格：787 mm × 1092 mm　1/8
印　　张：46
字　　数：400千字
版　　次：2024年6月第1版
2024年6月第1次印刷
定　　价：268.00元
审 图 号：GS（2024）1784号

# 传承与弘扬，温故而知新

《读懂中国：用文物讲述中华上下五千年》是一本富有时代感、独具特色和创新精神的历史图书。我看到作者以广阔的世界视野解读中国历史的源流统绪，将中国考古百年来的重大发现和研究成果精准地运用到书中，让束之高阁的考古出土文物生动而鲜活起来，使中国悠久的历史原貌跃然纸上，别开生面地展现出来。读者从中可以深刻领略中华文明源远流长，传承有序，延绵不绝，由此增强民族文化自信心和自豪感。

中华文明所蕴含的中华民族生生不息的开拓精神、共生精神和人文精神，有利于我们感悟祖先的智慧，感知民族的精神，树立文化自信，赓续历史使命。守护、传承并弘扬中华民族的文化根脉，能够对增强民族凝聚力、提升文化软实力，对当今世界多元文化和平共处、交流融合、文明互鉴，对建设社会主义现代化强国与实现中华民族伟大复兴发挥积极作用。

中华历史文明的延续需要依靠一代又一代人坚持不懈的传承和发展，这是我们每一个中华儿女的历史责任与使命。我欣喜地看到，这是一本传承与弘扬中华文明，承载着温故而知新重大意义的佳作。特此题词，祝贺《读懂中国：用文物讲述中华上下五千年》出版大获成功！

樊锦诗

敦煌研究院名誉院长

2024年6月于敦煌莫高窟

# 序言一

## 李学勤

当你打开这部图文并茂、丰富多彩的《图说中国的文明》时，会感受到五千年中华文明的历史尽收眼底，恰如一卷“长江万里图”，将中华文明的古远渊源、曲折传流，尽情地展现出来，使你一览无余，兴“逝者如斯”之叹。

编成这部好书，并非偶然。记得2001年香港商务印书馆与上海辞书出版社联手，曾出版一套《中华文明传真》（10卷）。那套书因其内容与形式都具有特色，富于新意，迅即博得广大读者的欢迎。岁末在北京人民大会堂举行新书出版座谈会，许多皓发的专家学者、年轻的各方人士，对书的成功交口赞许，气氛热烈，我至今记忆犹新。不过一套书10卷本，对于广大读者还是比较繁重，在普及上受到一定限制。现在这部书将五千年文明史凝缩于一册，内涵更加精粹，脉络更加清晰，叙述更加简要明快，非常适合在现代生活节奏中的社会公众阅读并广泛传播。

中国古人常说“左图右史”，可见以形象的图来弥补史书文字的不足，是文史学家长期以来的理想。前人也有过尝试，例如明朝人编著的《三才图会》，就是追求图文并茂的一种尝试。但是在照相技术出现以前，这一特点是无法达到完美的。而《图说中国的文明》仅18万字，照片及各种电脑绘图竟多至千幅，在图文配合上可说已提升到最高程度，名为“图说”，当之无愧。

这本书遴选了大量精美的文物图片，其特点是体现了中国考古学的最新研究成果。大家知道，现代考古学自20世纪20年代在中国建立以来，有大量举世震惊的发现，特别是近三十年，成绩更是显著。文史学界常说，中国的考古学和历史学，如同车之两轮，结合起来，才能奔驰；如同鸟之双翼，结合起来，才能翱翔。然而实际上，由于长期以来考古、历史学界彼此分离，如何使二者沟通，在历史研究中充分而正确地运用考古成果，一直是学人积极探索的课题。在《图说中国的文明》里，我看到了作者能够系统展示考古发现的物质遗存，用以说明文明的历史进程，这无疑是很有意义的一次尝试，我深感欣慰。

中华文明，正在引起世界越来越大的关注。人类怎样由原始的蒙昧状态跨进文明社会，从而自天然的动物界彻底超脱出来，这本来是十分重大的科学课题。而中华民族崛起于亚洲，在人类历史上曾经有过重要贡献，其文明在何时何处，经过何种途径而兴起，又怎样传播与发展，这不仅对于中国历史研究，对于整个人类历史的研究也是非常关键的课题。尤其在16世纪以后，经过欧洲人的“地理大发现”，其力量及于东方，中西文明直接接触、碰撞、交流与融会，形成了壮阔的波澜。更为重要的是，这一历程迄今仍在延续中，直接关系着今后世界的历史和文化。今天的中国正在走向世界，因此，关心中国的过去、今天和未来的人们，一定会关心中华文明的历史，以及关心世界文明的历史。因此，这部书的出版很有意义。

《图说中国的文明》的两位作者，一为中国文物考古界的中坚学人，一为香港出版界的资深编辑，我幸而和她们都有多年交往，深知其才识经验的卓越宏富，能于这样一部通俗读物之内小中见大，深入浅出，把读者导进中国灿烂辉煌的文明殿堂，于是敢在此赘言，以作推荐。

**李学勤** 著名历史学家、考古学家、文字学家、古文献学家、教育家。曾担任国务院学位委员会委员、中国社会科学院学术委员会委员、中国社会科学院古代文明研究中心主任、中央文史研究馆馆员、清华大学思想文化研究所及国际汉学研究所所长、清华大学出土文献研究与保护中心主任、“夏商周断代工程”专家组组长及首席科学家、中国文字博物馆馆长、国际欧亚科学院院士等职。出版学术著作40余部，被史学界誉为“百科全书式的学者”。

注：李学勤先生为《读懂中国：用文物讲述中华上下五千年》的前身《图说中国的文明》作序。

# 序言二

**葛兆光**

在越来越全球化的今天，溯源寻根，通过关于古代历史的叙述，来界定个人、民族的身份认同，是常有的事情。正如一个历史学家说的，“为了证明我们是一个国家和一个民族，先要证明我们曾经拥有共同的历史和文化”，这让我想起近代中国人常常沉重地说起的那句话，“欲亡其国，必先亡其史”。现在，摆在我们面前的，是一部用心编纂起来的，关于古代中国文化的入门书，虽然它叙述的主要是古代中国文化和历史，但是，它让我们看到共同的“根”。“根”是很重要的，只有“根深”，才能“叶茂”。

这部关于古代中国文化的书编得很有特点，不能细细地说，这里只举出三点。首先，读者可以注意的是，它常常是在世界历史的背景下论述中国，像古代埃及、波斯、印度、希腊、罗马，都时有提及，成为理解中国的参照，这不像过去的一些中国历史书，只是在孤独地叙述一个封闭的文明。这样，不仅叙述历史有一个较大的视野，而且只有这样，才能使读者恰如其分地理解中国的文化，因为“只知其一，等于一无所知”。特别值得称赞的是，这部关于古代中国文化的书，常常能够兼顾活动在这一空间里的各个民族，使文化史不再像过去的一些著作只是以汉族文化为单一线索，其他民族的文化仿佛只是点缀。

其次，这部书的文字叙述很有可读性。我想，所谓“可读性”并不仅仅是文字技巧的问题，它既是一个叙述内容的问题，更是一个历史理解的问题。所谓“好看”并不一定等于通俗，就好像“枯燥”并不一定等于“深刻”一样。我一直强调，要把历史入门书写得好看，让人想读还愿意读下去，在于如何理解“历史”，以及如何经由历史叙述传递“历史的精神”，这是一件很难的事情。其实，像费正清（John King Fairbank）的《伟大的中国革命》（*The Great Chinese Revolution*）和史景迁（Jonathan D. Spence）的《知识分子与中国革命》（*The Chinese and Their Revolution*，1895—1980），何尝因为写得生动而成了通俗？我相信，这部书虽然不能说写得已经很有趣，但它尽量避免过去常用的套话术语和惯有的训诫语气，这已经很不容易。

再次，应当提出的是，这部书的组合形式设计得相当精心，图文配合之外，小知识栏与图片解说对正文的补充很有意思，使全书有了立体感和纵深感。据说，现在是一个“读图时代”，不过，我以为图片最大的价值并不在让人看图识史，这样的话，就把图像资料的意义限制在解释和说明文字上，等于只是文字历史的延长罢了。其实，如果加上适当的说明文字，图像本身是可以向阅读者提出更多的问题和更深的思路的。书里的小知识栏和图片下面的解释，很值得一读，因为历史和文明太丰富，正文也许不能承担起全面的叙述功能，所以，读这些插入的文字和图片，也许能读出正文所不能表达的丰富意蕴。毕竟，文明史本来就是复杂的。

**葛兆光**　中国宗教史学家、思想史学家、文化史学家。历任清华大学人文学院教授、清华大学校务委员会委员，现任复旦大学文史研究院及历史系特聘资深教授。

# 序言三

**刘 炜**

盛装面世的《读懂中国：用文物讲述中华上下五千年》（以下简称《读懂中国》），是一部独树一帜的历史图书，它将中国历史从帝王将相、改朝换代的框架中释放出来，站在无限广阔的世界历史长河中回望中国，以百年来的中国考古成果为基础，对浩瀚的中华文明发展历程进行简明扼要而精辟的叙述。全书23万多字，汇集了全国各大博物馆收藏的1000多件考古出土的珍贵文物，其中不乏精美绝伦的国宝，再现了中国历代创造的辉煌成就和时代风貌，体现了中华文明在世界历史舞台上的重要地位。

《读懂中国》的前身，是多年前我和张倩仪女士合著的《图说中国的文明》。该书当时由香港商务印书馆出版，得到出版家和历史学家兼于一身的香港联合出版集团总裁陈万雄先生的大力支持，由历史学家、考古学家李学勤先生和思想史学家葛兆光教授作序。该书出版后获得成功，得到任继愈、逄先知、谢辰生、罗哲文、彭卿云等诸多名家的高度赞扬和推介，进入畅销书行列，还有日文版、韩文版在国外传播。

而今面世的《读懂中国》，由广东教育出版社和香港商务印书馆联手打造，是一本适合新一代青少年和文史爱好者阅读的中国历史图书。此次为了全面展现中华文明的源远流长、博大精深，又对全书作了重大修改，以世界视角回顾中国历史，作为贯穿全书的主线，浓墨重彩地描绘了中国自三皇五帝以来的源流统绪，展现了中国与世界古往今来的连接，用文物考古成果证实了中国文明与世界文明同步发展的历程。

在欧亚大陆北纬25度至35度区间，中国与古埃及、古希腊、古波斯、古印度形成世界历史上人类文明产生年代最早、最深厚、最发达的区域，史学界称之为“世界五大古文明发源地”。其中，中国文明历史从三皇五帝、夏商周三代起，延绵有序，贯穿至今，长达五千年，并且一直以国家形态延续和发展着，其间交织着统一与分裂、强盛与衰微、辉煌与沉寂，然而从未中断过。如此伟大的文明古国在世界史上是独一无二的。

德国哲学家卡尔·雅斯贝尔斯（Karl Theodor Jaspers，1883—1969）在1949年出版的《历史的起源与目标》（*The Origin and Goal of History*）一书中，首次提出世界历史发展理论——轴心时代。这一观点认为，公元前8世纪—前2世纪是天才辈出、群星璀璨的时代，涌现出众多深刻影响世界文明的精神导师：有中国春秋战国诸子百家的儒、法、道、墨四大家代表；有古希腊哲学家苏格拉底、柏拉图、亚里士多德，号称“希腊三哲”；有犹太教、基督教、伊斯兰教共同的先知亚伯拉罕；还有古印度佛教创始人释迦牟尼。其中，孔子、老子、释迦牟尼、苏格拉底都生活在公元前5世纪的同一时代，他们活跃在各自的历史舞台上，引领着形式极其相似的思想文化争鸣的历史潮流。几乎同时，世界三大宗教——佛教、基督教、伊斯兰教及其背后支撑的哲学思想也出现了。本书用大量出土文物和古迹展现了人类智慧之花绽放的轴心时代，并突出了中国的独特贡献。

近年来，习近平总书记多次评价轴心时代理论在世界历史上的重要地位，及其对我国当前文化建设与发展所具有的重大意义。可以这样说，经过历史熔炼的中华文明的突出特性——连续性、创新性、统一性、包容性及和平性，每一特性都与轴心时代相连。中华民族无论是物质文明还是精神文明的创造与发展，长期以来都是世界文明前进的巨大推动力。这在《读懂中国》一书中可以得到鲜明而直观的感知。

2024年是中华人民共和国成立75周年，也是《粤港澳大湾区发展规划纲要》发布5周年，在这个具有纪念意义的时间节点，《读懂中国》作为广东教育出版社和香港商务印书馆合作出版的图书，体现了中华文明在新时代的生命力与传播力，能够对做响湾区出版、打造人文湾区发挥十分积极的作用。在新书出版之际，我非常感谢敦煌研究院名誉院长樊锦诗先生特为本书题词，语重心长且意义深远，成为本书的“定海神针”；非常感谢李学勤先生的家人李缙云先生和葛兆光教授，两篇序言给予我们持之以恒的大力支持和鼓励。

我希望每一位读者打开这本书时，都能愉快地与历史同行，读懂历史，感受历史，思考历史，展望未来。

**刘　炜**　毕业于北京大学考古系。历任国家文物局研究室副主任、中国文物学会副会长等职，现任中国文物学会专家委员会委员。出版文物相关著作34部。主编文物专业工具书系列：《中国文物精华大辞典》（4卷）和《中国文物定级图典》（4卷）均获“国家图书奖”和“国家辞书奖”，《中国艺术史图典》（9卷）获全国优秀古籍图书奖二等奖，《中国经典艺术史》（3卷）中英文对照版入选“经典中国国际出版工程”，还有《中国文物大辞典》（2卷）等。主编中国文明史系列：《中华文明传真》（10卷）、《看见中国：文物里的上下五千年》（10卷）、《图说中国的文明》等。另有多部著作被翻译成外文版，包括《图说中国文明史》（10卷）日文版、《中国历史大长征》韩文版、《三国志的世界》日文版等。

**张倩仪**（本书另一位作者）　香港中文大学博士，资深出版人、作家、旅行家，曾任香港商务印书馆总编辑，现任深圳技术大学教授。深入东西丝绸之路、敦煌、故宫，研究中国近代社会。出版有学术著作《当今丝路人文风景》《魏晋南北朝升天图研究》，游记《西行找中国》、《文明的足音》（与李焯芬合著），近代社会研究著作《另一种童年的告别：消逝的人文世界最后回眸》《大留学潮：记动荡时代的逐梦青春》，青少年历史读物《领袖和改革家的视野》《现代科学家的毅力》等。

# 目录

## 壹 远古时代

旧石器时代至新石器时代

贰

# 上古时代

## 夏朝至春秋战国

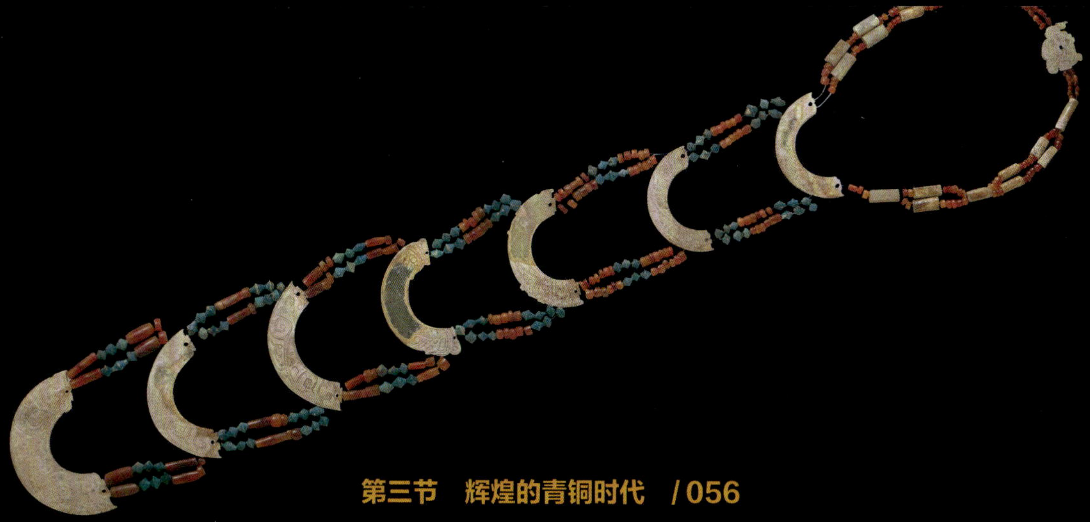

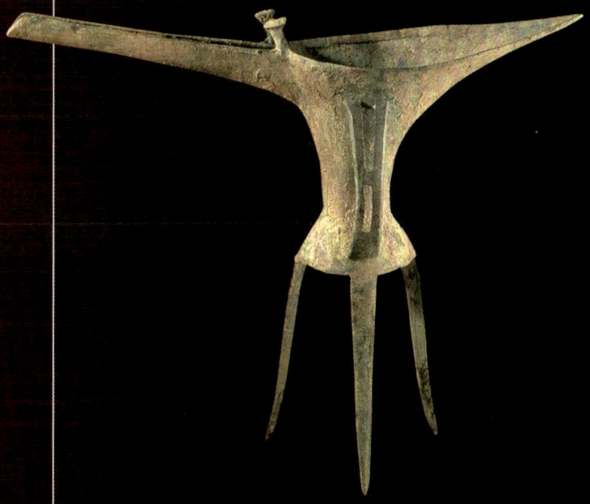

# 叁 中古时代

秦朝至唐朝

肆

# 迈向近代

宋朝至清朝

壹

# 远古时代

旧石器时代至新石器时代

**前800万年—前700万年**

云南禄丰古猿生活在密林边缘，体型属于“正在形成中的人”，是人类的直系祖先。

**前300万年**

非洲东部及南部出现开始直立走路的南方猿人。

**前200万年—前160万年**

在华北、华南和长江流域出现这时期的古猿人化石及其制作的粗糙石器。

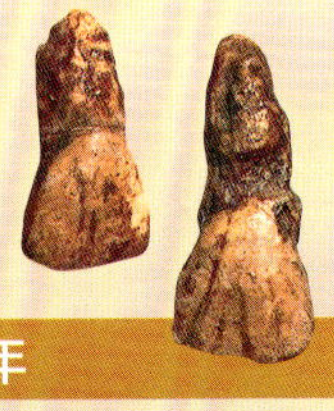

**前170万年**

旧石器时代早期，云南地区的元谋人进入直立人阶段，开始运用火、制造简单石器。

**前100万年—前65万年**

陕西蓝田出现直立人，打制而成的石片和用来砍砸的石器成为主要的劳动工具。

**前70万年—前20万年**

北京人出现，体质与现代人相近，是从猿到人进化的明证。他们结成群体，懂得制造用来砍砸、刮削、锤击等的工具，也会人工取火。

**前30万年—前52 000年**

进入早期智人阶段，脑容量增大，手灵巧，更接近现代人。已掌握制造石球技术，进入旧石器时代中期。

**前52 000年—前32 000年**

加工精巧的细石器在各地出现。已发明弓箭和投矛器。

**前3500年**

中国有铜器出现，进入铜石并用的时期。

**前3500年**

苏美尔人开始使用图形符号，刻于石上或软泥板上，之后发展为楔形文字。

**前3500年—前2000年**

新石器时代晚期，父系社会来临。黄河和长江流域进入酋邦式古国时代，传说中的五帝即是各酋邦的首领。

**前3000年**

古巴比伦人将一天分为24小时。

**前3000年**

古埃及发展出象形文字。

**前2900年**

埃及人开始建筑金字塔。

**前2500年—前2000年**

进入原始社会末期，各古国形成若干政治集团，其中夏族首领大禹治水成功，夏族强大，统治黄河中游大部分地区。

**前22 000年—前12 000年**

北京周口店出现“山顶洞人”，脑容量接近现代人。丧葬礼俗、审美观念、原始信仰已经形成。

**前12 000年—前6000年**

新石器时代早期，气候转暖，人类由山洞移居到台地和平原。华北、长江中游和华南等地的人开始定居，并着手耕种、饲养家畜、制造陶器。

**前6000年—前5000年**

新石器时代中期，农业从刀耕火种阶段过渡到锄耕阶段，黄河、长江流域形成两大农业区。

**前6000年—前4000年**

母系氏族的繁荣阶段，他们以血缘关系结成氏族，并聚居在一起。专职巫师出现。

**前6000年—前3000年**

黄河及长江流域不少地区的陶器上已有记事符号，被认为是原始文字的雏形。

**前5000年**

长江、黄河流域纺织技术发达，可以生产出柔软细密的棉布。

**前5000年**

玉米种植首见于墨西哥地区。

**前5000年—前3300年**

长江流域河姆渡文化稻作农业发达。石器、陶器、骨器、木器制作达到很高水平。

**前5000年—前3000年**

黄河中游的仰韶文化发展到顶峰。

**前4500年**

苏美尔人在西亚的美索不达米亚平原建立最早的城市群。

**前4241年**

古埃及初有历法，以365日为一年。

**前4000年**

以古埃及文明为代表的尼罗河流域文明开始。

**前4000年—前3000年**

东北及长江太湖地区出现祭坛和贵族墓地，标志着神权与军权的部落联盟首领出现。

# 中国人从哪里来？

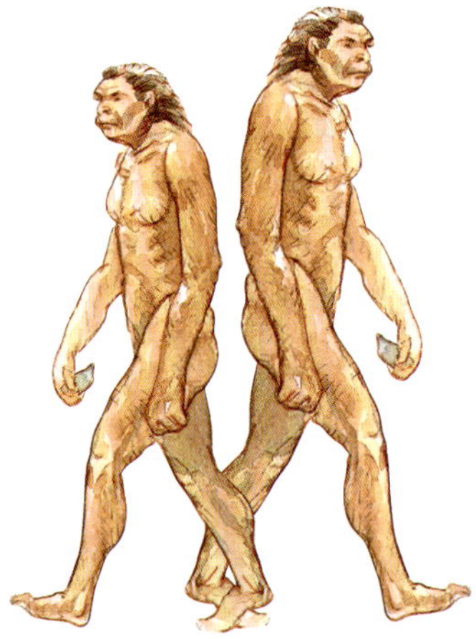

▲ **中国境内百万年前直立人示意图**

大约在更新世到来之际，中国的地貌发生翻天覆地的变化。喜马拉雅山隆起，形成青藏高原，并出现西高东低的山川大势，水草丰茂的华北、华南和长江流域，都适宜人类生存。在这种自然环境下，中国人的远祖迈开了走向历史舞台的第一步。近几十年来，考古学家在华北、华南和长江流域都发现更新世早期（距今约258万年—180万年）的人类化石或石制品，并有一个完整的发展序列，在世界古人类考古研究领域具有重大意义。

我们是谁？我们从哪里来？自古以来，人类对自身起源的探索从未停止。今天世界各地仍然流传着各种神人式的英雄创造人类的神话，内容很相似，都是祖先们为人类起源所做的解释。在中国民间传播最广泛的，是远古英雄女娲用黄土捏出泥人，制造人类的故事。

古远的神话虽然历久不衰，但随着科学的发展，人类对自身的起源又有新的理解。20世纪以来，非洲、亚洲等地的重要考古发现证实，原始古猿是人类和现代类人猿的共同祖先。西方科学家通过基因测定和研究，曾经认定非洲是早期人类的唯一起源地，最早的人类是由非洲森林出发，走向全世界的。但也有学者提出，世界上分布有多处人类的起源地，古猿是在各地区先后完成进化过程的。中国也是世界上发现百万年前的古人类化石和生活遗存丰富的地区，并通过考古研究连接出一个完整的发展序列，证实是人类重要的起源地之一。

最早的人类出现在约100万—400万年前的更新世早期。当时正处于冰河期，环境寒冷而恶劣，人类大多生活在密林中，靠采集野果和捕猎小动物为生。终于，人类完成了从爬行到直立行走的演变，从使用石头砍砸果实和野兽过渡到制造专用石器进行生产，人的脑量逐渐增多，并且出现了语言，使十几人或数十人相互依赖的群居生活趋于稳固。这样，当大量动植物因为不能适应冰河期的气候骤变而灭绝的时候，聪明的人类却顽强地活下来，并完成了体质的进化。

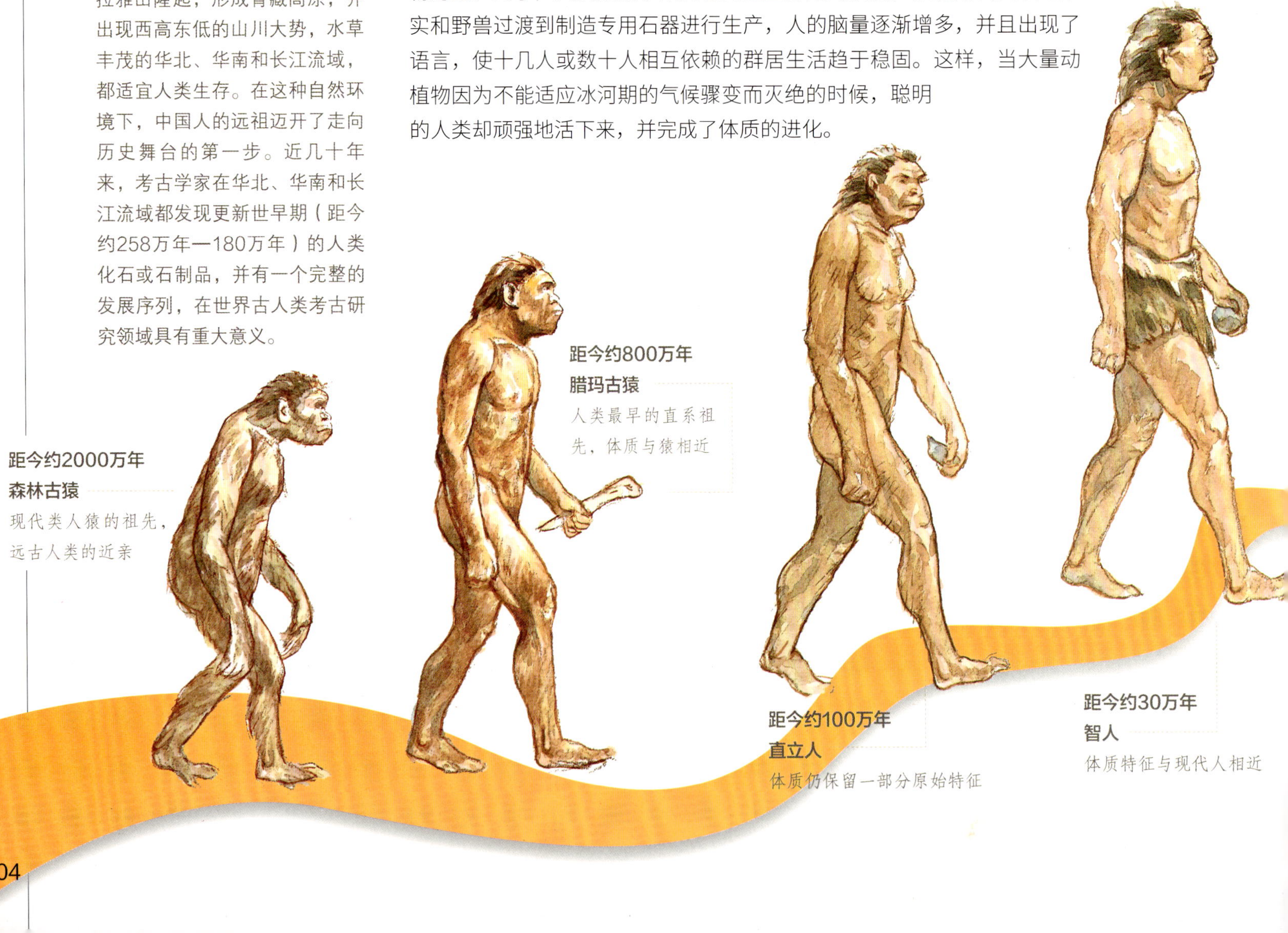

◀ **唐朝伏羲与女娲绢画**

伏羲和女娲是中国远古传说中创造人类、执掌婚姻和生育的生命之神。两位神人首龙尾，上身相拥，两尾相交，上有日，下有月，四周有星辰，象征在天际遨游。

▲ **女娲造人剪纸**

传说女娲以黄土捏人，吹入仙气后，泥人即能行走说话，变成真人。这幅民间剪纸描绘了女娲造人的情景。

▲ **世界上的三大人种**

在5万年前的新人阶段，世界各地形成了三大人种：黄种人（蒙古人种），主要分布在亚洲和美洲地区；白种人（欧罗巴人种），主要分布在欧洲；黑种人（尼格罗人种），主要分布在非洲地区。人种是在一定区域内的人长期适应当地独特自然环境而形成的人。

距今约5万—1万年

新人

体质特征与现代人几乎无异

◀ **火种罐**

火带来光明和温暖，从此人类不受寒冷气候和地域的限制，扩大了活动范围；制作熟食的习惯促使人类体质增强，结束了茹毛饮血的时代。在中国，约在70万年前，人类已经掌握人工取火和保存火种的技巧。这个保存火种的陶器是新石器时代人类重要的日常生活用器，是人类告别野蛮时代、走向文明的标志之一。

◀ **人类演化图**

非洲曾被认为是人类的起源地，埃及古猿被视为人和现代类人猿的共同祖先。约2000万年前，埃及古猿分两支进化，一支经森林古猿演化成现代类人猿；另一支在约1500万年前从非洲走向世界各地，经腊玛古猿、南方古猿演化成现代人的模样。从猿到人的演进大约发生在距今约1500万—300万年。

**历史链接**

**最早的远古先民**

生活在距今约170万年的元谋人，是目前所知中国大地上最早的远古先民。元谋人能够蹒跚地直立行走、在树林中采摘果实、追猎野兽，可能已学会用火。他们点燃的文明之火，证明中国是人类文明最早的发源地之一。

# 北京人的家园

我们的祖先在掌握站立行走以后，视野开阔起来，放弃了筑巢居住的生活，勇敢地走出密林，寻找新的家园。

20世纪初，中国的考古学家宣布了震惊世界的重大发现。他们在北京周口店风光秀丽的龙骨山上，发现了距今约70万一20万年的北京人遗址，以及18 000年前的山顶洞人遗址。遗址内的人骨化石和生活遗迹，记录了人类走出蒙昧时代，从猿人向新人转变过程中的重要信息。

北京人选择在自然资源丰盛、山林与河流相邻的龙骨山下建立家园，比生活在原始森林中的古猿有了显著的进步。他们住在大洞穴中，既便于野外捕猎，又可以躲避严寒和猛兽的侵袭。他们以狩猎和采集植物为生，过着群居的生活，学会了用火烧烤食物，又开始制造原始的石器、骨器和木棒等工具。在长期的劳动中，他们的体质发生了重大变化，脑量增多，手脚的功能已经分化，用以制造工具的双手变得灵活，下肢专门用于行走，使身体直立起来。北京人在这里生活20多万年后，由于气候骤变，被迫迁徙远方。目前，人类学家还无法证实北京人就是中国人的直系祖先。

真正走出蒙昧时代的，是居住在北京人洞穴附近的山顶洞人。他们属于黄种人，即蒙古人种，可以确定是中国人的祖先。山顶洞人属于新人的典型代表，体质特征远远超越北京人，与现代人相似。他们可以制造多功能的石器，捕猎和采集的效率大为提高。骨针的发明，进一步使人类结束了赤身裸体的蒙昧状态。山顶洞人生活在旧石器时代晚期，以血缘为纽带的母系社会使氏族更稳固，他们与相邻的氏族通婚，人口不断增加。

▲ **北京人复原头像**

北京人的头骨外形比四肢发展缓慢，还保持着原始性，但其脑量增多，善于通过思考来应付各种灾难，这是人类进化中的关键。

▶ **北京人的生活**

为了生存，北京人往往十几人或几十人结成群体，相互协作，共同捕猎，共同分享。但是北京人内部的关系松散，没有固定的两性关系，更没有家庭。这是最早的人类社会组织。

▶ **文明的葬礼**

山顶洞人的生活比较安定，居住的洞穴按照功能分为居住区、仓库和墓地三个区域。仓库中存放剩余的食物。这时丧葬观念和宗教信仰已经萌芽，山顶洞人将死去的长辈或同伴埋葬在墓地中。

**历史链接**

### 北京人与现代人的比较

北京人生活在约70万—20万年前，体质与现代人有一定差别。现代人身高约174厘米，北京人约157厘米；现代人的脑量约1300至1500毫升，北京人的脑量只有现代人的三分之二；现代人越来越长寿，活到七八十岁是很普遍的事，北京人平均寿命是47岁，有三分之一的北京人不到14岁就去世了。

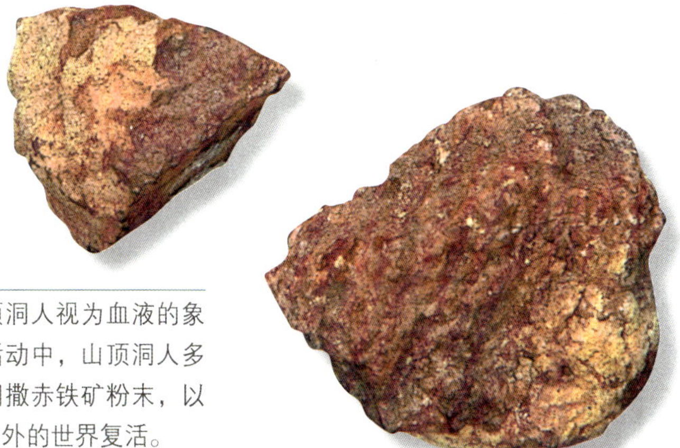

▶ **赤铁矿**

赤铁矿被山顶洞人视为血液的象征，在宗教活动中，山顶洞人多在死者的四周撒赤铁矿粉末，以祈求死者在另外的世界复活。

▲ **周口店龙骨山**

在龙骨山1000平方米的范围内，共发现5个古人类居住过的山洞，北京人和山顶洞人都留下丰富的石器和生活遗迹。这里气候温暖湿润，北部群山叠嶂，森林茂密，东南有宽阔的草原，山下湍急的河流中有各种鱼虾。优美的环境和丰富的动植物资源，吸引人类在这里繁衍、生息达数十万年。

◀ **薄尖状石器**

制造石器是由猿向人演变的重要一步。这类石器是人类最早打制的工具，用来挖掘、砍砸或刮削，帮助人类在茂密的山林中采摘野果、捕猎成群的小动物、驱赶虎豹猛兽。以打制石器为主要工具的时代，称为旧石器时代。

◀ **骨针**

山顶洞人的妇女承担起采集和制作食物、缝制衣服和养育后代的工作。这是缝衣服的骨针，表面磨制光滑，针孔用极尖锐的利器挖成，山顶洞人制作技术的进步可见一斑。

# 创世的传说——盘古开天地

自古以来，最能够牵动视听的话题，莫过于对人类起源的探索。世界各地广泛流传着千奇百怪的天神创世的传说，在中国各地也流传着不同版本的神话，为今天科学探索人类起源提供了重要的启迪。

传说太古时代，整个宇宙像一个鸡蛋，天地不分，混沌一团。混沌之间孕育着一个伟大的神灵——盘古。

盘古在混沌中沉睡了18 000年后醒来，发现周围漆黑寂静，酷热难耐。盘古想站立起来，但是被混沌的“鸡蛋”紧紧包裹着，无法舒展身体，于是用力劈开混沌。“鸡蛋”骤然爆裂，一些清气上飘，形成天空；一些浊气下沉，形成大地。盘古用身体支撑着天和地，他每天长高一丈，天和地也随之升高和增厚一丈。又过了18 000年，天地已经稳固，盘古也变为顶天立地的巨人，身体有9万里长。后来，他终于筋疲力尽，轰隆一声倒地而死，全身融入天地之间，左眼变为太阳，右眼变为月亮，头发和胡须变为星辰，四肢变为山川，血液变为江河湖泊，经脉变为道路，肌肉变为沃土，皮肤和汗毛变为林木花草，骨骼和牙齿变为金银宝藏，汗水变为雨水甘露，呼出的最后一口气变为风和云，最后的喊声变为雷鸣。盘古终于完成了开天辟地创世的壮举。

近年震惊世界的科学研究推断，地球的诞生确实经历了与盘古开天地极其相似的过程。有科学家认为，46亿年前太阳系诞生了一个混沌体，中心是熔化的地核，呈现软流状态，在重力分异的作用下，外围分离出黏稠的地幔，然后经历了无数次的火山喷发，气体和水从地幔中释放出来，太空的寒冷迫使地球表面冷却，又分离成地壳和水。盘古开天地的神话将地球比喻成鸡蛋的确太形象了，地核如同蛋黄，地幔如同蛋清，地壳如同蛋壳。火山爆发如同盘古开天地一般，地壳经过20亿年火山运动和堆积，分离出了陆地和海洋。5亿年前的寒武纪，海洋又发生了“生命大爆发”运动，诞生了数以百计的物种，人类的生命就孕育其中。在地质历史上，太行山系是中国较早形成的山系。令人惊讶的是，相传盘古就诞生在太行山南端。古老的传说与现实竟有如此惊人的相似，这是今天先进的科学也无法解释的，令人不得不感叹。

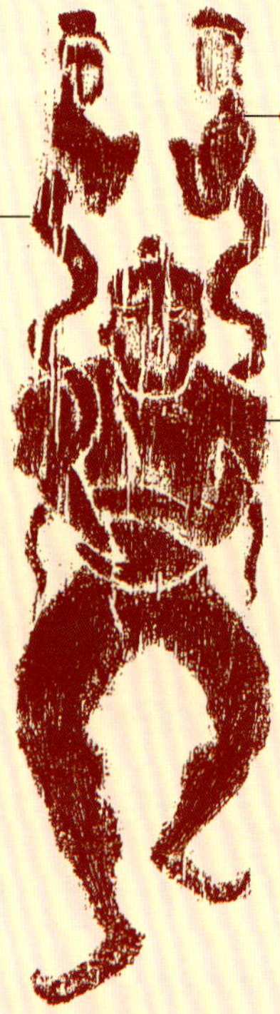


▲ **汉朝画像石盘古始祖图**

盘古是中国远古神话中开天辟地的始祖，被尊奉为神灵众神之首。伏羲和女娲是创造人类的神。此图构成一幅完整的中国始祖神话图，这三位始祖后来也被纳入道教、佛教体系之中，成为重要的天神。

左侧为伏羲，一手持矩，即折角尺，另一手持墨斗，身上的圆轮内有金乌，象征太阳

右侧为女娲，一手持圆规，身上圆轮内有蟾蜍，象征月亮

◀ **莫高窟壁画伏羲与女娲**

伏羲与女娲作为创造人类的始祖，先秦时活跃在神仙方术的世界里；汉代时进入道教的信仰核心，成为超度世人的神仙；北朝时融入佛教，入主天宫，象征日月之神。

敦煌莫高窟第285窟开凿于西魏大统四年、五年（538、539），在窟顶东坡中央最醒目的位置，描绘有一支绽放的莲花，其上装饰着摩尼宝珠，伏羲和女娲飞翔在莲花两侧。他们上身人形，下身卷曲成蛇形，分别手持规、矩、墨斗等做木工的工具，用来画圆形、方形和直线，反映古人的“天圆地方”观念。

# 人类的神话——女娲补天与诺亚方舟

传说盘古开天地以后，大地依然一派寂静，天神女娲深感孤独，她想造出一种主宰万物的生灵，于是用黄土和泥，模仿自己的模样捏出泥人，吹一口气，泥人竟然活了。为了繁衍后代，她又捏了很多泥人，给泥人吹入阳气，就变成男人，吹入阴气，就变成女人。这些人互配后繁衍了后代。女娲就这样创造了人类，被尊奉为人类的始祖。

后来水神共工和火神祝融为争夺帝位发动战争，战败的共工不服气，一怒之下撞倒了天柱不周山，使西北天空崩塌，“天倾西北，地陷东南”，天河之水从西向东倾泻到大地，霎时地动山摇，洪水滔滔，猛兽肆虐。女娲不忍心看着人类灭绝，就收集石头，用火冶炼成五彩石，用来修补天洞，又斩下巨龟之足做擎天柱，并驱赶猛兽，治理洪水，人类的家园终于恢复了平静。但从此天就向西北倾斜，太阳、月亮和星辰从东方升起后，都顺势归落向西方，而大地向东南倾斜，中国的江河都向东或南汇流入海。女娲补天的故事，记录了喜马拉雅造山运动和冰川消融带来的灾难。由于印度洋板块从南向北的撞击，致使青藏高原和帕米尔高原从海底隆起，至今已高出海面三四千米，而东部大地却沉入太平洋。中国西部的湖泊、江河随着地势升高，水沿着河西走廊流向东方。黄河也因气温转暖、冰川消融而造成水位暴涨，几乎在一瞬间就吞没了人类家园。处于原始状态的祖先确实经历了“黄河涨上天”的梦魇。

世界各地关于远古时代的传说很普遍，各有版本，出神入化。亚洲西部、非洲北部以及欧洲还留下了与女娲相似的经典故事。西方《圣经》中的诺亚方舟的传说，故事情节与女娲补天有着绝妙的巧合与说不清的内在联系。《圣经》说，自从亚当和夏娃偷吃禁果、被逐出伊甸园后，其后代揭开了人类互相残杀的序幕。上帝看到人类的罪恶，异常愤怒，决定用洪水毁灭这个败坏的世界。

上帝要诺亚用歌斐木建造方舟，并把方舟的规格和造法教给他。此后，诺亚终于造成了一只庞大的方舟，带着全家八口人和飞禽走兽进入方舟。七天后洪水自天而降，持续了四十个昼夜，一切生灵全都遭受了灭顶之灾。上帝顾念诺亚和方舟中的动物，令洪水消退，这场灾难中仅有方舟上的诺亚一家和动物幸存了下来，他们开始重新建立家园、繁衍后代。

▲ 女娲补天图

# 弓箭时代

距今约5万—1万年，地球上最后一次大冰河期结束，我们的祖先终于熬过了漫长的严寒，迎来了温暖的阳光。随着自然气候的改善，他们再次放弃原有的生活方式，从山林间的洞穴走向更加广阔的平原，在河流之畔搭建草屋，逐水草而居，活动的范围扩展到肥田沃野的黄河和长江流域。这次迁徙预示着农业革命的新时代即将来临。

我们的祖先从最初用笨拙的双手打制粗糙而简陋的石器，到用灵巧的双手熟练地制作精细而实用的石器，经历了长达百万年的磨炼。此时大多开辟了专门的石器制作场，用来制造各种石器，如砍伐树木的手斧、分割动物骨骼和兽皮的刮削器、钻孔的石錾等。这一时期磨制和钻孔技术的广泛应用，更是石器制作技术跨时代的进步，成为跨入旧石器时代晚期的标志。农业出现以后，打制石器逐渐被更加精细的磨制石器所取代。

狩猎和采集仍然是衣食之源，但是由于平原与山林的环境不同，猎手不仅要有高超的捕猎技能，更要有具备强大杀伤力的武器。投掷石球、标枪和弓箭等新型武器相继被发明出来，其中弓箭成为最具威力的武器。

要提高捕猎效率和生产力，氏族内部就要稳固，成员要互相协作，各个氏族也要密切联系，于是氏族之间相互通婚，一种以血缘为纽带联合起来的氏族部落开始形成，并不断繁衍壮大。

▲ **石箭头**

这是用石英石打磨制成的最早的弓箭头。在发现石箭头的遗址中，一般都有大量的大型动物化石出土，说明人们在使用弓箭以后，捕获猛兽的能力大大提高了。

▼ **石器制造场**

这是位于黄河流域西北地区的一处典型的石器制造场，选址在遍布鹅卵石的河滩上，便于就地取材。当时，无论男女都参加打制石器。打制过程有明确的分工，石器经过多道工序的加工和修整，表面光滑平整。产品种类很多，有专门用于挖掘的尖状石器，还有用于狩猎的石球等。

◀ **使用弓箭图**

弓箭是速度快、射程远，又极具杀伤力的狩猎武器，是这一时期人类将长期积累的狩猎经验和发达的智力相结合的成果。人利用臂力拉开弓和弦，将石箭头射出去，击中目标，是学会将物体的弹力与自身的臂力巧妙结合的结果。

▶ **使用石球图**

石球是旧石器时代一种新型的狩猎武器，最大的重1.5千克以上。使用石球的方式很奇特，除了用力投掷、击中野兽外，还可以用绊索的方式狩猎，即用绳子一端拴住石球，投掷石球以带动绳子缠住野兽的腿，将野兽捕获。还有一种方式是飞石索，即用绳套或皮带套包住石球，甩出带子将石球投出，击中野兽。在黄河中游一个遗址中，发现了300多匹野马的遗骨，相信是猎人使用石球捕猎的战利品。

▲ **穿孔蚌器**

这是用长江流域盛产的大河蚌制造的工具，可以用来挖掘、松土或刮削野兽的骨骼、皮毛。中间的圆孔是用尖的石錾经过钻孔和研磨而成的，可见磨制和钻孔技术在中国的南方和北方都相当普及。

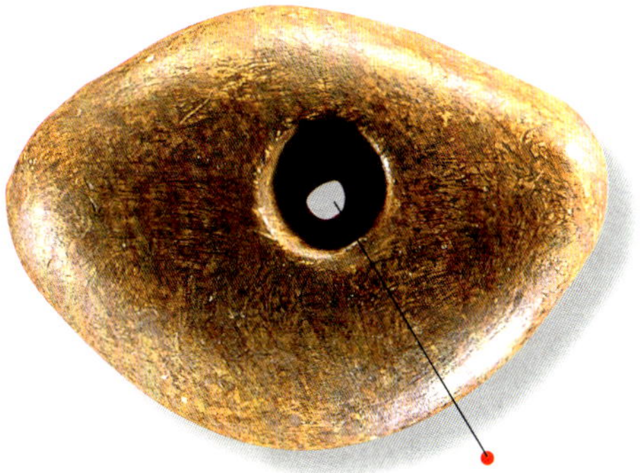

圆孔由两面对钻成形，位置相当准确

◀ **穿孔石耳坠**

旧石器时代晚期，磨制和钻孔技术问世。磨制石器一般是在砂石上加水，经过打磨后，呈现光滑圆润的效果。钻孔则是利用尖的工具加上砂石和水的作用，钻出圆孔。这些新技术最先用在装饰品上，山顶洞人佩戴的各种石耳坠，就是经过选材、打磨成形、抛光、钻孔等多道工序制成的。

▶ **制作精细石器的石英石原料**

旧石器时代晚期，随着制造的石器变得精细小巧，对石料质地的要求也越来越高。尤其是弓箭普及后，广泛应用石箭头，更需要质地坚硬的石料。这种产于华北地区的石英石就是加工精细石器和箭头的优质石料。

**历史链接**

### 原始人的精神生活

原始人制造的器物有其精神意义。他们把兽牙、鱼骨、贝壳、石珠等磨光、钻孔，用赤铁矿粉将其染红，用绳串起来佩戴。这样做的目的可能是追求美，也可能是表示特殊的等级身份，还有可能是为了显示自己的智慧和勇敢。

# 农业革命引发的巨变

约1万年前，中国发生了一场由技术改革而引发的经济大革命。

此时遍布在大江南北的先民，选择在土地平坦而肥沃的河流之畔营建村落，过着平静的定居生活，尤其是在黄河和长江流域集聚的氏族村落里，先民已经从猎人和采集者变为以种植稻谷为生的农民。农业成为主要的衣食来源，狩猎和采集转为辅助性生产，这为日益稠密的人口提供了可靠的生活保障。

为了配合农业的发展，石制农具发展到新的高度，开垦荒地的石斧、石铲、石锛，收割粮食的石镰，加工粮食的石磨盘，等等，都在农业革命中发挥了巨大的作用。石器产品表面平整光滑，刃口锋利，是中国迈入新石器时代的标志。

农业革命的规模和意义并不逊色于后来的工业革命，它使从事农业的氏族进入崭新的社会。农业产量增加，有了剩余粮食来饲养家畜，丰富了食物的来源。各种盛放粮食和烹煮食物的日用陶器，成为定居生活的必备物品。制陶业蓬勃发展起来，彩绘陶器的艺术水平达到惊人的高度。纺织技术更改变了夏着树叶、冬着皮毛的旧习。用葛或麻织布制衣的技术广泛传播，养蚕和丝织技术在农业发达的黄河和长江流域最早发展起来，山西运城夏县、河南郑州荥阳和浙江湖州等地都发现了距今6000—5000年的家养蚕茧和丝织品残片。其中，荥阳青台村仰韶文化遗址中的罗织物，是迄今世界上发现最早的丝织品。纺织技术的出现，预示着男耕女织的社会分工即将到来。

这一巨变，是在粮食富足以后，有更多的劳动力分离出来，并专门从事农业以外的劳动所引发的。中国特有的自给自足的小农经济也是建立在这种基础之上的。

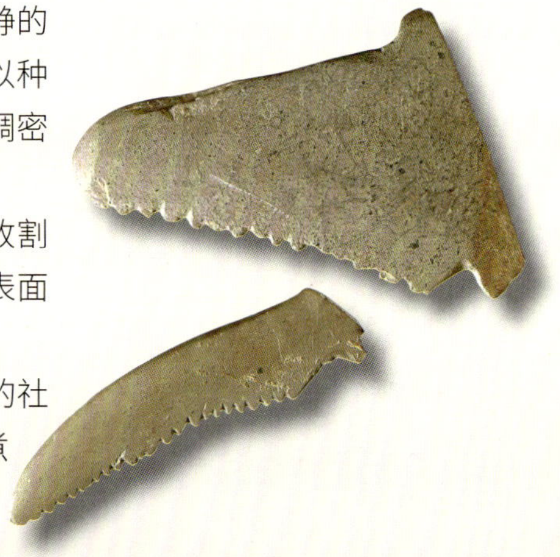

▲ **石镰**

随着农业的革命性发展，农具也相应发达。石镰是收割粮食的工具，表面精致光滑，刃口锋利，说明经过精细的磨制加工。

▼ **兴隆洼遗址**

这是目前中国保存较为完整的史前聚落遗址，位于内蒙古东部的草原上。这里的先民已发展农业，开始了定居生活。整个聚落是一个氏族居住地，共有两百多个居民，单个房屋由一个家庭居住，一排房屋则是一个家族，表明氏族成员之间亲密的血缘关系。在聚落的附近还有两处布局相同的聚落遗址，应为有婚姻关系的氏族，这些关系密切的氏族共同组成了氏族联盟。

▲ 鸟巢演变的巢居陶屋模型

这个红陶质的房屋模型，是新石器时代黄河中游过着定居生活的氏族的建筑形式之一。屋顶模仿茅草覆盖，并开辟窗口，与鸟巢相似。下面有圆口供出入，通口很小，可见房屋还很原始。中国古代传说中的有巢氏，据说是生活在密林中，在树上建巢为居的祖先。这种房屋就是由祖先的巢居造型演变而来的，形象地反映了人类居住形式的演变过程。

▶ 中国早期的丝织品残片

这是在长江流域浙江湖州良渚文化遗址中发现的丝织品残片，距今约4700年。丝织品呈黄褐色，平纹编织，表面细致光洁。每一条丝线都是由20多条蚕丝合并而成，每条蚕丝呈半透明状，宽度为15.6微米。经线和纬线没有经过捻合，而是借助蚕丝自身的黏着性合并成丝线。

历史链接

**河姆渡文化**

位于长江下游的浙江余姚河姆渡遗址，是南方原始农耕文化的代表。河姆渡人在土地肥沃、气候湿润的平原地带种植水稻，使我国成为世界上最早栽培水稻的国家之一。他们学会了饲养家畜、捕鱼和纺织，干栏式房屋的建筑技术令人惊叹。

▲ 玉蚕

新石器时代纺织技术刚刚成形，纺织品的主要原料来源于动物和植物。动物纤维主要有兽毛和蚕丝，植物纤维主要有葛和麻。这些原料的来源都相当广泛，其中用蚕吐出的丝纺织而成的织品属于最高级的。这是用玉精心雕琢的一对形象逼真的蚕，反映了新石器时代的先民对养蚕纺织的重视和依赖。

◀ 陶窑图

陶器是随着农业而出现的。烧制陶器的方法最初很粗放，即在露天的火堆中烧陶。由于温度低，受热不均匀，陶器质地粗糙而松软，容易渗水和破碎。陶窑发明以后，炉温提高到960摄氏度，受热均匀，可以烧制红陶、黑陶、灰陶等品种，质量和产量大为提高。

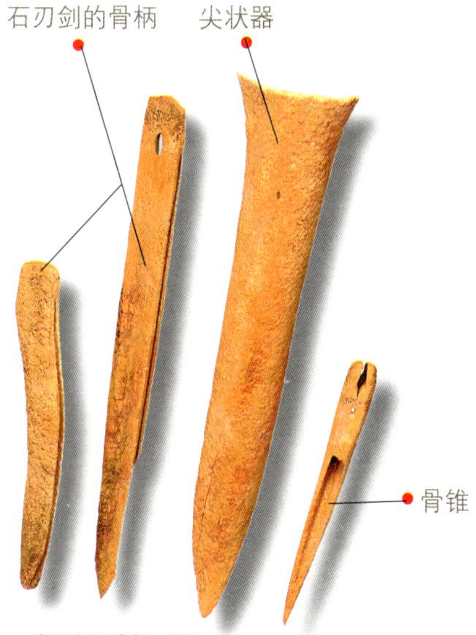


▲ 各种骨制工具

骨器是新石器时代普遍使用的工具。这几件是用动物肢骨制成的骨器：骨锥是多用途的錾刻工具；尖状器专用于农业的播种；骨柄石刃剑的剑身两侧有凹槽，原本镶嵌有薄而锋利的石制刀刃，是随身携带的兵器或生产工具。

# 南北两大农业系统

农业初兴时，是刀耕火种的粗作阶段，人们在荒地上焚烧草木后，挖坑撒种，等待阳光、雨露和收获。这种耕作方法，产量很低。距今约9000年—6000年，改进的磨制农具大量用于农业，深挖土地，耕耘农田，引水浇灌，这种锄耕技术增加了粮食产量，很快在各地传播开来。

这一时期的世界四大文明古国几乎同时进入农业革命的新时代。中国同古印度、古埃及、古巴比伦一样，发达的文明孕育在大河流域，黄河和长江流域是中国最早迈进锄耕农业的地区，成为引导农业新技术的先锋。黄河流域疏松的黄土，适合大量种植耐干旱的粟和黍。长江流域河流纵横，水源充沛，可以大量种植水稻。这两个地区都是粮食高产地区，由此形成了各具特征的两大农业区，延续至今。

随着粮食产量的提高，加工和储藏谷物成为农业生产的重要环节。人们最初都是在房屋中挖掘地下窖穴来储藏粮食，有的村落有窖穴数百个。后来又在地面上建造了便于通风防潮、能长期储藏粮食的粮仓。改善食物质量的粮食加工技术也日趋精细，石磨盘和石杵臼是专门用于去壳、脱粒、碾磨，直至将粮食磨成粉的工具，在南北农业区普遍使用。

大量剩余的粮食还带来了饲养业的兴旺。人们最初是将猪、羊、牛等温顺的动物散放在野外，并派人驯化和看管；后来设立了专门的畜栏，用剩余的粮食饲养家畜，优化良种。家畜提供肉食，满足了人体对蛋白质和脂肪的需求。粮食为主、肉蛋为辅，至今还是东方人的主要饮食结构。

▶ **黄土高原**

旱作农业起源于黄河中游地区。这里地势高敞，海拔1000~1600米，黄土层厚。由于黄土受到风化，土质疏松，表土流失，因此形成沟壑纵横的特殊地貌。黄土高原的土壤蕴藏着天然肥力，适宜旱地作物粟和黍的生长，此地因此成为农业最发达地区之一。这一带出土丰富的新式石制农具和加工粮食的工具，窖穴中还发现大量的谷物遗存，说明当时旱作农业已具有较大的规模。

▲ **储粮的彩陶缸**

新的锄耕农业模式使农产品产量增加，粮食的储藏问题逐渐引人关注。这是放置粮食的大型陶缸，可盛放粮食25~30千克。

▲ **石磨盘**

这是黄河流域普遍使用的加工粮食的工具。粮食经过石磨盘的碾磨、去壳、碾碎和磨制，变成粉。后来这种磨盘演变成圆形双扇石碾磨，用人力或兽力推动以碾磨粮食。至今这种古老的工具在北方边远地区仍然使用着。

▶ **骨耜**

南北两大农业经济区的农作物不同，农具也有差异。长江流域属于亚热带气候，夏季炎热多雨。潮湿的地理环境适宜种植水稻，人们多使用轻便灵巧、适宜在泥泞的水田中耕作的骨制农具。这是长江流域出土的用于水田翻耕的骨耜，用鹿或水牛的肩胛骨制成。而黄河流域则多用大型石农具，适宜在黄土旱地翻耕。

▲ 北方主要作物粟的前身——狗尾草

北方旱作农业以生产粟为主。粟是由狗尾草的同科植物经过优化栽培演化而来的。今天野生的狗尾草有长圆形的谷粒，生命力很强，遍布中国大部分地区。

历史链接

**半坡遗址**

陕西西安的半坡遗址是黄河流域农耕文化的典型代表。半坡人已经懂得种植粟和蔬菜，他们还饲养猪、狗等家畜，用鱼叉捕鱼，用纺轮织麻布。他们制造的彩绘陶器，样式各异，绘有动植物或几何形花纹，既美观又实用。

◀ 碳化稻谷

南方水作农业主要种植稻米。这是长江下游地区发现的约7000年前的谷粒，很多还保持原来的外形，连谷壳上的稃（fū）毛都清晰可辨。中国近年还发现了超过1万年的稻谷遗存。

# 中国人的母亲河——黄河

黄河孕育出高度发达的农业文明，是中国文明的一个重要源头。黄河和几条重要支流润泽了沿岸的土地，让人得到安身立命之本。同时，它的愤怒咆哮、泛滥改道，数千年来也给人带来了数不尽的苦难。

▲ 黄河及河道旁的农田

▶ 黄河中游的壶口瀑布

# 平等的女权社会

大约在6000—8000年前，在黄河中游旱作农业发达的地区，遍布繁盛而活跃的母系村落，这里是由女性主宰的世界。

以血缘关系为基础组成的母系氏族，数十人甚至上百人聚居在独立的村落里。男女分工明确，男性仍然从事旧石器时代的老本行——狩猎和捕鱼，而女性从事的都是农业革命带来的最新技术劳动，如耕作、制陶、纺织等。她们的收获比男性稳定，可以保障氏族的日常生活需要，在整个经济活动中占据主导地位，成为氏族的主宰者。

氏族中没有尊卑等级和私有观念，人与人之间平等和睦的关系渗透到整个社会生活中。妇女受到普遍的尊重，每个氏族都由一位具有亲和力的年长女性担任首领，主持日常事务。氏族成员的世系是按照母系血统计算的，人们只知其母，不知其父，由此组成了能够给每个氏族成员带来温情的、以老祖母为中心的氏族社会。氏族的全部财产属于公有，大家一起劳动，共同分享。财产的管理权由女子继承，即外祖母传给母亲，母亲传给女儿。每个氏族都是一个相互依存、自给自足的团体。

为了繁衍和扩大人口，母系氏族实行不同氏族之间通婚的群婚习俗，以后逐渐转变为男女关系较为固定的对偶婚，并向一夫一妻制过渡。

**▶ 表达女性崇拜的陶壶**

陶器是母系氏族创造的最绚丽的艺术品，制陶业也是农业发展后最早兴起的手工业。烧制陶器最初多由女性负责。这件红陶壶似少女头像，面带微笑，做诉说之态，表达了对女性的崇拜。

**◀ 人面鱼纹彩陶盆**

母系氏族受到万物有灵观念的影响，崇拜祭祀的对象繁多，除了传统的自然崇拜以外，还有图腾崇拜、灵魂崇拜等。有学者认为，人面鱼纹可能与神秘的生育巫术有关。人面纹代表婴儿，鱼则以产卵多、繁殖快、生命力强而象征生育与繁殖，整个画面寓意子孙繁盛。

历史链接

### 图腾的出现

原始人类相信，每个氏族都与某种物类有特别的联系，该种物类具有超自然力，可以保护氏族及其成员。于是，各个氏族分别认定不同物类为本族的保护神，并把这个保护神作为氏族的标志或图徽，后人把这些族徽称为“图腾”。图腾最初多是单一的形象，后来越来越复杂，出现混合几种动物特征的神化形象。相传黄帝是以熊为图腾的。

▼ **红陶兽形壶**

在母系氏族社会，制陶和饲养家畜都是妇女的重要工作，因此陶器中有大量模仿家畜的作品，表达对富足生活的祈盼。猪和狗是南北方普遍饲养的家畜，这件红陶壶巧妙地将这两种动物的形象相结合。

◀ **母系氏族的村落**

这是位于黄河中游的一处典型的母系氏族村落，南依骊山，北临渭河，占地2万平方米。经过悉心规划，外围有防御野兽袭扰的壕沟，内有50多座房屋，分5组，每组是一个母系家庭，由1座大房屋和若干座小房屋构成。5个母系家庭构成100多人的母系氏族。所有的房屋面向中央广场，中央广场是举行集会的公共活动场所。村落中还有窑场和家畜圈栏。在壕沟外有5处公共墓地，是5个氏族家庭最终的归宿地。

▼ **骨笛**

安定的农耕生活，使母系氏族社会对艺术的追求更强烈。中原地区一处遗址的墓葬中，随葬了16支用鸟骨制成的骨笛，这是人们耕作之余的娱乐乐器。笛长约22厘米，大多有7个孔，可以吹奏6个音阶。

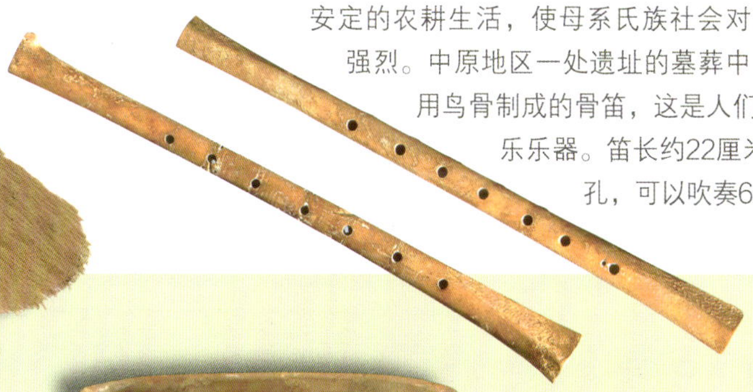

▲ **氏族首领房屋复原图**

这是母系氏族首领的住房，也是首领主持会议和进行宗教活动的场所。从复原图可看出屋内布局，前半部分是烧饭的地方，后半部分是氏族成员议事集会的场所。氏族首领虽然住的房屋面积大于普通成员的，但遇到重大事件仍然需要召集氏族会议决定。如果首领不称职，氏族成员可以罢免她。

◀ **彩绘图腾陶缸**

母系氏族社会中，未举行成年礼的儿童若去世，不得进入氏族公共墓地，而是埋葬在住房周围，便于亲人“照顾”。因此，每个氏族都烧制专门用于埋葬儿童的陶器。这件葬具上绘有寓意丰富的图案。鸟和鱼分别是代表两个氏族的图腾，把鸟画得雄壮有力，鱼则俯首就擒，表明绘制者极力显扬鸟族强盛与鱼族衰弱。

# 不平等的男权社会

约4000—5000年前，在黄河和长江流域农业先进的地区，身强力壮的男性逐渐从狩猎和捕鱼的辅助性生产角色，转为从事农业耕作的主力。复杂的手工业更适合没有家务之累的男性，他们又有许多创新和发明，例如，将制陶工艺的手制陶坯改为机械原理的轮制陶坯，从而增加了产量。男性除了在生产劳动中使用技能外，还在繁杂的集体劳动中发挥重要的组织和指挥作用，备受氏族成员的尊敬。因此，男性与女性的地位调换了，女性在生产中居于次要地位，导致父系氏族制度取代了母系氏族制度。这是人类历史上激烈的大变革，也是迈向更高水平文明社会的门槛。

父系社会同母系社会一样，依然维系着以血缘关系为基础的氏族群体。但是世系改为按照父系计算，男子享有特权，在氏族中占据主导地位，氏族的首领由男性担任。氏族的管理最初还维持民主制度，重大事情由氏族会议决定。随着一夫一妻制的确立，稳定的个体家庭出现了。氏族的全部财产由男性后代继承。为了让嫡亲子女继承财产，出现了私人占据氏族财产的现象。私有制无情地占据了主导地位，公有制度崩溃了。氏族首领主宰了权力和财富，成为高高在上的贵族，普通氏族成员的地位一落千丈，成为社会底层，尊卑等级越来越明显，最终冲毁了平等的氏族家园。而由男性主导的自给自足的家庭式经济模式，对中国社会的影响长达四五千年。

▲ **氏族首领的形象**

这个玉人头，是一件装饰品，应为氏族首领的形象。

▶ **玉锛**

这是模仿农具石锛制造的礼器，是氏族首领举行重大礼仪活动时使用的，代表了神圣的权力。在玉锛上雕刻兽面纹，应该与氏族的宗教信仰或图腾有关。早期出现的礼器，大多与农具相关，证明农业在氏族社会中有举足轻重的地位。

兽面纹

▲ **镶嵌绿松石骨雕筒**

这是贵族首领的随葬品，用象牙骨雕刻及绿松石镶嵌而成，安装在象征氏族首领权力的器物——麾的柄首上。这种工艺复杂的镶嵌技术，只有在具有相当规模的手工业作坊中才能够完成。

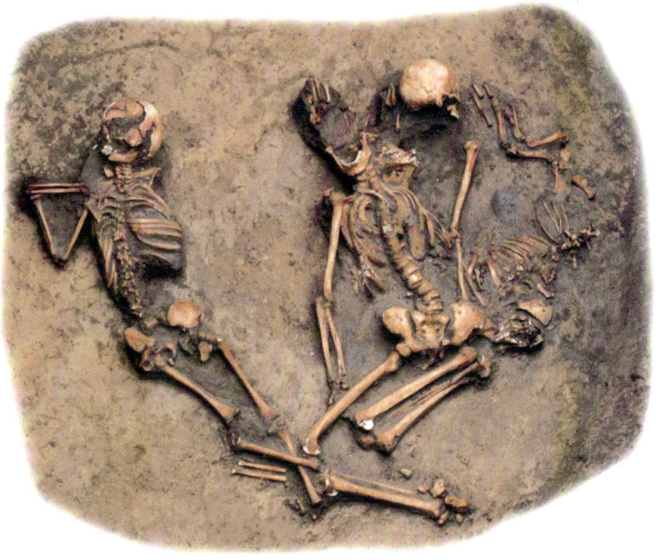

▶ 同葬一处的骸骨与兽骨

父系社会的氏族，为了争夺土地和财产，经常争战。战俘成为氏族中地位最低下的人，甚至与牲畜同等。最初人们用牲畜作为祭祀的供品，后来最残酷的杀人祭祀和殉葬出现了，在建设房屋的典礼上，甚至用人头作为奠基。杀人祭祀被视为对神灵的最高崇敬，而被杀戮的多是战俘。这是在房屋旁的灰坑（相当于垃圾坑）中发现的两具骸骨，据推断，属于与狗同葬战俘。

◀ 黑陶高柄杯

社会出现了贫富分化，氏族首领不仅拥有财富，还主宰权力，享有各种精致的礼器和生活用品。这只杯壁薄如蛋壳，装饰素雅，是高级饮酒器，应为氏族首领所用。

▲ 彩陶纺轮

长江中游的制陶手工业发达，这种陶制纺轮有旋转的彩纹，当纺轮转动时，便会产生动感的花纹，反映了当时彩陶艺术水准之高；轻薄小巧的纺轮，能织出细软的布，又体现了纺织业的进步。

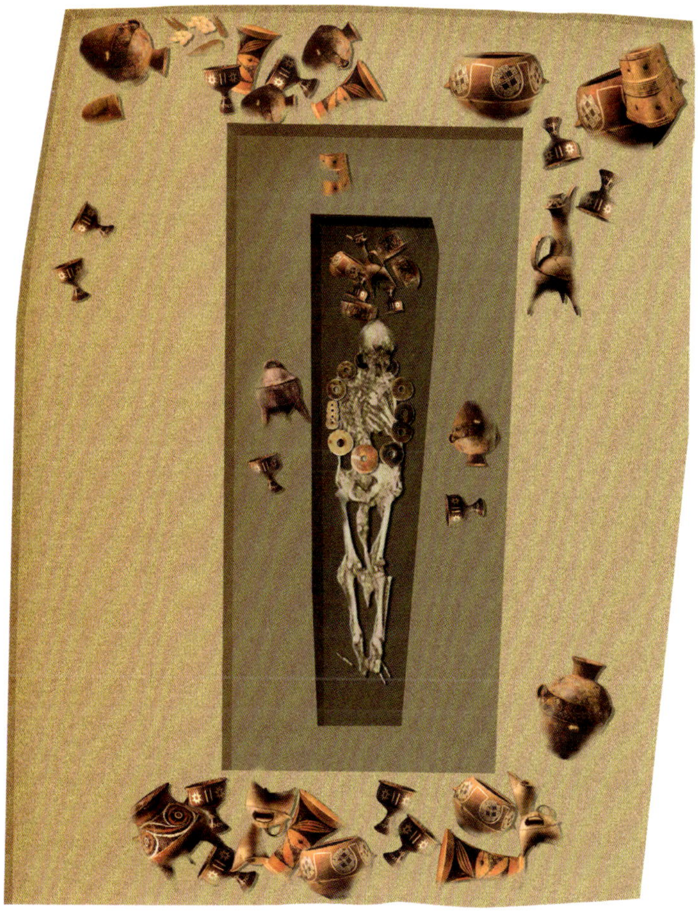

◀ 氏族首领大型墓葬复原图

父系社会的氏族首领，不仅生前居住在豪华的房屋，死后还不屑与族人埋葬在一起，而是另择风水宝地，修建巨大的墓葬，期望在死后仍然享受生前的风光。山东一个氏族首领的巨大墓葬中，随葬有百余件精美的陶器、玉器、象牙制品，大部分是专门制造、用来显示权贵身份的礼制用器。

**历史链接**

**男女地位的转换**

男女生产地位的转换，可以在考古发掘中得到证实。在新石器时代晚期的墓葬中，随葬生产工具的主要是男性墓，而女性墓中大多只随葬纺轮。可见，妇女从事的主要是纺织缝纫、养儿育女的家务劳动，社会地位逐渐下降。

# 至高无上的巫师

农业带来安定的生活，也带来了农业部落特有的精神世界。在母系社会时代，祈求神灵保佑丰收，消灾赐福，已经成为日常生活的重要内容。每个氏族在从事农业、狩猎和建筑房屋等活动中，都必须举行隆重的祭祀仪式。此时脱离生产的专职巫师产生了，氏族有充足的粮食供养他们。任何重大的决策，都由巫师占卜决定，她们主宰着整个氏族的命运，社会地位很高。巫师都是由氏族中德高望重的女性担任，有的还由氏族女首领兼任。但是她们没有任何特权和物质享受，与普通的氏族成员同甘共苦。

随着父系社会的来临，男性占据氏族的主导地位，巫师多由男性担任，并被赋予新的政治色彩。巫师具有与天地沟通的神力，又凭借神的力量建立起自己的威严和统治氏族部落的权力，成为集神权、军权、王权于一身的统领一方的统治者，其至高无上的地位与后世的皇帝相似。

新石器时代，北方和南方的广大区域已经形成势力强盛的邦国，高度发达的宗教与统治权力合而为一。例如，在南方的长江流域良渚地区和北方辽河流域牛河梁地区，统治者在政治中心兴建了规模宏大、显示其高贵地位的大型祭坛建筑和陵墓。良渚人盛行供奉玉琮，祭祀以沟通天地之神为最高等级。而牛河梁人是崇拜女神的氏族，体现了在农业发达的原始社会，人们视土地如母亲的理念。

**◀ 穿靴子的巫师**

这是具有宗教意义的神器。制作者有意夸张表现了一双厚重的大靴子，独具匠心地突出了穿靴人的特殊身份。当时一般氏族成员多赤脚，也有少数人穿草鞋，只有地位显赫的人才能穿靴子。因此，此人的身份很可能是巫师或氏族首领。

**▶ 女神头像**

辽河牛河梁遗址女神庙中，供奉很多用泥土烧制的女神像。这是人们供奉的土地神，以祈求农业丰收。女神的面部和嘴唇涂红彩，眼睛用青玉镶嵌，颇具神采。

**◀ 牛河梁宗教遗址**

在东北辽河流域牛河梁一带，发现距今约5000年的宗教圣地遗址——祭坛、女神庙和墓葬群，组成蔚为壮观的建筑群，实际上是邦国最高政治中心。祭坛是圆形高台，墓葬群有圆形和方形两种，象征了天圆地方的观念。这种布局是商周时代都城中宗教礼制建筑的雏形。

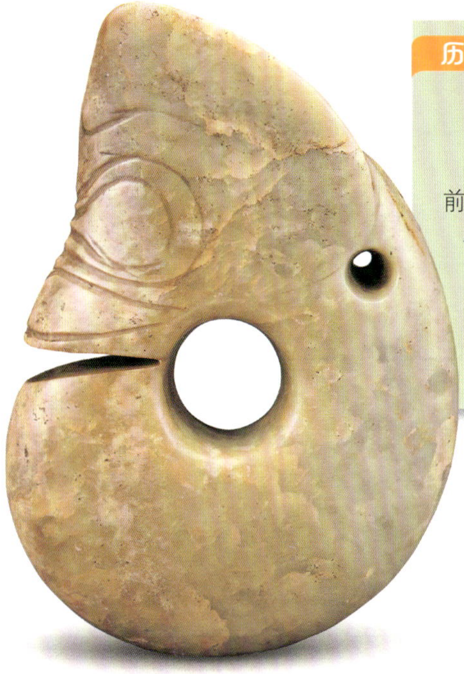

历史链接

### 龙的故乡

龙与中华文明一脉相承。早在七八千年前，龙的形象已经出现在中华大地。在五帝的传说中，创立世界、战天斗地的领袖，几乎都曾得到龙的神力相助。由那时起，龙的踪迹遍布大江南北，成为各族共同崇拜的神灵，后来更演化成中国皇帝的象征。

◀ **玉猪龙**

出土于牛梁河遗址，是身份等级较高的人物的陪葬品。

▲ **占卜工具——龟甲与石子**

直至新石器时代，人们对大自然的威力仍然难以理解，希望借助巫师的超凡神力，预测未来，把握命运，于是占卜出现了。在河南一个新石器时代的遗址中，发现一座男巫师的墓葬，随葬有8组占卜用的龟甲。龟甲上刻有各种占卜记事的符号，龟甲内还装有数量、颜色、大小、形状不同的小石子。

▲ **玉琮王上的神人兽面纹**

玉琮工上刻有良渚人崇拜的主神形象——神人兽面纹，这个图案在良渚礼器上无处不在，是象征权势和威严的神徽。

▲ **良渚玉琮王**

原始社会晚期，玉器被赋予特有的宗教意义，最高贵的玉器是玉琮。在隆重的祭祀礼仪中，玉琮成为巫师奉献给天神和地神必不可少的礼器。玉琮外圆内方，表示天圆地方的意思，中间的圆孔表示天与地的沟通，中间穿过的绳子，就是“天地柱”。此外，玉琮越大，代表拥有者的地位越高，这件玉琮重约6.5千克，被称为“琮王”。

▲ **陪葬玉器**

这是牛河梁遗址一个大墓的随葬玉器，包括玉璧、玉环、玉龟等，墓主人死时手握与占卜有关的玉龟，显示他是掌握神权的宗教领袖。

▲ **巫师的法器**

这件玉琮是巫师作法时必备的法器。在良渚大墓中，不分性别，一墓出土一件。

# 三皇五帝与邦国时代

约4000—5000年前，在黄河、长江和辽河流域等经济发达地区，聚集着众多势力强大的部落联盟。他们或联合，或对抗，终于形成了由若干个部落联盟组成的邦国。

为了抵御敌人的袭扰，各个邦国都兴建城堡。城堡内有显示政权和神权的宫殿区、祭祀区，邦国首领在此治理政务，是邦国的政治、宗教、军事中心，实际已经成为最初的王都。在大城堡的周围有许多小型军事城堡，形成进可攻、退可守的军事防御体系。城堡群的四周有密集的村落，属于邦国的势力范围，氏族成员要向邦国首领进贡粮食和家畜。至此，高耸林立的城堡标志着平等民主的氏族社会已经走到尽头，国家即将出现。

在黄河、长江两大流域活跃的诸多邦国，再次作为原始社会最后一场革命的先锋，带动周边地区奔向文明时代。此时标志着先进文明的神秘文字和青铜器也在黄河流域产生。文字、青铜器和城堡，被认为是文明发展的重要标志。

邦国时代一批具有强大政治势力的领袖和与天灾抗争的英雄，如伏羲、燧人、神农、黄帝、颛顼（Zhuānxū）帝喾（Dìkù）、唐尧、虞舜，他们为民造福的功绩受到人们的爱戴，以后被尊奉为“三皇五帝”，成为创造中华文明之神（关于三皇五帝的说法不一，此处取较为通行的一种）。而西方同样也流传着创造世界的神，但大多是虚构的人物。经考古发现证实，三皇五帝产生于国家诞生前的三大政治势力部落，即中原的神农氏华族部落、东南沿海的夷夏部落、燕山南北的黄帝部落。这三大部落在各自地域活跃发展，也不断相互征战、吞并、融合，最终一同向着华夏文化共同体迈进。

▲ **三苗古国遗留的人头像**

传说尧和禹曾多次讨伐位于长江流域的三苗古国。这是三苗古国遗留的玉制人头像，穿戴严肃，表情庄重，佩戴耳环，大概是三苗古国的巫师。

**历史链接**

**世界最早的城市建筑群**

距今约5000—4000年，在世界范围内的古文明发达区域，相继诞生了大批城邦式的国家及其城市建筑群，各具特色，呈争奇斗艳之势。这些最早的城市建筑群主要分布在非洲北部尼罗河下游的古埃及、欧洲爱琴海古希腊的克里特岛、西亚两河流域的苏美尔，以及南亚印度河流域的哈拉帕。而位于东亚的中国，此时已经进入三皇五帝时代，在黄河和长江流域广袤的沃土上，围绕在三皇五帝的活跃区域建立了众多城邦式国家，还有分布密集的军事防御城堡建筑群，独具东方地域特征。这些代表先进性的城市建筑群，推动了世界城市文明的进程。

▼ **殿堂复原图**

这是一座超大规模建筑的复原情况，房子加上广场，占地420平方米。这是一座5000年前的部落联盟首领居住的殿堂，也是他召开部落联盟会议和举行重要宗教活动的场所。

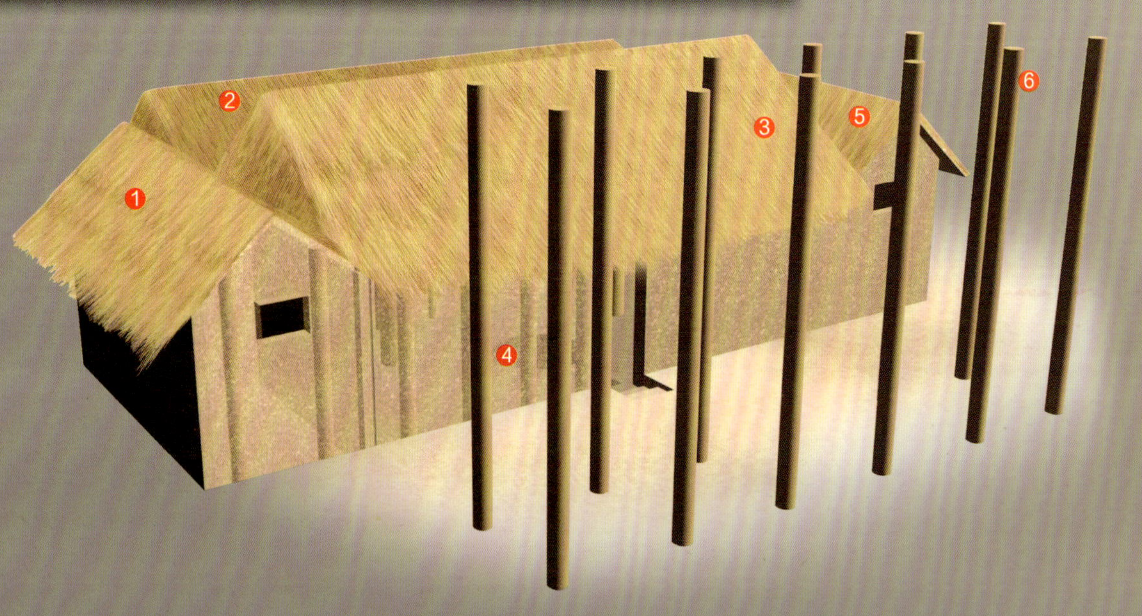

▲ **陶器残片上的文字**

中国在约8000年前已出现文字的萌芽——刻画在陶器上的符号。这是在山东发现的刻在陶盆底部的文字，共11个字，排列规整，独立成字，应该是一个有语法规律的短句，与甲骨文同属于一个文字系统。这证实了先于邦国时代已有人创造出与商朝甲骨文一脉相承的文字。

◀ **七角星纹镜**

铜器的发明是古国时代先进文明的标志之一。人们最初只用自然铜（红铜）加工成器，由于质地较软，只适宜制作小型工具或装饰品。后来发明了青铜，青铜比红铜熔点低、硬度大，可以用来制造各种生产工具和武器等。这是中国最早的青铜镜之一，出现于新石器时代晚期的齐家文化。

▶ **陶排水管道**

这是一个城堡遗址出土的排水管道，证明古城中设计了完善的排水系统。陶管道一头大，一头小，小口套在大口中，连接成管道。这种排水设施一直沿用到近代，才被水泥管道取代。

◀ **五帝时代的三大部落势力范围分布图**

五帝时代已进入原始社会末期，当时国家尚未建立，各个邦国首领在不同地区活跃发展，北方、中原、东南地区出现了三大势力部落。因文化的交汇和不断重组，三大部落逐渐汇聚为一体，形成文化共同体。这是中国、中华民族以及多民族统一国家的奠基时期。

**历史链接**

**中华民族的人文初祖**

相传，炎帝教人稼穑、发明医药、开辟集市，使人们互通有无。黄帝发明车船，他的妻子嫘祖教民养蚕缫丝，他的臣下发明了文字、音律、历法等。他们创造的文明成就是中华文明的重要组成部分。因此，人们奉他们为中华民族的人文初祖。

▲ **殿堂遗址发掘现场**

这座殿堂的规模、结构及建筑技术，已超越了原始简单庇护所的概念，代表了原始社会建筑技术的最高水平。

▼ **世界最早的城市建筑群遗址**

| 古文明发源地 | 年代 | 城市建筑群遗址情况 |
|---|---|---|
| 古埃及 | 公元前5300年前<br>公元前3100年前 | 下埃及尼罗河阿拜多斯古城和墓葬群遗址<br>中古王朝首都孟斐斯大型都城遗址 |
| 苏美尔 | 公元前3000年—前2600年 | 两河流域苏美尔诸国争霸时代，建立密集的城邦式建筑群，是世界上城市化最早的典范 |
| 古希腊 | 公元前3000年—前2000年 | 爱琴海克里特岛的诺萨斯城和得米诺斯王宫等建筑群，是世界上最早的王城和王宫建筑，以富丽堂皇、结构繁复而享誉世界 |
| 中国 | 公元前3000年—前2000年 | 黄河、长江中下游分布密集的城邦式建筑遗址，军事防御的城堡建筑群尤为突出 |
| 古印度 | 公元前2600年—前1700年 | 印度河流域以哈拉帕和摩亨佐·达罗两大都城为中心，环绕百余座卫星城，形成“大都会文明”布局 |

# “天地之中”与“世界之脐”

远古的传说开启了人类文明的曙光，在世界五大文明古国都流传着以神谕之名确立的世界中心，在这些神圣之地分别建立的供天神居住的宫殿备受尊崇，得到人们的世代奉祀。“世界中心”的观念与国家地位、王权至尊紧密相连，无一例外。围绕这些“世界中心”，公元前6世纪以后兴起了一个又一个大帝国。

在诸多“世界中心”建筑群中，最为著名的有两处，均被联合国教科文组织列入《世界遗产名录》。一处位于东方，中国黄河流域河南省的嵩山地区——登封“天地之中”历史古迹，是传说时代三皇五帝确认的“天地之中”。这里保存了历史悠久且丰富多彩的文物遗迹，包括8处历史建筑，如启母阙、周公测景台和观星台、嵩阳书院、少林寺建筑群等，从汉、魏直至明、清，延续历史长达两千年。2010年联合国教科文组织给予“天地之中”很高的评价，认为其“具有鲜活的传统、理念、信仰、艺术和文学价值”，“呈现中华民族历史延绵不断、文明独特，是稀有之见证”。另一处是西方的希腊德尔斐考古遗址，被称为“世界之脐”，公元前6世纪建立，由阿波罗太阳神庙、雅典娜女神庙以及巨型露天剧场、体育运动场等建筑组成，分布在山峦之间，规模极为宏大。

▶ **洛阳龙门石窟奉先寺造像**

龙门石窟位于洛阳南面伊河两岸山崖间，集中建造于北魏至隋唐，现存有2000多个窟龛，10万多尊佛像。洞窟、造像依山岩开凿，南北绵延1000米，规模宏大，气势磅礴，令人惊叹。其中奉先寺最具代表性，它体现了唐朝建造石窟的最高水准。2000年，龙门石窟被列入《世界遗产名录》。

**历史链接**

**“四大文明古国”与“五大文明古国”的由来**

“四大文明古国”是指世界上最早的人类文明发源地，即美索不达米亚、古埃及、古印度和中国。据考证，梁启超在1900年写作《二十世纪太平洋歌》，提出“四大文明古国”的概念，他注明：“地球上古文明祖国有四：中国及印度、埃及、小亚细亚是也。”严复考证“小亚细亚即汉之安息”。1923年中国文化学奠基人柳诒徵出版《中国文化史》，提出：“世界开化最早之国，曰巴比伦，曰埃及，曰印度，曰中国。”这是关于“四大文明古国”有确切记载的最早定型说法，由此传播至今，广受国际史学界认可。

另外，美国历史学家斯塔夫里阿诺斯（Leften Stavros Stavrianos，1913—2004）所著《全球通史》最早于1970年出版，称：“中东、印度、中国和欧洲这四块地区的肥沃的大河流域和平原，孕育了历史上最伟大的文明。这些文明使欧亚大陆成为起重大作用的世界历史中心地区。”书中进一步明确指出，中东的文明中心包括尼罗河流域、两河流域及伊朗高原；中国的文明中心是黄河流域和长江流域；欧洲的文明中心在地中海北岸地区。美国历史学家威廉·麦克尼尔（William Hardy McNeill，1917—2016）所著《世界文明史——观察世界的新视角》称“古巴比伦、古埃及、古印度、古希腊、中国是世界上的五大文明发源地”。两位历史学家的“五大文明发源地”观点也广受国际史学界认可。

▲ 启母石

传说中启母石是夏禹之子启的出生地。

▲ 嵩山中的嵩岳寺塔

嵩岳寺塔，建于北魏正光年间（520—525），是世界上现存最古老的密檐塔，通高约40米，共有15层，塔刹内有2座天宫。2010年联合国教科文组织将包括嵩岳寺塔在内的“登封‘天地之中’历史建筑群”列入《世界遗产名录》。

▲ 河南嵩山少林寺初祖庵

北魏太和十九年（495），孝文帝在洛阳故城附近的嵩山中建立佛寺，之后，印度僧人菩提达摩在此首创禅宗。历史上称达摩为“禅宗初祖”，奉少林寺为“祖庭”。由于这里是达摩创立禅宗之处，故称“初祖庵”。现佛寺的大殿和千佛阁仍存。

▲ 古希腊德尔斐考古遗址

古希腊神话中，宙斯发出神谕，断定位于希腊福基斯（Phocis）山区的德尔斐是“世界之脐”，即地球的中心点。公元前6世纪，人们根据宙斯神谕在德尔斐建立以“世界之脐”为名的泛希腊神庙群。神庙群与山谷美景融为一体，气象万千，具有神圣而祥和之感，构成古希腊宗教中心。它为后世的诸多宗教，包括东方的佛教点燃了启蒙之光。1987年联合国教科文组织将其列入《世界遗产名录》。

◀ “世界之脐”里的女神柱

这是原安置在“世界之脐”雅典娜女神庙中心的女神柱，象征着雅典娜女神掌控国家的命运和希腊的统一。

# 上古

夏 朝 至 春 秋 战 国
# 时代

贰

**前2600年—前2000年**

山东龙山文化产生真正意义上的文字。

**约前2070年**

禹建立中国历史上第一个王朝——夏王朝。

**约前1894年**

巴比伦王国建立，此后300年均为两河流域最重要的国家。

**约前1600年**

成汤建立商朝，定都于亳（今地有河南商丘、山东曹县、河南偃师三说），建立了当时最宏伟的都城。

**前1300年**

商王盘庚把都城迁到殷（今河南安阳），殷成为商后期全国政治经济文化中心。在殷墟出土的甲骨文，是中国最早的文字体系。青铜农具于此时期开始广泛应用。

**前13世纪**

经过10年战争，希腊摧毁特洛伊城。

**约前11世纪**

古希腊由青铜时代进入铁器时代。

**前450年**

罗马共和国将成文法典刻于十二铜牌（一说着色木牌）上，置于城市的主要广场。

**前374年**

古希腊哲学家柏拉图完成主要著作《理想国》。

**前356年**

秦孝公任用商鞅进行变法，实施统一度量衡制、颁布法律等重要措施，奠定秦国统一天下的基础。

**前336年—前323年**

古代马其顿王国国王亚历山大大帝在位期间征服波斯、远征印度。

**前321年（一说前324年）**

印度孔雀王朝兴起，笈多国王后来统一北印度与阿富汗。

**前319年—前301年**

齐宣王在位，齐国的官办学府稷下学宫达到鼎盛，成为战国的论学中心。

**前307年**

赵武灵王创建骑兵队，是战国七雄中最早开始胡服骑射的国家。

**前1046年**

周武王打败商纣王，建立周朝，以镐京（今陕西西安）为首都。

**前1038年**

周公摄政并建立典章制度，即《周礼》。

**前10世纪初**

周原的西周宫室建筑群，是最早的四合院建筑。

**前10世纪末**

十二律体系出现，是乐律学方面的重大建树。砖的发明及榫卯接合技术的普遍应用，使建筑技术突进。

**前9世纪中期**

周人开始使用铁农具、铁兵器。

**前776年**

古希腊举行第一届古代奥林匹克运动会。希腊人以这年作为自己历史年代的开始。

**约前753年**

罗马城建立，罗马人以此年为罗马史之元年。

**前722年**

中国最早的编年体史书《春秋》开始记事，春秋时代亦因此书得名。

**前660年**

日本神武天皇即位，是日本传统纪元之始。

**前656年**

楚国建立了最早的长城，长千余里，以后各国相继修筑长城。

**前594年**

鲁国推行“初税亩”，是中国历史上征收田税的开始。

**前536年**

春秋时代郑国的“铸刑书”，为中国成文法典之始。

**前510年**

古罗马贵族政变，实行共和统治，国家由执政官和元老院管理。

**前486年**

印度佛教的创始人释迦牟尼逝世（另有前544年、前543年等说法）。

**前479年**

孔子逝世，他创立的儒家思想影响中国数千年。

**约前476年**

《考工记》成书，是中国最早的工业技术专著。

# 夏朝迈进国家之门

在“三皇五帝”旗帜下集结的众多邦国中，以先进的农业和青铜技术堪称强势的夏族、商族和周族，最先迈进国家之门，在黄河中下游演绎了长达千年的群雄逐鹿的战事。

约公元前2070年，中国历史上的第一个朝代——夏朝建立，从此延续了数万年的以血缘关系为基础的氏族公社解体了，更高一级的文明社会诞生了。

夏朝是以氏族为核心发展形成的国家。夏朝国王启是在一次政权革命中即位的。当时邦国的首领要经过民主推举产生，夏族的治水英雄大禹被推举为首领，他死后，没有经过民主选举，他的儿子启继承父位，成为国家的最高统治者，王位世袭自此开始。

夏朝管辖了12个同姓氏族部落和众多异姓氏族部落，国王是各族的共主，也是贵族利益的代表。夏王打破了旧有的氏族组织，把疆土按照地区划分成“九州”，设置官吏管理，使国家对地方的统治增强了。

但是，刚刚从邦国时代脱胎出来的夏朝，依然被沉重的旧势力的链条束缚着，国家重大决策要经过贵族议事会通过。国王深深感到自己的权力受到很大制约。为了争取更大的王权，他们与原始民主制殊死较量，但是，夏朝没有完全实现这个愿望。直至商朝和周朝以王权为中心的国家体制逐渐健全，国王才确立了至高至尊的统治地位。

▲ 汉代画像石夏禹像

这幅画中的大禹头戴斗笠，手持挖地工具臿，表现出治水英雄的形象。

▼ 汉代画像石上的古帝王像

这件画像石以上古帝王为主题，整体形似宫殿，顶层是居住在天宫的西王母，施恩于人世间；上层第一排是传说时代的三皇五帝至夏商周国王像，第二排是儒家宣扬的圣贤美德故事；下层第一排是春秋战国诸侯征战，第二排是君王车马出行图。由此证实上古三皇五帝至夏商周的国王，在汉代都被奉为正统，与西王母一样受到尊重。

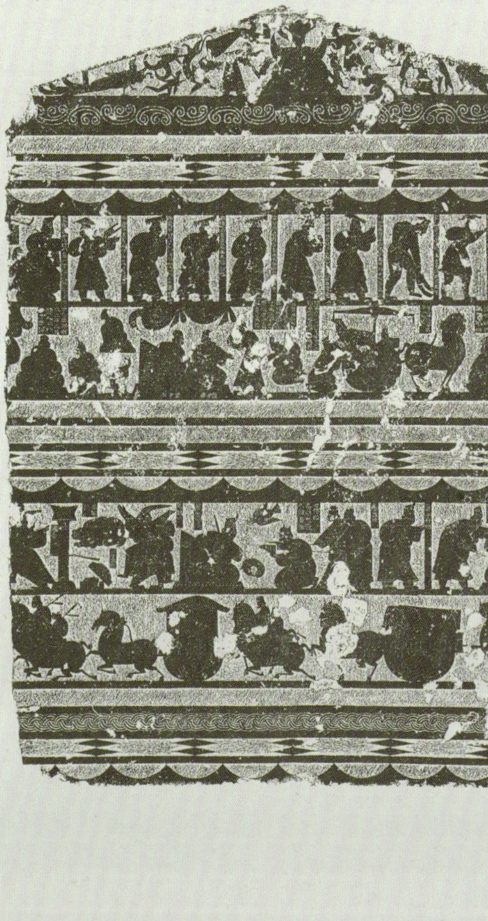

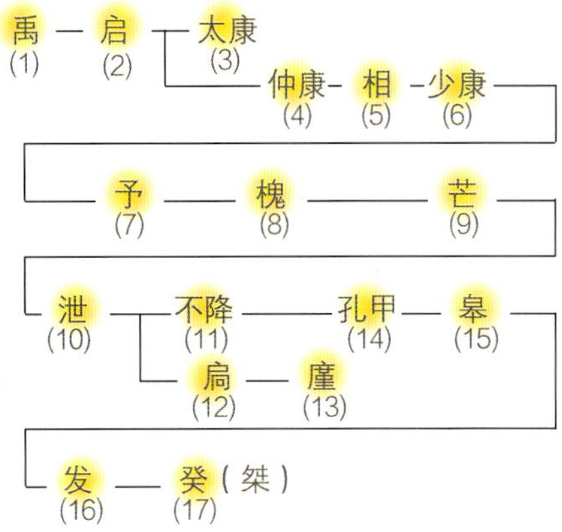


▲ 夏王朝世系表

◀ 镶嵌绿松石牌饰

这是夏朝用镶嵌工艺制造的青铜牌饰，是贵族神器上的装饰物。兽面纹由绿松石镶嵌而成。

▲ **夏朝都城的宫殿复原图**

夏朝的都城位于河南偃师二里头。二里头的遗址占地300万平方米，相当于现今400多个足球场，有宫殿区、居住和生产区以及葬地等。宫殿区的规模很大，这是其中一座宫殿的复原图。

**历史链接**

### 暴虐的夏桀

桀是夏朝最后一个王，他残忍暴虐，荒淫奢侈，致使众叛亲离。他曾故意把老虎赶到城里摧残百姓，以此取乐。因为他自比为太阳，不堪忍受其暴政的百姓都指着太阳骂：“你这个可恨的太阳什么时候灭亡？我们情愿与你同归于尽！”

◀ **涂朱石璋**

这是夏朝举行重大典礼时使用的仪仗礼器。造型仿兵器，涂有红色朱砂，象征鲜血，认为这样就具有辟邪降魔的威力。在夏朝都城遗址中出土了大量用青铜、玉、漆、象牙、骨等制造的仪仗礼器，证明当时王室贵族很重视礼仪，典礼活动频繁。

**历史链接**

### 大禹治水与国家统一

距今约4000年，黄河泛滥对古人造成巨大的威胁。大禹因为成功指挥治河，成为英雄，被推举为部落联盟首领。大禹动员各部落的人合力治水，反映当时的社会组织已经成熟。到他的儿子启继承其位后，终于建立了中国历史上的第一个国家。此后几千年，黄河水患从未止息，促使古人团结力量应对，亦推动了中国向着大一统之路进发。

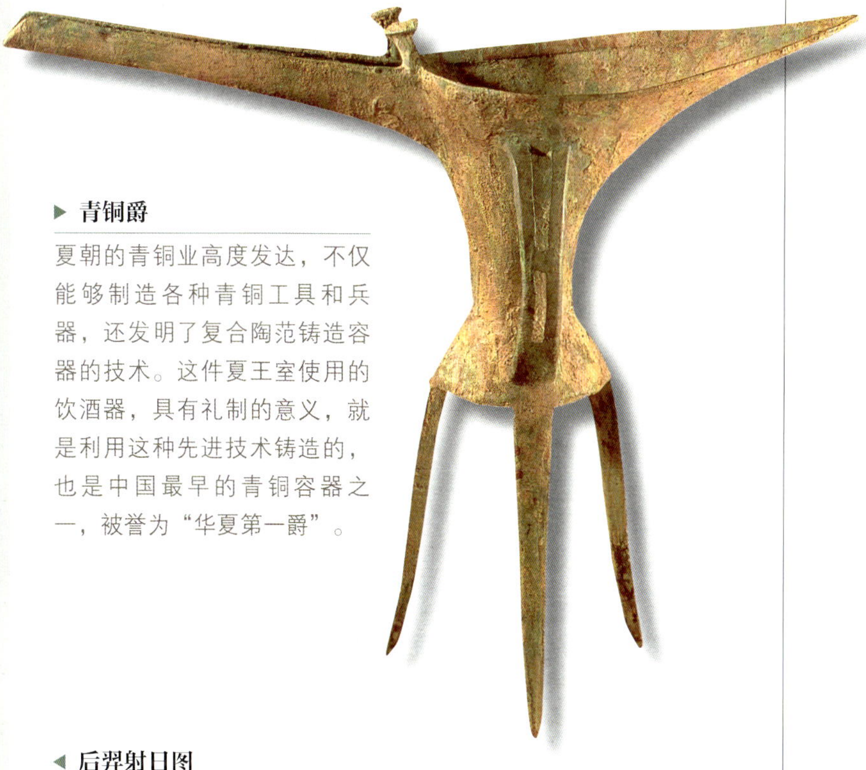

▶ **青铜爵**

夏朝的青铜业高度发达，不仅能够制造各种青铜工具和兵器，还发明了复合陶范铸造容器的技术。这件夏王室使用的饮酒器，具有礼制的意义，就是利用这种先进技术铸造的，也是中国最早的青铜容器之一，被誉为“华夏第一爵”。

后羿

◀ **后羿射日图**

夏朝众多方国中，文明程度较高的东夷族，势力强大，其首领曾被推举为大禹的继承人，但最终由启继承王位，东夷族因而成为夏朝最大的政敌。启去世后，东夷族首领后羿打败夏王朝，并夺走王位。后羿被历代赞扬为勇猛的英雄，传说天上有十个太阳，引发干旱，后羿射落九个。这件战国时代的衣箱上，描绘了后羿射日的神话。

# 神权与王权合一的商朝

当夏朝统治黄河中下游地区时，臣服于夏朝的商族，已经在东北方跃跃欲试了。约公元前1600年，夏王桀暴虐无道引发内乱，商族乘机推翻夏朝，建立商朝。

商王巩固了王位世袭制。商王自称“余一人”，意思是普天之下，唯此为大。商王的统治方式与古埃及法老政权极相似，都是用神权与王权合一的统治方式管理国家。他们自认为既是世俗人间的最高领袖，又是天帝或太阳的子孙，具有沟通天帝意志的神力。商朝和古埃及的高级官员都兼有神职，还有大量专门负责宗教和祭祀事务的神职官员，构成了最显贵的阶层。

商王奉行的最高原则，就是依据天帝的意志治理国家，神权甚至高于王权。“国之大事，唯祀（祭祀）与戎（战争）。”商王处理政务，都要占卜吉凶，并形成规范的程序。占卜师利用兽骨占卜以后，要在兽骨上记录占卜的事因和结果，作为王室档案，由专人保存，传于后代。保留至今的商王室卜辞有16万片之多，内容涉及征战、天象、收成，以及国王祭祖、田猎、疾病等。王室的占卜师，权力仅次于商王，不仅参与祭祀和征战等国事的决策，而且几乎所有与王事有关的活动都要参加，地位显赫。在商王的感召下，整个王朝都弥漫着鬼神崇拜的风气，神权政治渗透到社会生活的每个角落。

在古埃及、古波斯、古希腊、古罗马、古印度等国家的历史上，都曾出现过神权政治，但因王权与神权分立，引发了国王与教主、教会与民众之间的巨大分裂，甚至发生国家暴乱。而商王本人具有神权和王权的双重身份，所以商朝没有出现宗教动乱。但是商朝残酷的神权政治继承了邦国时代的统治方式，显露了政权的原始性和幼稚状态，所以后来的周朝便推行另一种统治模式，以适应复杂而多元化的国家体制。

▲ 殷都建在安阳洹河之畔

▲ 卜骨

商朝人占卜活动频繁，几乎事事问卜，商朝的占卜活动也逐渐形成固定的程序。商朝人使用兽骨和龟甲占卜，发明了先钻凿后烧灼的程序。这是卜骨背面，可见钻凿的痕迹，正面有用以判断吉凶的裂纹。

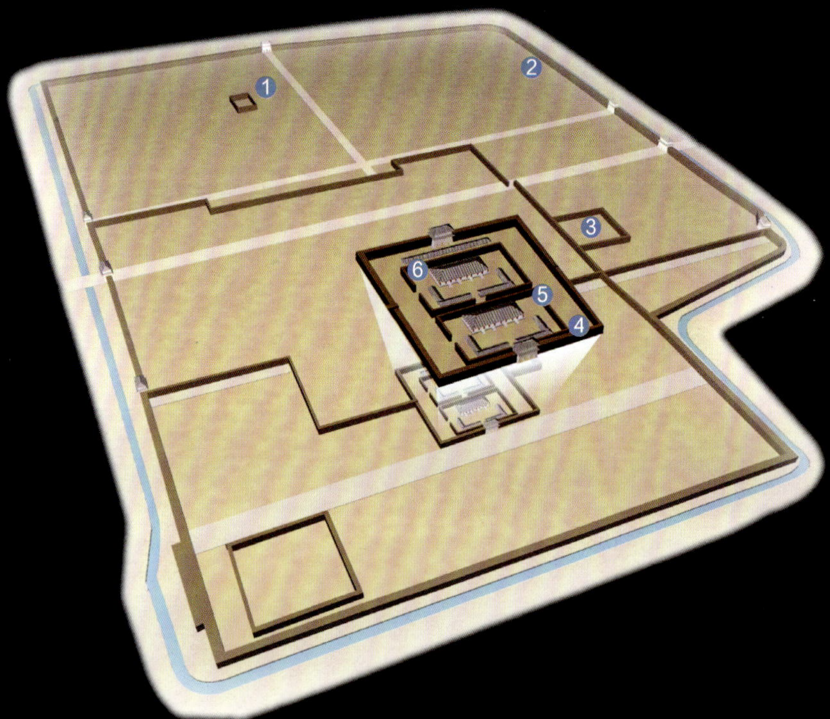


1 武器仓库
2 外城
3 军事拱卫小城
4 宫城范围
5 内城范围
6 宫殿

◀ 商朝最早的都城西亳复原图

夏商周三朝的国王，都在探索确立王权之路，从都城、宫殿到陵墓的建筑规划，处处显示了这一理念。商朝建立初期，精心选择在洛水之滨建立都城——西亳（今河南偃师）。这是一座宏伟的都城，分布在中轴线上的宫城、内城和外城，其布局强调了以王权为中心的统治理念。

▲ 殷墟遗址鸟瞰图

商朝建国后屡次迁都，公元前14世纪商王盘庚迁都到殷，直至商朝灭亡，共历八代十二王，长达253年。后世称商朝为“殷”，称商都为“殷都”。迁都后的宫殿、宗庙及其王陵建筑规模比商朝早期更加宏伟，体现了商朝晚期社会发展的较高水平。

这是商朝王室的墓葬地

▲ 殷都原址上复原的宫殿

这是在安阳殷都原址上复原的宫殿，是严格按照考古发掘实际测量建造的。商朝晚期的宫殿规模比商朝早期的更加宏大，而形式没有变化，依然保留着最高等级的四坡重檐屋顶，原来的密檐木柱变得较为宽松舒朗，由此证实木构建筑技术日趋成熟。

▶ 兽面纹青铜建筑构件

这是商朝离宫别馆的建筑构件，装饰在宫殿木梁的前端，可以加固木梁。精美华丽的兽面纹，显示了商王室建筑的气派。

◀ 青铜双面神人头像

这是一件祭祀用的礼器。祭祀时，巫师拿着放在脸前，表示巫师与神相通，代表神权。

**历史链接**

### 汤武革命

汤是商朝的建立者，他威武勇猛，故又称汤武。汤注重以德义服人，深得民心。为了推翻日渐衰败的夏王朝，他先后进行了11次征伐，最后一举攻灭了夏，变革了夏王朝占有天下的“天命”。

# 商朝武丁盛世与巾帼统帅妇好

商朝建国后经常受到周边方国的袭扰，对政权构成严重威胁，商朝军队连年疲于防御之战。直至武丁即位，局势才发生扭转。

商王武丁是一位颇具征服性格的国君，对于周边骚乱不断的方国，他积极出击作战。商王除了组织精锐军队，还重视任用勇猛善战的军事将领。武丁之妻妇好就是在这一形势下走出王宫，走上政治舞台的。她辅佐国王，多次受命率领军队征战四方，曾指挥对北部鬼方（今内蒙古一带）和土方（今河北、山西一带）、西部羌方（今陕西、甘肃一带）、东南部夷方（今山东、安徽一带）、西南部巴方（今四川）的一系列讨伐战争，充分表现了杰出的军事指挥才能。妇好指挥的最艰难的战争是征伐距离最遥远的强大方国巴方，从商都殷到长江流域汉水，陆路长达3000千米～4000千米，要渡过黄河、淮河、长江三大河流。当时的作战方式是车战，一支万余人组成的军队，有车兵、步兵和后勤补给部队，浩浩荡荡，逶迤不绝，指挥军队协调作战之艰难，可想而知。妇好到达战场后，率军设下埋伏。国王武丁从侧面发起攻击，待巴军进入伏击圈，妇好的大军如神兵天降，使巴方全军溃败。巴人部族被迫南迁，一直退至长江三峡上游今天四川的位置，从此不敢东进。后世因此称四川为“巴蜀”。这场中国战争史上最早的伏击战，可以说是中国军事史上灵活运用兵法谋略制胜的典范。

史书记载武丁王朝共吞并80余敌国，使商朝势力迅猛扩张，南至长江流域，北至鄂尔多斯草原，东至滨海，西至西域。妇好为商朝的开疆拓土立下汗马功劳，此后商朝周边的势力都不敢进犯，边境安定，商朝进入最强盛的时代。在妇好和贤臣的辅佐下，武丁统治的59年间（前1250—前1192）是商朝的鼎盛时代，国力强盛，社会昌明，疆土扩大。在先秦典籍中，武丁多有记载，被尊称为“高宗”，武丁统治被誉为 “武丁盛世” “武丁中兴”。这一切都与妇好在历史上罕见的卓越战功密不可分。

妇好英勇善战，统帅军队无往而不胜，深得商王武丁的宠信，由此确立了她在商王朝的崇高地位。妇好除了执掌军权外，还是主持国家祭祀天地神灵、先帝先祖等各类礼仪盛典的大祭司。她还担任王室的占卜官，用甲骨占卜吉凶，决定国策。在殷墟出土的大量甲骨卜辞中，发现有关妇好的卜辞有近200条，卜辞中记录了妇好一生的重大事迹，这让妇好成为商朝信息量最大的人物。这批经过妇好占卜的卜辞，字迹清晰规整，内容广泛，包括率兵出征的战事，参与国政要事决策、宫廷国事活动，以及其怀孕生子的时间、地点等，事无巨细，内容极为珍贵，是重要的商王室档案。

然而，妇好不幸在30多岁去世，商王武丁悲痛不已，追谥庙号“辛”，后代尊称为 “后母辛”。妇好以一生的征战，开拓商朝疆土，巩固了商王室的统治地位。她去世后，武丁赐予商王礼制的厚葬。妇好墓被安置在王宫的近旁，并建有独立的、规模与商王相当的巨大墓室。随葬品极尽奢华，艺术水平可以说达到当时的顶峰，妇好墓堪称一座地下艺术宝库，这证实了妇好生前显赫的政治地位和卓越的功业。墓地上还设立了专门祭祀妇好的享堂，纪念这位杰出的巾帼统帅。

◀ **妇好像**

这是21世纪初在妇好墓园内树立的石雕妇好像。经过甲骨文研究和考古出土文物证实，妇好是中国历史上第一位杰出的女性军事统帅和政治家。

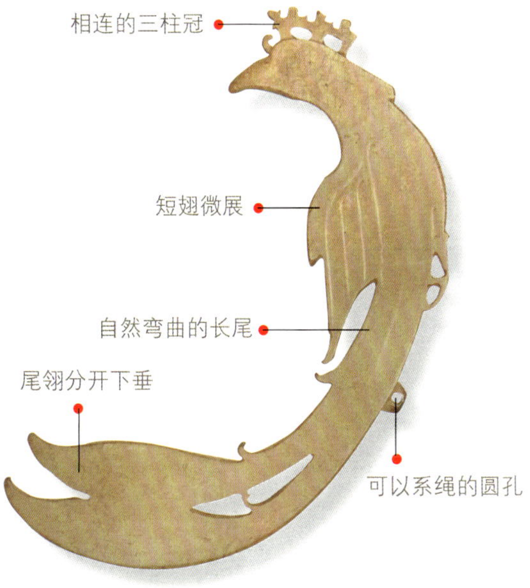


▲ **玉凤**

妇好墓中随葬的玉器，绝大多数来自甘肃、青海一带，证明武丁时期商王朝的势力已经到达西北地区。凤鸟在先秦时代已经具有后妃象征之意，妇好墓中随葬玉凤显示了墓主人尊贵的王后身份。

▲ **妇好墓与享堂**

这是妇好墓园的主体建筑享堂和墓室的入口。商王武丁为祭祀妇好，在墓地建造宗庙享堂，这是根据遗迹科学勘测的复原建筑。

妇好生前地位显赫而尊贵，功勋卓著，深得商王武丁的宠信，又是王嗣祖庚的生母。她去世后，武丁将其墓葬安置在王宫近旁，而未在远离王宫的陵墓区，这是商朝陵墓唯一的特例。

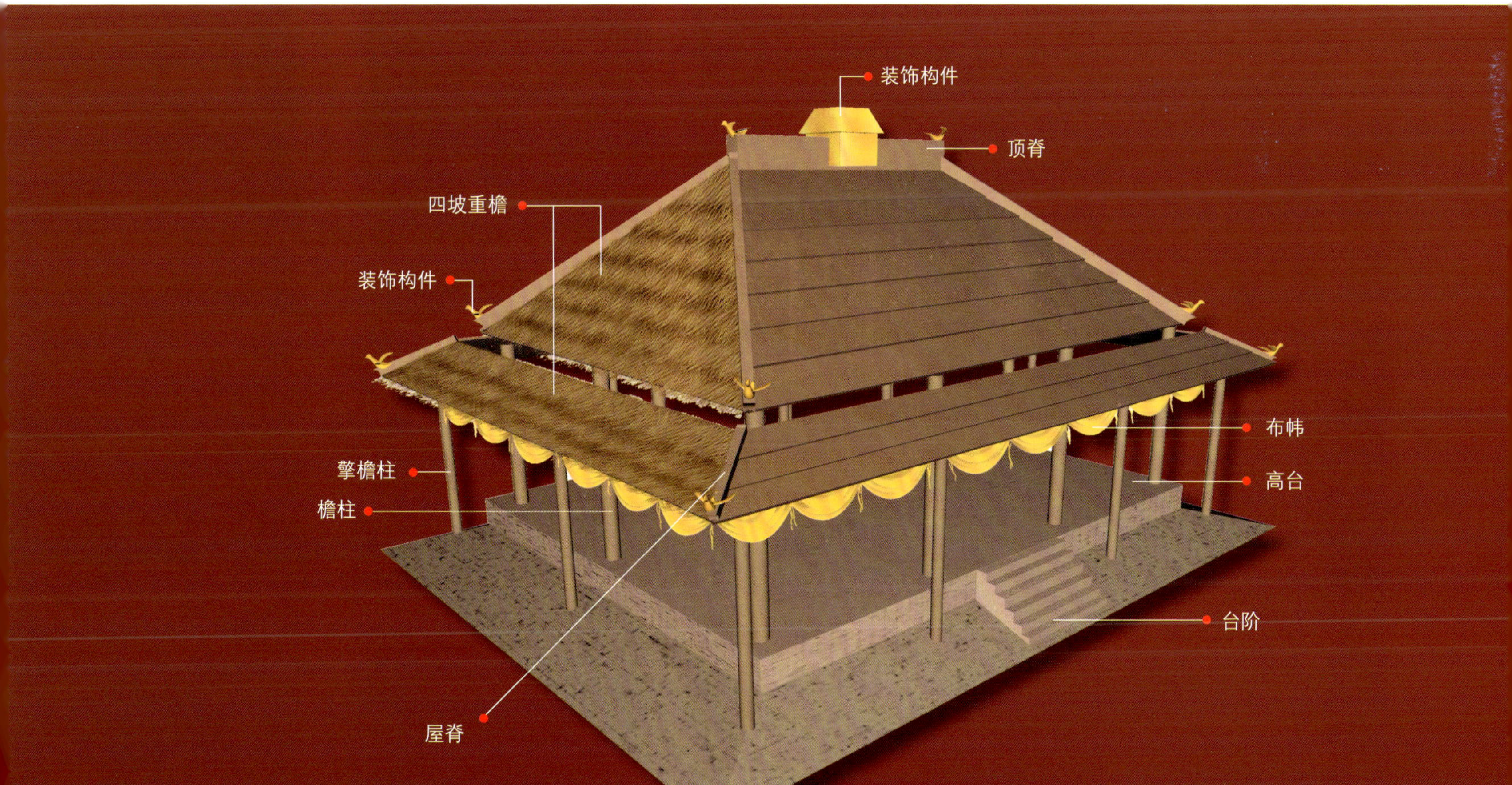


▲ **妇好墓享堂想象复原图**

# 商朝地下艺术宝库——妇好墓

1976年，中国社会科学院考古研究所在河南安阳小屯村的殷墟宗庙宫殿区附近发掘出一座大墓。这是殷墟考古五十年来唯一保存完整、未经扰乱的王室墓葬，更重要的是，它是迄今唯一能与甲骨文联系并断定年代、墓主人身份的商王室成员墓葬。墓主人是商王武丁之妻、商王祖庚生母妇好。

妇好墓是一座竖穴墓，长5.6米、宽4米、深7.5米，面积不大，20多平方米，但随葬品极为丰富而精美，且保存完好，有青铜器、玉器、象牙器、骨器、宝石器等，共计1600多件，是先秦考古的重大成果。

随葬品中青铜器有468件，种类繁多，以礼器和兵器为主。礼器有炊器、食器、酒器、水器等，其中有“妇好”铭文的礼器多达190件。后母辛方鼎、鸮尊、偶方彝、四足觥等礼仪重器，造型奇特，精美程度之高前所未见。

此外，还有精美绝伦的755件玉器，大部分为佩带玉饰，有各种立体或浮雕的人像、动物像，还有神话中的珍禽异兽等。这些莹润剔透的玉饰，其玉料来源一直是专家关注的焦点，传统观点认为是来自新疆的和田玉。而近年经过科学技术检测，证实是来自甘肃、青海一带的玉料。有专家推测，这些玉料可能与商朝武丁派遣妇好不断率兵远征西北地区，由此加强了两地商贸、文化的交往有关。

妇好墓的随葬品堪称国家瑰宝，属于商代墓葬中出土数量最多、工艺水平最高的，反映了商代高度发达的手工业制造水平，也折射出商朝上层社会的主流观念。它对于揭示商代后期武丁盛世的社会全貌，具有极其重要的学术价值。

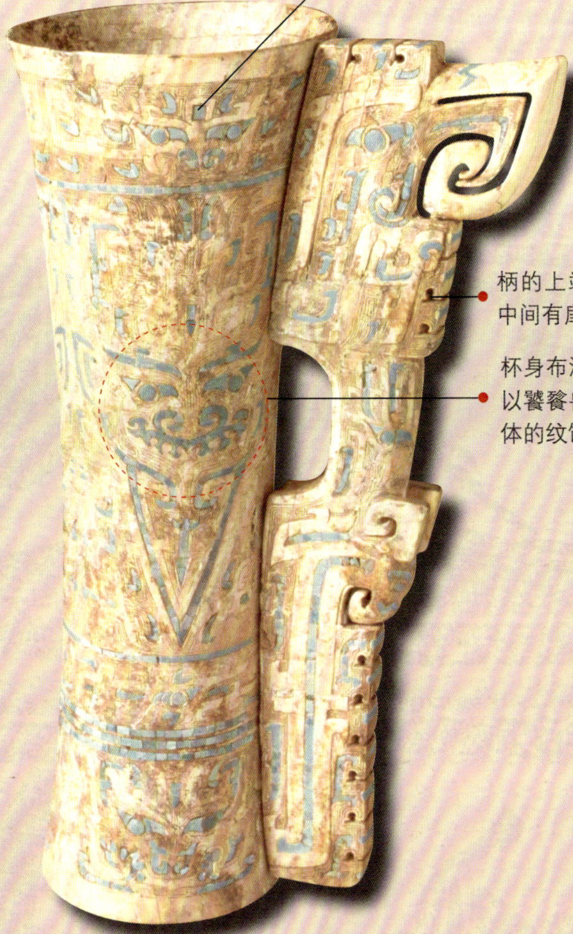


▲ **镶嵌绿松石象牙杯**

中国的象牙雕刻历史，可追溯到约7000年前的新石器时代。商朝的象牙器物多效仿青铜礼器的纹饰雕刻。这件镶嵌绿松石象牙杯，是一件巧夺天工的艺术珍品，图案富丽，工艺精巧，体现了商代象牙雕刻工艺的卓越技巧。

◀ **妇好墓随葬坑**

墓内还有殉人16个、殉狗6条，反映了商朝盛行的残酷陋习。考古学者公认墓主人为武丁王后妇好。

◀ **妇好鸮尊**

鸮，即猫头鹰。商朝人认为祖先与鸮有渊源。因猫头鹰昼伏夜出，商朝人将其奉为战神，认为可以克敌制胜，消除兵灾。而妇好曾多次率军出征，故以此器象征她英勇善战，所向无敌。在中国古代青铜器中，鸮的形象不多见，仅见于商朝后期的青铜器，在西周青铜器中还未发现鸮。

▲ **妇好钺**

青铜钺是一种仪仗性兵器，妇好墓随葬此器，证明墓主人生前具有统帅军队的征伐大权。妇好钺上主体装饰的猛虎吞噬人头图案，散发着神秘而威严的气息，象征商朝神权与王权的至高无上。后母戊鼎等青铜重器上都有此类图案，说明应是商朝礼制的象征。

◀ **妇好墓出土青铜器上的“妇好”铭文**

◀ **妇好夔足方鼎**

妇好墓出土的青铜礼器，大多铸有“妇好”“后母辛”等铭文。此鼎内底部有“妇好”二字铭文。这件方鼎以层层叠叠的纹饰，实现了繁缛而精美的艺术效果，具有商朝晚期王室礼器的独特风格。

# 神权统治下的臣民

夏朝着手建立的社会秩序，到商朝才初步凸显出来。商王及其血缘亲族构成的王族是最高贵族阶层，其下是与商王血缘疏远的同姓贵族和异姓贵族，他们占据了全国大部分土地、人口和财富。而社会下层是被称为“众人”的劳动者，分别隶属于商王和各级贵族，他们从事农业和手工业生产，创造社会财富。地位最低微的是战俘，他们沦为贵族的奴隶，失去人身自由，可以被任意买卖和杀戮，甚至作为人殉和人祭的牺牲品。

商王依照天帝的旨意治理国家，为表示对先王的尊敬，极重视厚葬和祭祀。除以牲畜和珍贵礼器陪葬外，还有商王的近臣、嬖妾、侍卫以及奴隶殉葬，以供祖先在死后的世界役使。殉人最多的达到数百人。此外，商王还重视人祭，凡是举行供奉神灵或祖先的仪式，都会杀戮或活埋奴隶做祭品。这种惨无人道的人殉、人祭风气，在贵族阶层也相当盛行，凸显了商朝神权至上的观念。

商王为了更有效控制民众，设立了监狱和各种酷刑。常见的刑罚有砍头、剖腹、割鼻、活埋、刖足和剁成肉酱等，都是非常残酷的肉刑。

商朝的统治残留着邦国时代的野蛮色彩，被后世所鄙弃。人殉、人祭和酷刑在西周已经被遏止，到秦汉则更加衰退了。

▲ 河南郑州商朝中期都城遗址人头骨坑

在商朝郑州都城宫殿区内，考古发掘出一条壕沟，宽1.4米，深0.9米，沟内埋葬有近百个人头骨，应是商王在举行祭祀祖先和神灵的仪式上，砍杀奴隶的首级作为祭品，真实反映了商朝人殉、人祭的风气，奴隶的命运极其悲惨。

▲ 商朝社祭假想图

商朝的祭祀活动几乎无所不在。商王和贵族的宫殿、宗庙、住宅在建筑开工时，都要举行隆重的奠基仪式，杀戮奴隶做祭品。江苏铜山丘湾发现的一处祭祀土地神的社祭遗址中，在作为社主的4块大石周围，有人骨20具、狗骨12具，人与狗混合埋葬。奴隶的葬式都是俯身屈膝，而且多是双手被缚在背后。这是其中一次祭祀的假想复原图。

**历史链接**

### 地下的奴仆

春秋以后的大型墓葬中，通常都会发现陶俑，这些俑是专门为死者制造的。古人相信死后另有世界，所以要有金银珠宝、锦衣华服随葬，当然少不了可供役使的“奴婢”。在商周时以人随葬或以人献祭都很普遍，但随着社会发展，这种风气渐渐消失，改为泥塑俑陪葬，秦始皇的兵马俑就是最著名的陪葬俑。

**历史链接**

### 古代世界的祭祀殉人现象

迄今所知，世界上许多国家在原始社会末期都普遍发生过用人殉葬或祭祀的残酷现象，直到进入文明时代才逐渐消失。最典型的是与商周同时代的古印度，当时正处于吠陀时代，占据垄断地位的《吠陀经》和婆罗门教都倡导“祭祀首要”，因此人殉、人祭非常盛行。直至公元前6世纪，以释迦牟尼创立佛教为先导的沙门新思潮出现，反对婆罗门教杀戮“贱民”做牺牲品祭神和殉葬，这一泯灭人性的做法才得到遏制。

| 象形文字 | 汉字 | 解释 |
| --- | --- | --- |
| 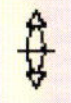 | 幸 | 古代的手铐 |
|  | 执 | 将双手用“幸”铐起来 |
|  | 劓 | 用刀割掉鼻子 |
| 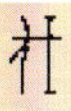 | 伐 | 用“戈”砍掉人头 |
|  | 刖 | 锯去一只脚 |

▲ **象形文字所见的刑罚举例**

中国文字一字一义，有不少文字是从真实的形象演化而来。看看文字最原始的形态，可以约略猜出它的意义。

**历史链接**

### 盘庚迁殷

盘庚是商朝第20位王。他即位的时候，商朝遭遇天灾人祸，内外交困。为了摆脱危机，他顶着重重压力，决定将都城从泗水边的奄（今山东曲阜）迁到黄河以北的商（后改称殷）。经过艰苦的努力，迁都大事终于完成，商王朝又重新兴盛强大起来。

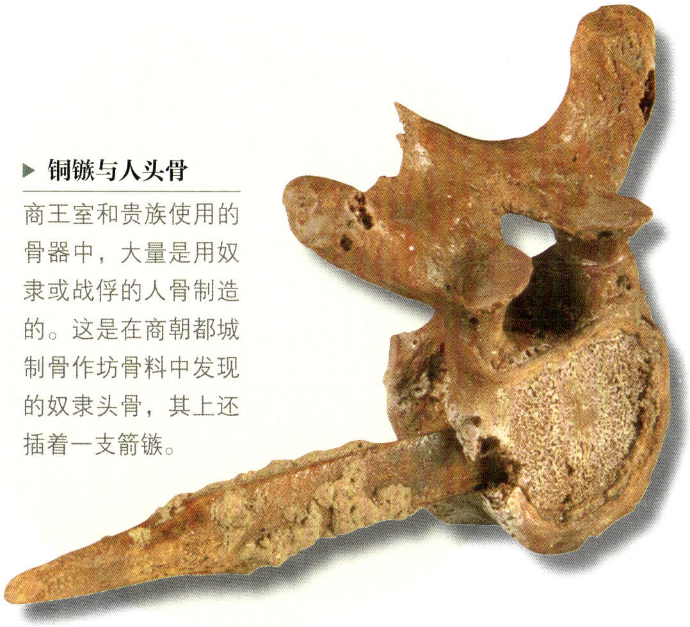

▶ **铜镞与人头骨**

商王室和贵族使用的骨器中，大量是用奴隶或战俘的人骨制造的。这是在商朝都城制骨作坊骨料中发现的奴隶头骨，其上还插着一支箭镞。

▲ **受过刖刑的奴隶**

刖刑是商朝最流行的五种刑法之一，一般是用铜锯从脚踝骨以上锯断。这种酷刑主要用于奴隶，使他们无法逃跑。这件西周的青铜器上，铸有一个受过刖刑的奴隶在守门的情景，展示了受刑者的真实形象。

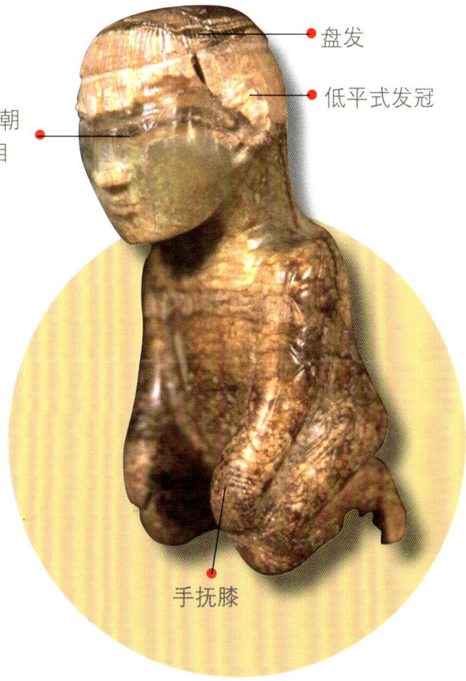


▶ **裸体跪拜奴隶像**

这是妇好墓的随葬品，是一件玉雕跪拜姿势的奴隶像。妇好墓中有16人殉葬，并有石雕和玉雕奴隶形象的随葬品数十件。

# 商朝的封国与方国

商朝是一个勇猛善战的王朝，对于周边叛服无常的封国与方国的管理和控制，都是以武力征服。商王作为天下共主，将势力所及的地方分为内服、外服，服内有大小封国，他们与商王的关系较为密切；势力稍不及的周边地区则有方国，他们与商朝若即若离。

内服和外服相当于中央与地方的行政等级。内服包括都城王畿地区和边疆军事要地，商王将同姓宗亲分驻王畿，保卫王室。外服划分“四土”，设置官制，按官职称为侯、伯、子、男，构成贵族阶层。外服地区多是被商朝征服的小国或部落，也被封国。商王根据封国的大小，授予首领相应的官职。这些封国负责戍守边疆，随王征战，为王垦田农耕，完成商王指派的各种杂役，向商王缴纳贡赋，等等。为了拱卫疆土、防御外敌，商王还在边疆重要的军事据点建立封国，东部有山东苏埠屯，南部有湖北盘龙城，北部有河北邢国等，由商王的同姓贵族或有战功的异姓贵族管理。但是，商王对外服地区的控制并不严密，封国有相当大的自治权，或自主联合，或相互发动战争，对王权构成潜在的威胁。

此外，在商朝周边还有很多关系比较疏远的方国，他们或是独霸一方的少数民族部落，或是与商朝若即若离的异姓诸侯国。商朝与方国之间战事频繁，武功显赫的商王武丁在位期间，与商朝交战过的方国或部落就达几十个，主要强敌是来自北方和西北方的游牧民族。南方也有经济发达的方国，如鄱阳湖的新干方国和四川成都平原的蜀方。它们都是积极吸纳中原先进文明的地方势力，不仅有发达的农业技术，还有成熟的制铜工艺，其国力甚至与商朝相当。

▲ 戴金面罩青铜人头像

拥有以金箔装饰的人面具可以与神灵沟通。这是蜀王在举行祭祀大典中献给神灵的礼器，应是蜀人祖先的形象。在蜀方的都城——今四川广汉三星堆镇的三星堆古城，发现了众多祭祀坑，当中有大量的青铜面具，以金箔装饰的很少，更显拥有者的尊贵。

▲ 商朝重要的封国与方国位置图

▶ 虎逐羊料

鬼方是商朝西北最强的方国，商朝与鬼方战争的规模最大，持续时间最长，经过长期征伐，鬼方曾一度成为商朝的盟国。这是一件挹（yì）酒的器具，以动物装饰，具有少数民族色彩。

▲ **妇好墓随葬的战车群**

商朝晚期的战车与西周的型式相似，但车厢略小，由2匹马拉车，可容纳2人站立在车厢内——1名驭手驾车，1名弓箭手射击；车周围还有4名步兵护卫。妇好就是率领着这样的战车队伍征战四方，取得卓著战功的。

▶ **亚丑钺**

“丑”是商朝册封的异姓贵族。其封国在今山东青州的苏埠屯，是商朝在东方的重要据点。这是君主在礼仪大典上使用的兵器，雕镂人面，双目圆睁，龇牙咧嘴，形象狰狞，具有威慑作用。拥有此器的君主，可以代表商王行使征伐大权。

▲ **双尾虎**

鄱阳湖的新干方国是政治上追随商朝的方国，国力与商朝相当，并有发达的宗教礼仪。许多青铜礼器以虎装饰，这件青铜双尾虎应当是氏族崇拜的图腾。

**历史链接**

**以神权加强王权**

商王朝十分重视祭祀上天和祖先，遇到重大事件或行动，都要通过占卜来决定。巫祝在龟甲或兽骨上凿出小孔，用火烧灼使之爆裂，再根据上面的裂纹来断定吉凶。统治者通过占卜向上天或祖先求得指示，其实质是用神权来加强王权。

▶ **青铜立人像**

蜀方同商朝一样，具有高度发达的青铜文明，重视祖先崇拜和祭祀。这是在蜀方祭祀坑出土的青铜像，据推测可能是巫师，高1.7米，象征“群巫之长”正在指挥盛大的祭祀场面。因蜀方也实行神权与王权合一的统治，这尊铜像应当也是蜀王的形象。祭祀坑还出土大量金器、玉器和青铜器，都是奉献给神灵的礼器。但是，他们并没有殉人祭祀的现象，比商朝的礼制更加文明。

# 周朝巩固王权的分封运动

在商朝的封国中，以农业著称的周族势力最强大，占据黄河中游关中地区的沃土。周族吸纳周边部族，组成与商朝对抗的政治联盟。公元前1046年，周族一举灭商，建立周朝，定都镐京，西安开始了作为千年古都的历史。

周朝是强调宗亲血缘政治的王朝。周王自称“天子”，即位后直接管辖都城周围的王畿之地，并在新占领的土地上进行大规模的分封。周王根据受封者与自己血缘关系的亲疏，授封土地和人口，使之建立诸侯国。全国有大小诸侯国数百个，周王的同姓宗亲封国最多、土地最广，其次是异姓功臣的封国，这两类占据了东方、中原和长江中下游的农业富庶地区，既得天然地利，又形成拱卫都城的军事屏障。另外列入封国的有夏、商两朝王室后裔和归附的边疆部族，其封地多是边远或贫瘠之地。周朝分封强调“普天之下，莫非王土”的新观念，利用分封强化自上而下的统治关系，与商朝的性质不完全相同。此外，周王还授予诸侯特定的官服和象征军权的兵器。诸侯也要与周王举行祭祀典礼，订立盟誓，通过神圣的礼仪确立君臣关系。这种分封制与欧洲中世纪的封建制度有近似之处。诸侯王要对周王履行镇守疆土、出兵勤王、交纳贡赋等义务。周王室还通过与异姓诸侯联姻，将所有贵族纳入宗亲的范围内，加强周王室的政治势力。

同时，各诸侯也纷纷仿效周王，在自己的封国内分封宗亲贵族，使他们得到封邑，成为卿、大夫。而卿、大夫又继续分封士。自上而下的层层分封，使社会等级制度建立起来，实现了周王朝家天下的统治，周王真正成为国家的主宰。这是周朝政治制度超越商朝的重大进步。但是后来周王衰微，诸侯坐大，引发了列强争霸的混战局面。

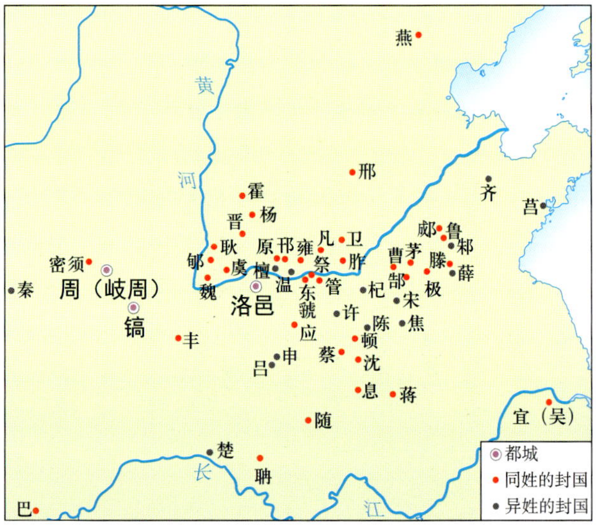


▲ **周初诸侯国分布**

周初两次分封，基本完成了整个封建规划，即使后来仍有少数新封国出现，其数量也无法与周初相比。周人的分封，大多分布在中原即商朝旧地，加上在东方与北方开拓的疆土，往南则不过江汉一带。

▼ **周天子的宫殿**

周天子的宫殿建筑遗迹在周原遗址内，有三进院落，为木质架构。前院是周天子执政的殿堂，有圆形重屋顶，室内明亮，称明堂，也是规格最高的建筑。中院和后院是周王的寝宫，严格按照礼制规定的“前朝后寝”的格局建造。

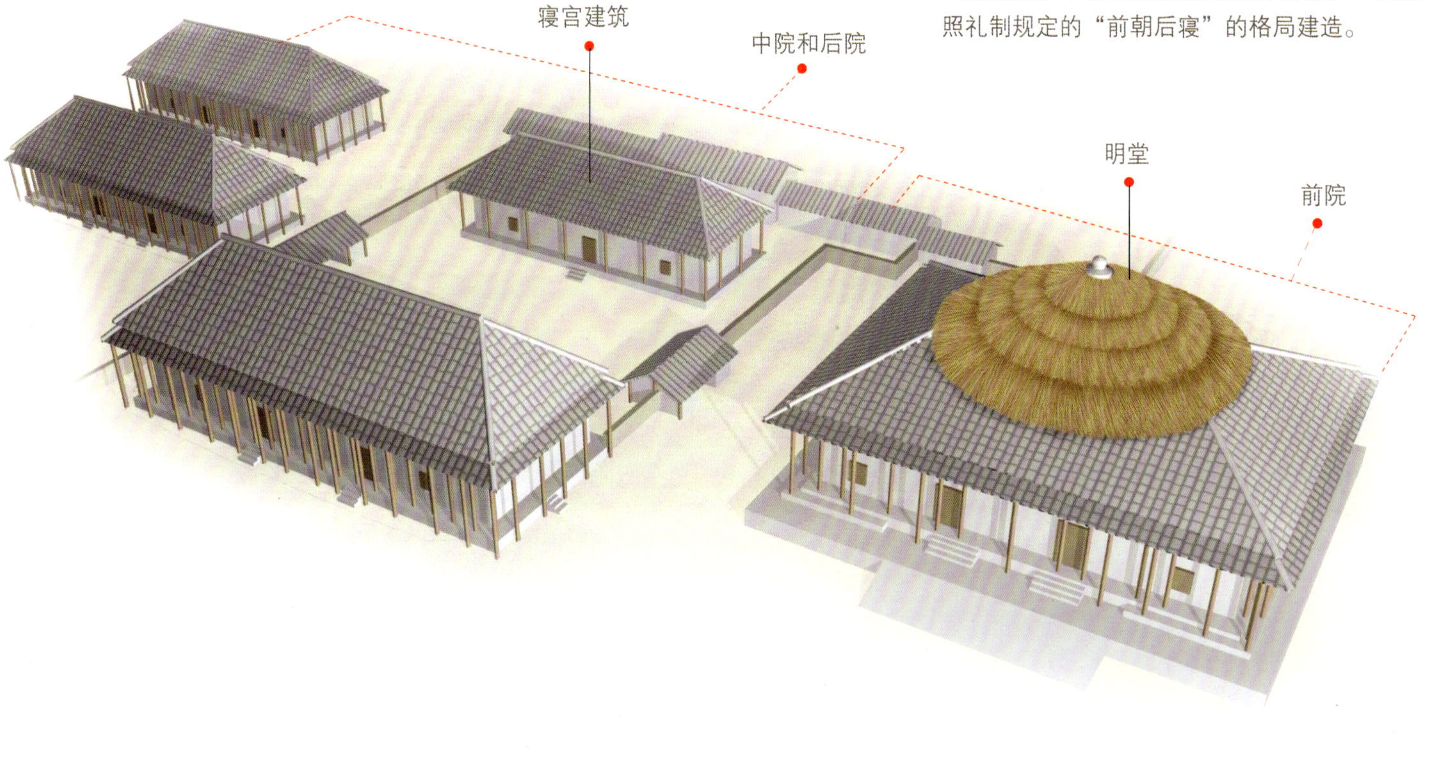

◀ **筒瓦**

当时宫殿流行四坡式屋顶，是用纵架与斜梁配合的木构架建成。瓦顶和砖墙的技术也很成熟，使建筑既美观又坚实。

▶ **凤鸟纹玉饰**

商人崇尚燕子，周人则崇尚凤鸟，因此周人的玉佩和铜器上的纹饰，很多都以凤鸟为主题。

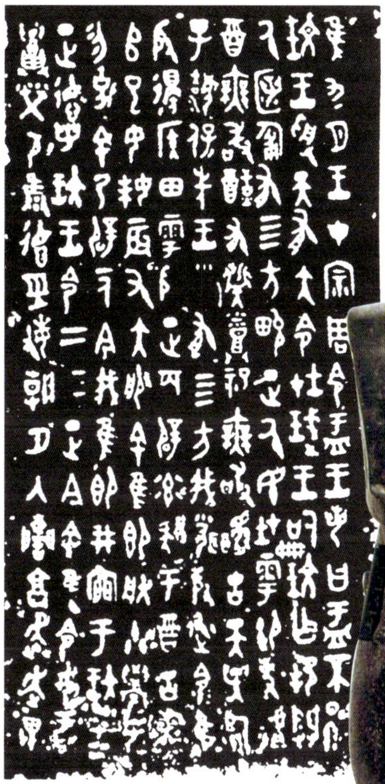

▲ **大盂鼎铭文**

▶ **大盂鼎**

这是西周著名的礼仪重器。鼎内有铭刻的文章，记载了周先祖立国的艰辛，表达了周王对宗亲的信任与依赖。

**历史链接**

### 牧野之战

公元前1046年，周武王率各部落联军，到达商朝别都朝歌郊外的牧野（今河南淇县西南）。周武王历数了商纣王的种种罪行，号召全体将士齐心协力，勇敢作战。商纣王仓促组织军队抵抗，但由平民和奴隶组成的商军临阵倒戈，商纣王自焚而死，商王朝灭亡。

▼ **周原**

周族占据关中平原的周原，面积约5000平方千米，地势高敞平坦，土层深厚而肥沃，河道纵横，《诗经》赞美说：肥沃的周原，使本来性苦的野菜，长出来也是甜的。

◀ **稷**

周族以种植稷为主，他们的农官称“后稷”。稷是小米的一个品种，颗粒大而饱满，耐旱力强，适宜在黄土高原生长，产量高，是北方最主要的农作物之一。此外，周族还引入大豆种植，使中国农耕地区的人从农作物中就可以获取人体所需的蛋白质，而不必像游牧民族那样必须从肉食中获取。

# 礼制化的社会新秩序

周王亲眼看到天神并没有为商朝保住国家社稷，因此不再相信神权政治。于是周朝创立了崭新的礼制、等级严密的社会秩序来规范和治理国家，以确保王权至上。

这是宗亲贵族当家做主的时代。周王利用宗法制度，严格确立从国家到每个家族的嫡庶、长幼、尊卑之序。嫡长子为大宗，以下的余子为小宗，小宗必须绝对服从大宗，由此确立了王位嫡长子继承制的法统地位。周王是天下大宗，作为诸侯国的共主，称为“周天子”。与周天子同姓的姬姓宗亲是小宗，分封为诸侯。但他们在封国内又是同族的大宗。这样，天子、诸侯是贵族最高阶层，卿、大夫是贵族中等阶层，士是贵族最低阶层，以下是众多的平民和奴隶，构成金字塔式的社会结构。周朝还制定了繁缛而精致的周礼，根据每个人的阶层和等级，从衣、食、住、行到行为举止全面加以区别和制约，任何人不得逾越这套无处不在的礼制。

整个社会的阶层、官职和爵位都是世袭的，周礼维护了世代延续的贵族世家利益。而小农家庭在礼制有序的年代里得到衣食，社会秩序相对稳定。因此，夏、商以来对国王集权国家架构的不断探索，到周朝才真正完善起来。这套贵族王朝体制和社会秩序，非常适合重视家族血缘和礼仪的农耕社会，在周朝延续近800年，尤其受到孔子和儒家的推崇，且贯穿在几千年大一统的国家制度中，更对延续中国人的伦理道德至关重要。周礼的遗风至今在一些地区尚存。当然，周礼也在相当程度上成为中国人的精神桎梏。

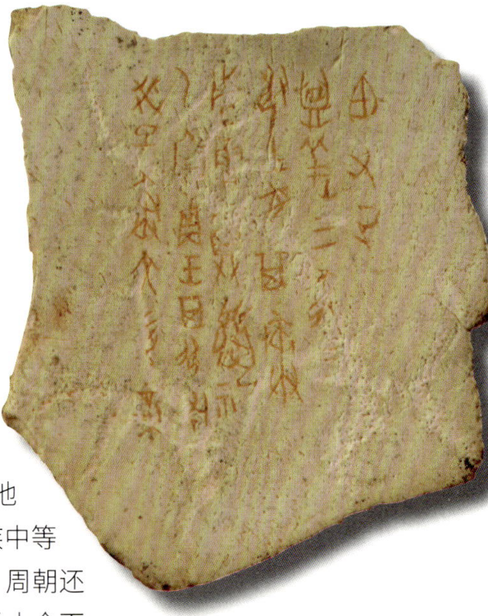

▲ **宗庙出土的甲骨**

在宗庙的西厢房中出土周初甲骨1.75万余片，其中有字甲骨近300片，它是研究周初历史、周人与商人关系、周人与周围部族关系的重要史料。

◀ **天觥**

礼仪用器中的酒器有很多，觥是其中一种，此外还有壶、罍、盉、卣、爵、觚、勺等。这件觥是一位周朝王臣的祭祀用器，装饰很讲究，器盖为龙头形，器身上也有龙纹和兽纹。

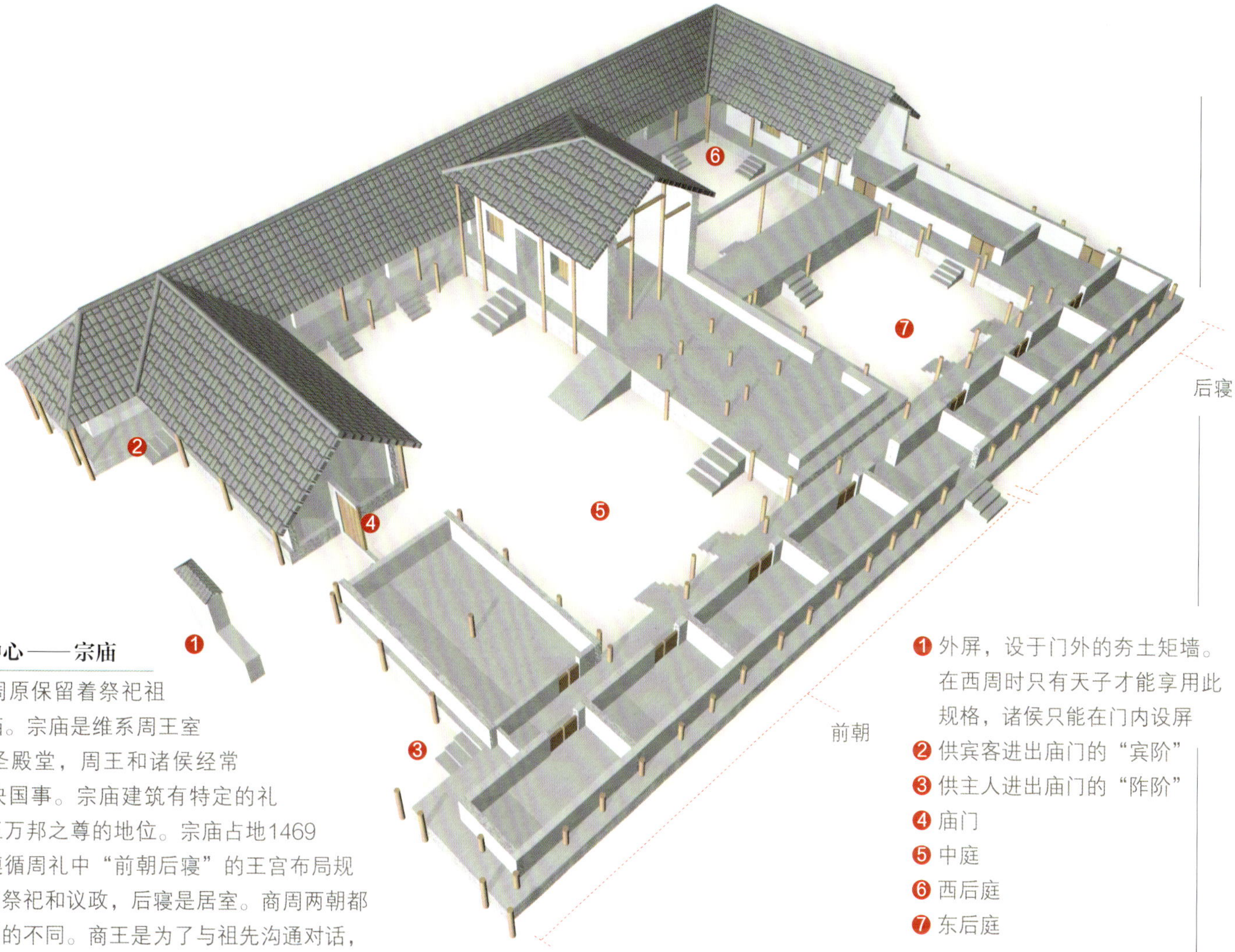


### ▶ 周朝的祭祀中心——宗庙

周朝在发祥地周原保留着祭祀祖先、先王的宗庙。宗庙是维系周王室血缘家族的神圣殿堂，周王和诸侯经常来此祭祀并议决国事。宗庙建筑有特定的礼制，以显示周王万邦之尊的地位。宗庙占地1469平方米，严格遵循周礼中“前朝后寝”的王宫布局规定，即前朝用以祭祀和议政，后寝是居室。商周两朝都重视祭祖，但目的不同。商王是为了与祖先沟通对话，以寻求治国良策。而周王则利用血缘关系将同姓或异姓贵族团结在同祖同宗的旗帜下，构成周王朝的基石。

❶ 外屏，设于门外的夯土矩墙。在西周时只有天子才能享用此规格，诸侯只能在门内设屏
❷ 供宾客进出庙门的“宾阶”
❸ 供主人进出庙门的“阼阶”
❹ 庙门
❺ 中庭
❻ 西后庭
❼ 东后庭

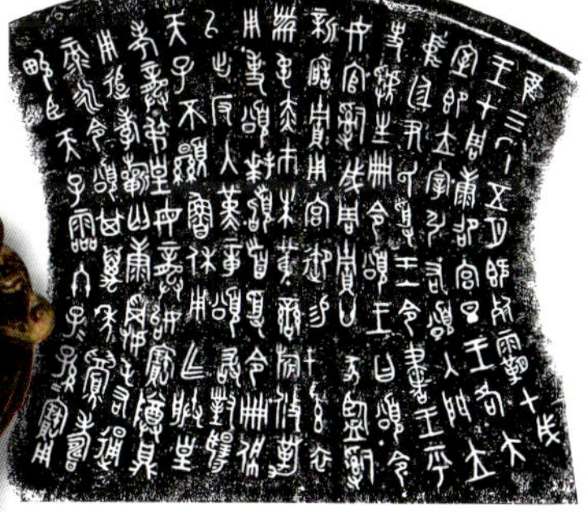

### ◀ 伯矩鬲

礼器是用于祭祀时的宴会等礼仪活动的器皿。鬲与鼎一样，是用来烹煮肉食的。这件鬲则是诸侯王对贵族的赏赐之物。

### ▲ 颂簋及铭文

颂簋是西周晚期的盛食器，也是礼仪重器之一。器盖和器内有相同的铭文，铭文共152个字。铭文大意为：周王册命颂管理成周的手工业作坊世家，监督制造新产品，买下来积储起来，以备宫中管事的人使用。周王赏赐颂玄衣、鸾旗等物品。颂接受册命，退出中廷，再返回宫中，向周王献纳玉璋等。这段铭文完整地记录了周王册命官员的制度及全过程。

▲ 召公鼎（又称太保鼎）

九鼎是西周最神圣的礼器，是国家社稷和周王权力的象征。九鼎供奉在都城宗庙中最显赫的位置，只有周王举行重大国家典礼时才使用。鼎安国兴，鼎失国亡。西周末年，王室衰微，迁都洛邑，最先将九鼎迁往新都安置，以确保国家安定。

目前尚未发现周王九鼎。此鼎是西周成王之叔召公奭的自用鼎。召公在王室中辅佐国政，地位仅次于周王。此鼎是迄今所知地位最高的鼎，形制极其特殊，装饰豪华，在西周鼎中仅此一件。因此推测，周王鼎的形制与此鼎应当相近。

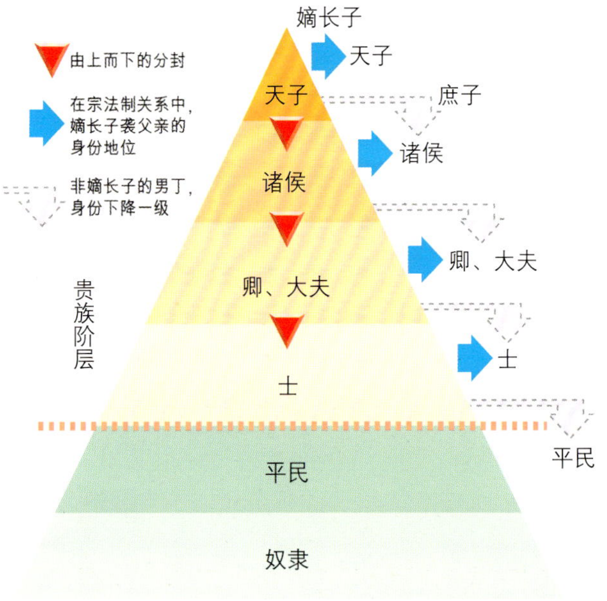


▲ 分封制与宗法制关系图

▼ 胡簋

这是用来盛放粮食的器皿，与鼎配套，是礼仪重器之一。用簋数目有限制，天子用八簋，诸侯、大夫、士以偶数递减。这个簋是周厉王为祭祀先王而制，是唯一可知的周王礼器。

## 历史链接

### 封建诸侯

武王灭商以后，把土地、人口封赐给贵族、功臣，建立了许多诸侯国。功劳最大的吕尚建立了齐国，周公旦建立了鲁国，召公奭建立了燕国。周朝之前的历朝后裔也得以封国，如尧、舜、禹之后分别封于蓟、陈、杞。分封制加强了周王朝对辽阔疆土的统治。

# 创立礼制社会第一人——周公

刚迈进国家门槛的夏、商王朝，对国家的架构还处于探索之中。至周王朝建立初年，一套完整的、礼制化的社会新秩序才建立起来，使周王朝平稳发展了近800年，其创建者就是被孔子高度赞颂的周公。

周公是周文王姬昌第四子、周武王姬发之弟，名姬旦，尊称“周公”，亦称“叔旦”，经历了商周王朝更替的大动荡时代。公元前1046年，周公参加了武王领导的伐纣灭商战争，牧野之战后，周军占领商都，商朝灭亡。

灭商后，周公建议周武王封商纣王之子武庚为诸侯，仍住在商都，同时又封周武王弟管叔等3人驻扎在商都周围，监视武庚，妥善安抚了商朝遗臣。周武王灭商2年后病死，其子成王继位。因成王年幼，由叔父周公辅政，代管国家一切政务。此事在王室中遭到以召公奭为首的大臣们的诸多质疑。管叔、蔡叔极力反对，说周公想谋害成王，篡夺王位。武庚乘机煽动管叔、蔡叔起兵造反。面临内外交困的政局，周公先安定王室，消除疑忌，然后亲自率军东征，讨伐武庚叛军，用了3年时间，征服了武庚和东南地区叛乱，杀了武庚和管叔，将蔡叔流放，平息了内乱。东征的胜利，使周朝的疆域从75万平方千米，扩大到90万平方千米。

周公为了加强对被征服区域的控制，实行分封制，分封71国诸侯，其中同姓（姬姓）宗亲有53国，异姓诸侯有18国。诸侯们控制各地政权和军队，也共同捍卫周朝疆土。

为加强对诸侯国的控制，周公制定了以血缘关系为纽带的宗法制度。首先确立周王是“天子”，是天下共主。以周天子为大宗，与周天子同姓的诸侯，都是周天子的叔伯、兄弟，为小宗。对于异姓诸侯，也通过宗法关系加以控制。宗法关系使周天子权力至高无上，各地诸侯都掌控在他手中。周公还制定了与宗法制配套的金字塔式的等级制度，即天子、诸侯、卿、大夫、士五级。这套严格的君臣、父子、亲疏、尊卑等礼制，其基本精神就是“忠”“孝”，它对后世孔子倡导的儒学精神影响极深，也成为中华民族的传统品德。

周公辅助成王管理国家政事7年，制定了完善的周朝典章制度，成王长大成人后，周公还政给成王。这时，经过周公整顿的周王朝政权已经巩固，西周以人文大国的姿态进入稳步发展阶段。从周成王到儿子周康王两代，是周朝国泰民安的强盛时期，史称“成康之治”。

周公辅政的功绩屡见于西周的青铜礼器铭文，如大盂鼎、何尊、夨令方尊、应事簋、邢侯簋、小臣单觯等，周公本人更是被后世颂扬。

▲ **何尊及铭文**

这是西周成王时期的青铜容酒礼器。器内底有铭文12行、122个字，记录周成王五年（前1038）对宗族小子何进行训诰，其中记述的武王灭商，成王营建成周以及为武王举行“丰福”祭典，可与《尚书·召告》记载西周初年周公辅政相印证，是一篇极为重要的历史文献。何尊通体有四道镂空棱脊，气势威严，具有极强的震慑力。口沿下饰变形兽面纹组成的蕉叶纹，颈饰蛇纹带，腹饰卷角兽面纹，都是西周早期青铜礼器流行的图案。

# 周礼下的贵族与平民

周朝贵族在礼制的笼罩之下有着优越显赫的地位，饱享特权和富足，也承担着不可推卸的义务。举行各种礼仪是他们最重要的日常活动，也是必修课，以此表达自己对祖先、周王和国家的忠诚，并省视自身道德行为是否符合礼制。贵族的衣食住行、生老病死，都受到金字塔式的等级约束，任何逾越的行为，都被视为大逆不道。

与西周社会形态大致相似的古埃及、古印度等国，也都为培育贵族精英阶层而制定了各种社会等级礼制，使贵族拥有各种特权，更具优越感。但是，周朝贵族生活得更加精致和理性。“钟鸣鼎食”的贵族宴会，是重要的礼仪场合。在典礼上各种青铜礼器被盛满酒肉，贵族伴随着舞乐之声，饮酒助兴。地位越高的贵族，享用的青铜礼器数量和种类越多、形体越大。表演的音乐和舞蹈，是专门为贵族创作的礼乐——雅乐，从乐曲、舞蹈到乐器品种和数量，也有礼制规范。这套一成不变的礼仪形式，使贵族之间的尊卑等级一目了然，大大减少了上层社会的竞争与冲突。

周礼也约束着社会下层的人。居住在城里的平民，是与诸侯公卿血缘疏远的族人，被称为“国人”，他们拥有议论国政的权利和出征作战的资格，是周王巩固政权必须依靠的力量。居住在城外乡野的平民，被称为“野人”，是被周朝征服的土著居民和商朝遗民。他们从事繁重的农业生产，收获后向国家交税，不得参与政治和军队，但属于自由人。奴隶生活在社会最底层，没有人身自由，可以被随意买卖。但是商朝随意杀戮和殉葬奴隶的现象逐渐消失。

周朝创造的礼制笼罩着社会的每一个人，无论是贵族还是平民，都必须将忠诚、顺从、虔敬、孝悌的伦理观念渗透在血脉中，这就是周礼的真谛。

▲ **旂觥**

饮酒器是重要礼器。周朝吸取了商朝酗酒误国的教训，于是周初严格禁止贵族饮酒。因此，青铜礼器中重食器、轻酒器的传统确立下来。食器品种和数量大增，酒器数量锐减。酒器讲究精美华丽，以适应礼仪场合典雅的气氛。这件觥做成兽形，头部有角，全身由大兽面纹和夔龙纹组成，是周朝酒器的新品种。

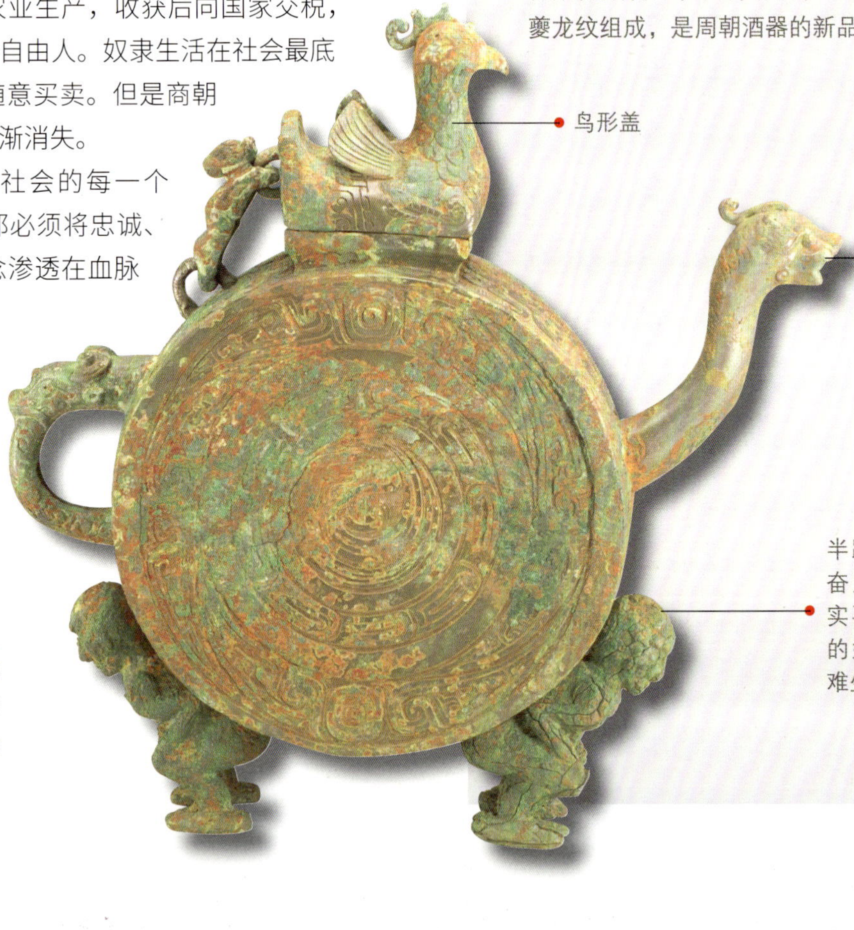


▶ **鸟盖人足盉**

这是西周诸侯国君主晋侯的随葬品，是他生前享用的盛酒器，即酒壶。装饰精美，以人形足支撑酒器，别具一格。

◀ **周朝的贵族形象**

周朝各阶层按身份及官职穿着不同的服装，从冠冕、衣服、鞋，到随身佩戴的玉饰，都有规定的款式和颜色。周人的冠帽比商朝的高，有些竟然比人头高两倍，这位贵族穿戴的应是其中一种冠帽。

▶ **平民的房屋**

周朝平民的房屋十分简陋，没有比原始社会的进步多少，多为半地穴式的夯土屋，距地面深1～3米，面积7～10平方米。墙壁涂有黄土细泥，地面用火烧烤得平整而坚硬，屋内有火灶和存放粮食的窖穴。

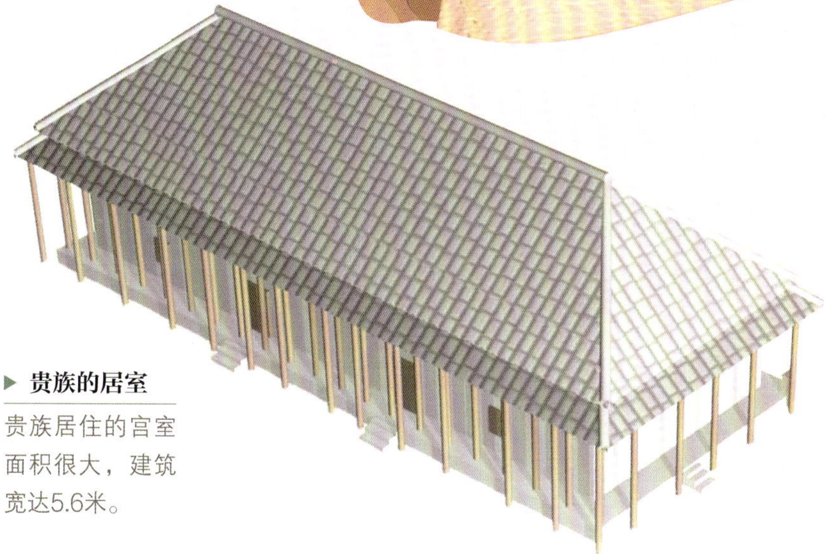

▶ **贵族的居室**

贵族居住的宫室面积很大，建筑宽达5.6米。

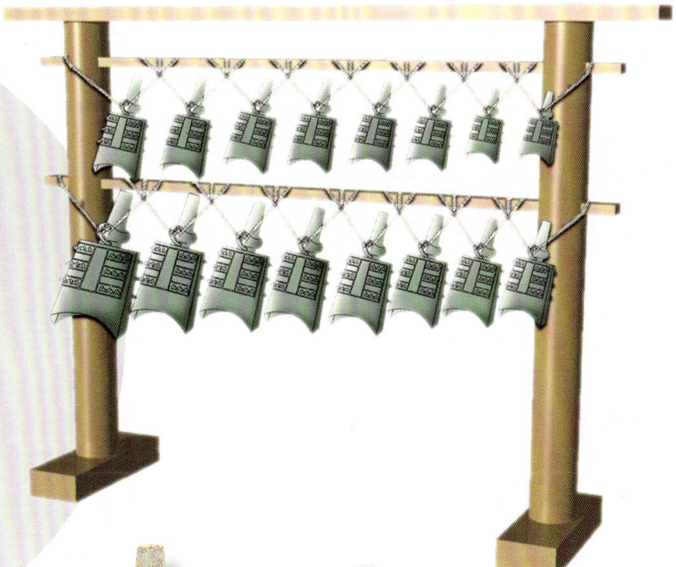

▶ **编钟的悬挂方法**

▼ **诸侯使用的编钟**

编钟是周礼中重要的礼乐器，为典礼上演奏雅乐之用。不同等级的贵族，享用编钟的数量有严格限制。

**历史链接**

**成康之治**

周成王吸取商朝灭亡的教训，勤政爱民，使政局稳定，社会安宁。他的儿子康王即位后，恪守先王的教诲，兢兢业业地治理国家，使人民安居乐业。据说二王在位的40多年间，很少有人犯法，连刑法都搁置不用，因而被誉为“成康之治”。

# 礼制下的诸侯国

周朝建立了较商朝完整的分封体制，在“普天之下，莫非王土”的前提下，把全国土地分封予诸侯。与周王血脉相连的诸侯国，在自己的封国内建立与中央相配的国家体制，有同王室一样的国君、官员、都城、宗庙、臣民和疆域，还具有相对的独立性和自治权。周王为了强化对诸侯国的制约，提倡“敬德保民”，以周礼治国，所有权利和义务都有明确的规定，上下尊卑有序，这是周朝统治比商朝高明的地方。

周朝的诸侯国与欧洲中世纪封建制下的城堡体系十分相似。周王配合土地分封制，对国民划分阶层和等级，对王族、功臣和官员授予爵位，有公、侯、伯、子、男五等。诸侯以封国大小而定爵位，也在封国内层层授爵。周礼规定，诸侯国的土地和人口分为三等，城市布局、城墙、宫室、宗庙、街道都有严格规定，包括诸侯在内的各级官吏、贵族和平民的居室形式、服装式样、出行车马数量、祭祀礼器、陵墓葬制等，都由周礼层层规范。一旦发生逾越礼制的现象，将被视为背叛周王，要受到周王和众诸侯的讨伐。每个诸侯国的都城中，还建有供奉诸侯祖先的神圣宗庙，全诸侯国的臣民都要祭祀拜谒，以此维系君主与臣民之间的准宗亲关系。

在全国，与周王室血缘越亲密、距离王畿越近的诸侯国，受周礼影响越深，一般较守礼制；而边远地区的异姓诸侯国，与少数民族融合，礼制观念比较淡薄，时有逾越礼制的混乱现象。

▲ **金腰带饰**

虢国国君生前佩带的皮带上缀有金饰，王家气派自然流出。

◀ **诸侯的玉面饰**

在周朝，玉被认为是自然界的精华，能够使尸体不腐，因此统治阶层用玉器殉葬成为礼制的一部分。这组仿人的面部特征特制的玉件，缀连在一块布帛上，盖在虢国国君的面部，古代称为幎目。

◄ **虢国国君墓复原图**

虢国是周王分封的同姓诸侯国，在王畿区内，国君与周王关系密切。国君是最高等级的公，地位仅次于周王，在执行礼制上比其他封国更严格。在国君虢季的墓室中，发现5000多件随葬品，以铜器和玉器为主，全部随葬品的种类和位置与周礼完全相符。

▼ **七璜联珠玉组佩**

虢季佩戴的大型玉组佩，由七璜组成，代表诸侯国君的高贵身份。其夫人佩戴五璜联珠玉组佩，而太子和其他高级贵族都没有佩戴。周礼规定，仅限有封号的诸侯和高级贵族佩戴玉组佩，周天子的玉组佩用黑色丝带串连，诸侯用红色的丝带串连。

▼ **虢季列鼎之一**

虢季墓中象征身份地位的重要礼器，都与数字“七”有关系。随葬的礼器之一为一套七件青铜列鼎，国君生前在胸前佩戴的玉组佩为一套七璜。《周礼·春官·典命》记载：“上公九命为伯，其国家、宫室、车旗、衣服、礼仪皆以九为节。侯伯七命，其国家、宫室、车旗、衣服、礼仪皆以七为节。”虢季身为虢国国君，属公侯一级，即文献所言的七命诸侯。而虢季夫人梁姬与国君相比礼降一等，夫人墓中随葬五鼎，身佩五璜，也与文献记载相符。

► **诸侯国太子的玉人佩饰**

周朝贵族都佩戴玉饰，诸侯国虢国太子的身份与卿大夫相等，所佩戴的玉饰为蹲踞的人形，人龙合体的设计在周朝很流行。

**历史链接**

**昭王南征不返**

地处长江下游的楚国因怨恨中原各国的蔑视，经常与周王朝对抗。周昭王十九年（前977），昭王亲自率军南下伐楚。楚人用木板胶合成船，留在汉水边让周军乘渡。船到河中心，胶溶于水，木船解体，昭王落水淹死，南征的周军几乎全军覆没。

▲ 铜骹玉矛头

矛也是商周车兵的主要武器。这件矛头用铜与玉合制，不是实用兵器，是象征权力的仪仗性礼器。

# 商周共主的战车部队

商朝时，国家还没有正规的常备军，国王身边只有数百人的王室卫队。一旦发生战争，国王临时集结各诸侯国的族人出征作战，战争结束后，他们仍然回家劳动。重大战役都由商王亲自率军出征，参战最多可达万余人，最长的战争耗时达3年。

直到周朝才建立起中国第一支常备军，约42 000人，直属周王。平时驻守在都城镐京有六师、成周洛邑有八师，每师有3000人，后来增加到二十二师。周王在征伐时，除了中央常备军参战外，还要征召诸侯国和王臣的军队。为了防止诸侯势力坐大，地方军队的兵力有严格限制。各诸侯国不得随意出兵征伐，必须服从周王的调遣。

商周时代，战争的中心一直在黄河中下游广阔的平原地带，那里特别适合战车驰骋，所以车战盛行，大战役中的战车达到3000乘。车兵是主要兵种，步兵是辅助兵种，与车兵配合作战。

在兵源方面，在当时的贵族社会里，军人是高尚的职业，野人、商人和奴隶没有资格参战。常备军多来自贵族下层的“士”，而临时参战的国人，平时耕种，战时打仗。由于车战对军人的素质要求很高，平时国人通过学校教育和军事演习进行训练，同时还接受礼制教育，使军人既知礼又善战。

当时的车战是一种贵族式的战争，军阵有一成不变的阵式，以击鼓为号，发动攻击。交战时双方都保持礼仪风度，崇尚勇武和信义，蔑视狡诈和懦弱。这种不讲谋略兵法，讲究道德和武力，是礼制竞技化的战争，与中世纪欧洲的骑士精神极其相似。到春秋战国时代，贵族精神的战争已经荡然无存。

▲ 铜戈

商周军队大量使用适宜车战的青铜武器，戈是车战中的常规武器，戈装上柄后使用，属于长兵器。这件铜戈是商王武丁王后妇好的兵器，妇好是商朝赫赫有名的大将军。

▼ 车马坑

这是一座周朝大型墓葬的附属部分，有1辆四马战车和1辆双马战车。周朝的战车比商朝的更精良坚固，长、宽、高有严格的尺寸标准，且上下方便、行进稳快，在泽地行驶不沾泥。

◀ 商朝兽面纹胄

车战时代，车兵站于车上，目标明显，较难躲避攻击。商朝出现了各种防护装备。这件青铜胄可保护头部，是江西新干方国国君或高级将领的防护装备。

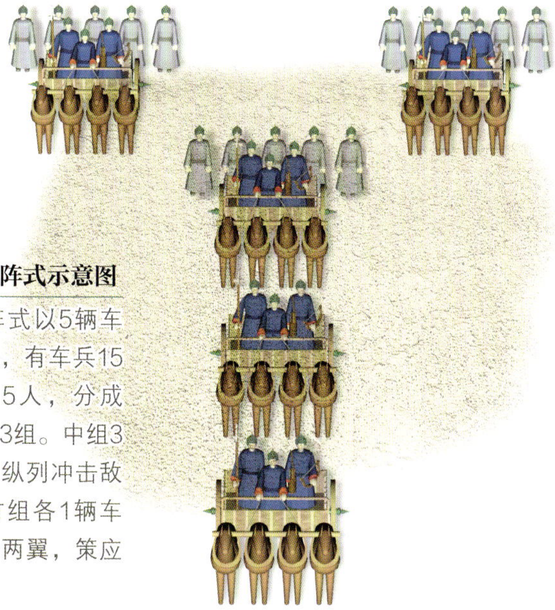

▶ **车战基本阵式示意图**

车战基本阵式以5辆车为一个编队，有车兵15人、步兵15人，分成中、左、右3组。中组3辆车在前，纵列冲击敌方，左、右组各1辆车在后，分为两翼，策应攻击。

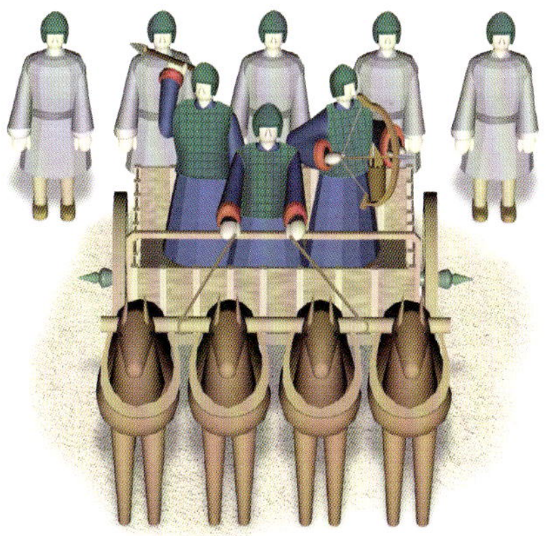

◀ **战车兵士配置图**

每辆战车配备3人，左侧是弓箭手，右侧是攻击手，持戈或矛，中间一人是驾车的驭手。车兵头戴青铜胄，身披皮甲，装备精良，而且每个人都经过严格训练，可以在奔驰的车上战斗。步兵与车兵配合作战，车兵在前冲锋陷阵，将敌军击落车下，步兵随后斩杀。

◀ **蚌雕人头像**

周原扶风召陈遗址出土的这两件西周蚌雕人头像，都是高鼻深目，颧高额窄，可见属于欧罗巴人种。从他们头戴高高的尖顶帽子可看出，他们是塞族人。塞族是中国古代的游牧部族，活动于中亚地区。这证明在西周中晚期，周朝已和中亚地区的塞族交往密切，是西周交通已达中亚地区的确切证据。

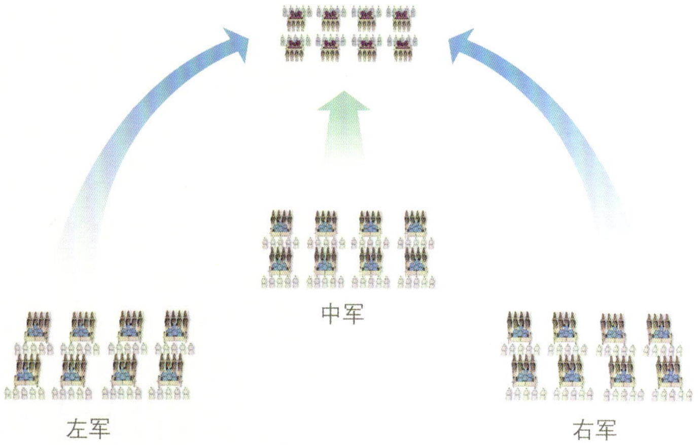


▲ **三师战法示意图**

三师战法主要是把军队分成三部分配合作战。三师中，中军是主力，左、右军为两翼。进攻时，中军从正面攻击，左、右两翼从侧面包抄。

◀ **周车复原图**

# 青铜业带来的生机

夏商周三朝，在巩固王权的政治革命过程中，还进行了一场技术革命，由石器时代进入了金属时代。这是农业革命以来的又一次飞跃，辉煌的青铜文明使中国一跃而进入世界的前列。

青铜的发明和使用，被视为文明进程的重要标志。邦国时代只能制造小型铜工具，夏朝已能冶铸青铜容器，这是由王室垄断的尖端技术，并未在各地传播。商朝的王室和势力强大的诸侯国、方国都开始冶铸相当精美的青铜器，产品以礼器和兵器为主，其中不少还具有神秘色彩。周朝是我国青铜文化的鼎盛期，原来由王室垄断的青铜业向贵族扩展，不仅都城内有大规模的铜器作坊，连地位不高的诸侯和卿大夫也可以自铸铜器。青铜业分布相当广泛，产品从传统的礼器和兵器扩大到工具、农具和生活用品等领域，青铜器的神秘色彩也逐渐淡化，风格变得较人文化。青铜器的盛行，为贵族阶层享受精致典雅的礼制生活提供了物质基础。

由于先进青铜工具的激发，百业俱兴。发达的手工业又促成周朝一个特殊的阶层——专门从事贸易的商人的出现。大都市中建有官方市场，商人一律在市场内交易商品，并由王室官员监督和征收商税。商品流通到各诸侯国和方国，甚至有一条商路通向西域的中亚地区，这是汉唐丝绸之路的前身。

但是，商周时期我国商人的命运与欧洲古希腊、古罗马的大不相同。在欧洲，商人是体面的职业。而我国自商周以来，在以农为“本”的社会里，经商被视为“末”业，商人处于社会的最底层，被鄙视为自私、狡猾之人。周礼规定，商人没有议政和参军的资格，地位与“野人”相当。这种“重农抑商”的观念，对后世影响深远。

▲ **商朝的礼器——四羊方尊**

商周时期，人们对青铜器非常珍视，把它作为祭祀和礼制的主要用器。商人喜欢饮酒，所铸的青铜器以饮酒器具为主。这件盛酒的礼器，纹饰繁缛，有高浮雕的装饰，突出的羊首造型生动逼真，是商朝青铜铸造工艺的杰出代表。

▼ **商朝礼器——大禾人面纹方鼎**

用人面纹装饰的青铜鼎，有威严和沉重之感，是祭祀山川河流的礼器。人面表情坚毅而冷峻，给人一种威慑力，应当是巫师或天神的形象。

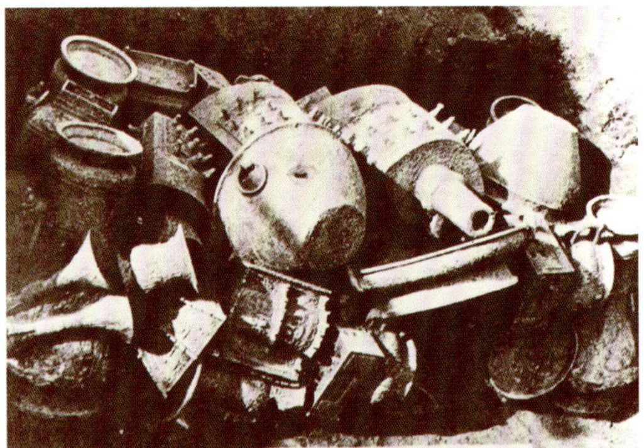

▲ **陕西周原一处青铜窖藏出土实况**

陕西周原是西周王朝经营百年的发祥地，西周末年王室贵族出逃，将宗族供奉的青铜礼器埋藏地下。近百年间在周原发现青铜窖藏307处，出土青铜礼器千余件。这是一处青铜窖藏出土实况。

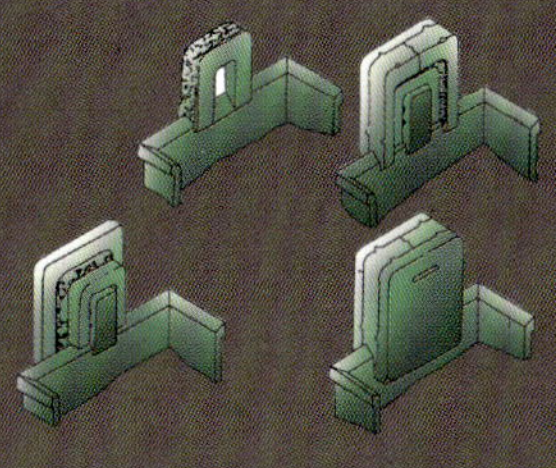

鼎耳的分铸

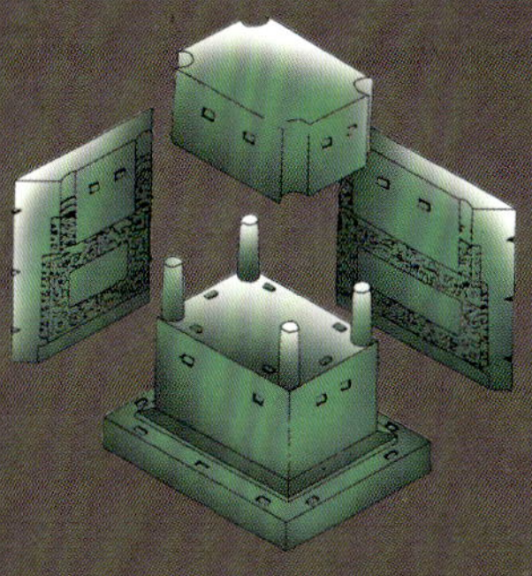

器身铸型

▲ “后母戊”青铜方鼎及其铸型、装配法

这是目前已知中国古代最重的青铜器。此鼎采用分铸法，先用陶范铸造各部分，然后装配而成。

▲ 周朝礼器——戜簋

簋是盛器，配合鼎组成礼器的主件。周朝主要青铜器的种类与商朝不同，商朝的青铜器较多为酒器，周朝则较多为食器，这可能与周人吸取商人好酒亡国的教训有关。

▲ 以自锁法铸成的簋

这个簋是用装嵌的方式把簋耳铸合起来的。铸造簋身时，在与簋耳连接的位置铸有凸出的锁钉，再把簋耳套上去，铸接锁紧，这样便不易松脱。

**历史链接**

### 青铜器的铸造

冶炼青铜器的主要原料是铜、锡、铅，冶炼温度接近1000℃。铸造时，先依据器物的形状制造范具，然后将炼成的青铜溶液浇注入范具，待冷却后将范具打破，稍加修饰，青铜器就铸成了。大型或造型复杂的器具往往需要多次浇注才能完成。

▲ “匍”雁铜盉

这件酒器仿雁形，雁尾上有一铜人站立，此外亦有其他细节装饰，可见工匠的心思。器皿呈青绿色，光洁明亮。

▶ 提柄酒壶

西周青铜冶铸出现许多新工艺，酒壶多有提柄，工艺要求相当高。

▲ 贵妇的化妆盒

这是周朝诸侯国虢国国君夫人的化妆盒。周朝的青铜器产品已更广泛地应用到日常生活领域。

# 贵族垄断的文字

自商朝的国王极度依赖巫师用汉字记述的占卜卜辞治国理政以后，巫师在创造汉字的历程中发挥了巨大的、无可替代的作用，中国人从此进入了汉字记事的时代。这种象形文字是中国深厚文化的载体，绵延数千年。直至今日，天南地北的中国人，尽管语音千差万别，但可以无障碍地以汉字沟通。

商朝的文字完全由王室的巫师垄断，大多镌刻在龟甲和牛、羊等动物骨上，记载了巫师占卜的内容，被称为“甲骨文”。迄今已发现的甲骨文卜辞有16万片以上，总共4000多个单字，能够识别的有1000多个字。记载的国家大事涉及祭祀、田猎、征伐、天象和农业等，小事有商王耳鸣、牙痛等。

甲骨文与拼音文字有很大差别，巫师运用象形、会意、形声、假借等方法造字，以记录相当繁杂的事物，显示了高度的智慧和组织能力。甲骨文只限于祭祀占卜中使用，掌握它的人必定是王室的精英人才。掌握这种形音义兼备的文字有相当的难度，注定了汉字是世界上最难学的文字之一。至于2000多年以后，随着隋唐的强盛，汉字对东亚诸国文字产生了巨大影响，这是汉字创造者没有预料到的。

商朝后期，青铜礼器上开始铸刻铭文，被称为“金文”。周朝的金文也是礼制的重要工具，礼器上的长篇铭文骤然增多，百字以上的很常见。铭文内容多涉及政治、军事和社会制度，尤其大量记载了周王分封与赏赐、各国战争、土地交易、经济案件等，实际上是周王室和贵族的家族档案库。

当然，汉字在周朝确立和传播伦理道德中发挥了巨大的作用。西周只有官府学校，进行的是真正的贵族教育，学生要学习必修课——周礼，必须掌握文字。因此，周朝与商朝一样，文字仍然属于贵族精英阶层智力交流的专利，并通过世袭而被垄断，无法在没有资格接受教育的平民中传播。

**▶ 金文的族徽**

首先用毛笔将金文反写在铸造青铜器的内范上，然后用雕刀契刻，浇铸铜器时便成为正写的铭文。这是其中一个刻在鼎上的图案，估计是族徽。对坐的两人之下有“父癸”二字，应是祭祀对象的名字。

**历史链接**

**世界上最早的文字的特权象征**

世界上的文明古国都诞生了文字，有的比商朝更古老，如古埃及的象形文字、苏美尔的楔形文字，也有与商朝同时代的古印度的梵文等。这些国家都出现了与商周王朝极其相似的垄断文字的社会形态。尤其是古印度，来自中亚的雅利安人创作了用当地最古老语言记录的《吠陀经》以及婆罗门教经典，这种高雅、纯正且表达形式完美的语言和文字，被引以为傲的雅利安人称为“梵语”“梵文”。在古印度，梵文被极少数雅利安精英阶层所垄断，只有他们能够使用并传承，并与商周两朝同样属于高等世袭阶层的身份标志之一，也是特权的象征。

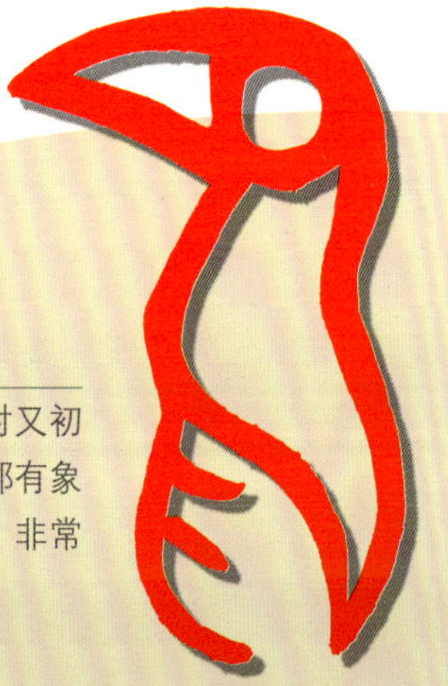

**▶ 甲骨文中的“鸟”字**

甲骨文是我国已知最古老，同时又初具体系的文字。大部分甲骨文都有象形的特点，例如这个“鸟”字，非常具象地摹绘出一只鸟的形貌。

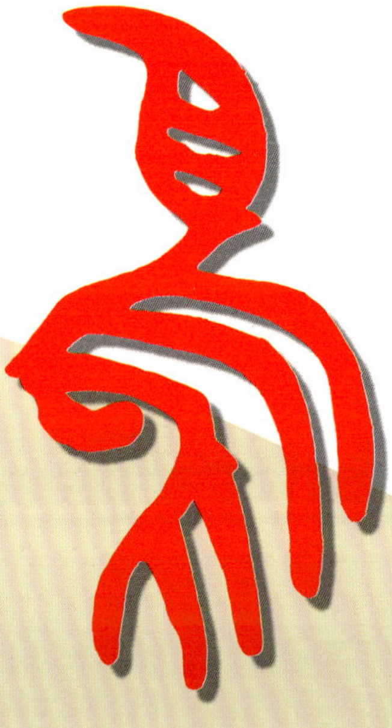

**▶ 金文中的“鸟”字**

金文已慢慢脱离甲骨文那种图形风格，写法虽仍有许多变化，但渐趋固定。周朝金文字体多呈长方形或圆扁形，以圆匀、规整的笔画写成。这个是金文中的“鸟”字，写法远比甲骨文抽象。

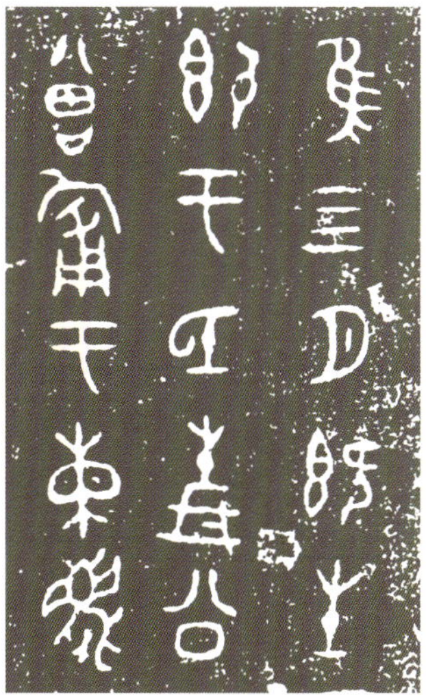

▶ **周朝的“匍”雁形铜盉铭文**

这是周朝中期礼器，铭文字体是流行的“玉箸体”，圆润优美，完全摆脱了甲骨之风。

**历史链接**

**汉字构造基本法——六书**

由于汉字构造的特殊，东周前期的学者归纳出汉字创造和构成的六种法则，称为“六书”。六书分别是指事、象形、会意、形声、转注、假借。指事和象形指在字形上表现出直观的事理（如“上、下”）和物体（如“日、月”）。会意是指用两个或以上的字组合以表意（如“武”是“止”和“戈”）。形声指字体由表义和表音两部分构成（如“江”）。转注是把意义相同的字互相借用。假借是指借用同音的字替代那些不易在字形上表现的字义。

▶ **史墙盘**

这是周朝一位贵族为纪念受周王表扬而制作的礼器，铭文有284个字，历述周朝六王的功业，是典型的歌功颂德的赞文。

| 象形字 | 会意字 | 形声字 | 假借字 |
| --- | --- | --- | --- |
| 日  | 明  | 盂  | 我  |
| 圆形代表太阳，中间一画可能是书写时的习惯，用以区分不同的字 | 日和月都会发出光辉，把两个字合起来表示光亮 | 上部表音，是个“于”字，下部表意，形如盛器 | 原指有柄的锯，与用来指称自己的“我”，意义完全无关，是同音借用 |

▲ **甲骨文字形举例**

商朝创造了象形、会意、形声、假借四种造字方法，象形是最基本的造字方法，辅以会意、形声和假借字等。其中，以形声字最为进步，克服了象形和会意两种造字法的局限性，用声符来注音，能够造出无穷的新字，今天的汉字绝大多数是形声字。在甲骨文中，象形字占37%，会意字约占40%，形声字只占18%。而在金文中，形声字已经占了70%以上。

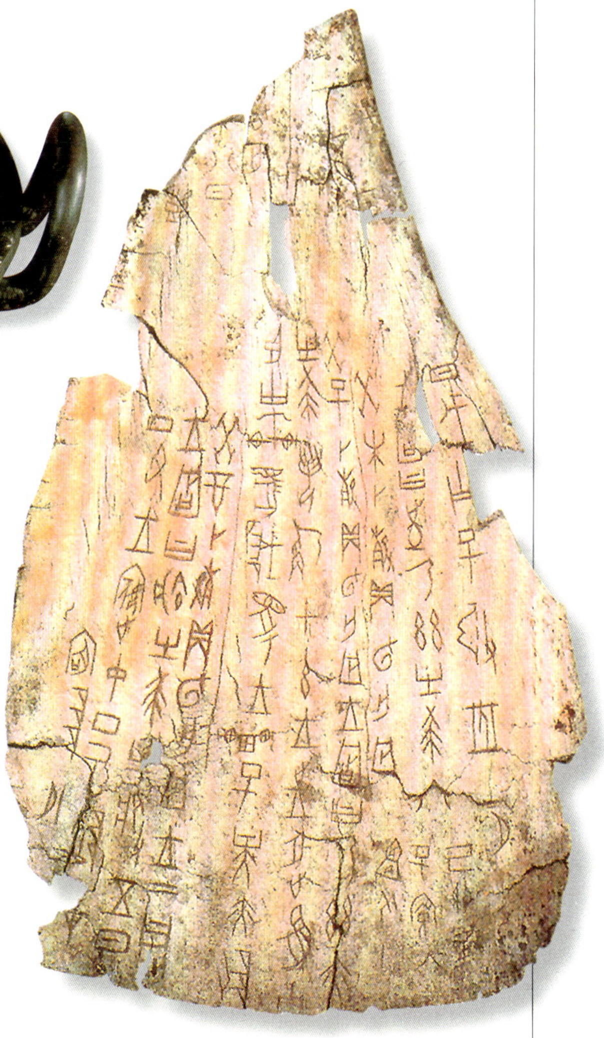

▲ **商朝的甲骨刻辞档案**

商朝都城殷墟出土。正面和背面共刻160个字，内容记载商王祭祀父王武丁，并乘车狩猎等事。卜辞多是先用刀刻出字体，然后用毛笔蘸墨或红色颜料填写。

# 沦落的周天子

公元前770铭刻着周王朝永远难忘的耻辱。昔日位居诸侯共主地位、不可一世的周王，在王室内讧和戎狄袭扰的沉重打击下，被迫放弃都城镐京，东迁洛邑，史称东周。周天子号令天下的时代从此一去不复返，开始了中国历史上最漫长的战乱时代。

周王室势力衰落后，僵化而刻板的礼制秩序，已经无法束缚诸侯的政治野心，使金字塔式的统治从根基上发生了动摇。东迁后势力衰微的周王，在诸侯眼中只不过是毫无价值的小摆设，疆土不断遭到蚕食。由于贫穷和软弱，他不得不放弃天子的尊严，蜷缩在都城，势力范围只有都城及周围的一二百里。他只能依附于势力强大的诸侯国，常年靠借贷度日，地位比三等小诸侯还要卑微。

强大起来的诸侯早已不把周王放在眼里，对支撑周朝根基的周礼进行猛烈的冲击，繁缛的礼制成为废纸。他们挣脱周王约束，再也不用向周王定期纳贡和朝觐述职了。首先向周王发难的，竟然是周王的同姓诸侯。他们从祭祀大典到陵墓葬制，都争相采用周天子的礼仪，肆意扰乱礼制。后来，连周边的弱小诸侯也纷纷仿效。周王朝精心建立数百年的以宗法血亲为核心的社会等级制度，被宗亲摧毁了。

以后战乱纷争的500年，是列国争霸图强的年代，新兴的政治家和哲学家冲破周朝的精神枷锁，在混乱中寻求新的国家体制和治国之道。

▲ **莲鹤方壶**

这是郑国君主享用的盛酒礼器。从造型到纹饰，已经完全摆脱周礼的束缚。设计奇巧，铸造技艺卓越，开创了新的艺术风格。只有在自由开放的时代，才能造就这种作品。

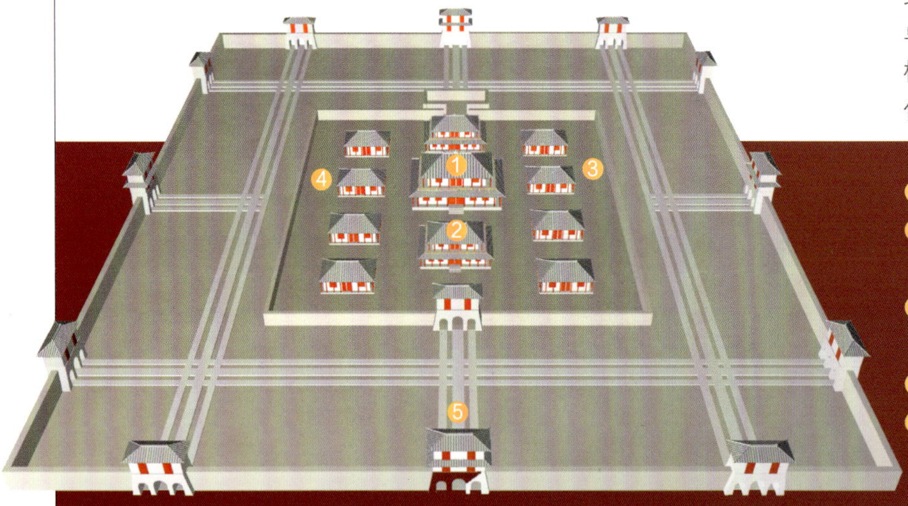


▲ **东周王城复原图**

周王权势日下，无力再建筑宏伟的宫城，他居住的王城，规模远不及西周都城。但是，周王为了维护根基已经动摇的周礼，还是严格按照周朝礼仪规划都城，城门、王宫、宗庙、社稷神坛等建筑物的位置都据周礼的规定安排。

▲ **朱绘兽耳方壶**

此为仿青铜礼器的陶壶，在周礼崩溃、礼制混乱的状况下，昔日地位超然的青铜礼器也改为用陶仿制，用于随葬。

▼ **僭越礼制的楚国卿大夫邵佗墓发掘现场**

这是1987年在湖北荆门楚国古都纪南城发现的战国中晚期贵族大墓，墓主人身份是楚国卿大夫邵佗。从墓葬的形制、棺椁等级到随葬礼器，都极大僭越了周朝礼制中严格规定的葬制，堪比周王葬制。这是战国时期周朝分封等级制度被严重破坏的实证。

◀ **楚国卿大夫邵佗大墓的彩绘龙凤纹漆内棺**

周朝葬礼规定，卿大夫用一椁一棺，而邵佗僭用二椁三棺，此属于王侯等级。整个棺椁层层叠套，共用木料77.32立方米，而且全部彩绘精美的龙凤图案，寓意君王天子，色彩绚丽夺目。

▲ **错金银铜鼎**

鼎是周礼中居首位的礼器，东周王室的鼎已经完全失去昔日威严拘谨的风格，造型也改变了周礼规定的旧模式，标志着维系周王朝命脉的周礼走向衰亡，新兴的政治体制即将出现。

◀ **郑国公举行大典的鼎**

▲ **郑国公的祭祀坑**

郑国是周王室的同姓宗族封国，深受周王信任，封国与都城邻近，是周王的护翼。号称“小霸”的郑庄公最早反叛周王，与周天子并立“共主”的地位。这是他举行祭祀大典的祭祀坑，公然享用天子九鼎的最高礼仪规格，显示自己与周天子平起平坐的尊威。

▼ **青铜编钟坑**

编钟是国家大典中演奏礼乐的重要乐器，郑庄公享有一套天子规格的礼乐器。

# 荆轲刺秦王

在战国特殊的历史背景下，游侠应运而生。

游侠源自士阶层，代表当时一群具有侠客气质的人，而非属于某种社会集团。游侠大都抱着助人为乐的信念，济贫扶困，舍己救人，不论对方是自己的朋友还是陌路人。他们追求公正，藐视法律，不受社会规则约束，鄙视公认的行为规范，只承认自己认可的道德准则，表现得与众不同。他们勇敢坚强，言出必行，视死如归，并对知己者绝对忠诚，效忠国君，孝顺父母。他们爱惜名誉，慷慨轻财，与朋友分享荣华，又可散财济贫，而自己节俭度日。他们崇尚“士为知己者死”的情操，甘当刺客为“知己者”复仇，荆轲刺秦王的故事，以名士忠君而名垂千古。

荆轲从小生长在卫国，好读书击剑，颇有修养。他早年想凭一身武艺为国王卫元君效力，但未如愿，后离开卫国，开始了游侠生涯。荆轲来到燕国，广交豪杰之士，常与好友高渐离和一些屠夫在闹市中饮酒高歌。燕太子丹很赏识荆轲，两人交往甚密；后燕太子丹尊荆轲为上卿，专门为他建造宫殿，称为“荆馆”。

燕太子丹曾在秦国做人质，受尽秦王嬴政的歧视，甚至险些被杀害，几经周折才回到燕国。不久秦国吞并韩、赵两国，又对燕国虎视眈眈。在燕国面临生死存亡的时刻，燕太子丹决定派荆轲刺杀秦王，挽救国家。荆轲已经在荆馆过了两年无所事事的优越生活，想为燕国效力，却无门路。燕太子丹向他提出刺杀秦王的请求后，荆轲果断答应。

荆轲在行刺前，制订了周密的计划。他有赵国著名剑匠徐夫人铸造的匕首，又准备了秦王想要的两样礼物作为见面礼：一是秦王仇人樊於期的首级，二是燕国军事要地的地图。他将匕首藏在地图中，还让至交勇士秦舞阳当助手同行。临行前，燕太子丹身穿丧服为他送行，走到城外易水河畔，荆轲高唱：“风萧萧兮易水寒，壮士一去兮不复还！”歌声激昂慷慨，以示必死之志。一曲终了，掉头而去。

荆轲进入戒备森严的秦宫，拜见秦王，从容应对，献上礼物。秦王打开地图。当早已卷在地图中的匕首露出时，荆轲拔出匕首刺向秦王，但未刺中。秦王拔剑自卫，但慌乱之中却拔不出剑。荆轲又上前追杀秦王，未果，最终被卫兵杀死。荆轲的壮举被世人千古传颂。

从表面看，荆轲刺秦王是舍生取义的侠义行为，是报答燕太子丹的知遇之恩。其实荆轲看重“名”，认为它甚至比生命更重要。刺秦王是他在完成一生追求的“名高于世”的伟业，实现自我价值。因此，侠义行为源自一种类似宗教的信念。不过，游侠所顶礼膜拜的不是彼岸世界的幸福，而是存在于现实世界同时又是永恒的、高尚的道德目标。其实，荆轲被历代宣扬为名士忠君的典范，就是后世倡导的君臣关系的先河。

▲ 汉画像石荆轲刺秦王

▲ 山东济南平阴县齐长城屯兵营遗址齐桓公像

# 齐桓公与春秋五霸

春秋时期，各诸侯国尊奉势力最强大的诸侯为霸主，其政治地位直逼周王，诸侯争霸之战由此拉开了序幕。

春秋时有齐桓公、晋文公、楚庄王、秦穆公和宋襄公等争夺霸主，史称“春秋五霸”。

齐桓公为五霸之首，姓姜，名小白。他是一位有雄才大略的君主，重用管仲、鲍叔牙，并大刀阔斧地进行改革，自此走上称霸的道路。他“挟天子以令诸侯”，首先提出“尊王攘夷”的口号，联合燕、宋等国打败袭扰中原的西戎、北狄，在诸侯国中树立了威望。公元前651年，齐桓公召集鲁、宋、许等国诸侯会盟葵丘，周天子派人参加，这标志着齐桓公的霸主地位得到了周天子的承认，称霸事业达到顶峰。“齐桓公称霸诸侯，一匡天下”，成为春秋时期第一位高举霸政大旗的霸主。

晋国国君晋文公，姓姬，名重耳。他为称霸天下，减轻税收、刑罚，救济饥荒，受到百姓拥戴。此时周王室发生王子带勾结狄族赶跑周襄王的事件，晋文公利用这一机会，再一次打出“尊王攘夷”的口号，打败王子带，在诸侯国中建立了威望。公元前632年，晋楚两军在城濮决战，这是春秋时期最大的一场战役，晋国大获全胜。齐、鲁、宋、卫等七国与周王室订立盟约，正式称晋文公为盟主，晋文公成为霸主。

楚国是南方大国，国君楚庄王，姓芈，名旅。他统治了长江中游的广阔地域。而中原一向是大国的必争之地。楚庄王为称霸中原，与晋国展开长期战争，最终打败晋国，问鼎中原。继楚庄王之后的秦国国君秦穆公，雄心勃勃要称霸中原，但是最终无力东进扩张，只能向西北发展，兼并十二国，占地千里，称霸西戎。而宋国国君宋襄公虽然一生争霸，但终未能如愿。

在中原大国争霸战火不息之时，东南的吴越两国也展开了兼并之战。因而春秋五霸又有另外版本，即齐桓公、晋文公、楚庄王、吴王夫差、越王勾践，并未将秦穆公和宋襄公列入霸主之列。

在连年的争霸战争中，诸位霸主承担了政治势力重新组合的历史重任，最终形成了战国七雄争霸天下的局面。

# 弱肉强食与七雄争霸

周室衰落后，命运多难的周王不能再号令天下了，强势的诸侯也不满足于光是享用天子的礼仪，他们要争夺发号施令的权力。起初，他们都有所顾忌，一面打着尊重周王的旗帜，一面争取成为霸主，“挟天子以令诸侯”，慢慢就按捺不住了。楚国诸侯率先撕破面纱，公然称王。后来，连弱小的诸侯也都称王，于是诸王并起，争霸战争一触即发。大国不断攻打弱小的诸侯国，掠夺土地、人口、财富，甚至吞并整个诸侯国。在春秋时期的不到300年中，发生颇具规模的战争达480多次。战争的结果是：小国被兼并，大国疆域迅速扩大，周王分封的140多个诸侯国，最终形成了秦、楚、齐、韩、赵、魏、燕7个占地千里的“超级大国”。战国时代的七国霸主野心日益膨胀，统一天下是他们的梦想，七雄争霸天下的战火继续燃烧了200多年。

超级大国的兼并更使战争不断升级，越演越烈。城市的防御系统成为抵御敌国进攻的保障，各国竞相构筑高大的城墙。随着新兵种——骑兵的出现，大军团作战的战场更加广阔。北方各国又纷纷沿国境修筑了绵延数百里甚至上千里的高墙，即长城。七国开拓疆土运动像滚雪球一般，越滚越大，疆域比西周时扩大了几倍，为后世秦汉大一统国家的版图疆界奠定了基础，同时新的国家形式也逐渐展现出它的轮廓。

▲ **吴国军事城堡鸟瞰**

战国时期的临时性的野战城垒，规模比城池小，适合军队野外宿营或长期阵地对峙之用。这是吴国建造的军事城堡，位于江苏常州湖塘镇。全城总面积78万平方米，相当于106个足球场大小。以城墙和护城河构成环形的严密防线，内外的城墙各开一个出口，护城河的河道互不相通。其布局体现了军事防御功能，适合江南水军的攻防战术。

▲ **诸侯兼并的物证——吴王夫差矛与越王勾践剑**

春秋时期，长江流域的吴、越、楚三国展开殊死的兼并战争，尤其吴越两国更是世仇。先是吴王夫差攻破越国，俘虏越王勾践，后来勾践卧薪尝胆，积蓄力量，终灭吴国，并把夫差的随身武器——吴王夫差矛作为战利品带回越国。100多年后，越国被楚国灭亡。吴王夫差矛与越王勾践剑都被作为战利品带回楚国。这两件兵器是诸侯争霸的物证，也是难得一见的宝物。吴、越铸造的兵器以刃部锋利、装饰华丽著称。兵器表面饰有菱形暗格纹，经过金属膏剂涂层工艺，证明中国早在2000多年前就已掌握这种精湛的表面合金技术。

▶ 陆军攻战场面

这是战国时代一个铜壶上的攻战图，正表现一场攻城场面，城上的士兵在城头抗击进攻者，城下的士兵登云梯攻城。

▼ 被争夺的青铜礼器——错金银铜壶

在兼并战争中，战胜国除了吞并疆土、强占财富和人口以外，还抢夺都城中象征地位和权力的青铜礼器。此壶原属燕国重器，齐国打败燕国后，成为齐国的战利品。壶口和壶足有铭文，记载了此壶在战乱中辗转易主的经历。

▲ 错金银铜虎噬鹿屏座

这是战国时代中山国的制品。中山国是少数民族建立的王国，民风勇悍，与周围的大国长期对峙。这件青铜器被塑造成一只威猛的老虎叼着一只鹿，呈现了征战而归的胜利者形象。

**历史链接**

**周平王东迁**

周幽王被杀后，诸侯拥立了周平王。但是，天灾人祸已使丰、镐地区残破不堪，不宜再做统治中心。于是平王在晋、郑、卫、秦等国诸侯的护送下，迁都洛邑，开始了东周时期。但此时的周王朝已十分衰落，仅保留着天下共主的虚名。

# 卧薪尝胆的故事

公元前506年，吴国伍子胥和孙武统兵伐楚，攻进楚都郢。公元前496年，吴王阖闾又挥师南进伐越，不料被越大夫灵姑浮一戈击中，因伤逝世。夫差即吴王位后，立志为父报仇，日夜练兵。越王勾践得讯后想先发制人，不顾大夫范蠡的劝谏，于公元前494年发兵攻吴。吴王夫差以勾践杀害先王又兴兵伐吴为由，激励将士，使得士气高昂，给予勾践迎头痛击。勾践败后懊悔万分，危难之际采纳了委曲求全、以退为进的策略，向夫差求和称臣。吴王乘胜向北进击，大败齐军，成为江南霸主。

夫差胜后没有接受伍子胥处死勾践的谏言，而将其带回吴国服役，并极力羞辱他：将他囚于石室，让他为吴王阖闾守墓，在国人面前为自己牵马。勾践忍辱负重，自称贱臣，吃粗粮、穿烂衣、服苦役，对吴王执礼极恭，小心伺候，而且3年之中从未显示出一丝恨意。夫差渐渐地认为勾践已真心臣服，决定放他回国。

公元前490年，勾践终于回归故国。他为了告诫自己不忘报仇雪恨，卧薪尝胆，发愤图强，努力富民兴国。勾践在范蠡、文种的辅佐下，经过“十年生聚而十年教训”，使越国的国力渐渐强盛起来。

勾践在发展本国势力时，不忘设法麻痹并削弱吴国。他极力表现自己的忠心，年年按时向夫差进献美女、珍宝、玩物；他迎合夫差急于称霸之心，诱导其北进中原，以耗损其国力；他以越国遇灾害为由，不时向夫差借粮，使吴国粮食储存减少；他支持吴王建姑苏台，使吴国劳民伤财；他挑拨夫差与名将伍子胥的关系，最终让夫差赐死伍子胥。

公元前482年，吴王夫差率全国精锐部队北上黄池会盟诸侯，国内只留下太子和老弱兵卒守卫，勾践趁机率大军攻破吴都。夫差得到消息，懊丧万分，但为时已晚，为了能够回到吴都，他向越国求和。越大夫范蠡认为灭吴时机未到，建议越王讲和，但此后，勾践不断举兵伐吴。终于在公元前473年，勾践围困吴都3年后一举灭吴雪耻。随后勾践乘胜率兵北渡淮水，会中原各国诸侯，经周元王正式承认，成为春秋霸主之一。勾践传世六代，越国一直以霸主地位称雄于世，直至公元前306年内乱迭起，才被楚国吞并。

吴越争霸是春秋战国的著名历史故事，通过夫差与勾践的世仇争斗，吴越两国似乎已经连成了一体，“吴越”也渐渐成为今天江浙地区的代称。

▶ **吴配儿铭青铜句鑃**

这是吴国专用于宴客大典的乐器，乐器的主人配儿是吴王阖闾初立的太子，也是吴王夫差的兄长。越国灭吴后，此器归属越国。

◀ **人面纹錞于**

青铜錞于是在江南吴越地区出现的军乐器，始于春秋，盛行于战国至西汉前期，多用于在战场上打击发出响亮的声音，以激励士气，也用于祭祀礼仪。

# 战国四公子与养士

春秋战国是人才辈出的时代，各国的君主卿相为争霸图强，不拘一格网罗人才，争相礼贤下士。有抱负者不论国家强弱，只要能一展才华，就择主而事。任人唯亲的官吏制度被打破，有才华的人活跃于各国政坛，一时养士之风盛行，出现了“士无常君，国无定臣”的人才跨国流动和竞争的局面。

战国四公子，即齐国孟尝君田文、魏国信陵君魏无忌、赵国平原君赵胜、楚国春申君黄歇，以养士著称，门客超过3000人。据史书记载，孟尝君拥有万户以上封地薛邑，但他在薛邑一年的收入还不足以供养门客。因其封地薛邑专门招集各地侠士，人数高达6万余户，有的是亡命他乡的罪犯，被称为“鸡鸣狗盗之徒”。平原君门下亦如是。一次，秦国围攻赵国都城邯郸，赵王派平原君突围去楚国求救，平原君挑选“食客门下有勇力文武备具者二十人”同行。信陵君“仁而下士”，周围数千里的侠士争相投奔，更有勇武的门客潜伏在赵王身边，窥探机密准确而快捷，致使敌国不敢图谋魏国长达10余年。

激烈的人才竞争，使得大量下层社会的精英聚集到权势者门下，由此形成了不可忽视的强大的社会力量。养士“无贵贱一与文等”，他们受尊重的程度是由自己的才能决定的，与身份无关。“合则留，不合则去。”养士绝无忠于一国一姓的狭隘观念，他们有很大的选择权，可以任意投奔到适合自己发挥才能的国家。而权贵者不能“以其富贵骄士”，必须仁而下士，才能招徕人才。

一次，信陵君为了结交身为看门者的隐士侯嬴，亲自赶着马车请他到家中做客。信陵君在闹市中遇到侯嬴正在和别人谈话，他就和颜悦色地牵着马车缰绳，恭敬地站在一旁，等待侯嬴谈话完毕，才请他上车并迎到家中。这种礼贤下士的风气，使得许多埋名隐姓于民间的人才有了被发现的机会。

养士注重人人平等，尤其看重人格自尊，每个进入这一圈层的侠士，皆因自己的才识和武艺受到尊重。中国历史上尊卑有序的等级观念始终占据统治地位，只有在战国极特殊的养士制度下，人格自尊才能得到鼓励和尊重，由此形成了特殊的社会关系链，养士成为社会上最为活跃的阶层。

▼ **“君之信玺”玉印及印文**

战国时期，各诸侯国的君主都有印玺。印玺是发布文书、命令的专用凭证。战国文书都是用竹简书写而成，用印玺戳印在封泥上，作为官方证明。这件印玺为玉制，是诸侯国君的，它是中央集权加强过程中的产物。

▶ **虎形玉佩**

这是春秋吴国王公贵族佩带的玉饰，1986年于今江苏苏州城西的严山吴国玉器窖藏出土。

# 大变革的时代潮流

在诸侯争相称霸的舞台上，各阶层的政治家都乘机登台亮相。从贵族中层的卿大夫到贵族下层的士，甚至国人和野人也不甘寂寞，更加广泛的社会势力卷入政治潮流中，几乎每个人都在动荡中寻找自己发展的机会。由此引发了各国政变频繁，各级政权下移，西周数百年建立的统治秩序崩溃了。在社会混乱中脱颖而出的改革先锋，推动了无法逆转的改革大潮。

各诸侯国为了争霸图强，冲破讲究家族血缘的旧制度，广招治国领军人才，有才华的知识分子跨国大流动，活跃于各国政坛，由此造就了人才辈出的新时代。处于贵族底层的士是最前卫的知识阶层，他们观念更新很快，陆续控制了诸侯和卿大夫的权力，对各国新制度的实施产生了决定性的影响，被新政权视为中坚政治力量。西周时国人与野人之间的等级界限也被打破了，处于社会最底层的野人的政治地位逆转，各国权贵兴起养士之风，大量养士多来源于社会地位提高后的野人。

新兴统治者锐意进行社会改革，推行各种新国策。各国的变法运动如同雨后春笋。秦国是七国中意识最超前的国家，推行全新的国家体制，将国民直接控制在君主的权力之下，并以雄厚的国力成为七国之首，由此奠定了秦国统一中国的基础。

**历史链接**

### 世兵制与武士阶层

春秋晚期，齐国在国人中选拔身体健壮和熟读兵法者终身服兵役，他们的身份、待遇高于一般国人，与手工业者、商人等分区居住，且是世袭制，世代相传，这是世兵制之始。这些人大多数原来具有“士”的身份，因而成为武士，形成社会上特殊的武士阶层。此后，野人中的一些优秀人才也被选来终身服兵役，成为武士阶层的一分子。武士不需参加劳动，他们享有俸禄，战时出征，平时钻研兵法。世兵制使军队中的骨干相对稳定，素质较高。春秋战国著名的军事家和名将，大多出身于武士阶层，如历史上著名的吴起、孙武、孙膑、乐毅、白起、廉颇等，都是这一时代的社会精英。

▶ **燕国黄金台招贤场面**

战国七雄，在争夺和重用人才方面用心至极。当时人才流动频繁，被跨国任用的一流人才，往往有影响一国兴衰的实力。异国人士被选做官，得到卿的爵位，通称“客卿”。他们活跃于政坛，具有举足轻重的政治地位。燕国曾高筑招贤台，上置黄金，以招天下贤人。

▼ **今日黄金台**

根据地方志记载，今河北定兴县高里乡北章村台上，即历史上著名的黄金台旧址所在。经考古发掘，在这一带发现有丰富的战国燕国留存的遗址、遗迹，更使这座传统风格的黄金台闻名遐迩。

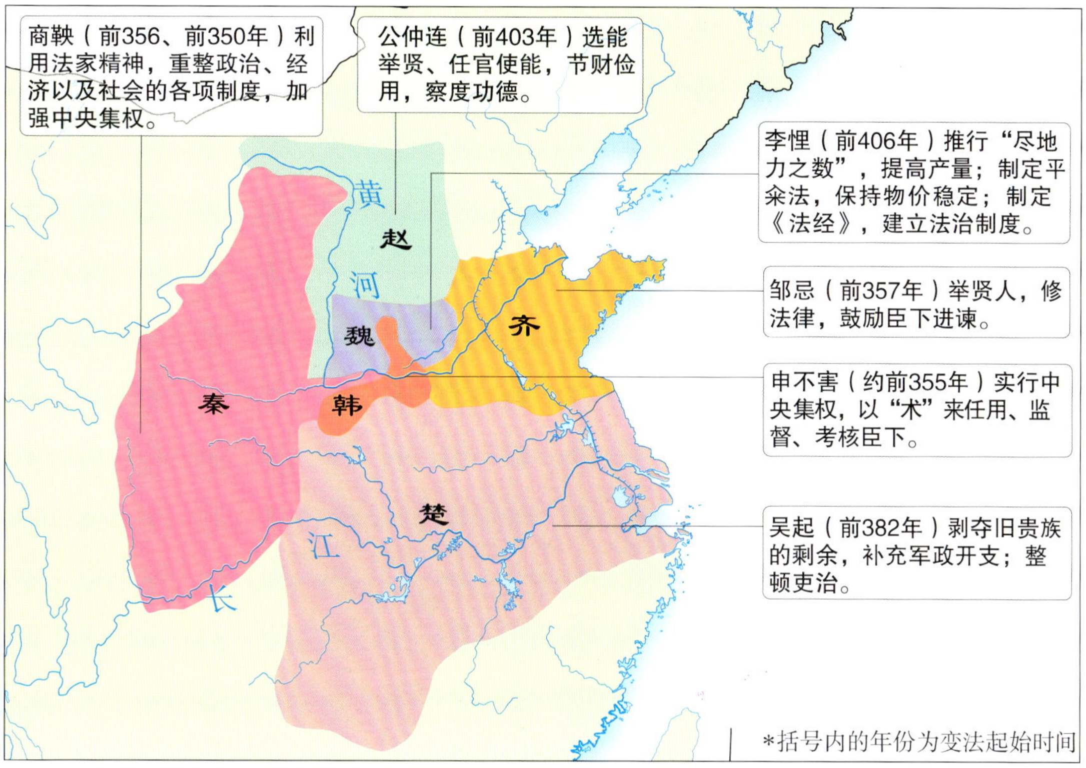


▲ 各国变法概况

**历史链接**

**齐桓公用人**

管仲原是齐桓公的政敌公子纠的臣子，曾经射箭阻拦齐桓公回国争王位。齐桓公即位后，在鲍叔牙的力谏下不计前嫌，任命管仲为卿，主持国政。经过管仲的改革，齐国达到富国强兵的效果，为齐桓公中原争霸积累了必要的物质条件。

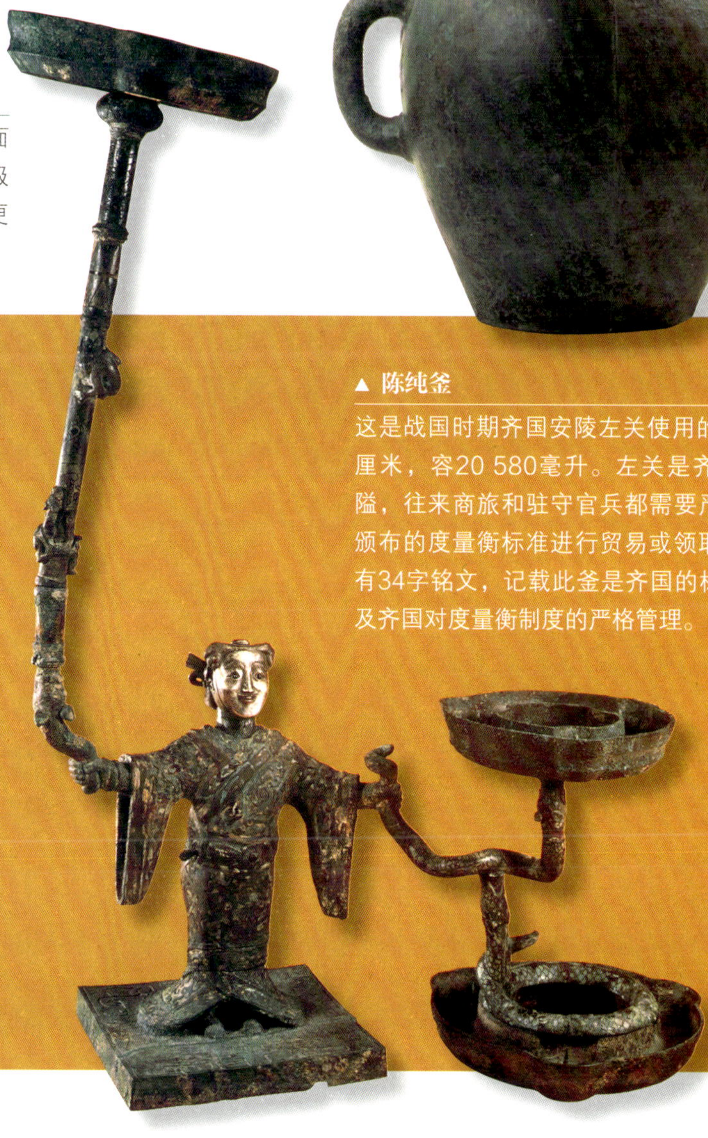

▶ 银首人俑铜灯——具有高级身份的士的形象

这是中山国王室的照明用具，灯座为一男俑，扁脸高颧，面带微笑。他身穿锦袍，腰系宽带，衣着富丽。这是具有高级身份的士或内侍的服装。穿宽袖长袍比窄袖长袍的士地位更高，因为宽袖不宜劳作或征战，是享乐阶层的标志。

▲ 陈纯釜

这是战国时期齐国安陵左关使用的量器，高39厘米，容20 580毫升。左关是齐国的重要关隘，往来商旅和驻守官兵都需要严格按照齐国颁布的度量衡标准进行贸易或领取食禄。釜上有34字铭文，记载此釜是齐国的标准器具，以及齐国对度量衡制度的严格管理。

▲ 刺秦王的客卿荆轲

燕太子丹门客崇尚“士为知己者死”的情操。战国后期，燕国太子丹派遣义士荆轲去刺杀秦王政（即秦始皇），失败，荆轲被杀，但荆轲作为义士的典型代表被广为传颂。

# 变法运动的兴起

春秋诸侯国有140多个，西周制定的严格宗法制度和社会等级体系被打破之后，社会关系日趋复杂。经过兼并之战，到战国早期形成七大强国，新兴统治者为了巩固政权、增强国力，励精图治，锐意进行社会变革，推动各种新政策。各地人才精英倾力提出富国强兵之策，变法运动风起云涌，其成果对各国的发展都起到极其深远的影响。

变法运动首先整顿和完善国家政治体制，制定有效的经济政策，这是富国强兵的根本。七大强国先后推行变法，各国变法内容不尽相同，大致包括：整顿户籍管理、增加税收、稳定物价等措施，保证国家收入充盈和社会安定；针对强兵的需要，严明军纪，建立惩罚制度；依法治国，进一步巩固国家内部的统治秩序；建全官吏选拔制度和程序，选贤举能；注重经济发展，地尽其利，提高农业产量。

然而，七国变法的程度不同，效果也大不一样。原本国力强大、雄霸东方的齐国，由于旧贵族的阻挠，变法不彻底，国力日趋衰落。而魏国、秦国等坚持彻底变法之后，迈向富强之路。尤其秦国在七大强国中变法最全面，而且深入、彻底，实力日益雄厚，名列七国之首，由此奠定了统一中国的坚实基础。

随着改革变法的时代潮流，七大强国都推行中央集权下的官僚体制。国君作为一国的主宰，拥有国家最高的军政大权。国君以下实行以丞相和将军为首的文武分职制度，以实现从宗法血缘为纽带的分封制向中央集权统治下的郡县制过渡。

中央集权下的官僚体制，是在国王之下设立丞相和将军，其下设文武百官。丞相是最高官职，为文官之首，被称为“百官之长”，协助国君总理全面的行政事务。将军是武官之首，地位仅次于丞相。所有的官员都必须经过考核选拔，由国君亲自任命。官员领取货币或粮食作为俸禄，不享有封邑，官职也不得世袭，彻底废除了周王朝的世卿世禄制度。

七国推行的官僚体制的最高阶层完全相同，但在将军以下阶层有差别，大体分为魏、韩、赵三晋系统，齐国系统，楚国系统，秦国系统，燕国近于三晋系统。各国百官名称和职能也各不相同。

春秋早期，一些国家为了加强对新兼并边境地区的管理和防守，在这些地区设立县，由国君直接统领。从春秋末年到战国初年，由于兼并征伐、开疆拓土，七国的疆域越来越大，设立的县越来越多，于是在县之下又设乡、里等基层组织，并且出现了比县更大的行政组织——郡。郡大多设在边疆，主要是为了巩固边防。战国各诸侯国形成从国到郡、从郡到县、从县到乡的管理机构，层层控制整个国家，全面取代了周王朝分封制下旧贵族的封邑和世袭特权。

▲ **右伯君权**

这是春秋早期齐国的衡器，也是目前所知最早的铜权，重198.4克。权上有铭文“右伯君，西里疸”六字。右伯君，即主造人；西里，在齐国都城临淄附近；疸，是工匠名。由此证实，这时齐国的度量衡器是由官营手工业作坊铸造，由国家统一督造、管理。

▲ **大府铜玺印文**

各国变法运动的主体之一是整顿经济秩序。楚国建立的大府，是管理国家财赋物资的机构。此印是楚国大府办理公务的官印。

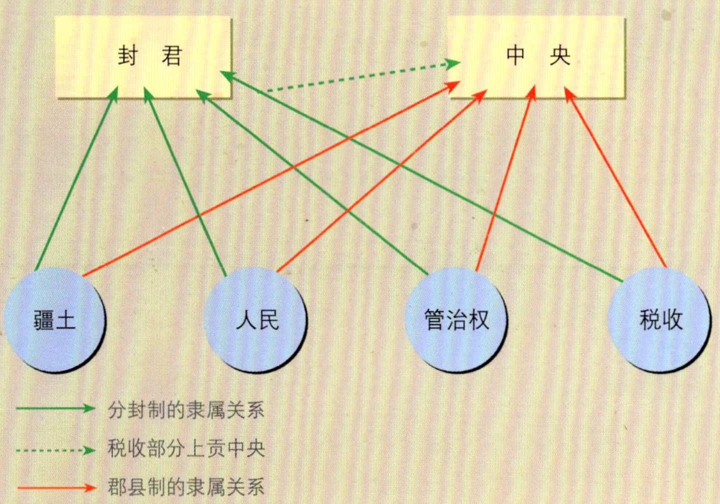


▲ **分封制与郡县制的隶属关系示意图**

在分封制下，封地与封地内的人民完全隶属于封君，封地的管治权也由封君世袭，税收则部分向中央上贡。在郡县制下，疆土与人民隶属中央，管制领地的官员也由中央任命，不得世袭，税收则部分留在地方，部分上贡中央。

▶ **䵄（líng）镈**

此件青铜乐器上记载，春秋中期鲍叔有功于齐国，齐国曾赐封他二百九十九邑，以及众多封邑中的臣民。封邑在春秋时期还存在，到战国晚期逐渐退出历史舞台，当时盛行俸禄制，形成封邑与俸禄并存的过渡阶段。

▲ **子坴子节铜玺印文**

这是战国时期齐国著名卿大夫子坴子的官印，笔势浑朴遒劲。战国各国诸侯、卿、大夫，甚至地位较高的士，均以“子某子”称谓，这是当时流行的官方礼节。尤其在齐国更为常见。这种印玺是专门用来钤盖陶量器所用的官印。称玺为节，也是齐国印玺的特征。

▲ **陈之新都印及印文**

楚国在公元前479年灭陈后，楚顷襄王迁都陈（今河南淮阳），建立新都。这是新都管理机构的官印。

# 新兴种与新战术

配合新国家形式酝酿的趋势，列国在争霸战争中，不断改革军队体制和兵种，西周由贵族垄断的战争时代一去不复返了。

战国时代，为了及时而准确地掌握战争主动权，所有将领都由国君亲自任免。同时为了扩大兵源，应付大规模的军团作战，也打破了由贵族血统的国人垄断兵役的传统，冲锋陷阵的数十万士兵，多为地位低下的穷苦野人和奴隶。这样，分封制下贵族世袭的兵权被彻底废除了，战争不再是贵族的专利。

兵种的革新是划时代的变革。商朝以来，一直流行车战，春秋时期还发明了各类不同功能的战车，灵活轻便的两马拉车在战场上相当活跃，大国常备的战车达数千辆，与战车配套的专门武器更是加强了军队的整体化和战斗力。但随着春秋晚期主要战场从开阔平坦、适宜大规模车战的中原地区，扩展到西北的山林丘壑地带和东南的河网密布地带，战车的重要性便大大降低，代之而起的是更加适宜快速、远距离作战的步兵、骑兵。尤其机动而勇猛的骑兵，奔驰于黄河以北直至西北荒漠地区，在战争中担任侦察、奇袭、追击、迂回、包围等作战任务，成为独立兵种。步兵、骑兵、车兵混合编队，协同作战，成为新的战争模式，指挥如此复杂的战争已经成为专门的学问，具备丰富的军事知识和谋略的新一代高级将领从战火中诞生，夺取了贵族的军队指挥权。西周那种讲究礼仪和讲贵族精神的战争惯例已被抛弃，各种兵法谋略更是层出不穷，关于攻战兵略的著作涌现，《孙子兵法》是其中的典范。

在这个斗智斗勇的征战时代，掌握军事发展趋势，是国家生存及扩展的重要资本。秦国能够充分发展骑兵这种新式兵种，建立起战国七雄中最强大的骑兵队伍，对秦始皇统一天下起了决定性的作用。

▲ **错金杜虎符**

此为授权将军调兵的虎符。国君为了直接控制军队，实行兵符制度。代表国君率兵征战的将军，平时没有调兵权，要取得虎符，才能调动并指挥军队。虎符分两半，各有相同的调兵铭文。平时右半在国君手中，左半在兵营保存。战时由国君亲自发给将军右半虎符，将军凭此与兵营的左符相合，便可调动军队。兵符制度一直延续到秦朝，成为中央集权体制的措施之一。

▼ **车兵的战斗队形**

春秋时期作战队形的基本编制是：一辆战车75人（或100人），其中3人为甲士，在车上；余下72人为步卒，在战车周围组成3个方阵，构成一个基本战斗队形，若干个这样的基本队形就组成了一个军阵。

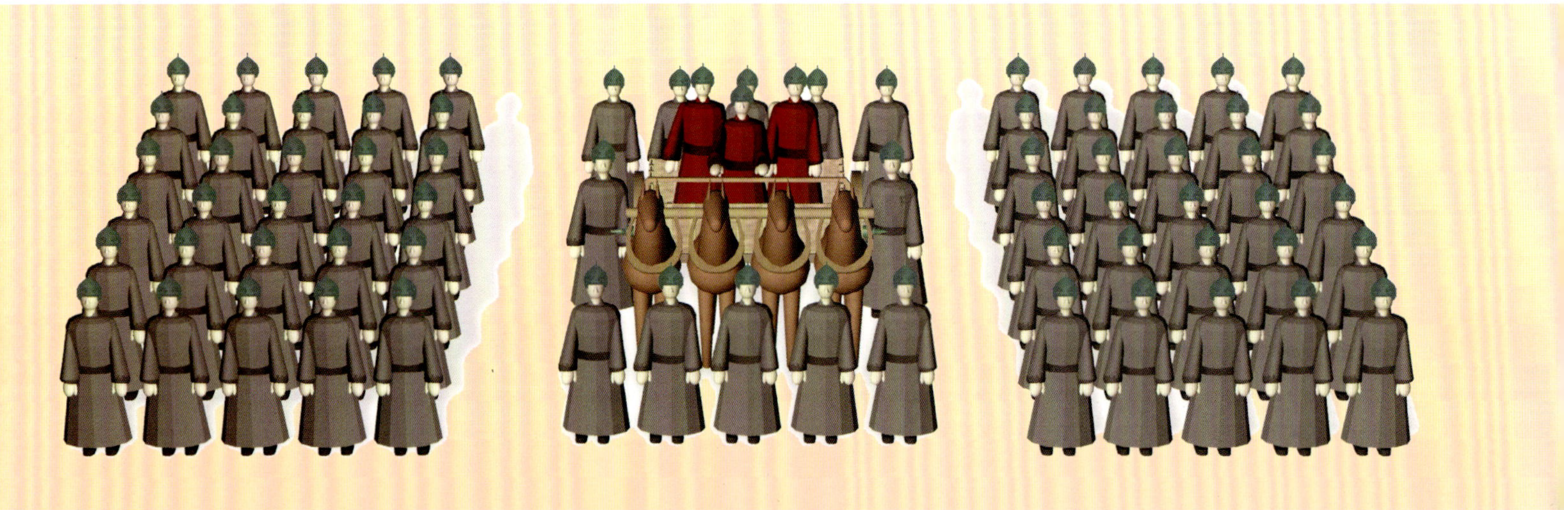

▲ **临车**

临车是步兵攻城的装备，用以观察城中敌情、发射箭矢、掩护攻城人员攀登城墙。

▼ **战马**

这是战国赵王陵的随葬品，是目前仅见的战马形象。赵国长期受到来自北方的匈奴的威胁，赵国国君看到匈奴骑兵在马上来去自如，战斗力惊人，于是将胡人骑马的服装引入中原，赵国因而成为最早创建骑兵队的国家，也是骑兵较发达的国家。

▲ **齐国故城殉马坑**

位于山东淄博临淄区河崖头村西。战国时期根据骑兵数量衡量国家军事力量的强弱。这是齐国贵族墓葬中的殉马坑，全长约210米，殉马约600匹，显示了“千乘之国”齐国强盛的国力。

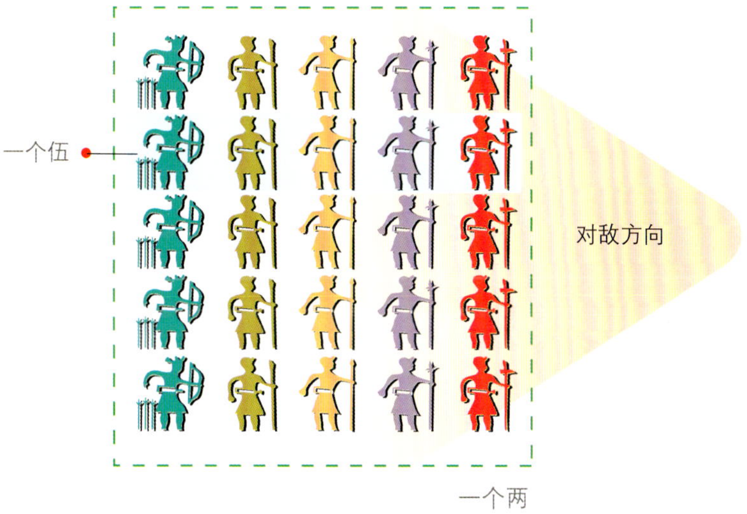


◀ **步兵的基本建制及武器配置**

刚从车兵独立出来的步兵，其建制带有车兵管理制度的痕迹，实行伍两制。伍是由5名士兵组成，25人为一两。这是步兵的基本队形。

**历史链接**

**世界上现存最古老的兵书**

春秋晚期的孙武是兵家的代表人物，所著《孙子兵法》是世界上现存最古老的兵书。他总结了前人的作战经验，揭示了古代战争的规律，如“知己知彼，百战不殆”“攻其不备，出其不意”等战略战术思想，对后人产生了深远影响。

# 车轮驱动着世界文明前行

▲ **秦军指挥车作战示意图**

秦军以步兵簇拥着战车，组成强大的战斗主力。指挥官在特定的战车上指挥战斗。步兵持矛、戟等长兵器，车兵以弓箭为主，远射近攻。

最早发明出来的用牲畜为动力的双轮车，曾经是陆地上最先进的交通工具，对世界文明发展作出了重大贡献。目前的考古发现证实，距今约5500年，生活在两河流域的苏美尔人发明并熟练掌握了制作双轮车的技术。还有同时代欧亚草原的安德罗诺沃文化部落，在游牧生活和疆土扩张中最早使用马拉战车，并在欧亚大陆广泛传播。

大约公元前2000年，这些可与青铜冶炼技术相提并论的畜力车，从两河流域传入东欧、小亚细亚以及埃及，继而远至南亚印度，也或传播到中国的黄河流域。这一先进技术的普及，使当时的几大文明古国都从中受益。在商朝晚期至秦朝时期，在这段长达千年的王朝更迭中，考古发现了王公贵族墓葬出土的大量车马坑。从最早的商朝王室车马坑到举世闻名的秦始皇陵车马坑，清楚展示了从马车结构、车厢到车轮不断改进的过程，形成了世界上罕见的一条完整的马车发展序列链。秦始皇青铜马车的制造工艺尤其精良，可谓登峰造极、无与伦比。

世界各地都保存有极其丰富的古代马车的遗迹、遗物，清晰地显示了马车在驱动世界文明进程中发挥的强大动力，实在不容小觑。塞浦路斯地处美索不达米亚文明圈，早在公元前3000年—公元500年，就一直是连接古希腊、古埃及以及古印度之间商业贸易的交通枢纽，是多元文明重要的中转站。公元前6世纪—前5世纪，塞浦路斯阿马苏斯国王的石棺上雕刻有行进中的马车仪仗队，生动再现了当时欧亚以至中东的国王们普遍流行的宫廷礼仪。

▶ **秦军指挥车**

秦朝战车有两种：一种是图中的指挥车；还有一种是掩护步兵冲锋的战车。有专家认为，这是秦始皇专用的指挥车。整座车由3000余个青铜零件组装而成，工艺极其精细。

车轮经过改良，有30根辐条，比实心车轮轻便

▲ **金马络头**

这是防止马面在战场上受伤的装备，也具有彰显威严的装饰功能。

▲ **秦始皇陵2号坑兵马俑出土现场**

这是实心轮，相比商朝晚期的条辐轮车，尚处于原始阶段

▲ **印度红陶实心轮拉车模型**

印度河流域哈拉帕遗址出土一件公元前2000年的红陶实心轮拉车模型，推测应是用于驱使强壮的牛拉车，是身份高贵者的随葬品。这件模型与美索不达米亚文明圈的马车相似，是由美索不达米亚经过波斯传入印度的。

一系列考古发现都有力证明了，畜力车不仅在中国的商朝至秦汉，而且在欧亚文明古国的同一时代已经相当普及。这一时期骑马、驾车以及骑射，成为世界各国王公贵族阶层的专门技艺。这一点在中国从商朝甲骨文到孔子儒学经典与其他先秦史籍，在印度从《吠陀经》到婆罗门教经典、佛教经典等，都有丰富的史料纪实。

车轮滚滚，马车的发明及其在欧亚大陆的普及，驱动着世界文明不断前进。直至中世纪大规模的骑兵征战兴起之后，才逐渐被淘汰。而与外界隔绝的美洲大陆一直到16世纪才知道马车为何物，世界文明交流的重要意义可见一斑。

第一辆马车遮阳伞下的驾车者，即阿马苏斯国王

◀ **阿马苏斯国王仪仗队的马车**

塞浦路斯位于欧亚大陆交汇处，是地中海第三大岛屿，早在铁器时代就建立起实力强大的阿马苏斯王国。这件石棺是保留至今最著名的阿马苏斯王国文物，石棺雕刻有国王马车仪仗队行进的场景。马车的结构、车厢、车轮都与早数百年的中国商周时期国君的马车完全相同，证实这是欧亚大陆传播地域广阔、延续年代长久，且象征尊贵身份的马车。马车的车轮已经从最原始的实心轮改造成先进的辐条轮，轻便而高速的车轮将更加有力地加快世界文明的进程。

# 兼并战争的防御系统——长城与城堡

春秋战国时期，列国诸侯在激烈的兼并争霸中，开始进入多兵种的大规模兵团作战。各国根据防守需要，除新建具有防御功能的城市之外，还在军事要地构筑防御性的城堡，作为军队驻扎和粮草囤积的基地。为了防御攻击力更加强大的骑兵军团的侵扰，一些诸侯国还沿着边境线修筑了绵延数百里甚至上千里的高大城墙，称为“长城”，有效防止了小部队的袭扰和骑兵军团的长驱直入。

从保存至今、分布广阔的春秋战国长城遗址可以看到，楚国在公元前656年建立了最早的长城，全长千余里。以后各国都相继兴建长城，构成了各国边境的防御系统。其中位于北方的燕、赵、秦三国的长城，规模最大、结构复杂，不仅能防御邻国侵扰，更重要的是能防御来自北方草原的强大匈奴的入侵。

春秋战国的长城大多利用地形优势而建，就地取材，由土石砌筑，高3～4米，防御设施还不完善。例如，秦军利用天然屏障，将长城建在山峦起伏的断崖地带，利用陡峭的断壁有效阻挡骑兵侵入。此外，齐长城也颇具规模，始建于齐桓公时，其后齐灵公、齐威王、齐宣王继续修筑，至今遗址横亘在齐鲁大地，西起黄河，东至黄海，蜿蜒600多米。长城的要塞地段还设有城堡，一般为边长各200米左右的方形城堡，城内有驻兵，还可以囤积粮草，从而使长城的防御能力大为增强。

春秋战国以来，各国建筑长城的军事防御理念、布局和技术经验，在中国历史上非常重要，它们为建成举世闻名的秦汉万里长城，以及中原王朝击败游牧民族政权打下了基础。

▲ **赵长城遗址**

赵国的长城分布在今河北蔚县至内蒙古杭锦后旗，长约1300里，用以防备匈奴。

▲ **齐长城遗址**

该遗址分布在今山东济南长清区黄河东岸至胶东半岛南部，建于战国初年，用以防备楚国袭扰。齐长城的建筑方式有土筑和石砌两种，在平地多用黄土夯筑，在山岭或产石地区多用石块垒砌。图中的长城是用土筑成的。

◀ **齐长城遗址**

齐国是春秋战国东方势力最强大的诸侯国。这是山东济南平阴县大峰山长城遗址。

▶ **秦长城遗址**

这段在今内蒙古固阳县的秦长城由石砌筑，至今仍保存完好。

# 合纵与连横

经过春秋时期近300年的争霸战争，到战国时期，形成了齐、楚、秦、燕、韩、赵、魏七个大国，并称为“战国七雄”。从地理位置上看，齐国在东，楚国在南，秦国在西，燕国在北，韩、赵、魏三国在中原。

在残酷的争霸战中，七国虽然生存了下来，但经过战国初期变法改革浪潮冲击后，各国国力的差异更加凸显。战国中期齐、秦两国最为强大，东西对峙，争取盟国，以图击败对方。其他五国也不甘示弱，与齐、秦两国时而对抗，时而联合。大国间冲突加剧，外交活动也更为频繁，由此出现了一种全新的战略——合纵与连横。

苏秦推行合纵战略，目的在于联合诸多弱国抵抗一个强国，以防止强国的兼并。张仪推行连横战略，目的在于以一个强国为靠山进攻一些弱国，从而达到兼并和扩张的目的。起初合纵与连横变化无常，合纵既可以对抗齐国，又可以对抗秦国；连横既可以联合秦国，也可以联合齐国。后来，秦国的势力不断强大，成为东方六国的共同威胁，于是合纵成为六国合力抵抗强秦的法宝，连横则是六国分别与秦国联盟，以求苟安的权宜之计。当时有诸多士人为各国君主合纵、连横奔走，其中以苏秦、张仪、公孙衍最著名，成为“一怒而诸侯惧，安居而天下熄”的风云人物。

苏秦曾先后游说韩、赵、魏、燕、楚、齐六国国君，形成六国联合抗秦的局面。苏秦被公推为纵约长，组成了六国联军，驻扎在荥阳（今河南郑州），声势浩大。苏秦派人把合纵盟约送到秦国。秦国受到了震慑，15年不敢图谋再向函谷关内进攻，还把蚕食魏国、赵国的一些土地和城池归还给了这两个国家，使东方各国获得了短暂的安宁。苏秦合纵功勋卓著，各国都封他为相国，赵惠文王还封他为武安君。苏秦挂六国相印，声名显赫一时。

张仪是魏国人，与苏秦是同门师兄弟，却和苏

铭文记载了曾、楚两国的密切关系

▲ **楚惠王熊章镈钟**

曾国是楚国的附属国，彼此为邻。公元前433年，楚惠王为曾国君主曾侯乙制作礼乐器镈钟，曾侯乙将其悬挂在宗庙编钟架最醒目之处，以显示曾国与楚国政治联盟的重要意义。曾侯乙死后，此器随葬墓中。

秦唱起了对台戏。从公元前328年开始，张仪运用连横之术，游说于魏、楚、韩、赵等国之间，利用各个诸侯国之间的矛盾，或为秦国拉拢，使其归附于秦；或拆散其联盟，使其力量削弱。例如，他曾在秦国打败魏国后，借机推行连横，使魏国臣服秦国。以后又以“今亲兄弟同父母，尚有争钱财相杀伤”为喻，使魏国最终退出了苏秦建立的合纵联盟，转而连横秦国。在整个秦惠王时期，他“左右卖国”，不仅使秦国在外交上连连取得胜利，而且帮助秦国开拓了疆土，可以说为秦国的强大和之后统一中国立下了汗马功劳。

▲ **安邑下官钟**

此器原是魏国礼器，后来魏国为秦所灭，成为秦国的战利品。

▶ **陈侯壶**

这是春秋时期陈国诸侯为其母亲制造的礼器。陈国在今河南境内，陈国灭亡后，此器辗转为齐国贵族所得。

▲ **吴王光鉴**

春秋时期地处淮河流域的小国蔡国与江南霸主吴国缔结政治婚姻。这是吴王光嫁女到蔡国时的嫁妆。鉴，中国古代器物。古时没有镜子，古人常盛水于鉴，用来照影。

战国时期各国利益的焦点是兼并他国的土地。距离较远的势力难以企及，于是相互接壤的国家成了彼此想要兼并的对象。晋国分裂前，东攻齐、西攻秦、南攻楚，都是对邻国土地进行兼并。晋国分裂为韩、赵、魏后，三国又陷入互相攻伐的泥潭，同样是邻近的征伐。齐、秦两国东西对峙后，韩、赵、魏、燕、楚五国成为齐、秦争夺的中间地带，而地处中原要冲之地的韩、魏更是两强争夺的中心。当秦国大举进攻韩、魏时，各弱国担心波及自己，为解除危机，有了联合抗秦的举动，而另一大国齐国为了不使中原地区被秦国抢先占领，也有意愿参加抗秦的联盟。但当危机过后，各国兼并的野心又重新燃烧起来，联盟即告失败。有的甚至在危机之中趁火打劫，主动攻击同盟国，破坏联盟。例如，齐、楚两国曾眼见自己的同盟国魏国遭受秦国打击，不但没有给予帮助，反而联合起来攻打魏国。为了兼并他国，各国同床异梦，联盟的基础十分脆弱，加之秦国采取连横策略，利用威逼利诱的手段，或打击或拉拢，使合纵联盟更无长期坚持的可能。

即便在合纵组成后，东部六国有时也因无法同心协力地扩大战果而解散。例如，公元前318年，魏、赵、韩、齐、燕、楚合纵抗秦，并推举楚怀王为纵约长。但由于各国利益不同，楚、燕不肯出兵与秦作战，齐国更是隔岸观火，只有魏、韩、赵三国出师同秦国交战。结果秦军在函谷关大败三国联军，并俘虏韩将军申差，斩首联军8万人。

合纵与连横在战国时期掀起了一波又一波的外交风云。历史证明，合纵是失败的，因为它没有阻挡六国灭亡的命运；连横是胜利的，因为它的主要实

**历史链接**

**特殊的联盟——政治联姻**

西周周王分封诸侯国140多个，大多是小国。春秋初期在激烈的兼并战争中，诸侯国之间为了政治需要，既相互较量，又相互利用，形成错综复杂的局面。尤其在大国的夹缝中苦苦挣扎的弱小诸侯国，为了生存，或依附于大国栖身，或互相联合共同对抗大国。因此，政治联盟和政治联姻成为诸侯国外交策略的主流。

政治联姻主要是在统治阶层之间进行的，男女双方都出身于诸侯或卿大夫家族。为了显示女方的高贵身份，家长要赠送工艺十分考究的青铜礼器作为嫁妆，礼器上镌刻铭文，记录两国的联姻关系，以示郑重铭记、世代保存。

▲ **黄太子伯克盆**

这是黄国太子伯克赠送给莒国国君的礼物。黄国和莒国都是当时的小国，同为嬴姓，两国有密切的联盟关系。

施者秦国最终统一了六国。究其原因，合纵的失败是因为各国利益不同，不能真正地同心协力，心不同则力分，力分则弱；而连横的成功则归功于专一，力专则强。

不论是合纵，还是连横，都是战国时期七个诸侯国在相互兼并的战争中，根据需要而采取的联合战略。各国自身的利益是合纵连横的基础，因此形成“邦无定交，士无定主”的纷繁复杂局面也就不足为奇了。

这件玺印边上有一处凸起，是齐国玺印的独有特征，具有玺节的作用。会盟时对方所用玺印上有一处内凹，两玺印嵌合紧密，寓意联盟的牢固

▲ **易（阳）都邑圣徒盟之玺及印文**

这是战国时期齐国易（阳）都邑（今山东沂水流域）官府的官印，刻有“易（阳）都邑圣徒盟之玺”八字，专门用于签订会盟合约文书。

# 铁器革命与农业发展

大约公元前2100年，小亚细亚地区最早开始锻造铁器，以后传播到欧亚大陆。新技术使西方的航海、商业、疆域向更广阔的领域发展。而中国是后起直追的国家，大约西周至春秋之际，黄河中游才初现铁器，当时被视为贵重金属，只有少数贵族能够佩铁剑。

战国以前，铁器冶炼采用锻造技术，每次只能制造一件产品。战国开始改进冶铁炉，采用铸造技术，并使用模具，可以同时批量生产多件产品。冶铁技术在世界各国都经历了从低温锻造到高温铸造的发展阶段，欧洲人经历了长达2500年的锻造技术积累过程，直到中世纪才使用铸造技术。而中国锻造技术的起步虽然比欧洲晚，但只用了200年，就完成了划时代的技术革命的跨越，走在世界的最前列。新技术促使铁器的成本降低，产量剧增，产品广泛应用在农业和手工业领域，极大促进了整体经济的腾飞，中国从此由青铜时代跨入先进的铁器时代。

春秋时期的铁器以兵器为主。到了战国时期，七国政府都大力发展适合农田耕作的专用铁农具。齐国更要求每个农民必备7种铁农具。锋利的铁器取代了石、木等低效能的工具，大大提高了深翻土壤、平整土地、开沟起垄、中耕锄草和收割等主要农作环节的效率，精耕细作成为发展的方向。能够深翻土壤的铁犁铧出现后，战国各国政府还推广牛耕技术，使牛成为开拓荒地的主力。牛耕与人力耕田相比，效率高3倍。同时，各国也积极发展水利灌溉工程，配合牛耕和铁农具的使用，农作物的产量大增，甚至有剩余产品投入消费市场，刺激了工商业的发展。

▲ **大铁犁铧**

铁犁铧是利用牛力进行深耕的利器，使用“V”字形的铁犁头，有利于减少耕地时的阻力。它的出现标志着农业生产进入深耕细作的阶段。

▼ **铁臿**

春秋战国的铁农具大多数是“木心铁刃”的，即在木器上套一层铁制的锋刃，具有高效省力的特点。这件铁臿是安装在木臿刃口上的。

▶ **牺尊**

牛耕是春秋战国时代先进的农业技术。这是春秋时期晋国的青铜牛尊，牛已穿了鼻环，说明已被牵引从事劳动，帮助农夫耕作。

**▶ 今天的都江堰灌溉工程**

都江堰是世界上现存历史最悠久的无坝引水工程，由战国时期的秦国在公元前256年开凿。发源于大雪山的岷江，顺着四川盆地倾斜地势冲入成都平原。都江堰不但使成都平原南部免除洪涝之苦，北部旱地得以灌溉，也促进了水路运输。

**▲ 铁范**

中国是世界上最早使用铁范的国家，这是冶铁业发达的标志。战国以前用的炼铁炉温度低，铁矿石无法充分熔化，只能形成熟铁块，需经反复锻打才能得到较纯的铁。战国时期有了高达1300℃的鼓风铁炉，能炼出杂质少的液态铁水，把铁水浇铸到铁范里，冷却后即可成为生铁铸件。铁范可以制造器形复杂而规范的铁器，而且可反复使用。这件铁范是用来制造铸铁斧的，上面刻了字，是官员监造的凭证。

**◀ 错金银牺尊**

这是战国时代南方地区的酒器，在牛的颈项处有一个项圈，说明应是被畜养的家牛。畜牛多用来拉车或耕田，减轻了人们的劳务之苦。

**▼ 铁犁铧使用示意图**

铁犁铧与牛耕同时出现，与耕牛结合使用，以畜力为牵引将泥土翻松。

**历史链接**

**干将与莫邪**

春秋末期，有一对夫妻叫干将、莫邪，是铸剑能手。楚王持重金请他们为自己铸剑。经过3年的精心冶炼，终于铸成两把寒气逼人，能削金断玉的宝剑。他们的技艺，反映了春秋时期铁器的发展和冶炼技术的高超。

# 工商业大开放的新趋势

进入铁器时代以后，农产品及手工业产品产量增加，有剩余物资可供市场出售，城市兴起商品经济浪潮。春秋战国时代，新兴的商业城市活跃起来，各国为了富国强兵，都稍改西周时对商业的歧视，调整政策以鼓励商业的，强化商业管理。

各国的都城普遍设有多处颇具规模的市场，上至王侯贵族，下至平民百姓，都在市场内贸易。许多西周时严格禁止的商品，如珠玉珍宝、铜铁兵器，甚至钟鼎礼器等，都可以在市场出售。

商业繁荣带来巨大财富，商业利润保持在30%～50%，工商业税收成为国家重要的财政收入。交通便利的大城市最先成为富庶繁荣的工商业中心，战国时期许多战争就是以争夺这些大城市为目标的。

商人急剧增加，在获得巨额财富的同时，也提高了社会地位，不再是最下等的人了。他们凭借雄厚的经济实力操纵行情，垄断市场，甚至直接影响和参与国家决策。弃农经商的潮流使城市居民中工商业者的占比提高。城市的风俗和价值观念发生突变，形成浓厚的好贾趋利风气，“用贫求富，农不如工，工不如商”。当时民谚说：“天下熙熙，皆为利来；天下攘攘，皆为利往。”但是，各国独立为政，使商品流通手段——度量衡和货币，标准不一，兑换混乱，严重限制了商业向更广阔的地域发展。

**▲ 贸易通行证**

战国时期，各国关卡林立，向商人征收关税非常严格，对运载的货物也有限制。这是楚王发给一位大富商的通行证件。有效期是一年，严格限制商品种类、通行范围。在通行证规定范围内的商品，可以凭证免税，国家紧缺商品严禁出关。

**▲ 郢爰**

战国楚币，是用黄金铸造的金版，使用时从金版上切割一块，根据重量定价。战国时期，各国铜铸货币标准不一，只有黄金质量均一，价值高而稳定，适宜大宗高额商品的交易，因此成为各国通行的标准货币。

**▼ 高奴禾石铜权**

这是秦昭王三年（前304）铸造的衡器，秦制重120斤，相当于30.8千克，主要用于称粮食。当时，秦国严格垄断铁器、粮食、盐等军需物资。少量流入市场流通的物资，政府也要专买、专卖。

▲ **彩漆木雕座屏**

由于漆膜对木器有防腐和保护作用，漆器有耐用的优点，故由战国时期开始，漆器迅速普及起来。战国的楚、秦、蜀地是漆器生产的大本营。此漆屏以黑漆为地，透雕及浮雕出多种动物纹样装饰。

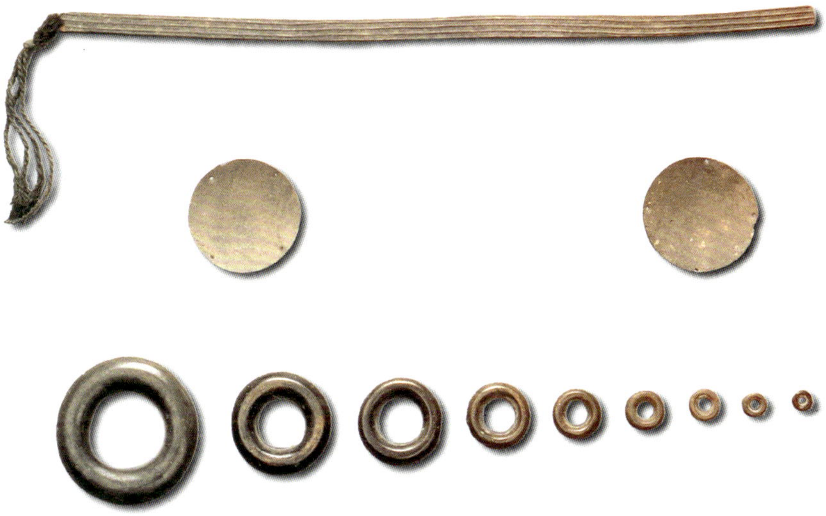

▶ **天平与砝码**

这是楚国的衡器。目前已发现大量楚国天平和砝码，说明楚国是商业繁荣的地区之一。

◀ **鸳鸯形漆盒**

漆器是当时的热销商品。这件漆器造型源于现实，是日常生活用器。鸳鸯的头部和身体分别用木雕成，颈部与身体以榫卯连接，可以灵活转动。

**历史链接**

**人弃我取，人取我与**

战国时期贸易活动频繁，商人们总结了不少经商致富的理论。魏国白圭的理论是“人弃我取，人取我与”。他在丰年或秋收的时候尽量收购粮食，在荒年或青黄不接的时候及时卖出去，利用价值规律挣了很多钱。

# 四方族群走向融合

周王室衰微后，诸侯大国不断扩展，势力伸展到周边民族地区，许多少数民族相继被强国吞并，仅南方的楚国就兼并周边50多个小国。驰骋的骑兵使各国统治者的眼界更加开阔，萌生出占据更多疆土、建立多民族统一国家的构想，并逐步实现。

春秋时期，位于中原的各国自称“诸夏”，居于四周的大量少数民族部落，按照地域被称为“东夷、南蛮、西戎、北狄”。华夏族为显示居中的地位，自称“中国”；少数民族居于四方，统称为“四夷”，形成“华夷五方”格局。这些少数民族有自己独特的语言、文化、生活习俗和生产方式，文明程度落后于中原。频繁的战争带给他们苦难，也促进了各族之间的杂居、通婚、会盟与商业贸易。四夷的政治、经济和文化在战火中不断融合和发展。北方的北狄，东南的于越等部族，学会制造铁器，并建立了强大的政权；西南的巴、蜀等部族进入了青铜文明。到战国时期，一部分四夷与华夏已经融为一体，生活习俗、语言文字、文化伦理更加丰富并趋于一致，形成了人数众多、地域辽阔的华夏族，这在中国历史上是划时代的大事。

这个时期整个欧亚大陆都处于大国兼并各族的活跃期，罗马帝国、贵霜帝国和秦汉帝国的新技术、新政体都在孕育之中，终于在公元1世纪前后爆发出来，世界进入了一个新时代。

▲ 华夷五方的概念

**历史链接**

**胡服骑射**

赵武灵王即位时，四周强国林立，边患严重。他决定建立一支能够与游牧民族抗衡的骑兵，要求臣民改穿胡人的短衣窄袖服装，腰束皮带，脚蹬皮靴，以方便驰马射箭。冲破重重阻力，赵武灵王提倡的胡服骑射取得了成功，赵国迅速强大起来。

◀ 楚国的青铜神兽

分布在长江流域的楚人，吞并了周边数十个小国，融合中原华夏文明，成为战国后期唯一能与秦国相抗衡的强国。楚人久居南方，艺术作品和文学作品具有一定的怪诞神秘色彩。这件青铜神兽造型奇特，是楚人超越现实的艺术典范。

▲ **南方吴越人的形象**

春秋战国时期，位于长江中下游、东南沿海、岭南地区以及云贵高原的众多部族，统称为“百越”。春秋战国时代，南方的强国吴国和越国都属于百越。此人全身满布文身，是吴越的习俗。

▶ **西南滇族的乐器**

春秋战国在西南地区有数十个语言、风俗不同的部落，其中生活在滇池的滇族，农耕文明程度最高，势力最强大，与中原的经济、文化交流也最密切。牛是滇人赖以耕作的家畜，是家庭财富的象征。在祭祀礼器和日常用品中有很多牛的形象。这个滇人的葫芦形乐器，上面也有立体的牛的形象。

▲ **铸有神人的铜戈**

**历史链接**

### 华夏族概念的成型

继夏朝之后，聚居于中原地区的民族经历商朝、周朝，以及春秋战国的民族大迁徙与大融合，形成一个稳定的民族概念——华夏，又称诸夏。在夏商周与周边地区的交往中，更强化了中原华夏族的本体民族意识。

# 北方部族的政权——北狄中山国

在春秋战国时期，北方草原狄族同西北的匈奴一样，是燕、赵、魏国的劲敌。狄族根据姓氏分为三大分支，其中白狄鲜虞氏经常大举进攻中原，争夺土地和财富，还建立了中山国。中山国大力推广青铜工具，并掌握了中原最先进的铸造技术和镶嵌工艺，制造出精美程度不逊色于中原大国的青铜器，即使在2000多年后的今天看来，也令人惊叹。

中山国建立在具有先进文明传统的商人聚居地，周王曾将此地作为推行周礼的重点地区。这个特殊的地理位置，造就了中山国游牧民族与农耕民族文化交融的特点。中山国并未理会周礼在中原衰落的现实，仍尊奉其为国家正宗礼制，中山国国王享有完整的周天子的礼器，还在礼器上镌刻长篇铭文，引用儒家经典《诗经》，以表明自己向华夏正统靠拢的决心。

中国各民族的融合是一个复杂而漫长的过程。农耕民族与游牧民族的观念、性格和习俗都不相同，在融合中不断产生碰撞，有时甚至是战争。

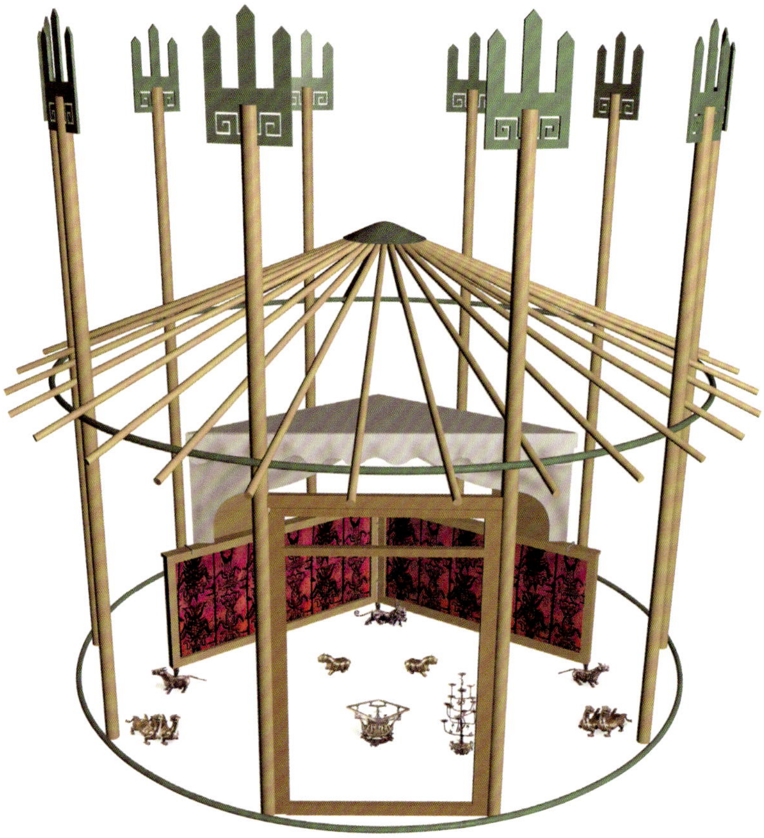

▲ **中山国国王的军帐**

中山国是一个强悍的政权，以骑兵著称，军力相当强盛。这是中山国国王在行军中专用的军帐，高3～4米，帐内仿照王宫内国王议事的宫殿布局，正中设立屏风、几架、青铜礼器、照明灯具等，帐架则用“山”字形的国徽做装饰，象征国王的威仪。

▼ **中山国国王陵墓复原图**

中山国国王䁐（cuò）是一位杰出的君主，他在位期间（约前327—前313）国力兴盛，曾与韩、赵、魏、燕等大国一同称王。他去世后，中山国衰落。其墓地在河北平山。根据陵墓随葬的一方兆域图铜版，可以复原陵园建筑平面设计图。陵园平面呈长方形，正中为王陵，左、右为后陵，还有看守陵墓者和墓祭的宫室，以及两重围墙。

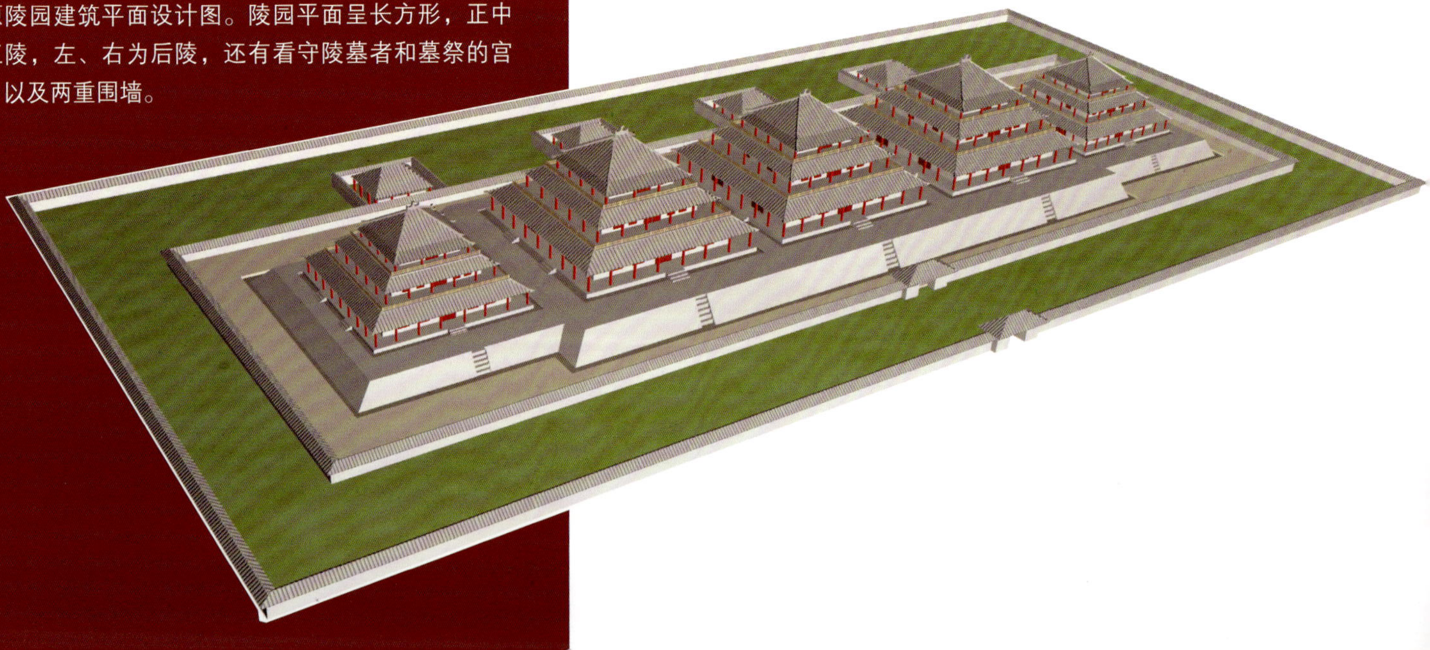

▲ **错金银四龙四凤铜方案座**

这是中山国国王宫殿内放置礼器的方案，由四龙、四凤、四鹿组合而成。龙居四角，托住方形案框。龙凤造型写实，以金银镶错花纹，工艺十分精细。全器结构和造型复杂，反映了中山国高超的青铜冶铸工艺。

▲ **中山王铁足铜鼎**

中山国国王随葬的青铜礼器中，最重要的是9个升鼎，周礼规定只有周天子才享有这个资格。这是中山国伐燕胜利后，用燕国的铜铸造的鼎，也是战国时期较大的铜铁合铸器物。鼎壁刻有文字，记载了中山国伐燕的史实。

▼ **错银铜双翼神兽**

这是中山国国王生前专用的陈设品，图案主要用银镶嵌。兽昂首咆哮，四肢弓曲，两肋生翼，造型矫健威猛，是史书中记载的龙雀，当为北方民族崇拜的神鸟，与南方楚国神鸟的形象形成强烈对比。

**历史链接**

**秦、赵、燕筑长城**

战国时期，秦、赵、燕三国的北边都与游牧民族活动地区接壤，经常遭到匈奴骑兵的南下袭扰。于是三国在险要地区修筑城垒，再进一步砌城墙将城垒连接起来，作为抗击入侵者的军事防御设施。此三国所修的长城，成为秦长城的主干部分。

# 勇武的秦人从西方崛起

在七雄争霸的战场上，来自西北的秦人异军突起，凭着特有的勇武精神和战无不胜的军队，经过数百年的奋战，终于兼并六国，完成了统一天下的辉煌霸业。

商周之际，秦人还是弱小部族，受到西北地理环境的限制，无法扩张势力，生产技术远远落后于其他强国，是最晚被东周平王分封的诸侯国。但是秦人不甘心屈居在西北做牧马人，让子孙后代到文明发达的黄河之滨饮马，成为世代秦王的梦想。秦国先后有三十几代君主，他们雄心勃勃，前仆后继，逐步向东方做战略性大举迁徙，决心占据周王朝腹畿——八百里秦川。为了称霸东方，秦人奋勇征战，经过8次具有重大战略意义的迁都，从西戎迁到西周王室的故地，最终定都在适宜称霸争战的理想据点——咸阳。在与农业发达的东方六国抗衡中，秦人所特有的不循礼仪、开拓进取的精神和极力扩张的野心，都与农耕民族追求和平安定的心理相悖，也是崇尚礼仪的中原各族无力抵抗的。

秦国每次迁都，都开拓一片疆土，建立一处军事据点，势力不断向东扩张。秦人积极汲取中原先进的技术和文化，很快由落后的游牧经济发展为先进的农耕经济。秦国还推行以法治国，以军事中央集权制和地方郡县制取代周朝的血亲政治，是七国中变法最彻底的诸侯国。秦国疆土由小到大，国力由弱转强，成为战国时代的军事强国，奠定了日后兼并天下的基础。

▲ **雍城宫殿的铺首**

这是镶嵌在雍城宫殿大门上的铺首，以金和玉制成，采用鎏金工艺，与草创时期简陋的建筑构件完全不同。在秦人整个东迁过程中，雍城具有非常重要的意义。秦人在雍城建都近300年间，正是秦国的国力由弱而强的上升时期。秦人为了显示强大国力，王室宫殿的规模比各诸侯国甚至周天子都更加辉煌。

◀ **骑马俑**

秦人以牧马著称，马为秦国带来辉煌的时代。秦国制定法律保护牧马业，战马在秦统一六国的战争中发挥了巨大的威力。这是目前发现最早的秦人骑马形象，马的形体浑圆健壮，腿短粗，属于黄河流域的河套马种。骑兵身穿胡服，这是西北游牧民族流行的适合骑马作战的轻便服装。当时还未发明马鞍和马镫，骑兵在骑马时没有支撑点，这是早期骑兵的特征。

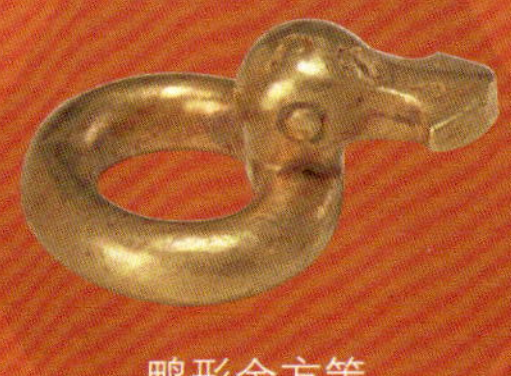

鸭形金方策

方形兽面纹金泡

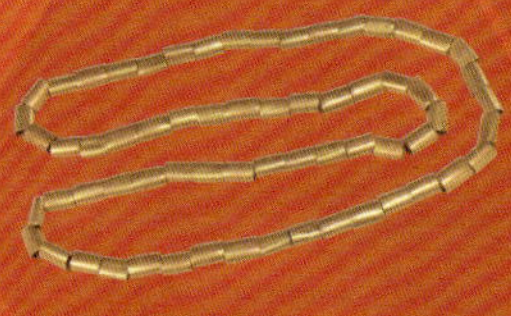

金节约

▲ **秦人的马具**

在秦人的墓葬中，上至帝王，下至平民都喜欢殉葬马匹或马具。这几件随葬马匹佩戴的金饰出土于秦国王室大墓，是秦人养马、爱马传统的写照。

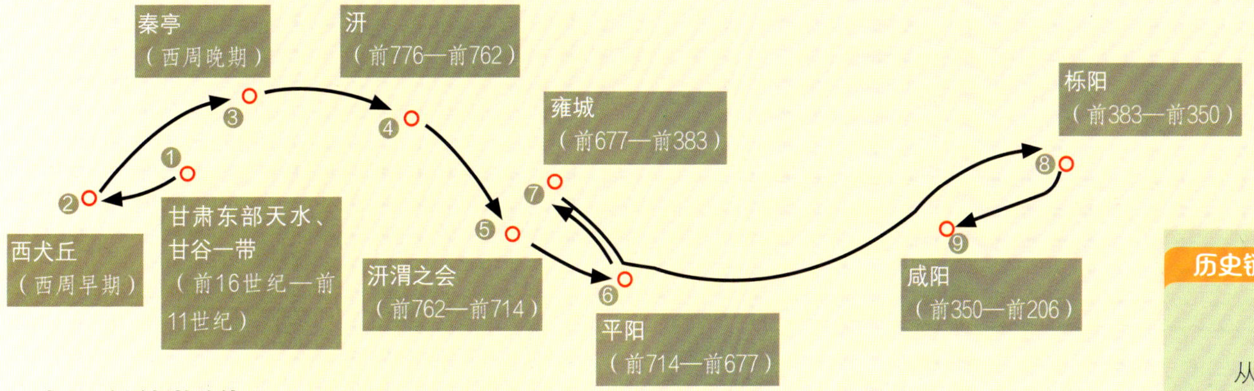


▲ 秦国8次迁都的路线

## 历史链接

### 秦灭六国

从秦孝公开始，秦国经过6代君主的努力，奠定了兼并六国、统一天下的基础。秦王政即位后，加紧了兼并战争。从公元前230年开始，秦先后攻灭了韩、赵、魏、楚、燕、齐六国，终于完成了统一天下的大业。

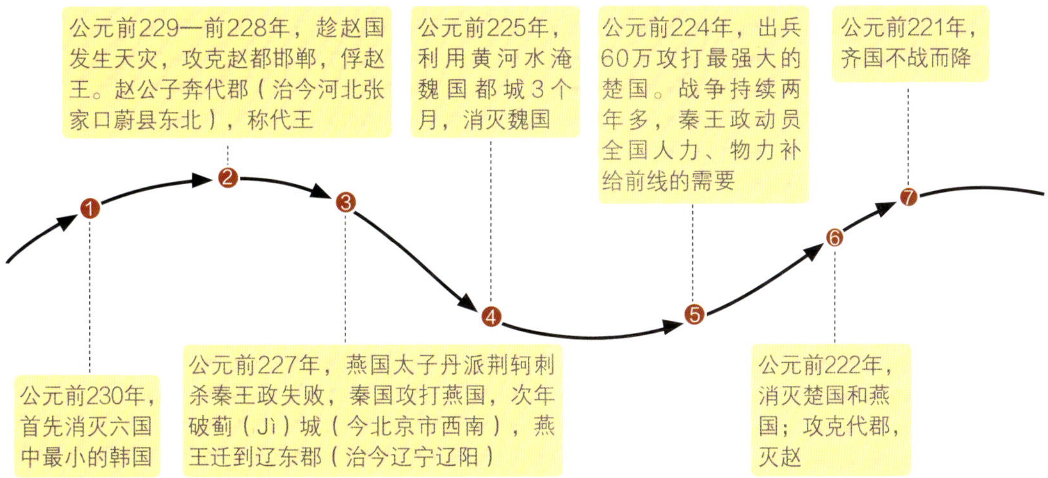


▲ 秦灭六国的次序

▲ 居安思危的宗庙复原图

宗庙是周朝重要的礼制建筑。秦人在雍城的宗庙除了供奉秦国先祖灵位的祖庙、昭庙、穆庙，以及祭祀场所中庭以外，还专门设立了"亡国之社"，用于放置在战争中被秦国灭亡的君主灵位，以此炫耀武功，并告诫国人要居安思危。

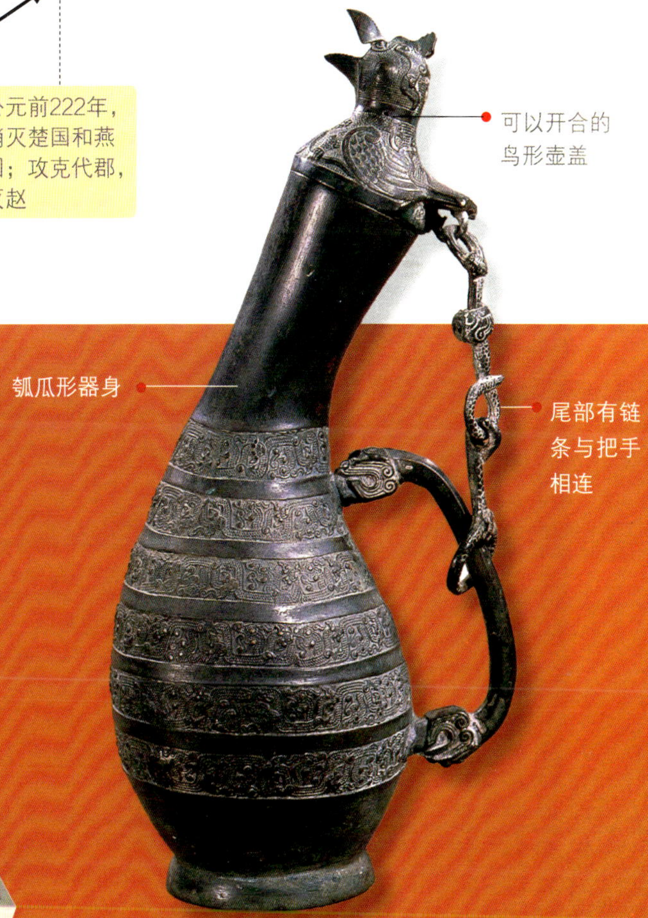


▲ 青铜鸟盖瓠（hù）壶

秦国礼器的造型、装饰，最初全盘仿效周文化，后来逐渐建立和发展出自身的独特风格。这是一件盛酒器皿，造型和纹饰已经完全摆脱周礼的束缚，追求清新自然的风格，体现了秦人善于驯养鸟兽、与动物天然亲近的游牧民族遗风。

# 欧亚大陆互动中的东方哲学家

春秋战国政治变革的浪潮，冲击了周王室及贵族阶层对文化教育的垄断，使其从深宫走出来，向社会开放，形成空前绝后的“百家争鸣”的局面。这是历史上任何朝代都无法超越的思想解放的时代，也是新文化繁荣的标志。

当时各国秩序混乱，统治者来不及构筑完整的统治体系。大批有政治抱负的知识分子活跃地穿梭于各国之间，寻求治国真谛，因此带动了思想大解放。在统治者的支持下，宽松的学术环境逐渐形成。以研究学术、传播思想文化为宗旨的私立学宫成为学者聚集的场所，各种新思潮、新理念、新学派不断涌现，冲破了固有的礼制等级和民族的界限。

各国学者为了推广自己的学说，纷纷创办私学。哲学家与教育家合为一体，著名私学大家创立的哲学流派有20多家，其中最有影响力的有儒家、道家、法家、墨家四大流派。他们站在时代的最前列，议论时政，为统治者设计治国安邦的全新国策，尊重人性的尊严成为主旋律，以后秦汉大一统国家的蓝图就是在这种新思潮的推动下诞生的。

发生在东方的思想文化高潮，其实是整个欧亚大陆文明带互动中的一部分。当时从西方到东方的国家，都先后经历了相似的政治变革和新文化运动。中国哲学家老子和孔子、印度佛教创始人释迦牟尼以及古希腊圣哲苏格拉底，大致都活跃于同一时代。这几位影响东西方文化数千年的大智者，都是欧亚大陆文明腾飞时代孕育出来的，这就是人类精神文明第一次质的飞跃——轴心时代。

▲ 春秋战国著名学者及其学说

▲ **稷下学宫图**

战国时期，齐国创办了新兴的官学——稷下学宫，集收徒讲学、研究学术、参议国政于一体，是一个特殊的教育机构。学宫的主持者是学界泰斗，德高望重。教师不分贵贱，择优而聘，被授予官爵，兼任国君的谋士，是国君的“智囊团”。此举为齐国招募了各家各派有谋略的学术精英。稷下学宫因此声誉日隆，是战国初期文化教育的中心。

▲ **孔子见老子画像石**

私学出现，使处于社会下层的野人也有接受教育的机会，图中是孔子带领颜回等学生拜见老子。

**历史链接**

### 西周的官学

西周教育的特点是“学在官府”“官师合一”，国家及贵族垄断了教育，学校承担向朝廷输送人才的任务，学业考察与官吏选拔紧密联系。随着周王室的衰落，在百家争鸣的思想解放时代，官学教育制度受到冲击，“有教无类”的私学出现了。

▶ **漆棺羽人图**

这是长江流域曾国君主的漆棺上彩绘的羽人，表现的是道家宣扬的羽化升仙。红黑两色有避邪的理念。有羽毛的神仙具有超自然能力，可以超度人升入仙境。羽化升仙的传说在汉朝盛极一时。

◀ **彩绘佩玉饰木俑**

这是楚国显贵的随葬品。商周为显示天命神权，神秘而怪诞的图案流行。春秋战国思想解放，人的尊严和地位受到重视，西周以来已逐步减少的人殉习俗被废止，改为以俑随葬。

▲ **谷纹玉组佩**

西周制定了完整的佩玉礼制，周礼赋予玉器神秘而高贵的内涵。春秋战国玉器成为君子的化身，被赋予君子伦理的新内涵，也是上至国君，下至卿大夫和士阶层追求的精神象征。这是春秋时期鲁国贵族佩戴的玉组佩。佩戴时行走可以发出有节奏的声音，表示君子行为光明磊落。

# 诗人屈原的故事

▲ **战国楚国人物御龙帛画**

这是迄今所知中国最早的独立绘画作品，属于工笔人物画。商周两朝还没有出现现代意义的独立绘画作品，只有在建筑和器物上的装饰性图案。春秋战国时期，独立绘画作品广泛涌现，有以升仙为主题的天地山川、神话故事绘画，还有田猎、劳作、音乐、舞蹈、王公贵族出行等题材的绘画。壁画、帛画集中出现在长江流域的楚国，艺术水平最高。

对于这一时期的绘画艺术水平，诗人屈原的著名诗篇《天问》中给予高度赞美。《天问》是诗人在参观楚先王宫庙壁画后所作的，诗中反映的壁画内容极为丰富，有天象图、天宫神怪和大地景象，有远古传说以及历史名物等，可惜今已不存。现存的这幅战国楚国人物御龙帛画完美体现了时代特征。画中的主人，驾驭游龙飞翔升腾，表现了死者灵魂不朽、升归天国。这一主题印证了屈原创作的《天问》中，当时楚国流行的引魂升天的宗教意识。画面构图谲诡，富有想象力，是楚国绘画艺术的杰出代表。

在春秋战国战乱不已的年代里，偏安于南方的楚国迅速发展壮大，成为春秋五霸之一，到战国时期已基本统一中国的南方地区，融合了南蛮、东夷、华夏各族，成为当时疆域最大、民族众多的国家。南方山水孕育了楚国异于中原地域的文化，集自然山川灵秀的楚国洋溢着一股浪漫气息，而巫蛊的盛行更是为其蒙上了一层诡谲的色彩。中国历史上第一位伟大的诗人——屈原，就诞生在这里。

屈原出身于楚国贵族家庭，名平，字原，又名灵均。他博闻强识，善于辞令，在内政外交上均表现出杰出才华，深得楚怀王的重用，20岁就成为楚国政坛上璀璨的明星，他满怀信心地铺展着自己的政治前途。因小人进谗，屈原逐渐被楚王疏远，以至被罢黜、放逐。但即便如此，他始终不改初衷，“美政”的理想不变、强国的信念不移。在被放逐的艰难岁月里，他仍忧虑国事，在“众人皆醉我独醒”的状态中求索。

这种忧国忧民的愤懑和浪漫气质，被屈原发诸文字，创作出《离骚》《九章》《天问》《九歌》等不朽诗篇。他用诗歌抒发对祖国、人民的热爱，对国家命运的忧虑。

然而，君主不明、小人当道，最终使楚国灭亡，楚怀王客死秦国。山河破碎，屈原再也承受不住这巨大的痛苦，愤然跳入汨罗江中，完结了自己的生命。

屈原的诗歌是他人生际遇的真实写照，是幽愤之作。他在作品中大量运用象征和比喻，使其具有鲜明的浪漫主义色彩，其风格截然不同于之前的现实主义文风，因此屈原的诗歌被称为中国浪漫主义诗歌的鼻祖。另外，他大量地使用楚地方言，语言富有浓郁的地方特色，成就了新诗体——骚体，为中国文学开辟了一种全新的创作方式。

屈原死后，后世文人对他推崇备至，尤其是他砥砺不懈、坚贞不屈的节操，更为人们所称道。屈原的遭遇也是中国古代正直文人所普遍经历的，因而屈原赢得了众多的后世知音，屈原的精神也为历代文人弘扬和传承。

屈原受到了历代民众的热爱。屈原殉国之日为农历五月初五，几千年来，每到这一天，人们都要举行赛龙舟、包粽子等纪念活动，如今已成为中国传统的节日之——端午节。1953年，他被世界和平理事会列为世界四大文化名人之一。

文明印迹

# 孔子与《诗经》

先秦最高的文化成就当属《诗经》。这是一部中国最古老的诗歌总集，收录了从西周初年至春秋中叶的诗歌305首，原书名《诗三百》。其内容极其丰富，涉及劳动与生活、战争与反抗、阶级与压迫、风俗与婚姻、礼制与风俗、天象与地貌，甚至还有自然万物等。它如同一面镜子，折射出当时社会多层面的真实风貌。

《诗三百》的诞生与春秋鲁国哲学家、教育家孔子密切相关。据太史公司马迁在《史记·孔子世家》记载：从上古至先秦流传的古诗达3000多首，经过孔子研究、整理，并以弘扬礼义为标准进行精心甄选，确定其中305首编成诗集。孔子教育弟子“不学诗，无以言”，要以《诗三百》作为立言、立行的准则。《诗三百》问世后，受到当时活跃在文坛上的诸子百家的一致赞赏，广为传播。除了儒家弟子以外，还有颇多名家在论著中引用并赞美《诗经》。汉武帝实施“废黜百家，尊崇儒术”的文化政策后，孔子创立的儒学成为封建王朝的正统思想，儒家学说被奉为经典，《诗三百》改名《诗经》，传世至今。

▲ 祭祀孔子的曲阜孔庙

◀ **明朝画家笔下的孔子及其弟子**

孔子（前551—前479），中国第一位以私人身份讲学的教育家。孔子主张每个人不论出身贵贱，都应有平等接受教育的权利，被尊为“万世师表”。他重视培养学生高尚的道德品质，宣扬严以责己、忠恕待人、言行一致等自我完善的行为准则。

# 轴心时代——人类精神文明第一次质的飞跃

公元前800—前200年，欧亚大陆北纬25度至35度区间，是世界历史上人类文明最深厚、最发达的区间，分布着古埃及、古希腊、古波斯、古印度、中国（春秋战国），这些地区几乎同时发生了人类精神文明的大突破、大变革。天才的思想家，即先贤，他们绽放出智慧之光，各大世界性的宗教开始萌芽破土，宗教领袖崭露头角，引领全世界跨入新文化思潮的繁荣期。

此时，幅员辽阔的波斯、希腊、罗马、孔雀和贵霜等统一国家相继横空出世，中国也由春秋战国大变革时代步入秦汉王朝。这一时期的各个大国通过开疆拓土，第一次提升了人类整体文明的高度，共同铸就了人类历史文明辉煌的里程碑。这是世界历史上最精彩、影响最深远的时代，可谓空前绝后，因此被西方哲学家称为“轴心时代”。

处于轴心时代的古文明地区相继经历了外族入侵、群雄争霸、战乱动荡、王朝更替，甚至种族灭绝等社会危难，由此催生出一批又一批在昏暗迷茫中寻求真谛、拯救人类的天才思想家、宗教领袖等。他们活跃在历史舞台上，你方唱罢我登场，盛况空前。诸多哲学流派和宗教还掀起大规模的思辨风潮，智慧的火花迸发出来，引领着社会前进的方向。

轴心时代天才辈出，群星璀璨，具有代表性的思想潮流引领者有：古希腊哲学家苏格拉底、柏拉图、亚里士多德，犹太教、基督教、伊斯兰教共同的创始人亚伯拉罕等先知们，古印度佛教创始人释迦牟尼，中国春秋战国诸子百家翘楚的孔子、老子等等。这些先贤们不约而同地通过理性的方法、道德的方式来审视充满矛盾、混沌的世界。他们各自在不同区域，几乎同时为人类福祉、社会秩序、道德规范开创了文明精神的新境界，在人文知识、哲学思想和宗教精神等方面达到前所未有的高度。

轴心时代世界出现了三大辩学体系，即中国春秋战国的诸子百家、古希腊的哲学体系、古印度的沙门派，出现了百家争鸣的盛况，思想辩论成为新文化浪潮的标志。辩学体系的思想领袖们发出呐喊，冲破固有的藩篱，集中猛烈抨击社会的不平等，呼吁众生平等、社会安定、民主自由。百家争鸣大辩论运动极大推动了社会进步和思想升华，世界由此进入重大突破阶段，完成人类精神文明第一次质的飞跃。

轴心时代的重大意义还在于，它不断发挥着承前启后的历史作用。在“轴心”区域活跃的国家和民族，从民族性格到思想文化特质等方面都被打上了深刻的历史烙印。轴心时代由此影响了世界各国文化的独特性，直至今天。

**▶ 柱台上的古希腊哲学家青铜像**

这是公元前1世纪罗马帝国铸造的古希腊哲学家的形象。现藏于美国大都会艺术博物馆。

▲ 西方文明的摇篮——泛希腊圣地提洛岛神庙遗址

被称为“泛希腊圣地”的提洛岛，是爱琴海上面积为40平方千米的小岛。公元前10世纪，这里建立了密集的泛希腊神庙，成为古希腊宗教的第一圣地，也是世界上最古老的宗教中心，对古希腊、古罗马以及欧洲文明历史的进程都曾产生极其重大的影响。公元前88年罗马帝国在提洛岛爆发战乱，神庙逐渐衰败。1990年，提洛岛被联合国教科文组织列入《世界遗产名录》。

▲ 临海的雅典卫城神庙

▼ 希腊雅典卫城厄瑞克忒翁神庙

希腊首都雅典是欧洲历史上充满活力的古城，举世闻名的雅典卫城建于公元前5世纪初，有宗教地位崇高的神庙、祭坛等，尊奉雅典娜女神为主，并纪念希腊历史上的国王和英雄们。这些建筑深受希腊提洛岛建筑艺术的影响，被称为“人类文化的最高表征”和“世界建筑美术的王冠”。

以卫城神庙为中心，在城外还环绕着宪法广场、大剧场以及集市等公共设施，这些都是轴心时代以“希腊三哲”苏格拉底、柏拉图、亚里士多德等为代表的思想家传播新思潮和辩论的场地。直至今天，这些遗址依然尚存。1987年，雅典卫城被列入《世界遗产名录》。

▲ 希腊奥林匹克运动场神庙和祭坛遗址

希腊伯罗奔尼撒半岛的克罗尼斯山下，公元前20世纪建立了阿尔提斯神域，公元前10世纪建立了宙斯神殿等宗教建筑群和运动场。这两处地方与提洛岛并列为欧洲宗教中心。公元前776年在此开始举行奥林匹克运动会，奥运圣火采集仪式和颁奖仪式均在神庙前的祭坛举行。1989年，奥林匹亚考古遗址被列入《世界遗产名录》。

▲ 古波斯王宫万国之门遗址

波斯阿契美尼德王朝以建立世界上第一个横跨欧、亚、非三洲的帝国为荣，公元前515年在都城波斯波利斯建立气势宏大的王宫和神殿。这里是波斯王举行盛大典礼的场所，来自欧、亚、非三大洲的总督在此觐见“伟大的王”。1979年，波斯波利斯被列入《世界遗产名录》。

# 国际显学：轴心时代

轴心时代，顾名思义，是指一个对全人类文化史具有控制、提挈和推动意义的时代。这是由德国哲学家卡尔·雅斯贝尔斯（Karl Theodor Jaspers，1883—1969）在1949年出版的《历史的起源与目标》（*The Origin and Goal of History*）一书中，首次提出的世界历史发展理论。世界三大宗教——佛教、基督教、伊斯兰教及其背后支撑的哲学思想，几乎同时诞生于轴心时代。它实现了对原始文化的超越和突破，奠定了东西方文化不同形态的基础，引领或影响着全世界整体文明的发展长达2000多年。各国思想领袖之间仿佛有着默契分工与互动，联手创造出如此伟大的成就。当然，这是诸多历史因素积累而迸发出来的，各文明古国的民族性格和独特的思想文化被打上了深刻的烙印，由此决定了以后发展的不同方向和特点。因此，雅斯贝尔斯认为，人类至今还附着在轴心时代的精神基础之上。

“轴心时代”成为几十年来史学、哲学、宗教等人文学科研究领域中久盛不衰的国际显学，尤其是在21世纪人类社会面临前所未有的挑战的今天。

◀ **阿波罗式佛陀像**

这是2—3世纪印度河流域犍陀罗地区制作的世界上最早的佛像之一。此时犍陀罗被纳入希腊帝国版图，社会上弥漫着希腊艺术之风。从佛像的发式、神态到容貌，都是仿效希腊阿波罗太阳神的俊朗形象，深受印度佛教信徒的热爱，被称为“阿波罗式佛陀像”。

▲ **耶路撒冷三教圣城**

位于耶路撒冷老城附近的圣殿山，是世界上唯一一座犹太教、基督教、伊斯兰教聚集的圣城。城区面积仅1平方千米，在弹丸之地保存着密集的三教圣迹，承载着沉重而不同凡响的历史。因此，这座圣城在世界宗教领域具有极为崇高的象征意义，是令世人仰望之地，也是最为敏感之地。1981年，耶路撒冷旧城及城墙被列入《世界遗产名录》。

▲ **耶路撒冷犹太教哭墙**

公元前11世纪古以色列国建立，定都耶路撒冷。之后不久，所罗门王动用20万人在山上建造犹太教圣殿。公元前586年巴比伦人攻占圣城，圣殿付之一炬，仅存长约50米、高约18米的石墙，犹太教视为第一圣地。千百年来流落在世界各地的犹太人回到耶路撒冷，必在石墙前低声祷告并哭诉流亡之苦，故称“哭墙”。

▼ 轴心时代世界主要哲学流派及其与宗教关系

| 古文明发源地 | 杰出代表 | 哲学思想体系 | 哲学与宗教 |
|---|---|---|---|
| 中国（春秋战国） | 孔子创立儒家学派，被尊为“万世师表”；老子创立道家学派，被尊为道教“道德天尊”；李悝等哲学家创立法家学派；墨子创立墨家学派，并称“先秦四大家” | 春秋战国的诸多哲学流派统称为“诸子百家”，影响最为深远的是儒、道、法、墨四大家，其成就可与“希腊三哲”相媲美 | 汉代佛教传入中国，与儒学、道教并称“儒释道”，构成支撑中华民族延绵数千年的精神文明和社会秩序的根基 |
| 古希腊 | 苏格拉底、柏拉图、亚里士多德，被称为“希腊三哲” | “希腊三哲”的主要思辨问题围绕着伦理与自然秩序的关系 | 西方哲学的奠基者为《圣经》以及后来的犹太教、基督教、伊斯兰教注入基因，影响世界直至今天 |
| 苏美尔—亚述、波斯 | 公元前2000年左右，在美索不达米亚诞生的亚伯拉罕，是闪米特人（包括希伯来人和阿拉伯人）的共同祖先，也是犹太教、基督教和伊斯兰教的共同先知 | 美索不达米亚被波斯帝国、希腊帝国、罗马帝国先后征服，公元前4世纪泛希腊化盛行，多元文化在此大融合 | 公元前2000年—前600年，亚伯拉罕诸教、祆教、希腊多神教等多元化宗教流行 |
| 古印度 | 释迦牟尼创立佛教，被尊奉为佛 | 以释迦牟尼为首的沙门派三百六十家，反对《吠陀经》、婆罗门教及其种姓制度 | 公元1世纪左右印度佛教传入中国以及其他亚洲各国；婆罗门教在沙门派新思潮的冲击下改革，演变为印度教，延续至今 |

▲ **耶路撒冷圣岩清真寺**

由阿拉伯倭马亚王朝的哈里发于688年主持建造，是展示灿烂辉煌的阿拉伯宗教建筑艺术的杰作。外墙镶嵌有穆罕默德《古兰经》和一方圣石，因此被尊奉为伊斯兰教圣地。

▲ **以色列拿撒勒圣母报喜堂内景**

圣母报喜堂建在圣母玛利亚的故乡以色列拿撒勒。据《圣经》记载，天使在此告知圣母玛利亚怀有上帝之子耶稣的喜讯，此教堂为纪念报喜之事而建。这是中东最大的犹太教堂，也是2000多年来祈祷者云集之处。

▲ **印度桑奇大塔**

佛经记载，阿育王（约前273—前232在位）在印度各地广建佛舍利塔八万四千座。此塔为阿育王建造，是世界上最古老、雕刻最精美的佛塔，是佛教象征艺术的典范。

# 中古时代

秦朝至唐朝

叁

## 前221年

秦始皇统一六国，推行中央集权制度，全国统一币制、度量衡、车轨和文字。

## 前214年

秦始皇修建西起临洮、东至辽东的万里长城，以防匈奴侵扰。

## 前213年

秦始皇下令除医药、占卜、种树之书外，其他私藏的书籍都要销毁。翌年又坑杀460余名书生，即“焚书坑儒”。

## 前202年

刘邦打败项羽，建立汉朝，吸取秦朝苛政导致亡国的教训，采用宽松国策。

## 前140年

汉武帝以建元为年号，开创中国皇帝以年号纪年的传统。

## 前139年

张骞出使西域，历13年而获大量西域资料。

## 前124年

汉武帝为五经博士置弟子员，标志太学建立。

## 618年

隋炀帝被杀，李渊称帝，建立唐朝。

## 630年

唐朝平定西突厥、回纥等，西北少数民族首领拥戴唐太宗为最高领袖，上尊号为“天可汗”。

## 645年

玄奘游学16年归来，从印度带回多部佛经并翻译成中文；撰写《大唐西域记》，记录其游历过程。

## 672年

洛阳龙门山开凿卢舍那大佛像，历4年建成，成为唐朝佛教重地。

## 690年

武则天废帝自立，成为中国唯一一位女皇帝。

## 751年

唐军被阿拉伯军败于怛罗斯城（今哈萨克斯坦塔拉兹），军中工匠被俘，中国的造纸术西传。

**前117年**

名将霍去病逝世。他先后6次出击匈奴，与大将卫青一起打开了河西走廊与西域之间的通道。

**前27年**

恺撒养子屋大维获“奥古斯都”尊号，成为首位罗马皇帝。共和国灭亡，罗马帝国开始。

**67年**

东汉明帝派人到天竺求佛法，建洛阳白马寺，佛教自此传入。

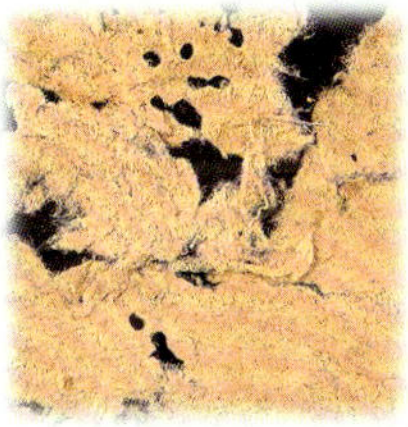

**105年**

蔡伦奏报朝廷改进后的造纸方法，使纸张使用日益普遍。

**132年**

张衡创制地动仪，这是世界上第一台探测地震的仪器。

**395年**

罗马帝国分成东、西两部，从此未再统一。

**399年**

法显西行求法，412年返回，著有《佛国记》，记载途中见闻。

**453年**

北魏开凿云冈石窟，平城（今山西大同）成为北魏佛教中心。南北朝有大量石窟开凿。

**500年**

科学家祖冲之去世，他把圆周率准确推算至小数点后7位，比欧洲人早了1000年。

**约544年**

《齐民要术》成书，是中国现存最早、最系统的农业科学专著。

**570年**

伊斯兰教创始人穆罕默德出生。

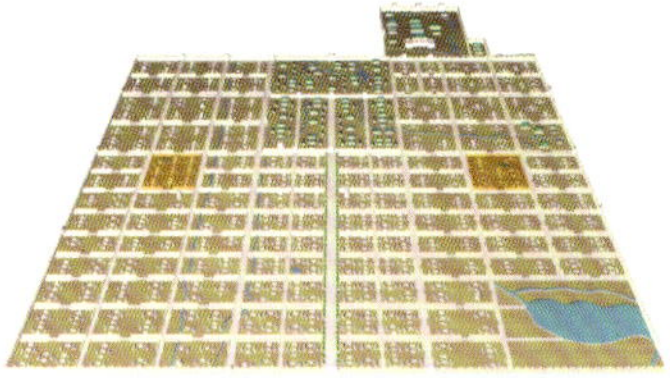

**582年**

隋朝始建长安城，它是当时中国乃至世界规模最大的国际都会。

**584年**

隋朝皇帝下令开凿大运河，前后经历20多年。大运河打通了南北水运，配合经济重心南移趋势，成为南北交通大动脉。

**587年**

隋朝设科选拔人才做官，是科举制的开始，之后在中国延续了1000多年。

# 秦始皇创立大一统国家制度

公元前3世纪以后的600年间，欧亚大陆进入了崭新的大帝国时代，更是时势造英雄的时代，东方秦汉帝国的秦始皇和汉武帝，西方罗马帝国的恺撒、屋大维等杰出的统治者，相继登上历史舞台。

公元前221年，秦始皇实现了秦人数百年来浴血奋斗的梦想，创建了中国历史上第一个统一的多民族的封建国家，给中国带来天翻地覆的变化。面对前所未有的幅员辽阔的疆土和多民族组成的臣民，秦始皇设计出一套治理国家的架构：推行皇帝制度、郡县制度、官吏制度、法律，以及统一货币、度量衡和文字等全国一体化的措施。这套突出国家意志、以皇帝为中心的中央集权体制，在短短几年间，使大一统国家的观念深入民心。铁一般严明的法律，成为秦人生活的准则，令秦朝的社会秩序井然而冰冷刻板，但更重要的还是它对统一国家形成的影响。秦朝灭亡后，皇帝唯我独尊的观念，以皇帝为首的中央政治体制，以及由皇帝任命地方长官的做法，都被沿用下来，并且持续发展，形成大一统、中央集权国家的基本模式，一直贯穿在中国帝制的历程中。全国一体化的措施更是植根人心，往后的2000多年，中国统一多、分裂少与此有很大关系。

如此气势磅礴而缜密细致的国家制度，成形于纸张还未出现、文书还靠竹简传递的时代，不能不说是一个奇迹。但是，中国人民为秦始皇这一前无古人的成就也付出了沉重的代价。

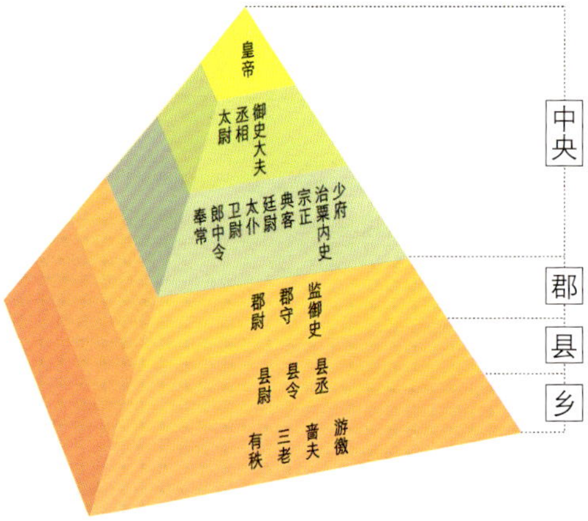


▲ 秦朝政府的组织

▼ 重视法律的秦朝执法小官

秦朝的法律——《秦律》是一系列崭新的国家制度之一。秦朝以法律维持社会秩序，官员依法办事，人民遵法生活，法律无处不在。1972年，湖北省云梦县发现一座秦墓，墓主人名“喜”，是秦始皇统治时期的一名县级官吏。他生前专事监察司法，负责掌管文书档案，死后仍法律政令不离左右。墓室中除了随葬必备的日用品外，还有围绕在其四周的1100多枚竹简，其中记录《秦律》的有600多枚。从一名基层官吏如此重视法律的程度，可以看出秦朝法律的无处不在和巨大威慑力。

◀ **秦砖上的小篆**

秦始皇的诏令传到广西，由于文字不同，当地人不懂诏令内容。秦始皇为了尽快推行国家法令，废除了六国旧文字，小篆成为全国统一的法定文字。这是秦朝都城的宫殿用砖，以小篆刻“海内皆臣，岁登成熟，道毋饥人”十二字，意思是秦始皇统一天下，所有人都是他的臣民，从此国家强盛，国库充实，人民不忧饥饿。

▼ **秦陶量**

针对战国末年各诸侯国度量衡制的混乱情况，秦始皇将商鞅制定的标准推行全国，颁布了统一度量衡的诏令，规定各地必须使用印上诏令的官定计量标准器。为保证统一和准确，计量器需要每年接受检定。

**历史链接**

**中国历史上第一个皇帝**

为了确立至高无上的权威，秦始皇创立了“皇帝”这一尊号，表示“德冠三皇，功高五帝”。他自称始皇帝，子孙称二世、三世，幻想江山社稷永远为秦朝所有。

▲ **秦二世元年诏版**

这块诏版在秦始皇陵出土，刻有秦二世元年（前209）的诏令，肯定了秦始皇统一度量衡的功绩。诏令全文如下：“元年制诏丞相斯、去疾，法度量，尽始皇帝为之，皆有刻辞焉。今袭号，而刻辞不称始皇帝，其于久远也，如后嗣为之者，不称成功盛德，刻此诏，故刻左，使毋疑。”

▼ **咸阳宫一号宫殿复原模型**

秦朝定都咸阳，为了体现大一统国家的气势，秦始皇极尽全国财力，将他亲手灭亡的六国王宫建筑的精华，集中仿建在咸阳宫中，显示了秦人唯大是求的传统风格。这是秦始皇举行大典和朝会的王宫复原模型，只是咸阳宫中的其中一座宫殿。

# 秦始皇巡视天下

秦始皇完成统一天下的霸业，颁布一系列的新制度、新法规以后，首先遭到战国六国旧贵族的强烈反对，平民百姓也处于惶恐之中。为了宣扬皇帝的声威和国家的意志，震慑六国的反秦势力，秦始皇先后5次大规模巡视天下。这支巡视大军，实际上是宣传队，将皇帝的威严和声势、朝廷的政令和制度，形象、生动、鲜明地传播到全国各地，使上至地方各级官吏，下至平民百姓都能够尽快了解到这场社会变革。

秦始皇巡视的区域，主要集中在六国旧地，即中原、华北、华东一带。他在沿途以皇帝的名义祭祀名山大川，表示自己受命于天，代表上天的旨意统治国家，是山河万物的主宰。他还在沿途建立大型纪念碑，刻辞颂扬自己的伟大功绩，夸耀秦帝国的空前强大，并要求全体国民具备为国家、为皇帝献身的精神。

然而，秦始皇这种源于军事战争的思维和行为，影响了他的治国方向。在征战中建立的绝对权威，曾使秦国完成统一大业。但统一后，绝对权威蜕变成秦始皇的专断孤行，以致全面实行苛法和暴政。结果，艰苦创立的秦帝国只15年就灭亡了。

秦始皇留给后世相当超前的统一国家的概念、令人惊奇的文化上的同一性，从此在中国人民心中根深蒂固、连绵不断，甚至凝结为民族的精神。历朝历代都将统一视为正统，将分裂视为逆流，这在世界上是独一无二的。崇敬皇权、服从皇权也成为中国古人的基本观念。

▼ 秦始皇出巡想象图

▲ **铜车马（安车）**

这是秦始皇的出行专用车，是秦朝最高等级的乘车。秦始皇在第五次巡视途中，死于沙丘平台，李斯就是把他的遗体放在这种车里秘密运回京城的。

秦小篆“臣”字

秦小篆“帝”字

▲ **琅邪刻辞局部**

秦始皇沿途祭祀名山大川，并刻石记功，现仅存泰山刻石和琅邪刻石的残文。琅邪刻辞是标准的秦朝小篆，始刻于秦统一后第三年（前219），秦二世（前210—前207在位）时又加刻辞。

| 次序 | 时间 | 地点 | 大事记 |
| --- | --- | --- | --- |
| 第一次 | 前220 | 陇西郡（今甘肃境内） | 秦始皇视察秦朝西北边防，确定抗击匈奴的战略 |
| 第二次 | 前219 | 齐国、楚国旧地 | 泰山封禅，立泰山刻石。登之罘山，立琅邪刻石。秦始皇为求长生，命方士徐福带同数千名童男童女东渡入海求仙药 |
| 第三次 | 前218 | 燕国、韩国旧地 | 韩国贵族后裔张良招募刺客在博浪沙（今河南原阳）刺杀秦始皇失败 |
| 第四次 | 前215 | 周朝腹畿，燕国、韩国旧地 | — |
| 第五次 | 前210 | 楚、越、吴、齐和燕国旧地 | 秦始皇在途中患重病，死在沙丘平台（今河北广宗西北） |

▲ **秦始皇的出巡路线**

**历史链接**

### 全面推行郡县制

秦初，大臣们提出要仿照旧制分封诸侯，丞相李斯认为应以史为鉴，废分封，推行郡县制。秦始皇力排众议，分天下为三十六郡，设郡县两级行政机构，官员由朝廷任命。郡县制的确立，加强了中央集权，是中国政治制度史上的重大措施。

# 国家的命脉——水陆新干线

欧亚大陆上的各大帝国在建立以后，都精心规划国家的基本设施。修建交通网是各帝国不约而同的重大举措。波斯帝国修建了长达1677英里（约2700千米）的御道，沿途设立100多个驿站，与埃及和印度的道路相连；印度的御道也很长，与中东和中亚的道路相连。这些交通网都是商路，对国际商业贸易的兴起发挥了重大的作用。东方秦汉帝国的交通建设几乎是与西方同步的，只是秦朝是军事之路，汉朝则转变为商路，并与丝绸之路相连接。

秦统一全国后，版图比之前扩大了十几倍，为了管理和控制幅员辽阔的疆域，使国家的法令能迅速下达全国，秦始皇下令大规模兴建以首都咸阳为中心、向四面八方辐射的陆路和水路交通干道。全国由驰道和直道形成主干道，《秦律》规定了主干道和车辆的规格，另以密集畅通的小路与主干道配合，构成全国发达的交通网络。这些工程艰巨浩大，规划得比波斯的御道和驿站更加细致而严密。

发达的交通网络是支援秦朝200万军队的基础，每天源源不断地把物资运送给军队。陆路是用牛马车装运，水路则依靠船载。早在秦灭楚的战争中，秦军60万人3天耗粮20万石，仅此一项就要征用1万头牛或5000艘船。由于军事供应的需要，秦人还开凿了郑国渠和灵渠，这两大运河在当时是中国乃至世界上最伟大的水利工程，在水路运输和农田灌溉中发挥了重大作用。

▲ **灵渠**

秦始皇为了打通中原与西南地区的交通，开凿了全长30千米的灵渠。秦军当年就是经这条水道征服百越，直抵南海之滨的。此后，灵渠得到历代政府的重视，一直发挥着水路运输的作用。直至20世纪初修建铁路，灵渠才完成了它的历史使命。

◀ **郑国渠遗址**

秦始皇为解决军队所需的粮草，公元前236年在咸阳之北建成郑国渠。这是一项引水灌溉工程，从泾河引水，最终注入洛河，全长约150千米，灌区280万亩。泾河含泥沙量大，郑国渠引出的泥水不仅灌溉了旱田，还将大面积的低洼易涝的沼泽盐碱地变为良田。从此，关中地区成为秦国的产粮基地。

▲ **金牛道**

秦朝为了开发西南地区，在咸阳通往巴蜀的崇山峻岭之间开凿了金牛道，这是中原通向西南的重要陆路通道。关于这条古道，还有一则故事。传说战国秦惠王企图出兵蜀地，却苦于山道险阨，于是造了5头石牛，诈称牛能粪金，欺骗蜀王开道引牛，秦将张仪、司马错继而率兵循路灭蜀。因此，这条路便称“金牛道”。

▲ **古栈道**

位于四川广元，在深山峡谷的悬崖峭壁上凿孔、架木铺板而成。

**历史链接**

## 驰道和直道

秦朝的驰道宽约70米，每隔约7米栽树为界，正中为皇帝出巡专用，百姓行于两旁。直道全长900千米，是通向北方的军事专用道，路线直、行车快，方便快速调兵。秦朝在驰道和直道上建立军事通信和邮驿设施——亭驿，以骑马传递信件。

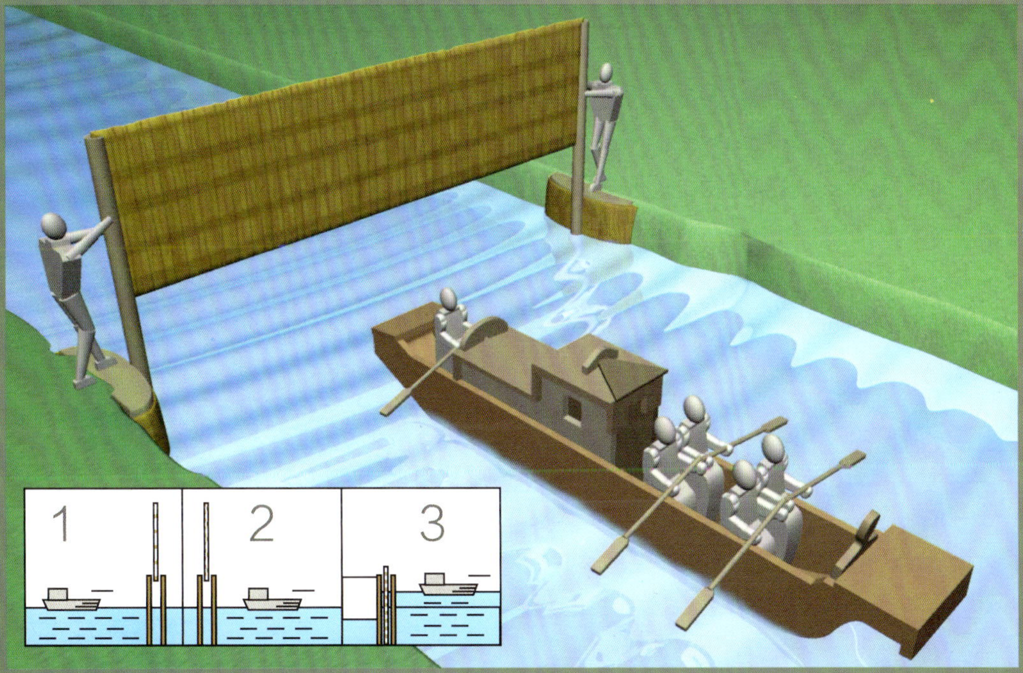


◀ **陡门操作示意图**

为了便于逆水行船，灵渠上建有多座梯级船闸，称“陡门”。行船逆水驶入陡门后，下闸截水，抬高船体，使船只平稳进入更高一级水位。

# 尚武精神与全民皆兵

秦人崇尚勇武的精神，被秦始皇融入军事管理体制中。秦国利用法律培养全民的重战精神，实行全国军事化，推行义务兵役制。法律规定凡15至60岁的男子，都要应征入伍。农民平时种地，战时出战。当时秦国几乎每个男子都是军人，每个家庭都是军队的后援，为秦扫平东方六国提供了充足的兵源。秦国在争霸战争中，军事力量远远超越东方六国。秦统一后全国有人口2000万，秦军总数200万，占全国人口的十分之一，军队人数比后来伐匈奴、开辟丝绸之路、穷兵黩武的汉武帝时代还多1倍。若加上间接服务于军队的后备力量，则远远超出200万人。

秦国奖励建功立业的英雄，在战场上杀敌立功者，可以按杀敌数量赐予爵位和田宅，称“军功赐爵”。这形成秦人为战争而生、为战争而死，并以此为荣耀的社会风尚。秦军在战场上个个英勇无敌，被誉为“安难乐死”的军队。然而，“军功赐爵”致使秦军肆虐滥杀，野蛮成性。每战计功赐爵达万人之多，秦国被称为“上首功之国”，意思是以斩敌人首级论功的国家。

秦始皇对于控制和建设这支强悍军队，是经过精心策划的。军事体制与政府的管理机构相对应，皇帝身兼军、政两方面的最高统帅，军队各级军官都由他亲自任免，军队调动必须出自他的诏令。皇帝以下的各级政府，都由军、政两方面的官员组成，各级政府管辖相应数量的军队，从而构成一个由皇帝严密集权的军事体系。

▲ 威猛善战的秦军

秦始皇陵兵马俑表现了百万秦军将士称霸东方的决心，有着鲜明而强烈的时代风貌。

▲ 军功封爵者的礼器之一

杀敌立功的军人享有爵位、官职和田宅，是社会地位较高的新兴贵族，他们的地位甚至比没有军功的王室宗亲还要显赫。他们享有特权和荣耀。这是用于洗手的礼仪用器，常在典礼或宴会前使用。精致典雅的日常用具是军功封爵者奢华生活的反映。

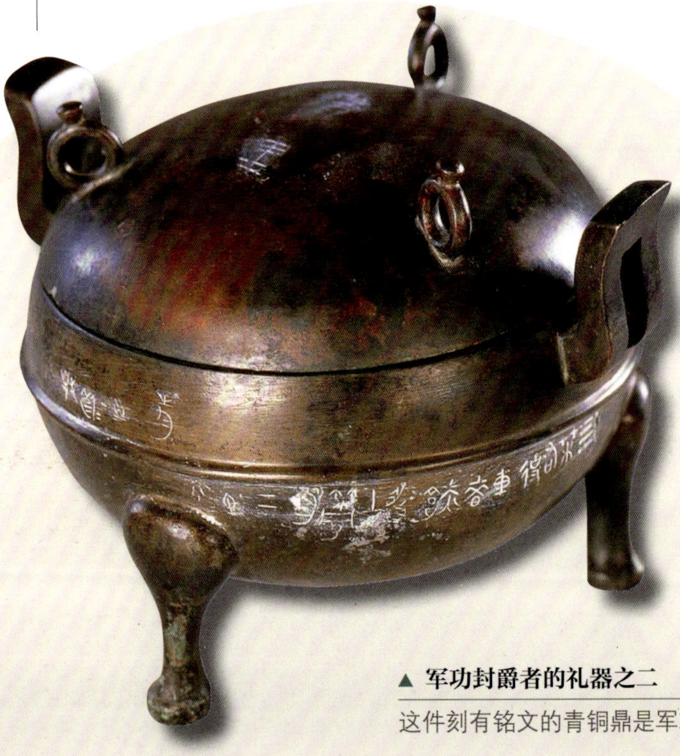

▲ 军功封爵者的礼器之二

这件刻有铭文的青铜鼎是军功封爵者的礼器。

**历史链接**

### 中国古代伟大的军事工程

为了抵御匈奴的侵扰，秦始皇先后征发数十万人，在战国旧有城墙的基础上修筑长城。秦长城西起临洮，沿黄河，依阴山，东达辽东，逶迤万余里。长城是古代劳动人民血汗和智慧的结晶，也是中华民族悠久文明的象征。

| 爵位级别 | 赐田/顷 | 赐宅/亩 |
| --- | --- | --- |
| 二十级：彻侯（爵位和待遇与三公相同） | 20 | 180 |
| 十九级：关内侯 | 19 | 171 |
| 十八级：大庶长 | 18 | 162 |
| 十七级：驷车庶长 | 17 | 153 |
| 十六级：大上造 | 16 | 144 |
| 十五级：少上造 | 15 | 135 |
| 十四级：右更 | 14 | 126 |
| 十三级：中更 | 13 | 117 |
| 十二级：左更 | 12 | 108 |
| 十一级：右庶长 | 11 | 99 |
| 十级：左庶长 | 10 | 90 |
| 九级：五大夫 | 9 | 81 |
| 八级：公乘 | 8 | 72 |
| 七级：公大夫（爵位和待遇相当于县令） | 7 | 63 |
| 六级：官大夫 | 6 | 54 |
| 五级：大夫 | 5 | 45 |
| 四级：不更 | 4 | 36 |
| 三级：簪褭 | 3 | 27 |
| 二级：上造 | 2 | 18 |
| 一级：公士 | 1 | 9 |

民爵

官爵

- 民爵指授爵后仍是平民身份，官爵指相当于某一官职的爵位。
- 各级爵位赐田、宅数目，以1顷田、9亩宅的比例递增。
- 斩获敌首一级，赐爵一级，但赐爵者甚少能晋升九级以上。
- 拥有一至四级爵位的人，在军中仍然是“卒”，五级爵位以上才是军官。

▲ 秦国的军功赐爵表

**▼ 出征的将军**

秦军的指挥系统有平时和战时之分，平时不设固定的统帅，以免拥兵自重。出征的将军都是由皇帝临时任命的。战争结束后，将军一律解除兵权。这是秦兵马俑坑出土的将军俑，从冠帽到战服装饰都显示出秦军等级森严已经达到细致入微的程度。

**▼ 轻装步兵**

只穿战袍、没有配备铠甲的低级武士，肩负前线格斗的重任。

**▼ 壮年士兵**

秦政府对士兵的身份有严格的规定，罪犯、奴隶以及商人都没有担任正式士兵的资格。士兵的组成，以农民为主，他们平时种地，战时出战，被称为“农战之士”。

**▲ 士兵的鞋底**

士兵的军装、铠甲由国家供应，而内衣、鞋帽由士兵自备。这是用麻布制作的鞋，既结实耐磨又柔软；尤其鞋底，是将多层布黏合后，再用麻线很细密地缝起来的。这种传统制鞋工艺，直至今天在边远乡村依然存在。秦朝步兵和车兵穿这种麻布鞋，高级将领和骑兵穿皮靴。

# 秦军的兵种与装备

秦始皇为了在统一六国的战争中取得胜利，在培养秦人好战精神的基础上，积极调整兵种，改良军备，以适应大规模的军团式战争，并承续战国以来的趋势，以骑兵、步兵作为秦国军队的主力。

秦国重视骑兵的建设，在七国中较早成立骑兵部队。这是独立的、高度正规化的兵种，也是人数最多、素质最高、战斗力最强的。秦军的战马品种优良，一跃达5米跨度的有1万多匹；年轻力壮、身材高大的骑士则是从盛产战马的西北地区征调来的。战国各诸侯国的骑兵一般不穿铠甲，防护能力有限，而秦国发明了骑兵专用的轻型铠甲，使骑兵具有攻防兼备的优势。达到总兵力六分之一的骑兵军团，在秦国统一战争中充分发挥了主力作用。一直从属于战车的步兵，以灵活机动、不受地形限制的特点脱颖而出，也成为军队的主要兵种，甚至成为决定战争胜负的重要力量。

秦国为了加强士兵的攻防能力，还根据不同官阶、兵种、任务性质、地理环境和战术运用，配置不同的铠甲和武器。秦军特别留意长、短兵器的搭配。步兵和骑兵都配备长兵器，他们较为机动，长兵器由他们运用更能发挥威力；在近距离肉搏时，则以更加灵活的短剑应战。至于主要由步兵使用的弩机，是一种射程达数百米的远射武器，能达到瞬间密集发射的效果，没有任何武器可以抵抗。

秦始皇在推行新军事体系时，世界另一端的各帝国也经历了军队改革的过程。罗马军队组成与秦军体制极其相似的步兵和骑兵混合编队的军团，配合灵活机动的战略战术，成功征服了巴尔干半岛和西西里岛。

▲ **青铜戈**

青铜戈是骑步兵在近距离交锋时使用的主要长兵器。这是戈的头部，原来有木柄连着。秦军的青铜兵器刚韧锋利，至今仍然寒光闪烁。这是经过表层镀铬或铬盐氧化处理工艺，因此有很强的抗腐蚀性。这种工艺直到20世纪才先后被德国人和美国人发现，并取得专利。而早在2000多年前的秦人，就掌握了在青铜武器上镀铬的技术。

**弩兵射击步骤**

**1** 可能另外有人专门拉弩上箭，否则须坐地，双腿前蹬，才能将弩拉开。

**2** 用拇指按箭，防止箭从槽中滑落。

**3** 向目标瞄准，预备发射，如现代步枪射击。

▶ **跪射弩兵**

属于步兵中杀伤力最强的兵种，与战车和一般步兵混合编队。弩兵是军阵的前锋和侧翼，交战时，弩兵一马当先，万箭齐发，造成远距离的射击网面，遏制敌军的攻击。这种军阵对付横向移动困难的战车阵形尤其有效，能够先发制人，挫伤敌人锐气，为其他兵种的冲锋创造战机。

| 不同兵种 | 培训地区 |
| --- | --- |
| 步兵 | 颍川郡、巴郡、蜀郡 |
| 骑兵 | 上郡、陇西郡、北地郡 |
| 水军 | 巴郡、九江郡、会稽郡 |

▲ **秦军培训不同兵种的主要地区**

▲ **秦俑坑出土的铜箭镞**

在兵马俑坑中出土大量箭镞，以定向性和穿透力很强的青铜三棱形箭镞为主。箭镞与弩机配套，是当时杀伤力最强的武器。

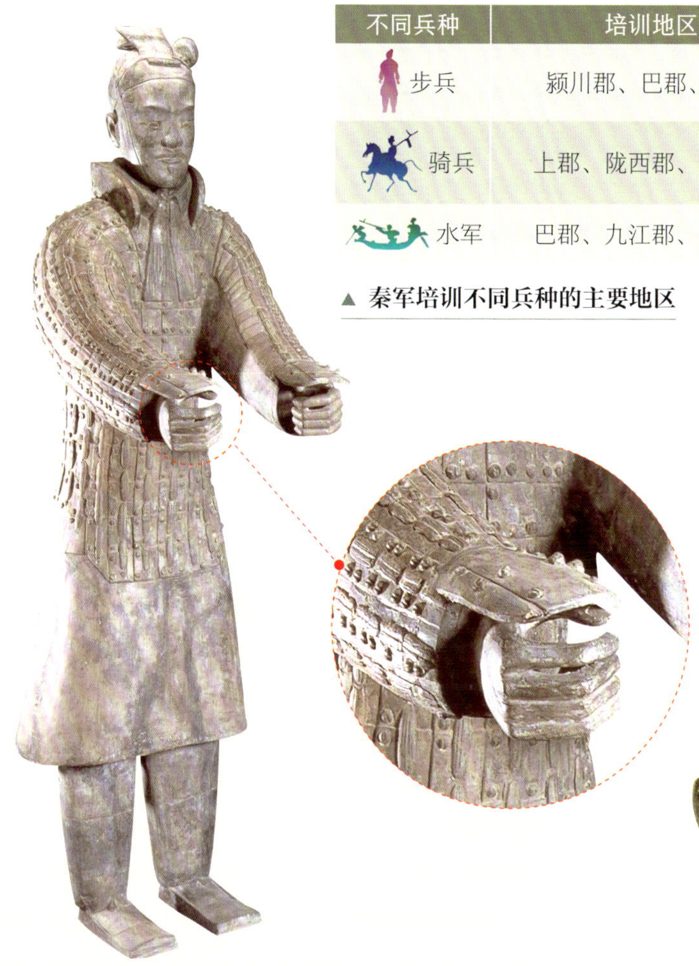

▲ **重装铠甲驭手与护手甲**

驭手控制战车的进攻、追击和撤退，是整个作战集体的灵魂人物。驭手站立驾驶，目标显著，防御装备与众不同，是非常严密的全蔽式重装铠甲，不仅能防护身体，还能防护脖子和手臂。

▲ **阳陵虎符**

**历史链接**

### 兵权的控制

为了保证兵权掌握在皇帝手中，秦以虎符调动军队。虎符一分为二，右半由皇帝掌握，左半在将领手中。只有两半合一，将领才能调动军队。秦始皇还禁止民间收藏兵器，曾下令收缴，铸成12个各重千石的铜人，陈列在宫殿前。

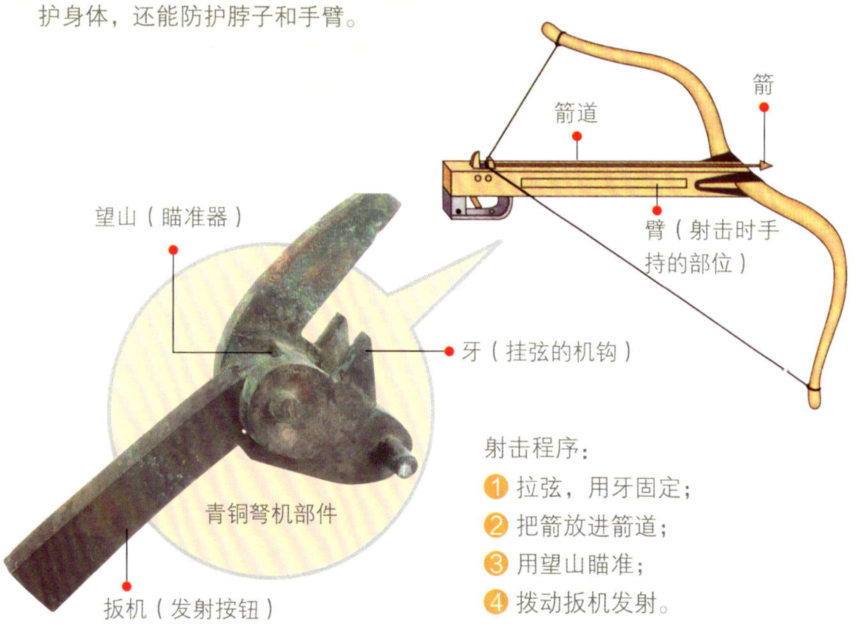


◀ **青铜弩机及弩机结构图**

古代的弓箭，作用相当于现代的枪械，是一种远距离杀伤武器。战国时期弩机发明后，被广泛用于混合兵种的大规模军团战争中。秦军又将弩机的机件加大，使臂长达到72厘米。作战使用的大型弓最长有1.6米，箭也相应加长，射程可达数百米。这样，射击网面就更加广阔，杀伤力更强。

# 世界第八奇迹——秦始皇陵兵马俑

秦始皇陵兵马俑首次让世人目睹了秦国百万大军的雄姿。兵马俑的4个俑坑中，3个已经复原，分别是秦军的临战军阵、营地和作战指挥部。约8000尊将士俑和数百匹战马、100多辆战车，一律面向东方，重现了秦军统一天下的气魄。

▲ 三号坑——作战指挥部

▶ 一号坑——临战军阵

# 秦始皇的地下世界

秦始皇的地下世界，就是他的地上王国的再现！

他是中国历史上第一个皇帝，统治着空前辽阔的疆土，并开创了一套帝国制度。秦始皇很为自己的成就自豪，他相信他的帝国和制度可以万世不坠。为了表现他鲸吞天下、统一宇内的气概，秦始皇陵的地宫，在半球形的顶部画上宇宙穹苍的日月星辰等天文图像，地面模仿秦朝疆域的地理形势，还以水银灌注形成江河和大海，用机械使它循环流动；两旁陈列着从被灭的六国掠夺回来的奇珍异宝。秦人的宇宙观、数学运算知识和机械技术，在建地宫时发挥得淋漓尽致。著名的兵马俑坑，不过是拱卫陵墓地宫的许多外围陪葬坑之一。

秦始皇没有料到，他修筑万里长城，建造全国驰道，花了30多年建造骊山陵墓，种种大型工程耗尽了民力，使国民怨声载道。他死后没几年，他的帝国就被推翻了。秦人用了500多年时间，才由西陲小国变成中央大一统王朝，结果在过大的宏图中顷刻间灰飞烟灭。

◀ **骊山秦始皇陵地宫想象图**

这是地下宫殿中放置秦始皇灵柩的墓室部分，根据探测，面积达19 200平方米，比两个半足球场还大。据《史记》记载，墓室内以水银为江海，现代科学技术探测到地宫的水银含量确实非常高，《史记》描述的地宫接近真实。

顶部的日、月及天文星象图

穿金缕玉衣的秦始皇遗体

地面模仿秦朝疆域的地理形势

以六国的奇珍异宝随葬

水银灌注的江河大海

◀ **秦始皇像**

秦始皇完成了先祖黄河牧马的梦想，终于君临天下。可是也因为他过分虚耗民力，令秦人数百年来的经营毁于一旦。

**历史链接**

### 坐西朝东的秦始皇陵

中国帝王陵墓多是坐北朝南，以示生前面南而王。但秦人从先祖到秦始皇的陵墓都是坐西朝东，连随葬墓群和由兵马俑组成的军阵，也都面向东方。有人认为这是象征秦国不断向东迁都的建国历程，反映秦人由西向东发展的信念；有人说这代表秦国横扫东方六国，统一天下的大业；也有人说这与秦人的原始信仰有关。

▶ **大型夔纹瓦当**

这块直径达61厘米的瓦当在秦始皇陵寝殿出土。寝殿是陵墓的地面建筑，是秦始皇的“灵魂”日常起居和处理朝政的场所。瓦当是用来遮挡屋檐下木柱的建筑构件，如此巨大，可见寝殿也很宏伟。

▶ **骊山陵园的量器——缶**

骊山陵园有一套完整的管理机构，负责每天侍奉秦始皇的“灵魂”。这是掌管陵园膳食事务的官员称量食物用的量器，底部刻有“骊山园，容十二斗三升，重二均十三斤八两”铭文。

▲ **随葬的养马人陶俑**

骊山陵园有许多陪葬墓和从葬坑。这个养马人陶俑是陪葬品之一，负责在地下世界“饲养”那些给秦始皇陪葬的马。

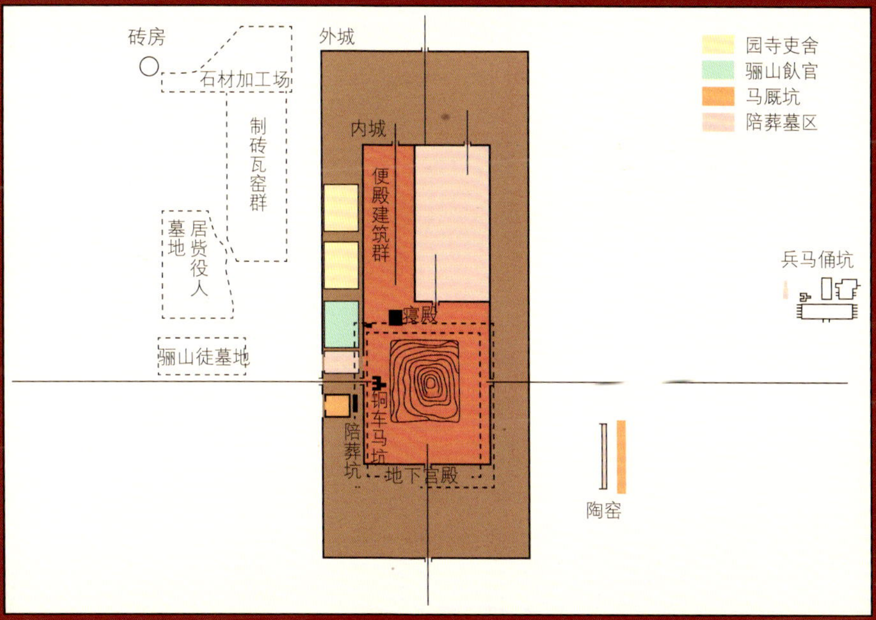


▲ **秦始皇陵园的平面布局**

# 商鞅变法——为秦开帝业

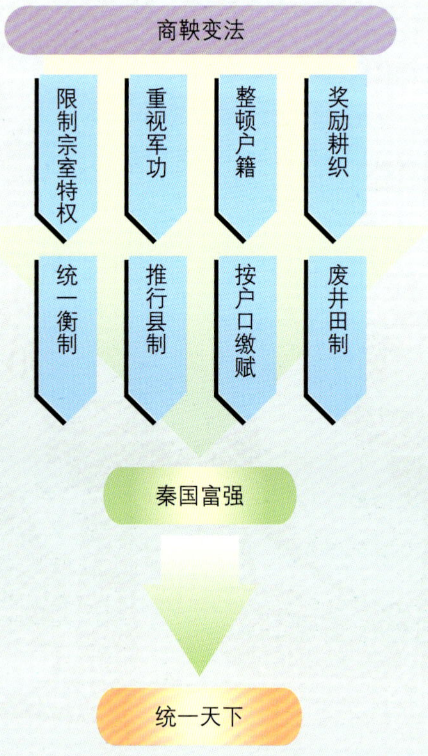


▲ 秦国变法与统一的关系

春秋战国时期，各国统治者锐意进行社会改革，但各国变法的程度各有不同。如原本强大的齐国，由于旧贵族的阻挠，变法不彻底而衰落了。秦国全面推行商鞅变法，改革最为成功，国力日益雄厚，一跃成为七国之首，由此奠定了统一中国的基础。

商鞅（约前390—前338），姓公孙，名鞅，卫国（今河南安阳）人，王室之妾所生，是国君宗亲。因在秦国当丞相时被封于商地，故称商鞅。

商鞅年少就立下治国壮志，他谙熟法家学说，对魏国改革家李悝、吴起非常崇敬。商鞅看到魏文侯任用李悝变法，使魏国一跃成为中原霸主，便投奔魏国，在魏相公叔痤门下任中庶子，但始终未得到魏王重用。公叔痤死后，商鞅听说远在西陲的秦孝公招请天下“出奇计强秦”之人，便当机立断，西行入秦。

公元前361年，商鞅觐见秦孝公，献上变法强国之计，深受秦孝公的赏识，任职左庶长，受命主持变法，并掌握了秦国的军政大权。

公元前359年，商鞅颁布新法。为了树立新法的威信，做到令行禁止，取信于民，他派人在南门竖立一根3丈高的木头，下令说能把木头扛到北门者赏钱10金，但无人响应。他又将赏金增至50金，有一人大胆上前尝试，果然获得50金。此事立即轰动了全国，民众相信商鞅推行变法的决心。随即商鞅颁布了变法令，开始在全国推行新法。

商鞅推行“霸道”战略目标，想要创建兵农合一、高度专权的国家。变法的基本精神是摧毁旧贵族的世袭制，建立中央集权的君主专制制度。首先，他实行郡县制，废除了按贵族血统的世袭世禄制，由朝廷直接委派官吏，取代原来执掌政事的卿大夫，国君夺取了卿大夫的政权与兵权，秦国开始走上中央集权的道路。

商鞅用奖励军功的办法培植新兴贵族，建立官僚体制。新法规定，凡是没有立过功的旧贵族，一律从宗室名单上除名，不得无功受禄。爵位分为二十等，按照军功大小授爵位、赐田宅，享受车骑和官服等。

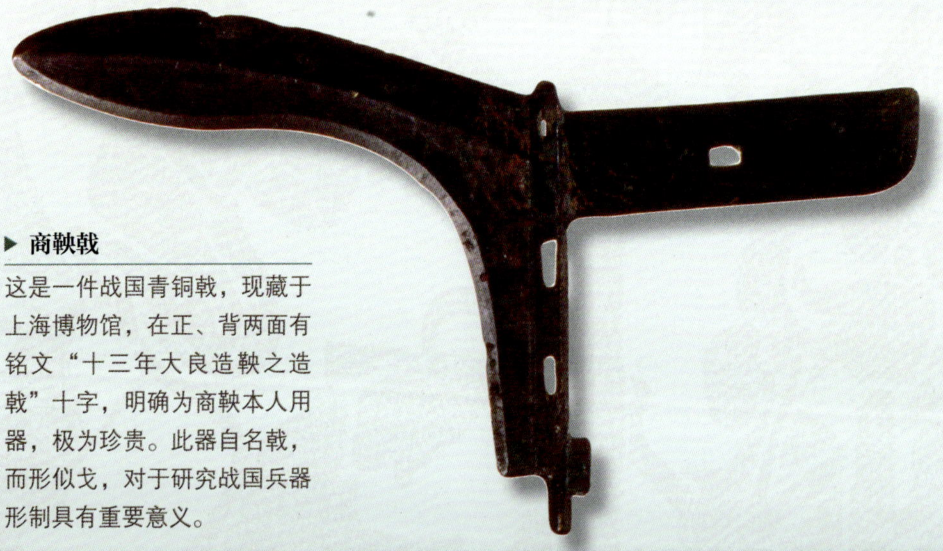

▶ 商鞅戟

这是一件战国青铜戟，现藏于上海博物馆，在正、背两面有铭文“十三年大良造鞅之造戟”十字，明确为商鞅本人用器，极为珍贵。此器自名戟，而形似戈，对于研究战国兵器形制具有重要意义。

商周以来土地归王室所有，“普天之下，莫非王土”。商鞅废除了沿用1000多年的井田制，奖励开垦荒田，土地私有，允许自由买卖，国家按土地亩数征收赋税，这标志着分封制的经济基础已被击溃。

商鞅视农业为“本业”，视商业为“末业”，新法大力奖励耕织，抑制商业，防止商人和高利贷者牟取暴利，冲击农业。新法规定：凡生产粮食布帛多者，可以免除徭役赋税；而弃农经商或是游手好闲者，连同妻儿一并没官为奴。新法还规定男子成年后，要和父母分家，独立生活，否则一个男子要缴纳两个人的赋税；分家以后，每户必须努力劳动，改变了秦国父子同室而居的旧俗。这些措施使秦国农业很快发展起来。

商鞅实施制度创新的过程中，最为难得的是他推行的法制观念，即以法治国。他认为设立法律是圣人治国的根本，是实现安邦强国的重要保证。为了让人人都能遵纪守法，以法制达到治民治国的目的，商鞅认为必须使全国吏民皆能知法。

商鞅变法使秦国很快发展壮大起来，国力超过了东方六国。秦孝公二十年（前342），周天子和诸侯派人向秦国祝贺。次年，商鞅率秦军用谋略攻打魏国，魏军大败，割让河西（今陕西东部）向秦国求和。商鞅在秦国位居高位长达21年，以功绩卓越受封商（今陕西丹凤西北）、於（今河南西峡一带）十五邑，号称商君。

商鞅推行新法，像一场摧枯拉朽的狂风暴雨，将秦国旧贵族世袭的高官厚禄、荣华富贵荡涤一空，由此招致了旧贵族的极度仇视，他们千方百计破坏新法的推行。太子驷的师傅公子虔和公孙贾就是反对派的首脑，他们唆使年幼无知的太子触犯法律，诽谤商鞅。但商鞅毫不妥协，他对秦孝公说：“新法难以推行，就是因为贵戚在捣乱。要想严肃法纪，就要从太子开始。如果太子不能治罪，那就应该处罚唆使太子犯罪的人。”秦孝公同意他的意见，于是公子虔被处以割鼻之刑，公孙贾的脸上也被刺了字。商鞅执法敢于不避权贵，在秦国引起很大震动。

公元前338年秦孝公病逝，太子惠王即位，商鞅遭受冷遇，弃官还乡。但是昔日的反对派并未放过他，公子虔之徒为报宿怨，诬告商鞅谋反。惠王用车裂酷刑处死他，并灭其家族。

商鞅虽然惨遭诛杀，但是他为秦的统一大业奠定了坚实的基础。“秦用商君，富国强兵”，司马迁在《史记》中概括了商鞅的历史功绩。商鞅变法的影响力远非只在秦国和秦朝，它对中国历史的影响更加巨大而深远。商鞅创立的集权制、郡县制、官僚制、户籍制、统一度量衡等一系列国家体制以及法制观念，都被秦始皇继续推行和深化，也被之后历代王朝所延续和发展。因此，商鞅变法不仅“为秦开帝业”，也为中国2000多年的中央集权体制奠定了基础，汉代政治家桑弘羊称赞商鞅“功如丘山，名传后世”，应当更恰当一些。

**▲ 商鞅方升**

商鞅制定秦国统一的度量衡制，并颁布为法律予以执行。这个制度对于秦国征收赋税、管理国家粮库极其重要。这是商鞅监制的1升标准量器。内壁长6.97厘米，高2.32厘米，容积约202毫升。两侧外壁各有1篇铭文，记载商鞅制定的度量衡标准和秦始皇统一度量衡标准的诏令，证实秦孝公时商鞅制定的标准器一直沿用到秦朝。

**▲ 始皇二十六年诏令铁权**

这是战国秦国商鞅制作的衡器，从粗犷古拙风格的器型判断，应是秦孝公于公元前359年颁布统一度量衡法令后，而制造的最早秦权。在铁权上专门刻有秦始皇统一度量衡诏令，证明这件秦权从秦孝公时期一直沿用到秦朝统一六国。

# 汉朝布衣皇帝的尊儒国策

公元前206年，秦帝国在一片暴乱声中迅速瓦解，汉朝的旗帜在中国的土地上飘扬起来。汉朝虽然继承了秦始皇的江山以及他制定的一整套中央集权制度，但是没有秦朝那般迷信暴力和独裁，也没有商周以来统治者的贵族气度，新王朝呈现平民化的气氛。

汉朝的开国皇帝刘邦出身平民，是提三尺长剑而得天下的“布衣皇帝”，他的群臣也多出身低微，所以汉初的政府代表一股平民的力量。加以刘邦目击秦朝的兴亡而深受教训，决心摒弃暴政和极端的法制，以黄老思想、儒家宣扬的仁义道德为治国之道，与民休息，以民为本。往后的汉武帝还“罢黜百家，尊崇儒术”，将儒学先师孔子推上至尊的地位，并改造孔子的儒学，增加了许多先秦学说的元素，将君臣从属关系作为核心，提倡臣民要按照忠君尽责的原则行事。这种新儒学的伦理道德很快占据了统治地位，成为上至王公贵族，下至平民百姓的道德和行为准则。

实际上，汉朝皇帝在仁义道德的温柔面纱掩盖下，更加强化了中央集权。汉朝还提倡道家的天神崇拜，以此神化皇权，并建立了一套国家宗教法典，制定了从都城、陵墓到衣冠处处表现皇权至上的各种礼仪。汉朝实行的霸道同王道并举的国策，收效显著，从此统治版图不断扩大，国力强盛，以文明发达的强国形象屹立于世界。秦始皇带给中国的社会巨变，到汉朝充分发挥力量。这一时期，罗马帝国、波斯的安息帝国、贵霜帝国和汉帝国都在各自扩张疆土，帝国之间的联系更加密切。

▲ 汉景帝阳陵随葬的仪仗军队陶俑

汉景帝在位期间（前157—前141）是汉朝国力逐步强盛的阶段。阳陵是汉景帝的陵墓，墓中随葬的仪仗军队陶俑仅高60余厘米，与秦兵马俑按照真人比例塑造有所不同。而且这些仪仗俑面部柔和，表情轻松而生动，与秦兵马俑威严硬朗的风格形成鲜明对比，充分体现了汉朝宽松而富有朝气的社会氛围。

◀ “皇后之玺”玉玺

这是西汉高祖长陵（今陕西咸阳东北）出土的吕皇后玉玺。汉朝礼制规定，皇帝、皇后及诸侯王的用印，都称“玺”。

▲ 龙首纹铁芯玉带钩

这是汉高祖长陵出土的带钩，装饰精美。

▶ 趋于简便的汉朝服饰

古代的服装能显示一个人的身份。在战国流行的深衣，是体现礼仪的服装，曲裾沿身体缠绕数层，将身体全部遮掩，曲裾缠绕层数越多，身份越高。秦人疲于征战、不循礼仪，并不流行深衣。但到汉初，长袍式的深衣再次占据主流，连皇帝平时也穿深衣，但深衣始终不适合汉朝贵族讲究宽松、享乐的生活风格，逐渐被舒服随意的长衣和短衣取代。这是汉朝贵族家中身份较高的家臣形象。家臣是讲究规矩礼仪的职业，他身穿的深衣已经被改造，曲裾省减，只缠绕一周。

◀ 汉朝宫廷的侍女

这是汉朝宫廷侍女的形象，穿着宽袍大袖的衣服。这种宽大衣袖是由宫廷蔓延到社会的时尚服装，体现了汉朝国泰民安的社会风貌，人们追求安逸、脱离劳作的生活。宽袍大袖与劳动者穿着的短衣长裤形成鲜明对照，以此显示高雅身份，成为汉朝服装的显著特征。

▲ 东汉儒学讲经图（画像砖）

汉朝皇帝崇尚儒学，尤其汉武帝以后更甚。但是，汉朝的儒学已经渗入了阴阳五行以及其他先秦学说的色彩，是一种被改造了的儒学。

▲ 玉俑头

汉朝都城长安出土的玉人头像，是保卫皇宫的武士像。与秦始皇陵兵马俑咄咄逼人的威猛气势相比，武士面部表情温和而含蓄，显示了汉朝的儒雅之风。

▶ 仪仗兵器——鎏金嵌琉璃鸟形镦

秦朝陵墓的兵器多是实用兵器，而汉朝都城和陵墓出土的则以仪仗兵器居多，证明朝廷重视礼仪。这是都城长安附近出土的仪仗兵器装饰，富丽华贵。

**历史链接**

**刘邦称帝**

秦亡后，项羽和刘邦为争夺天下进行了长达4年的战争，史称“楚汉战争”。刘邦注意收揽民心，初入咸阳时，曾与当地父老约法三章，不伤民扰民，深得关中百姓拥护。他知人善用，重用萧何、张良、韩信等文臣武将，最终战胜项羽，建立了西汉王朝。

# 迷信弥漫的时代

汉朝皇帝注重文治教化，崇尚儒学。但是他们同秦始皇一样，对声称掌握王朝命运的阴阳五行学说情有独钟。由于改朝换代的政治需要，秦汉皇帝都自称天子，提倡天神崇拜，对天神的信仰也随而引申为对皇帝的崇拜。汉朝的政治家改造儒学和道教，赋予其阴阳五行的色彩，还根据阴阳五行学说重新建立了一套适应汉朝统治的国家宗教法典。披上神圣外衣的宗教在汉朝大行其道，广为传播，一度成为巩固国家统治的精神力量。

曾经受到秦始皇器重的神仙家，受了很久的冷落之后，到汉朝中期又活跃起来。他们强调人修炼成仙，便可以享受世外清闲安逸的仙人生活。这种思潮对希求永远享受荣华富贵、达到长生不老境界的统治阶层来说，有极大吸引力。神仙家声称自己有与仙人沟通的方术，可以帮助世人到达仙境。汉武帝迷信神仙家的程度，更远远超过秦始皇。他在位50年，执着地追访仙境和长生不老的仙药。在他的亲自倡导下，神仙家异军突起，成为当时社会地位显赫、可以左右国家政治的重要力量。以鬼神观念观察自然万物，以阴阳五行处理社会事务，成为当时汉朝人特有的思维方式。

土生土长的鬼神观念和修炼成仙的信仰，经过汉朝的宣扬，更加深入人心，影响深远。

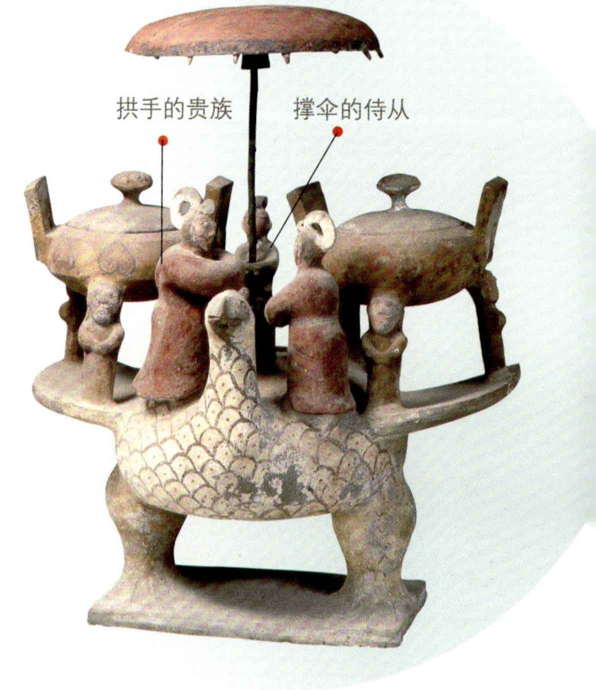


▲ **陶制的载人神鸟**

山东一带是战国齐国的旧地，也是神仙学派的发源地。神仙家宣扬的仙境和长生不老的仙药，都集中在齐国蓬莱神山中。为秦始皇寻找仙药的徐福也发迹于此。这件出土于山东汉朝贵族墓葬的随葬品，是齐国神仙风气盛极的产物。载人鸟是汉朝神仙家宣扬的神鸟，可以将墓主人本人及其生前享受的宴乐歌舞的生活一同载入仙境。

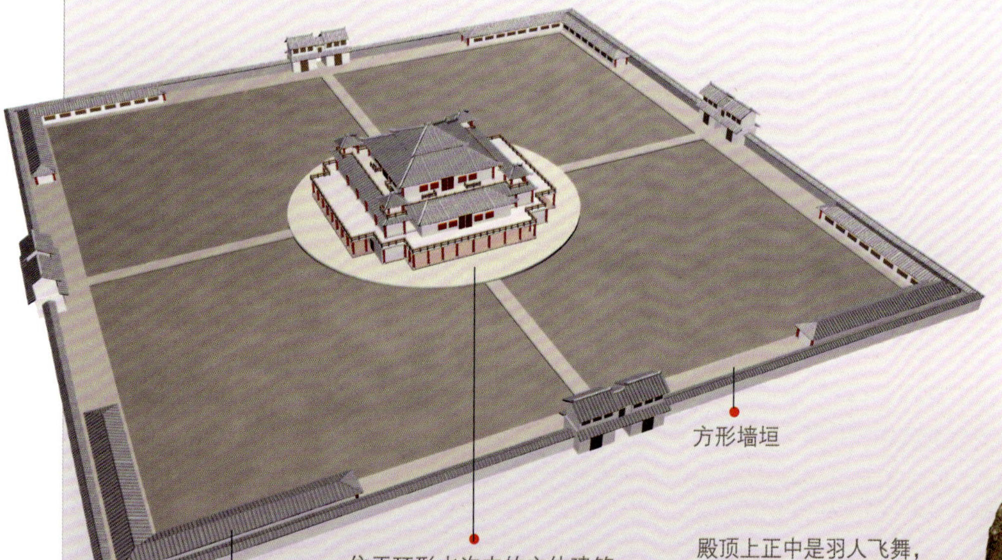


▲ **明堂辟雍复原图**

明堂辟雍是祭祀天神之处，也是长安城宗教礼制建筑中最辉煌的一处，由若干方形与圆形套合而成，象征天圆地方。这是汉朝人对天象和地球的认识。

▼ **汉代画像石东王公与西王母**

汉代道教盛行，画像砖是王公贵族墓葬中砌筑墓室的建筑材料，多以升天成仙为主题。东王公与西王母是道教的重要神仙，他们的画像较为多见。这是东王公和西王母在天宫琼阁的场景。

▶ **羽翼仙人**

这是汉朝神话中宣扬的仙人形象。仙人身披羽毛，背有羽翼，两只大耳高高竖立过头顶。

◀ **镇邪俑**

汉朝人为了躲避灾异鬼怪，臆想出许多镇邪除妖的神人。这是一个陪葬墓中的镇邪俑，表情狰狞，具有威慑力。

**历史链接**

### 神仙家首先发现的火药

汉朝的神仙家热衷于研究令人长生不老的丹药。他们在炼丹过程中，偶然把硫黄、硝石、雄黄、含碳物等材料混在一起加热，意外发生爆炸，从而认识到这几种材料的燃爆性能，并将之记录下来。后来军事家进一步研究，终于掌握了火药的化学成分，并在9世纪以后发明了火药武器。

◀ **玉辟邪**

西汉盛行厚葬之风，“事死如生”，帝后会将生前王宫中的珍奇宝物尽数随葬。这是西汉帝陵区出土的玉辟邪，汉朝人视之为祥瑞。

▶ **驱鬼的“解殃瓶”**

汉朝的神仙家是丧葬仪式中的首要人物，他们负责主持葬礼，声称能“驱鬼消灾”。仪式进行时，神仙家在一个陶瓶上书写红字咒语，放在死者身旁，为死者及其家族“驱鬼降魔”。这是神仙家为张氏家族“驱鬼”的“解殃瓶”。

▶ **错金博山炉**

这是汉朝贵族使用的熏香用具。炉体仿照蓬莱仙境制造，重峦叠嶂，出烟孔隐蔽在山峦重叠之处，熏香时烟雾、香气缥缈于仙山之间，让人如临仙境。

▼ **金炼丹炉**

最早点燃炼丹炉的是汉朝的神仙家。神仙家利用水银、丹砂、黄金做原料进行熔炼，总结出9种炼丹的配方。这是贵族随葬的纯金炼丹炉模型。

**历史链接**

### 东王公与西王母

东王公与西王母是远古传说时代的创世天神，他们的地位与伏羲、女娲相当，东王公被尊为扶桑大帝，西王母被尊为天帝之后。西王母的传说最早出现在商代，殷墟甲骨文中就有西王母的记载。据《竹书纪年》等史书记载，西王母居于昆仑山瑶池，与东王公居住的天宫相对应。周穆王到西方巡游时，曾拜见西王母，送上100匹锦缎和300匹白绸。西王母在瑶池宴请周穆王，双方共同畅饮，传为佳话。

# 印度佛教传入中国

西汉丝绸之路的开辟，使起源于印度恒河流域的佛教传入中国，为中华文明的发展注入了异域的文化营养。东汉时期佛教受到汉明帝（57—75在位）的支持，朝廷直接参与翻译佛经的工作。然而，汉朝的佛教尚未完全独立，一度被视为道家神仙方术的一支，释迦牟尼佛像经常与道教老子像共同奉祀。最迟在东汉末年，小乘佛教和大乘佛教开始流行，儒、释、道三家之争也从此萌生。佛教在传入中国的过程中，不断与中国本土宗教和思想融合，逐渐汉化，最终发展成为具有中国特色的佛教。

释迦牟尼创立的佛教，在200多年后被印度孔雀王朝（约前321—约前187）阿育王立为国教。阿育王派遣佛教高僧到东南亚、中亚、西亚传教，使佛教扩展成为世界性宗教。西汉末年，佛教传入中国，首先在上层社会流传。67年，东汉明帝派蔡愔、秦景到天竺访求佛法，归国时带来天竺僧人迦叶摩腾和竺法兰，还有大量珍贵的早期梵文佛经和佛像。汉明帝诏令在洛阳建立中国第一座寺院——白马寺，后世称之为佛教“祖庭”。迦叶摩腾和竺法兰在这座寺院中翻译佛经典籍，从此佛教传布中国。

佛教最早分为南北两路传入中国。北方陆路以传播大乘佛教为主，南方海路以传播小乘佛教为主。目前发现汉朝由印度传入中国的佛教遗迹、遗物，多集中在长江流域，从上游的巴蜀到下游的苏杭一带分布密集，南方佛教传播比北方要更加广泛而兴盛。

西汉时期，佛教在中国还未形成强大的势力，因此常被认为是道教的一个分支。东汉末年，佛教在南方迅猛发展起来。据记载，笮（Zé）融在彭城（治今江苏徐州）建造的佛寺，佛殿内可以容纳3000人，有僧众多达5000户，规模浩大。

佛教传入中国伊始，其教义与道教、儒学有很大差异，虽也有相近之处。其中对家和国的观念差异最大，佛教主张弃家离国，破除人伦关系的樊篱，以求超脱人间苦难；儒学主张齐家治国，以忠孝为基本道德；道教宣扬个人超度成仙，但以忠孝作为修道戒条。因此，在东汉末年，佛教作为一种新思潮活跃于社会，挑战了中国传统的道德观念，三方发生激烈冲突，直至后世也一直争论不断。

作为外来文化，佛教为了求得生存和发展，并未墨守成规，而是不断汲取儒学和道教的精髓，加以改造，逐渐完成了中国化的过程。在中国传播过程中，还形成了许多宗派，使佛教不断发展壮大。

▲ **世界上最早的佛像——佛教的晨曦**

1世纪中叶，印度贵霜王朝出现最早的佛像，它高11.4厘米，是早期佛教艺术的标志性作品，被赞誉为“佛教的晨曦”。释迦牟尼的形象与希腊阿波罗太阳神像完全一样，具有希腊古典主义风格。佛像上残留有镏金痕迹，可以想象当初佛像全身金装，庄严辉煌，其艺术性和历史性极高，弥足珍贵。

**历史链接**

### 释迦牟尼——从王子走向神坛

佛教的缔造者释迦牟尼，即佛陀，本名乔答摩·悉达多。他是古印度迦毗罗卫国的王子，公元前565年在喜马拉雅雪山脚下的蓝毗尼园诞生。

悉达多王子在王宫中长大，娶妻生子之后，本应按照父王的意愿继承王位，承担治理国家的重任，度过一生政治生涯。然而，他29岁时离别父母、妻儿，出家修行，从此开始了与王子身份完全不同的人生历程，走上了长达50年创立佛教的艰辛路程。他长年跋涉在恒河流域传播佛法，为世人留下了富于哲理的佛教经典。公元前486年，释迦牟尼在传道的路途中病逝，终年80岁。

释迦牟尼在世时，传播佛教的中心仅在恒河流域，而在他涅槃500年后，佛教传播已经遍及亚洲。在佛陀涅槃千年之后，佛教与基督教、伊斯兰教并列为世界三大宗教，直至今天。

◀ **洛阳白马寺**

相传印度佛僧迦叶摩腾和竺法兰用白马驮运佛经到都城洛阳，故所建寺院名为“白马寺”。寺前至今仍有一石马雕像，象征“白马驮经”的传说。

▲ **四川乐山麻浩崖墓1号墓的墓室内景**

1940年在四川乐山考古发现麻浩崖墓几百座，时代多属东汉至魏晋。这是1号墓，时代为东汉。

▲ **四川乐山汉墓浮雕佛陀说法像**

麻浩崖墓1号墓的墓室入口上方的横梁正中，雕刻有一尊佛像，经学术界考证，这是中国最早的佛像之一。佛跏趺坐式，头顶高髻，头后有圆形佛光光环。左手牵僧衣，右手作施无畏印，与2世纪印度河流域犍陀罗佛像相同，推测后者是这尊佛像的源头。

▲ **孔望山石刻之老子像与释迦牟尼像**

佛教初传中国时，势单力薄，没有自己的寺庙，只能依附道教，因此出现释迦牟尼与老子合并奉祀。

◀ **江苏连云港孔望山石刻**

在孔望山上，依山凿刻有尊像和图像100余个，最大像高约150厘米，最小像高不足10厘米。内容涵盖佛教、道教、世俗三个方面，佛教有释迦牟尼、菩萨、弟子、力士等，还有佛经故事舍身饲虎、佛陀涅槃、迎接舍利等的画像；道教有老子、东王公、西王母等；世俗生活有觐见君王、贵族宴饮等的画像。石刻内容属于典型的佛教与道教合并奉祀。连云港临海岸线一带，在这里出现了中国最早的佛教尊像，佛教应该是由海路传入的，属于南传小乘佛教。

▼ **佛像陶插座**

这件器物的插座上雕有佛像和道教图案，属于汉代佛教尚无力独立奉祀佛像，常与道教尊像共同奉祀的例证。因出土于今四川眉山彭山区，说明应是由泰缅陆路传入的。

# 胡风激荡的乐舞

▶ **融汇乐舞和杂技的演出场面**

汉朝杂技在原来单纯显示惊险奇特的技巧性动作以外，增加了具有节奏感和优美感的舞蹈动作，并用音乐陪衬，更添加了艺术气氛。这是民间杂技表演的场面，由伴奏乐队和杂技表演者组成，拱手站在两旁的是观众。

汉朝在布衣皇帝的倡导下，从宫廷到民间，体现新时代风貌的歌舞表演呈现盛况空前的景象，成为展示欧亚大陆东西方文明融合的大舞台。

春秋战国思想文化的解放运动，曾经带来了民间艺术创作的高峰，各种适应新思潮的乐舞百花齐放，使宣扬周礼的宫廷礼乐失去了辉煌。而缺少浪漫情调的秦朝，一度极大约束了艺术创作的活力。到汉朝实施宽松国策以后，从帝王到百姓的创作激情得以释放和发挥。尤其从刘邦开始，不少帝王能歌善舞，还亲自演奏和赋诗作曲。汉武帝更是大力倡导宫廷乐府，采集全国各地的艺术精华，使表演艺术有了飞跃发展。宫廷乐府最大的特点是，孔子亲自整理的《诗经》受到朝廷的尊奉，被引进宫廷中，促使诗、乐、舞三种艺术融为一体，成为宫廷宴饮、祭祀典礼中必不可少的曲目。

随着丝绸之路贯通，北方雄壮的胡乐给汉人新鲜感，西域胡风盛行起来。来源于中亚地区的歌舞、杂技、魔术融入中原本土的表演中，统称为“百戏”。这种融汇中西方技艺的艺术有更加活跃的生命力，不仅深受平民的喜爱，也迈进皇宫的大雅之堂。宫廷的各种朝会庆典，以至民间的节日庆典，常常有百戏表演助兴。演出规模盛大，数百人乃至数千人同台演出，载歌载舞，气氛热烈，场面壮观。汉武帝在皇家园林上林苑举办百戏集演，周围300里内的百姓都赶赴观看，一时万人空巷，成为当时京城的一大盛事。由于皇帝的喜好，经过宫廷加工的民间乐舞，变得更加高雅精练，在全国广泛传播开来。

吹笙乐手

弹瑟乐手

伴舞少女

指挥者

击鼓乐手

击磬乐手

三人表演“柔术”

◀ **铃舞铜扣饰**

铃舞是西南滇族的舞蹈。舞者戴高顶尖帽，右手摇铃，翩翩起舞。铃声伴随舞蹈发出有节奏的乐声。汉朝宫廷俗乐中有“铎舞”，舞者手执大铃起舞，与这种铃舞极为相似。

▶ **双人盘舞铜扣饰**

这是滇人贵族服装的扣饰，表现了具有滇族独特风格的舞蹈。两男舞者边歌边舞，动作夸张，充满热烈奔放的节奏感，与中原折腰舞和杂技托盘的动作相似。舞者高鼻深目，应是西域人。汉朝因西域胡乐、胡舞的大量流入，在全国刮起“胡风”，不仅对宫廷乐舞产生巨大影响，还渗透到西南边郡的滇族之中。

▲ **表情滑稽的说唱俑**

汉朝民间流行一种以逗笑为主的说唱表演，配合击鼓演唱，语言和动作滑稽而夸张，形式与现代滑稽戏或相声相似。表演者称“俳优”，身份低于歌舞乐伎。表演场地也不讲究，常在贵族庄园的门口就地表演。这个说唱俑显示俳优正在说唱重要情节，因而做出滑稽表情和动作。

▼ **越族舞女的宫廷舞蹈**

舞女的舞姿和服装与宫廷雅乐舞相同，但前额戴假发髻，两边长发垂肩，是东南沿海越族妇女的典型发式。因此，这是越族舞女的形象，在南越王墓出土，反映宫廷舞已推广至边远地区。

**历史链接**

**罢黜百家，尊崇儒术**

为统一思想，汉武帝推行“罢黜百家，尊崇儒术”的政策，他设立五经博士，设博士弟子员，学业有成的就授以官职。通晓儒家经典成为做官的必要条件，公卿大夫基本为饱学之士。从此，儒家学说的地位日益提高，成为历代王朝的统治思想。

◀ **贵族的管弦乐队**

秦朝以前的王室贵族按礼制听雅乐，乐器以编钟和编磬为主，称为“金石之乐”，旋律缓慢。汉武帝为了反映强盛而富有朝气的国家形象，要求乐府采集民间流行的俗乐，包括民歌、民谣和舞蹈，经过乐师的再创作，增加管弦、吹奏和敲击乐器，使曲调更加委婉动听，气势更加雄壮。宫廷举行宴会、典礼、征战出行、天子朝见等庄严活动时，经常演奏新乐。这是贵族的私人乐队形象，是小型的管弦乐队。

# 世界领先的农耕技术与农具

▲ **持臿农夫陶俑**

这是汉朝黄河流域的农夫形象。在适宜种植小麦、玉米、高粱等旱地作物的中原地区，铁臿是常用农具。

汉朝时，从长城以北的不少郡县直至岭南的广大地区都是农业区，全国耕地面积达827万顷，全盛时期人口约有6000万，比当时罗马帝国人口还多，平均每户五口之家有耕地约70亩。汉朝皇帝深刻认识到，农业是支撑国家经济的基础，只有实施“以农为本”的国策，才能国富民强。因此政府很重视向全国的农民推广先进的农业耕作技术和农具，以及农田精耕细作和整体化管理方式。高度发展的农业，使汉朝位居与罗马帝国齐名的世界大国地位。

秦朝在黄河和长江流域推广先进的铁农具，成果丰硕。汉朝政府进一步把铁农具推广到南方的广东、广西和北方的长城沿线。从平整土地、播种、中耕、除草、灌溉、收获、脱粒，到农产品加工等，各类专用铁农具达30多种。其中铁犁铧经过重大改革，成为世界领先的新农具，欧洲的农民要在1000年以后才懂得使用。

牛耕技术是比人力耕作效率高10倍的新技术，在汉朝以前已经发明，但未得到全面推广，人力耕作始终占主导地位。汉朝初年，政府大力推广牛耕，将其视为“耕农之本”，置于“国家之为强弱”的高度。到汉朝末年，牛耕已经普及全国。

汉朝黄河北部的农民创造了一套旱地农田防旱保墒的耕作技术，从土壤质素、施肥方法、选种标准到田间管理，都实施精耕细作，形成农田管理整体化的观念。汉武帝时期主管农业的官员，还在此基础上创造了科学耕作的“代田法”，在北方大力推广，使粮食的产量大为提高，关中地区小麦的亩产量比战国时期提高1倍以上。

随着铁农具和牛耕技术的普及与推广，精耕细作的生产方式形成传统，促进了农业技术向科学化、系统化、理论化迈进。

▲ **踏碓舂米图（画像砖）**

耕作技术进步以后，随之而来的是粮食加工技术的提高。先秦时期，粮食加工大多使用人力杵臼舂米脱粒。汉朝发明了脚踏碓，使劳动强度降低，工效提高10倍。这是一个粮食加工的场面，四人互相配合舂米，动作十分协调。

▲ **除草播种图**

这是汉朝的画像砖，描绘的是巴蜀地区的农民在春季耕种水稻的场景，6位农夫正在耕作，有的除草，有的播种。这种耕作方法适用于一年一熟的稻田。

▲ 二牛一人农耕图

汉朝中期，黄河和长江流域农业发达地区改革了牛耕技术，出现二牛一人组合，比以往一人牵牛、一人操纵犁辕、一人执犁铧的二牛三人组合更易操作。这是汉朝壁画上二牛一人的耕田场面。

◀ 播种新农具——耧车模型

汉朝推广一种畜力播种机——耧车。一牛前引，一人扶犁，一边开沟，一边下种。耧车有3个铁耧足，相当于3个小犁铧。粮种自耧斗经空心的耧足下播，同时完成开沟、下种和覆土3道工序。一次可以播种3行，行距一致，下种均匀。一部耧车每天可以播种1顷田，节省劳力一半以上。

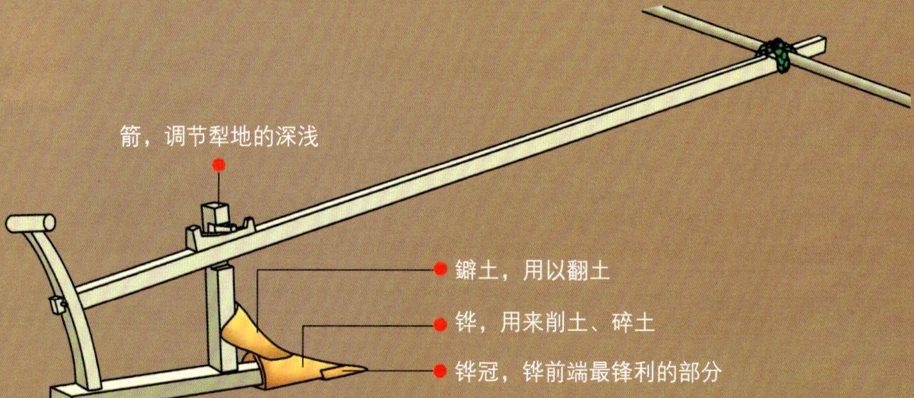


▲ 二牛一人式耕作法使用的长辕犁

铁犁铧在春秋战国已被发明，汉朝人改良了它的结构，加上犁箭，还在铧的上部增加鐴土装置，耕地时起到翻土、碎土和平整耕地的作用，这是犁耕技术的大飞跃。此外，汉朝的犁铧有大、中、小三种型号，轻巧灵便的小型犁铧，适用于精耕细作的农田；锐利的中型犁铧用于垦荒；特大厚重的犁铧用于开辟沟渠。

▲ 东汉“东井灭火”铭文陶井

井是农田灌溉的重要设施，也是农家重要的水源。汉朝的井利用滑轮升降汲水，井口上有遮檐，以保证井水的洁净。

**历史链接**

### 代田法

代田法是一种适合北方地区自然条件的轮耕技术。在1亩田中，纵向分为3道甽和3道垄，甽、垄各宽1尺，将粮种在甽中。苗长高时，不断用垄土培固根部，使秧苗耐风旱、抗倒伏。第二年，甽、垄换位，以调节土质肥力。

# 致富之路

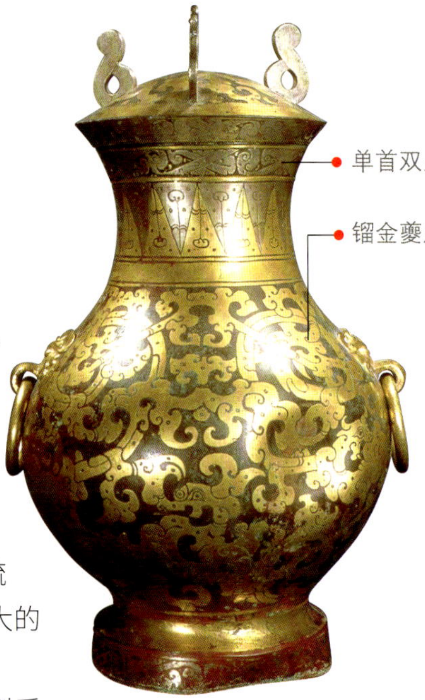


◀ **鎏金银蟠龙纹铜壶**

这是西汉中山靖王刘胜享用的容酒器，采用鎏金银和镶嵌工艺制作，纹饰繁缛精细、光彩夺目，显示西汉青铜工艺完全摆脱了商周礼器的神秘化风格，趋向实用性和奢华风格。

秦始皇开辟的全国陆路和水路交通网，被汉朝政府充分利用，将昔日的军事道路转变为商人的致富之路。在交通沿线，出现了许多以政治、经济为中心，规模不等的城市。汉朝后期属于郡级治所的城市有约500个，县级城市达到约1800个。城市人口也急剧增加，长安茂陵县就有居民近28万人。富冠海内的商业大都会，主要集中在黄河和长江流域的十大经济区。汉朝的城市网络形成后，直至清朝仍没有大的变化。

秦朝推行重农抑商政策，商人的社会地位很低。汉朝则采取放任商业发展的政策，城市出现了“用贫求富，农不如工，工不如商”的风气。人们争相经商之下，产生了一批富甲天下的商人，甚至还出现了专门从事域外贸易的商人。此外，秦朝以军功封爵者为上的等级制度瓦解了，出现了划分等级的新观念，政治身份已经微不足道，家产的多少才是社会等级的标尺。长期被贱视的商人，凭着财富改变命运，成为当时不可忽视的社会势力。

全国完善的交通网，令各城市的商贸一片繁荣，每个城市均设有市场。对商品的需求越来越大，使手工业发展突飞猛进。汉朝手工业的生产主要分官营、私营和家庭三种形式，出现了适应商品市场需求的大规模经营性生产。最大的矿业工场雇工达10万人。汉朝的手工业分工细密、趋向专业、产品丰富、工艺精湛，成就超越秦朝。至于对国计民生有重大影响的冶铁业和盐业，由国家垄断专营，是规模最大的支柱产业。

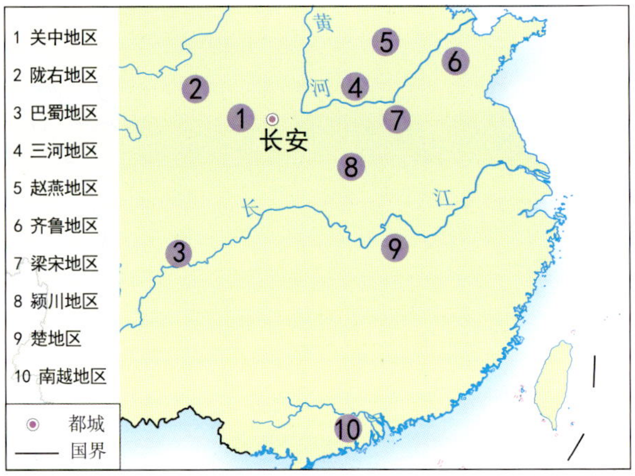


▲ **汉朝十大经济区域的地理位置**

| 经济区域 | 经济特征 |
|---|---|
| 关中地区 | 膏壤沃野的农业区，物产丰饶，商业繁盛，为全国之首 |
| 陇右地区 | 通向关中的交通要道，是盛产牛、马、羊的畜牧区 |
| 巴蜀地区 | 西南富庶之地，盛产铜、铁、竹木漆器，丝织品更负盛名 |
| 三河地区 | 商周政治中心。农业发达，是全国农产量最高的地区。手工业技术先进，冶铁业居全国之首 |
| 赵燕地区 | 农业与畜牧业并举，近海地区盐、渔业发达 |
| 齐鲁地区 | 农业有雄厚的基础。冶铁、丝织、盐、渔各业闻名全国 |
| 梁宋地区 | 陶的商业发达，也是丝麻织品的著名产地。睢阳是农产品的集散地 |
| 颍川地区 | 商货的集散地 |
| 楚地区 | 位于长江和淮河流域，是鱼米之乡。造船、丝织和冶铜业发达，是鱼、盐、铜的集散地 |
| 南越地区 | 海外商品贸易的重要港口和集散地 |

▲ **汉朝十大经济区域的经济特征**

◀ **皇室贵族的黄金储备**

黄金是汉朝市场流通的货币之一。朝廷或富商进行大宗商品贸易，多使用黄金。汉朝前期，与一枚五铢钱同等重量的黄金比价是1∶10 000钱。在汉朝，黄金是衡量财富的标准，皇室与贵族都有储备黄金。这件纯金制造的权重9100克、并非实用的度量衡器具，就是用作储备的黄金。

▶ **贴金银漆奁**

这个漆奁以镶嵌金银的动物图案做装饰，这种贴金工艺由汉朝新创，唐朝沿袭。方法是先将金银饰片粘在器物表面，在空白处涂漆，然后细磨至金银饰片露出漆面，需要极高的技术。

## 历史链接

### 良好的货币制度

经济的发展，必须要有良好的货币制度。汉初铸荚钱（钱币形如榆荚），过于轻薄，又允许私铸，引起币制混乱。汉武帝初年，先行三铢钱，又改用半两钱，最后确定用五铢钱，此后一直沿用了几百年。后世的铜钱样式始终没有改变，钱的重量也大体相仿。

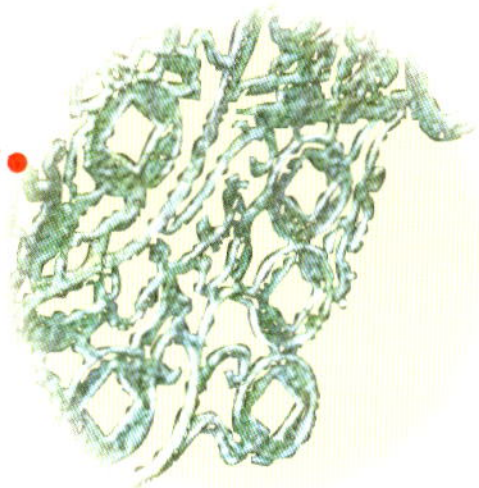

铜钱串成的树叶

◀ **摇钱树**

汉朝后期的西南地区流行一种葬俗，在人死后随葬一株摇钱树，树上挂满铜钱，把汉朝人的商品意识和祈求发财的愿望表现得淋漓尽致。

烛火的烟通过宫女右臂进入体内，保持空气清新

灯罩可以左右转动，调节灯光的方向

▶ **长信宫灯**

长信宫灯原是皇宫中的长信宫陈设的灯具，后来由窦太后转赐给中山靖王刘胜的夫人。这盏灯设计精巧，各部位可以拆卸组装，并随意调节亮度和方向，是一件集艺术与实用于一体的珍品。

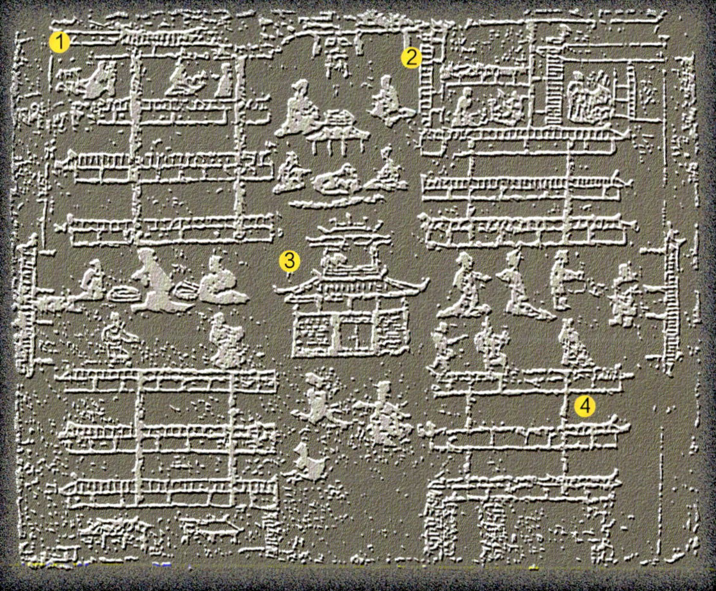

1 商人居住的房屋

2 市门

3 楼亭，位于市场中心，亭上置鼓，鸣鼓报时。市场有固定的营业时间，市门每日按时启闭

4 长廊式的商肆铺面，商品按种类集中排列，井然有序

▲ **汉朝四川蜀郡的小型市场（画像砖）**

城市的市场由政府管理，各大城市根据商业规模设置若干市场，最大的城市长安有9个市场，一般中型城市有2至3个市场，小型城市设1个市场。

▶ **彩绘云纹漆钫**

汉朝漆器普及，是市场上的热销商品之一。这是官营漆器工场的制品。

# 位居世界前沿的科学技术

汉朝的皇帝对科学技术的革新和发明很重视，尤其是对实用性科学，更是大力支持，还设立专门机构和官员，向全国推广。大一统国家的繁荣强盛，也使政府具备了支持科学技术研发的经济实力，天文、历法、造纸术、司南、地动仪等科学发明与改进，都是政府重点发展的项目。在这种有利条件下，汉朝取得一系列惊人的科学成就，处于当时世界科学技术领域的前沿地位。造纸术的改进和司南的发明，均为中国古代重大发明成果，也是中国对世界文明的贡献。

天文学方面取得的成就也位居世界前列。汉朝设立观测天象的国家天文台，配备最先进的观测仪器，掌握了星体、日月食、彗星、太阳黑子等天文现象的运行规律。汉武帝诏令国家天文台制定一套符合天体运行规律的新历法——太初历，这是一部科学性很高的历法。汉朝开创的观天制历、以天验历的方法，其先进和精确程度是当时世界上所罕见的。但是，与古希腊的天文历法相比，汉朝的天文历法诞生在儒学、道教和阴阳五行学说盛行的时代，因此不可避免地被深深烙印上哲学家甚至神仙家活跃的印记，形成了中国特有的以阴阳五行划分天体星群的观念，“盖天说”“浑天说”等宇宙理论，以及天文历法体系。

汉朝的医学也有不可轻视的地位。汉朝后半期是中国医学理论创立的重要时期，一批经典的中医学著作问世，其中《伤寒杂病论》至今仍是中医诊断参考的重要医学著作。至于以精于针灸和外科手术著名、被誉为“外科鼻祖”的华佗，他发明的麻醉药，用于为病人做全身麻醉的剖腹手术，效果更是令人惊叹。

**▲ 司马迁的预言——“五星出东方利中国”**

司马迁的《史记·天官书》是记录汉朝天文研究成就的著作。书中记录了五大行星运行与地球气候的关系。其中“五星分天之中，积于东方，中国利”这一预言影响广泛，成为当时汉朝百姓企盼丰年的吉语。1994年新疆尼雅遗址出土了一件彩锦护膊，上面有“五星出东方利中国”的字样，也就是司马迁记载的预言。这件锦纹饰具有西域风格，又有汉人流行的吉语，应该是当时中原专为尼雅一带制造的丝织品。

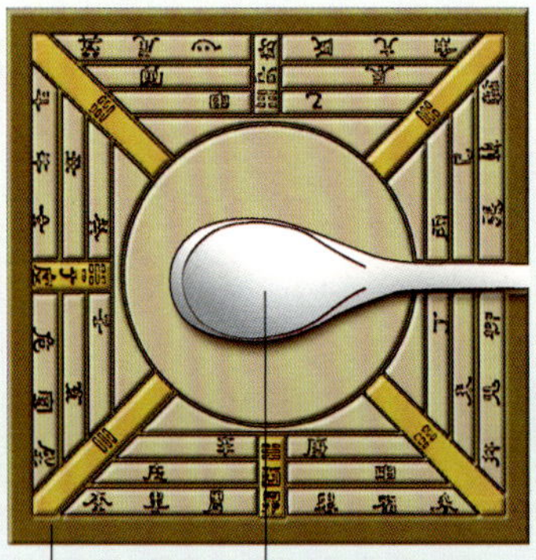


**◀ 指示方向的工具——司南模型**

汉朝以南方为尊，指示方向的工具一律以南方为标准，称为“指南”或“司南”。利用天然磁石的指极性指示方向的司南，使用时间长达1000多年。到北宋，才利用人工磁石制造出指南针，进入“指南针阶段”。13世纪指南针传入欧亚各国，在航海时代大显身手。

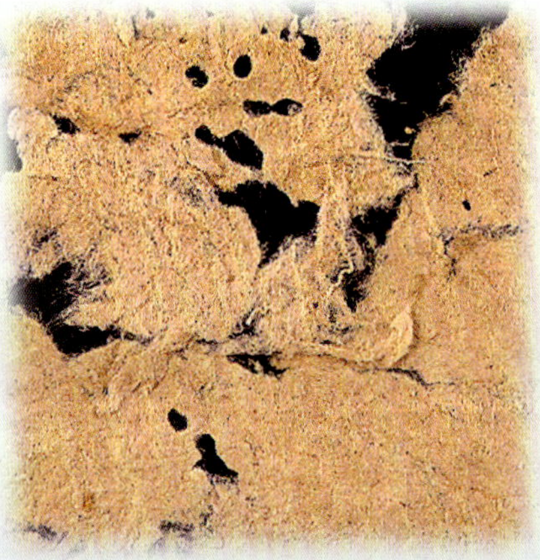

**◀ 西汉麻纸**

西汉中期，一种以丝、棉絮和植物纤维混合制造的纸在民间问世。东汉后期，宦官蔡伦改进了造纸原料和工艺流程，制造出质地上乘的纸。皇帝诏令在全国推广蔡伦的造纸技术，这种纸被称为“蔡侯纸”。

▼ **汉朝的计时器——铜漏壶**

铜漏壶中盛满水，放入一支标志刻度的木质浮箭，浮箭从盖中的方孔伸出，随着壶内的水从水管滴出，浮箭下沉，根据浮箭刻度的位置，可计算时间。这件铜漏壶是内蒙古地区出土的边防军用品，反映了当时边防军严格的时间观念。

▲ **探测地震的地动仪**

中国是地震多发的国家，在汉朝的400年间共发生强烈地震28次。汉朝视地震现象为“异邪”。132年，主持国家天文台的张衡，发明了世界上第一台探测地震的仪器——地动仪。仪器上各龙口衔珠，当探测到某一方位有地震时，珠便掉进该方位的蟾蜍口中。地动仪放在都城洛阳的国家天文台内。138年，地动仪准确测报出甘肃一带发生的6级以上地震，当时洛阳的居民并没有感到震动。

▲ **鎏金青铜医用冷却器**

汉朝在国家大一统的政治体制下，各派学说交融，创立了以张仲景为代表的中医辨证论治体系，以华佗为代表的针灸和外科手术，形成中国传统医学临床诊断和治疗体系，至今仍是中医学的基础。

这是汉朝医生使用的冷却器，由3件容器组成，可使熬制的药液较快冷却，便于饮用。由此证实汉朝医疗器具开始走向实用性和精细分类。

# 司马迁与《史记》

秦汉是中国历史上的大一统时期，政治上的统一影响到意识形态领域，使人们的思想也趋向统一。同时，统治者为了巩固统治地位，注重总结历史经验，由此促进了中国史学的发展。

正是在这样的历史条件下，司马迁完成了他的鸿篇巨制——《史记》。

司马迁（前145或前135—？），字子长，夏阳（今陕西韩城南）人。他生于史官世家，父亲司马谈是一位刻苦勤奋的学者。司马迁自幼求学于名师，攻读古书，青年时代游历名山大川、饱览祖国名胜；后继承父志，任太史令，致力于史书的编写，以总结前代的历史，颂扬圣君贤臣的德行功绩。但此后不久，由于李陵战败投降匈奴，司马迁为之辩解而触怒汉武帝，被处以严酷的宫刑。在这一巨大的痛苦和屈辱之下，他对历史、现实的认识有所改变，从而在修史中融入了较重的怨刺成分，丰富了全书的内涵。

《史记》原名《太史公书》，魏晋始称《史记》。全书《本纪》12篇、《表》10篇、《书》8篇、《世家》30篇、《列传》70篇（包括《太史公自序》），共130篇，记载了从传说时代的黄帝到汉武帝太初年间约3000年的历史，是中国第一部纪传体通史。

在编写体例上，司马迁进行了大胆的突破。他改变了过去史书以年代为轴的做法，以人物事迹为中心串联事件，成为中国纪传体史书的开山之作，对后世史书的体例产生了深远影响。

紧随其后的《汉书》是汉代贡献给后世的另一部史学巨著。它继承了《史记》的纪传体体例，继续以人物传记的形式编纂历史，但与《史记》不同的是，它只记载了西汉一代的史实，是西汉的断代史。《史记》属私人修史，发表的是一人之感慨；而《汉书》是在皇帝的授命下编写，属官修史书，虽也继承了现实主义的传统，保存了大量的史实，但受朝政的影响，不可避免地带有更多的正统观念。

由于《史记》开中国纪传体史书之先河，以后历代正史无不循司马迁《史记》之体例。作为中国二十四史之首，在古代浩瀚的史学著作中，《史记》占有极其重要的地位。

**历史链接**

**最早的书写文具**

早在新石器时代，就已经出现了毛笔的雏形，仰韶文化彩陶器上的图案就是用类似毛笔的工具绘画的。春秋战国时代，随着学术自由开放，百家争鸣，新兴的教育文化极为繁荣，此时著书立说的学者大增，书写竹简的文具需求也随之大增。毛笔、石砚、墨等书写工具越来越精致，而且非常实用。至秦汉时期，毛笔更出现了划时代的改进。

据史书记载，秦朝名将蒙恬在征战期间改造了毛笔，他以木管为笔杆，利用鹿毛和羊毛制造笔毫，称为“苍毫”。在此以前，笔毛是捆扎在笔杆四周的，蒙恬将笔毛束扎起来，插入笔杆内，从此出现了今天使用的毛笔。

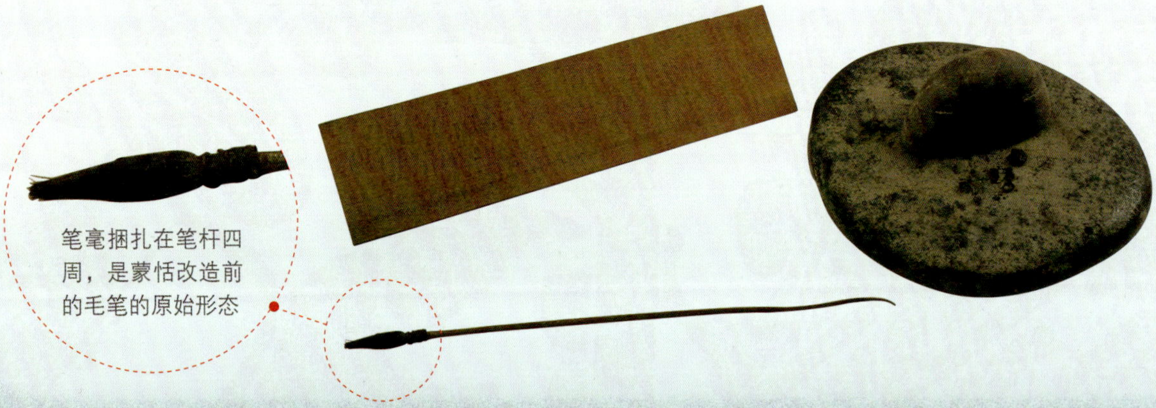

笔毫捆扎在笔杆四周，是蒙恬改造前的毛笔的原始形态

◀ **书写竹简的工具**

这套战国时期书写竹简或木牍的毛笔、石砚和墨，都与今天的文具没有太大的差别。由此推测，汉代司马迁书写《史记》，应该用的也是这种文具。

# 蔡伦造纸

造纸术发明之前，商代王室以龟甲、兽骨刻录记事，西周文字铸刻在铜器上，春秋战国以竹木简牍为书写材料，王公贵族以名贵的丝帛写字作画。龟甲镌刻工艺繁复，青铜文字更是制作艰难，简牍笨重、阅读不便，丝帛的造价又过于昂贵，这些书写材料都难以得到普及。西汉中期发明的早期纸张，比较粗糙，不易书写，使用范围很小。东汉和帝时期，宦官蔡伦制造出质地上乘的纸张，彻底改变了少数人垄断文化教育的局面。

造纸术的改进，是汉朝政府支持和推广的成果，它与印刷术、指南针和火药一起被誉为中国古代四大发明。

蔡伦（约62—121），字敬仲，桂阳（今湖南耒阳）人，明帝永平十八年（75）入宫为宦，章和元年（87）任尚方令，负责宫廷内的手工作坊。

蔡伦在总结民间造纸经验的基础上，改进了造纸的原料和工艺流程，利用树皮、麻头、碎布、旧渔网等废弃材料，经过科学工序，制造出一批优质纸。元兴元年（105），他把研制的纸进献给汉和帝，皇帝看到这种纸书写方便、材料简单、造价低廉，非常高兴，诏令天下推广使用，于是蔡伦的造纸技术迅速在全国普及。元初元年（114），蔡伦被封为龙亭侯。为了纪念蔡伦的功绩，民间便把他改进的纸称为“蔡侯纸”。

蔡伦对造纸术的改进，使造纸业大规模生产成为可能，为纸的推广和普及开辟了广阔的空间，使中国汉代的文明勃兴远远超过了同时代的世界其他地区，为中国古代文明盛世的到来奠定了良好的物质基础。

而同时期的其他文明国家，还在莎草纸、泥版、石版及牛羊皮中徘徊。一直到600多年后，阿拉伯人通过战争得到了造纸方法，中国的造纸术才开始广泛地向世界传播开去。12世纪，西方各国先后掌握了造纸技术。在这1000多年的时间里，中国文化得到了迅猛的发展，创造出一个又一个的文明高峰。

蔡伦造纸的技术，推动了世界各国文化交流，促进了文明的传播，加速了人类文明的进程。美国人麦克·哈特在他的著作《影响人类历史进程的100名人排行榜》中，将蔡伦排在第七位，位于我们熟知的哥伦布、爱因斯坦和达尔文之前，表现了世人对蔡伦造纸的充分肯定以及对蔡伦的深深敬仰。

▼ 蔡伦造纸的工序

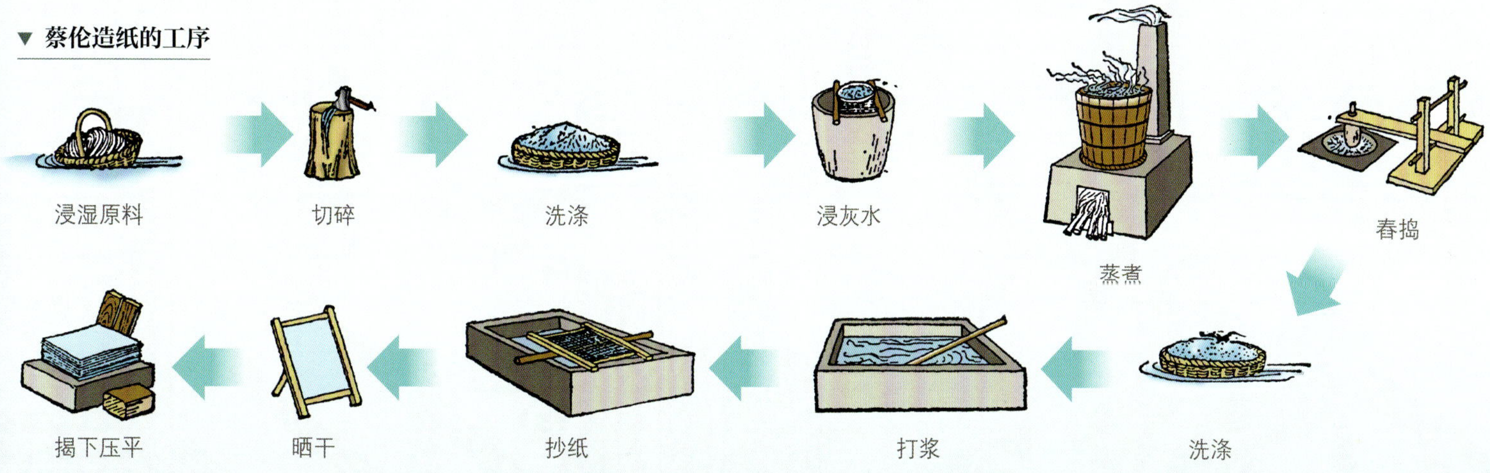

# 农耕文明与游牧文明首次角力

公元３至6世纪，欧亚大陆的农耕民族遭受游牧民族大侵袭，中国在汉朝、南北朝时期苦于匈奴、鲜卑等族的袭扰，罗马帝国亦遭受日耳曼等民族的入侵。这次农耕民族与游牧民族的战争，最早的战火爆发在公元前２世纪的中国。

中国由夏朝直至战国，千百年来，战争都主要爆发在黄河和长江流域的农业区，敌对双方也主要是农业群体。而秦汉时蒙古草原的强大游牧民族匈奴，发展成占据长城以北广大地区的草原王国。他们不断向中原发动大规模的骑兵闪电式攻击，攻势之强猛，使农耕民族无力还击，构成对统一大帝国的最大威胁。

秦始皇曾发动10万大军征伐匈奴，又修筑万里长城抵御骑兵的袭击。然秦朝强大却短促，没有重击匈奴。而汉朝经过长时间相对稳定的发展，北方边境问题成为仅有的威胁，于是将抗击匈奴放在边防战略的中心位置。从此，汉帝国与匈奴展开了数百年的殊死搏斗，中国的主战场第一次由农业区转移到长城以北的广阔草原，战争规模空前。这是农耕文明与游牧文明首次全面的大角力。

匈奴具备了军政合一、组织严密的优势，人人都是骑马善战的勇士，总计有骑兵30万。这种军事体制使匈奴随时可以举国出战。汉武帝亦动员庞大的人力物力，多次发动抗击匈奴的战争。在征战与和亲的交替作用下，匈奴终于解体，大部分归入汉朝，成为中国统一多民族的一员，另一部分逃亡，辗转到达欧洲。此后200年间北方边境恢复了宁静。

▲ **当户灯**

这是西汉中山靖王刘胜生前使用的照明用具，是一个匈奴人半跪托灯的形象。灯盘上刻有“御当户锭一，第然于”的铭文，“当户”是匈奴高级军官的职称。汉朝诸侯王以匈奴官吏下跪举灯的姿态作为灯具装饰，显示出汉朝统治者打击匈奴后，以胜利者自居的炫耀战功的心态。

◀ **青铜扁壶**

此壶的背面扁平，肩部有4个用来穿绳的纽，便于携带，这是匈奴人的饮水或饮酒器具，适合游牧民族逐水草而居的特性。

◀ **匈奴王的金冠**

匈奴实行军政合一的体制，整个民族就是一支组织严密的军队。“单于”是匈奴最高的军事统帅，下设左、右贤王。单于本部与左、右贤王部构成了匈奴的主力集团。他们既是部族首领，又是军队将领。王位实行世袭制。这是战国时期匈奴王的金冠。

▶ **匈奴鹿形金怪兽**

匈奴喜欢用黄金做装饰，图案多以草原常见的动物为主题，表现浓郁的游牧民族风格。这件以鹿为原型的怪兽，应是战国时期匈奴首领的所有物。

**历史链接**

### 马邑之谋

汉初，朝廷对匈奴采取和亲政策，以忍让换取边境的安宁，但匈奴愈益骄横，连年扰边。汉武帝时，马邑人聂壹建议诱敌深入，伏兵袭击，得到皇帝批准，以30万大军埋伏于马邑谷中。虽然这次行动无功而返，却是汉对匈奴政策的转折点。

▲ **双羊纹金饰牌**

讲究腰带装饰，是北方草原民族的共同特征。这件金饰牌以羊为主题，双羊对立，显得生动可爱。

◀ **绢底刺绣屯戍人物图**

这是甘肃武威出土的刺绣品。画面表现了汉朝边塞军营屯戍的场景。在营地里，有营门，四周竖立盾牌和戟戈。军营正中站有两人，一个是汉人，另一个是少数民族军吏，证实了长城守军中少数民族军士占有相当比重，也表现了军民共同戍边的场面。

▼ **车马人物饰牌**

这件青铜车马人物饰牌描绘了一幅匈奴贵族乘马车出行的画面。马车前有一个驭手执鞭驱马，又有一个披发结辫、身穿短袍的奴隶在前方牵引马车，反映了匈奴社会贵族、平民与奴隶的等级差别。匈奴人崇尚战功，战争中掠夺的人口和财物归劫掠者所有。因此，匈奴族的统治者与一般士兵都拥有一定数量的奴隶。

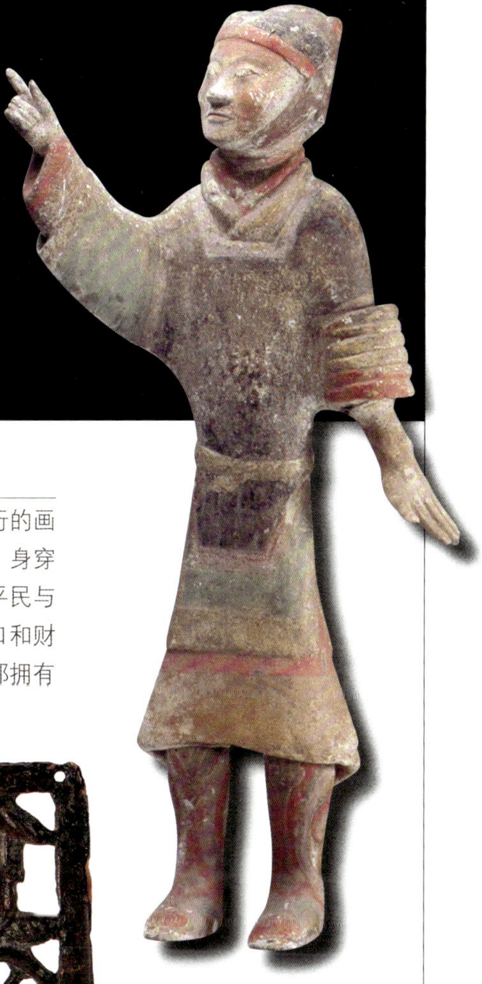

▲ **汉朝指挥军官**

这是汉朝初年出征作战的军队指挥官的形象。

# 骑兵时代来临

汉军最主要的进攻目标，是来自北方由骑兵组成的匈奴军队。匈奴熟悉草原地形，骑兵战术灵活多变，快速机动。更重要的是，匈奴强调以突袭方式主动进攻，胜利时连续突击，务求全歼；战败时迅速撤退，决不恋战。这种高度的机动性和爆发力，使习惯在中原作战的汉朝军队防不胜防，这也是欧亚大陆所有农业国家都深切感受到的危机。

汉匈战争爆发后，为了适应对北方匈奴的作战，汉朝的军队职能、兵种构成、作战方式等，都发生重大的变革，由秦朝车兵和骑兵并重的军团转为以骑兵为主力的军团，骑兵时代正式来临了。

为了对付匈奴，从汉文帝开始，汉朝政府开始建立骑兵部队。汉武帝时期的骑兵已经成为军队的主力。汉匈战争规模逐步升级，小型战役出动骑兵数万，大型战役出动骑兵数十万，军团化的骑兵战争已是大势所趋。

汉武帝信任的卫青和霍去病是杰出将领，他们创立了骑兵军团战术，完全突破了先秦兵法中适应农耕民族作战的模式，以快速和冲击力强为特点，为汉军的战术开创了新天地。汉匈战争主要在荒原大漠和高山地带进行，先秦兵书把这些地形称为骑兵的“死亡地带”，在这里难辨方向，粮草供应困难，应该远远避开。但卫青、霍去病以熟悉地形的边民做向导，又有汉武帝提供的充足军备，使数十万骑兵远征7000多里、跨越沙漠作战的梦想成为现实。汉军骑兵直逼匈奴腹地，歼灭匈奴主力，取得前所未有的战绩，这是前人绝对无法想象的。

▲ **汉武帝的西极马**

汉朝把饲养和繁殖战马列入边防战略，称为“马政”。汉武帝更是对珍贵马种着迷不已，张骞出使乌孙，得到品种优良的伊犁马，献给汉武帝。汉武帝极为赞赏，赐名“西极马”。这件在汉武帝陵墓出土的鎏金马，就属于伊犁马种，是汉武帝专有的良种马形象。

▼ **胡汉交战画像石**

汉朝的不少墓室墙壁刻了大量的图画，通常以当时生活或重大事件为主要题材。汉朝与匈奴长期对战，因此“胡汉交战”成为画像题材之一。画中的汉朝官兵与胡兵格杀，双方短兵相接，战斗激烈。

▶ **执盾的步兵**

这是西汉初年的步兵形象。当时的士兵都是从全国征召的，20～60岁的男子都要服役，为期两年。到了汉武帝时期，由于汉匈战争激烈，征兵制无法应付需要，于是改行募兵制，汉武帝对应募者给予丰厚的赏赐。在赏金的刺激下，募兵比征召的士兵更具战斗力。

▲ **脚踏飞燕的天马**

汉武帝命令李广利在4年内两次率军远征大宛（今中亚费尔干纳盆地），夺取有“天马”之称的汗血马。公元前102年，李广利率领6万骑兵，以10万头牛，3万匹马，上万匹骆驼、驴、骡运送物资，加上举国招募的后续部队，终于攻入大宛，以巨大的代价得到汗血马数十匹。这件青铜奔马，表现出马行疾速、超越飞鸟的一瞬间，再现了汉武帝不惜代价追寻的天马形象。

**历史链接**

### 苏武出使匈奴

汉武帝时，中郎将苏武出使匈奴。匈奴单于将他关闭在大窖中，想威逼其投降。苏武以雪和毡毛为食，坚决不屈服。单于又将他远徙北海（今贝加尔湖），他手持汉节，牧羊为生。汉昭帝时，苏武才得以返回长安，他被扣押了整整19年，保持了民族气节。

◀ **石雕骑兵**

这是汉朝骑兵的形象。他们多在西北寒冷地区征战，需要饮酒御寒，因此备有饮酒器具。

▶ **马踏匈奴石雕**

这是领兵出征攻打匈奴的著名将军霍去病墓前的石雕，是汉武帝为表彰他的战功而建立的纪念碑。

# 铜墙铁壁的长城防御体系

从根本上说，汉朝虽然倾尽国力击败匈奴，但无法长期支撑在沙漠的远征。长城处于农业区与游牧区的分界处，有经济隔离带的作用，是农耕民族对付游牧民族进攻而采取的防御工程。汉武帝以秦始皇修筑的长城为基础，继续完善这一伟大工程。在抗击匈奴的战争中，每取得一片土地，就修筑一段长城，还增设了边城、障塞和烽火台等设施，形成汉帝国北部的坚固防线。长城进可作为前进基地，守可作为防御前沿，能有效阻遏快速机动的匈奴骑兵。长城沿线还加强边防前沿的信息传递，建立起密集的驿站，使边境与内地的信息传递更加高速而紧密，这在以突袭、奔袭为主要战术的骑兵时代尤为重要。

为确保边疆安宁，汉朝由内地迁徙120万居民到长城沿线和西北边塞安家落户，他们把中原的农业生产技术和生活方式带到边塞。移民全部实行军事化管理和教化，居则为民，战则为兵，以适应战事。汉朝在边疆有驻军约60万，军需主要依靠内地供给，负担沉重。汉武帝命令边防军投入农业生产，以纾缓后勤供应的压力，称为“屯田运动”。移民和屯田这两项边防战略，既保障了边境安宁，又促进了西北的经济开发。

▶ **张掖都尉棨信**

这个用红色缯帛制成的幡信，上有供悬挂用的缀系，正面用墨书篆文写上“张掖都尉棨信”，是汉朝驻守在长城边境的高级官员专用的旗帜。

▲ **汉朝玉门关遗址**

承担北拒匈奴、保障丝绸之路畅通的河西长城和关隘，经过2000多年的风雨侵蚀，如今仅留有玉门关夯土遗址和长城残迹，还有“春风不度玉门关”的古诗句。

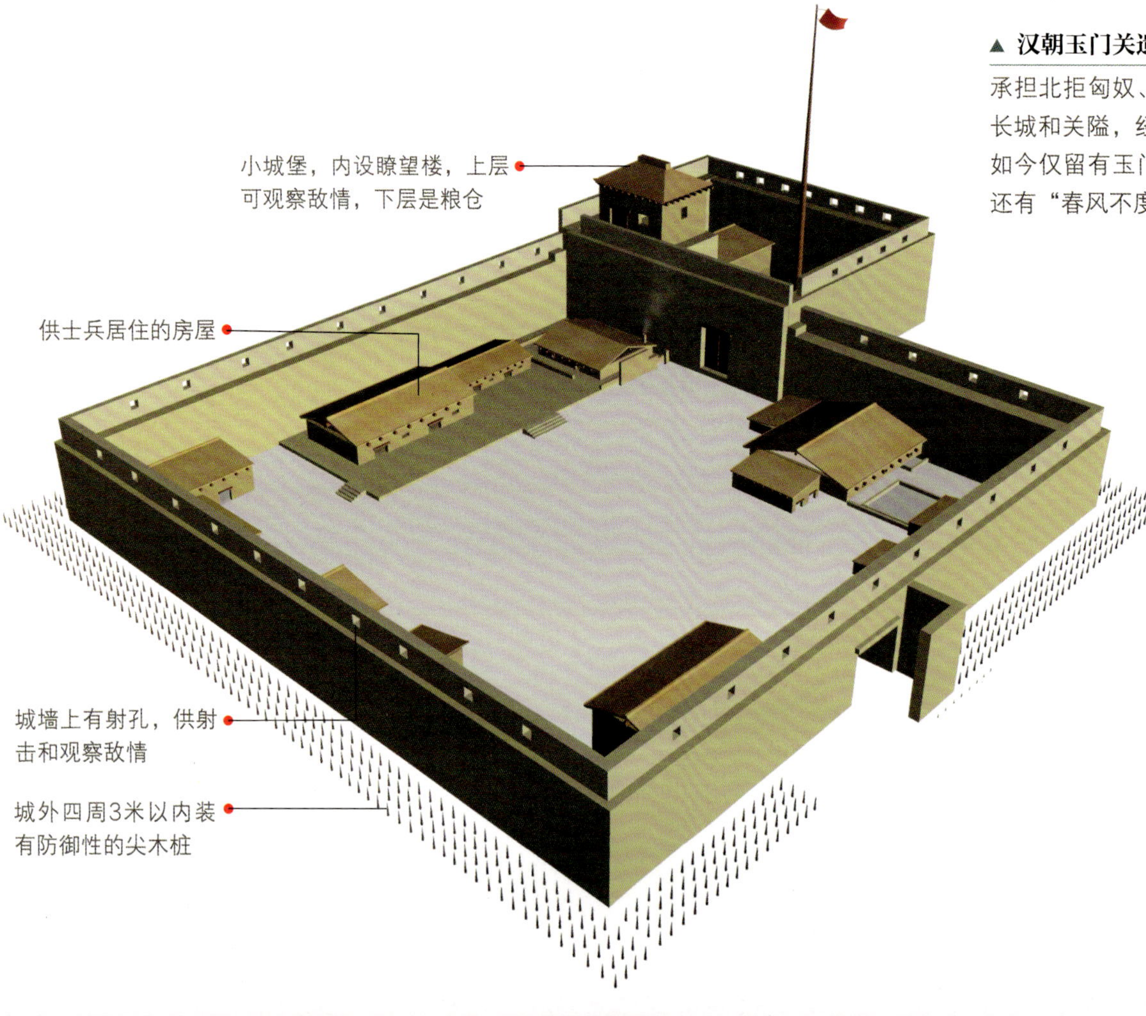


◀ **障塞复原图**

障塞是驻守在边城的边郡长官派出的分支，为障尉（障塞的长官）率兵屯居之所，也就是边防哨所，位置在长城与边城之间，规模比边城小。障塞的平面呈正方形，边长50～200米不等，有瓮城形的城门。障塞中的驻军人数由数十人至百人不等。这是长城上典型的障塞。

▲ “劳边使者过界中费”册

这份王莽时期的简册上，记载了朝廷派去边境慰问守边吏卒的使者的膳食费用，有粱米8斗、即米3石、羊2只、酒2石、盐豉调味品等若干，总共价值1470钱。

▲ “万石”仓印

汉朝士兵每人按月获配粮食25.5千克，食盐0.6千克。粮食由后勤官员定量发给军厨。粮食进仓和出仓都有严密的手续，并要加盖官印。这是军队管理粮仓的官印，在内蒙古出土，刻有“万石”二字。

▲ 敦煌郡效谷县悬泉置

悬泉置是古代河西走廊的重要驿站。汉朝边境每50千米～80千米设一个驿站，主要作为军事服务的中转站。

历史链接

**汉代的烽火台**

烽火台又称烽燧、狼烟台、烽台等，是一种独立的高台建筑。台上有守望用的房屋和燃放烟火的设备，台下有士卒的住房、仓库和牲畜圈等。每当敌人来犯，烽火台一个接一个燃起烟火，将警报传向驻军的城寨，以便调动军队抵抗。

▶ 敦煌烽火台遗址

这个汉朝的烽火台，虽然已有两千年历史，但台阶、屋门门框以及木质支架，仍然保存完整。烽火台是长城防御体系的重要部分，是用于传送战情的警报设施。烽火台一般选择建在长城沿线视野宽阔的山巅或草原高地上，有的直接建在长城上。烽火台之间相隔3000～5000米，以能相互望见为准，便于依次传递警报。

▼ 敦煌大方盘城

汉朝的边防线相当长，粮草供应主要依靠内地转运，途中消耗巨大，所以汉武帝下令边防军闲时从事农业生产，帮补粮饷。这是汉朝军队屯田的粮库所在地。

# 匈奴未灭，何以家为——卫青与霍去病的荣耀

秦汉之际，匈奴最为强盛，曾乘中原战乱之机越过长城，不断南侵。公元前200年，汉高祖刘邦曾亲率32万大军攻打匈奴，却被匈奴围困于平城白登山七昼夜，最后用贿赂匈奴单于妻之计才得以脱身。汉王朝无力抗击匈奴，只好与匈奴和亲，还馈赠大量财物，但作用不大，匈奴仍不断侵扰，对汉朝构成极大威胁。

汉武帝即位后，随着国家实力日益强盛，已无法忍受对匈奴执行屈辱的和亲政策，认为必须以武力反击匈奴，求得北部边境的安宁。但匈奴土地辽阔，骑兵强大，行动飘忽，各部分散，对其作战存在巨大的困难。在分析对匈奴作战的特点后，汉武帝决定大规模组建和训练骑兵，使之成为战场上独立作战的主要兵种。这种新兵种的创建与运用，使当时的战略、战术和后勤等都发生了重大变化，具有划时代的意义。从某种程度上说，现代的装甲机械部队组成的快速兵团，就是这时的骑兵军团在现代条件下的发展。汉武帝组建的强大骑兵，具备了在战场上主动出击的优势，采用快速机动、穷追猛打、连续突击、远程奔袭、千里迂回、两翼包围、切裂围歼等车战、步战不能企及的战术。

汉武帝对匈奴的反击，是中国历史上中原军队第一次在沙漠地区使用强大的骑兵军团作战，是以机动对抗机动的战争。但朝廷原有的一批边防将领思想保守，缺乏运用骑兵在沙漠草原地带进行大规模运动战的指挥才能和胆识。汉武帝不拘一格选拔、培养善于指挥骑兵作战的青年将领，此时卫青和霍去病脱颖而出，成为汉王朝赢得对匈奴战争胜利的关键人物。

卫青原是汉武帝长姐平阳公主的家奴，因其同母异父姐卫子夫被汉武帝选入宫中，他遂被召入建章宫当差。这是卫青命运的一大转折点。后因卫子夫生下太子、成为皇后，卫青也有机会与汉武帝有了更多的接触，他逐渐展现出超凡的军事才能，得到武帝的赏识。

公元前129年，匈奴又一次兴兵南下，前锋直指上谷（今河北怀来县）。汉武帝果断任命卫青为车骑将军，迎击匈奴。卫青英勇善战，身先士卒，采用积极进取、出敌不意、速战速决、灵活机动的战术，充分发挥了骑兵作战的优越性。他没有辜负汉武帝的信任，首次出征便直捣匈奴祭扫天地祖先之地，斩杀匈奴约700人，胜利而归。

▲ **“汉并天下”瓦当**

这是西汉长安城遗址出土的宫殿建筑瓦当，有“汉并天下”四字，展现了汉王朝统治者巩固大一统局面的雄心。

▼ **彩绘陶骑兵**

这是陕西汉高祖长陵陪葬墓出土的彩绘陶骑兵俑，是皇家骑兵的形象。

◀ **骑兵与步兵征战图**

这是甘肃嘉峪关汉魏墓室内的征战图。嘉峪关一带是西汉与匈奴两军交战的主战场，画面中反映了骑兵、步兵、车兵混合作战的场景。战国以后车兵逐渐衰退，秦汉时期骑兵已经成为战场的主力军。卫青和霍去病在与匈奴作战时，骑兵军团化作战发挥了巨大威力。

| 战术 | 战役（地点） | 战况 |
|---|---|---|
| 远程奔袭 | 漠南战役（今蒙古高原大沙漠以南地区） | 卫青率骑兵秘密出塞，潜行700里，在夜色的掩护下突然包围匈奴左贤王驻地，迅速发动进攻。左贤王仓皇逃命，汉军大获全胜 |
| 大迂回侧击 | 河西战役（今甘肃、青海二省黄河以西） | 霍去病驱兵翻越贺兰山，横跨巴丹吉林沙漠，过居延海，穿小月氏，进行数千里的深远迂回。以飘忽不定的行动，令匈奴无法判断他的攻击目标，最后汉军突然出现在匈奴的后方，一举荡平河西地区匈奴各部 |
| 快速连续攻击 | 漠北会战（今蒙古高原大沙漠以北地区） | 匈奴侵入右北平（今内蒙古宁城西南）、定襄（今内蒙古和林格尔），汉武帝派卫青、霍去病还击。霍去病与匈奴左贤王意外相遇，他当机立断，立即进攻。左贤王还未作出反应，已无力招架。霍去病长驱直入7000里，穷追猛打，直至匈奴腹地狼居胥山。左贤王被连续打击，全军覆没 |

▲ **汉军骑兵的战术及与匈奴的三大战役**

▼ **霍去病墓**

霍去病（公元前140—前117），官至骠骑将军。18岁跟随卫青出征抗击匈奴，曾先后6次出击，打开了河西走廊与西域之间的通道。

公元前127年，匈奴贵族集结大量兵力进攻上谷、渔阳（治今北京密云西南），杀掳吏民2000余人。汉武帝再次派卫青出击。卫青率领4万大军从云中出发，采用迂回侧击的战术，绕到匈奴军的后方，迅速攻占高阙（今内蒙古杭锦后旗东北），切断匈奴部队同单于王庭的联系，然后又率精骑飞兵南下，形成了对匈奴白羊王、楼烦王的包围。匈奴二王见势仓皇逃走，汉军大获全胜，收复了秦末以来被匈奴占据的河套地区，解除了匈奴对都城长安的威胁。此时，卫青另一同母异父姐之子霍去病也开始崭露锋芒。

霍去病为人少言寡语，在战场上却勇猛无比。他不习兵法，却善于根据战场地势、敌军兵力等实际状况运用不同的战略战术，随机应变，时常让敌军措手不及、无力招架。公元前123年，年仅18岁的霍去病随卫青参加了漠南之战。他率领八百精锐骑兵，远离大军数百里歼击匈奴2000余人，其中包括匈奴相国和单于的祖父，并活捉了单于的叔父。公元前121年，霍去病率数万骑北击匈奴，深入匈奴地域千余里，夺取了河西走廊，极大削弱了匈奴势力，汉匈的军事力量发生了根本性转变，为汉朝打开通往西域的道路奠定了基础。为了表彰霍去病的卓著军功，武帝特意为他建造一所豪华宅第，他却以“匈奴未灭，何以家为”谢绝了。霍去病在不灭匈奴不言家的杀敌效忠决心下，取得了无数次的胜利，锋芒大有盖过卫青之势。

河西战役的胜利，坚定了汉武帝歼灭匈奴的信心。公元前119年，武帝利用匈奴轻视汉朝不敢深入作战的心理，遣卫青、霍去病各率精锐骑兵5万、步兵和辎重兵数十万，深入漠北追击匈奴。数十万步兵、辎重兵担任了运输粮草等军需物资的任务，解决了供应难题。这一创造性的战略措施，为沙漠作战的后方补给树立了典范。卫青、霍去病两路人马在补给充足的前提下，一路大败匈奴单于部，一路大破匈奴左贤王部。自此，匈奴解体，大部分归入汉朝，基本解除了对汉王朝的威胁。

卫青、霍去病为汉武帝守卫边疆、开疆辟土立下了汗马功劳，使汉帝国的疆域扩展到约680万平方千米。当时与汉朝势力相当的西方罗马帝国，其版图约为400万平方千米，因此汉朝成为当时世界上版图最大的国家。

然而，汉武帝的两位爱将都是英年早逝。霍去病24岁时病逝，汉武帝痛惜不已，命人在自己的茂陵旁为霍去病修建一座形似祁连山的坟墓，以表彰他的功勋。公元前106年卫青去世，汉武帝又命人在茂陵旁为卫青修建一座形似庐山（匈奴境内的一座山）的坟墓，以表彰卫青一生的赫赫战功。

# 开疆拓土中的对抗与包容

由秦始皇创立的全国一体化的国策，经过汉朝数百年的继续推行和改造，已经大见成效。共同的经济、文化和文字、思想理念、社会准则等，在其中发挥了不可估量的作用。汉朝统治时期，来自北方和南方的不同民族之间的激烈对抗和征战，也在一定程度上促进了多民族统一国家的形成。

汉朝在边疆地区每征服一地，就建立管理机构，任命当地的首领担任行政长官，并封侯赏赐。政府大力推广先进的牛耕和精耕细作技术，又迁徙中原居民屯田垦荒，大大促进了边远地区的经济发展，南方沿海甚至因此飞跃成为商业贸易最发达的地区。

中原周边各族大多没有自己的文字，不易形成本族的文化和观念。而普及全国的汉字，以儒学为基础的正统文化和思想观念，通过无形的巨大力量灌输给周边各族，使他们在潜移默化中接受了王朝国家的观念。许多边境民族的统治者和精英才俊都努力学习汉字，接受儒学，同时汉朝也积极吸纳和包容来自四面八方的文化与思潮，这些都更加巩固了多民族、多元化的大一统国家。

当时，罗马与汉朝同样面临多民族融合的难题，罗马帝国虽然推行官方的拉丁文，但由于这种拼音文字缺乏象形文字脱离语言的优势，维系国家统一的效果就不及推行象形文字的中国。

战国时期的主体民族华夏族，此时成分更加庞大和复杂。随着汉朝威名远扬，“华夏族”之名被“汉族”取代，延续至今。

▶ **吊人青铜矛**

这件兵器装饰有2个悬吊着的、披发垂头的裸体男性，他们是被滇人俘虏的战士。在滇人青铜器中表现的战俘或奴隶，多是昆明人。史籍记载，滇人经常与昆明人作战，而昆明人的特征就是长发梳辫。这些战俘有的被当作祭祀的牺牲品，用来喂蟒蛇或虎豹，有的为奴隶主殉葬。

▲ **滇族女奴隶主**

汉武帝时期，西南的滇族地区正式纳入汉朝版图，成为多民族统一国家的一员。滇族本身有一套严密的社会等级制度，滇王是部落联盟最高统治者，旗下部落由奴隶主统领。他们通过占领土地、俘虏奴隶、抢掠牲畜来扩张财富和势力。滇族还保留原始社会重视母权的传统，青铜器上的女奴隶主形象通常高大突出，占据重要位置。

◀ **南匈奴王的官印**

汉朝晚期，匈奴分裂为南北两部。南匈奴对汉称臣，迁居到今内蒙古一带，协助汉朝戍边，逐步转为定居的农业生活，汉朝每年向他们供应大量钱财物资。这方由汉朝赐给南匈奴王的官印，刻有“汉匈奴栗借温禺鞮”字样，可以证明两者的关系。

▲ 云纹玉觥

汉朝在南方开通了中国与西方贸易的海路，口岸设在地处海湾、拥有天然良港的番禺，它是南越国的首府，即今天的广州。这里最先成为南方的经济中心。王室贵族中流行的犀角、象牙、珍珠和香料等高级舶来品，都是经海路由番禺进入中原的。这件青玉酒杯，是南越国王的酒器，造型和装饰都极罕见。

**历史链接**

**光武中兴**

西汉灭亡后，光武帝刘秀利用农民起义建立了东汉政权。刘秀以柔术治天下，他释放奴婢，废除苛捐杂税，恢复西汉初年的三十税一；裁撤冗员，节约开支，还严惩贪官污吏。在刘秀统治的30余年间，社会呈现安定繁荣的局面，史称“光武中兴”。

▼ 南越国王的丝缕玉衣

秦汉之际，一位姓赵的秦军将领在岭南一带建立南越国，版图包括百越大部分地区，公开与汉朝抗衡。后来，汉军讨平南越，在当地设郡治理。这是第二任南越王的葬服，长1.73米，用红色丝线将2291块玉片编缀而成。汉朝礼制规定，玉衣是皇帝、诸侯王和皇室宗亲的专用葬服，按尊卑分为金缕、银缕、铜缕三个等级。目前全国发现的丝缕玉衣仅此1件。

▲ 铜扣饰上的武士凯旋场面

滇族有征战的天性，但只掠夺周边弱小部族，与中央的关系比较亲和。这是滇人贵族衣服上的扣饰，体现滇族武士出征后胜利归来的场面。两名武士带着俘获的战利品，包括1头牛、2头羊和1名被绳索缚起的背负孩子的妇女。两名武士手中还各提着1个有发辫的人头。由此证明，当时滇人保持着原始的野蛮性和掠夺性。

▲ 三人一牛铜扣饰

这是3名滇人武士在出征作战时俘获1头牛的凯旋场面。牛是滇族精神的象征，在他们的艺术品中经常有牛的形象出现。

# 使节开拓的丝绸之路

汉朝和罗马这两个强国，虽然并存在欧亚大陆两端一段时间，但互相认识不深，直到汉朝为了对抗匈奴，派使节到中亚，遥远的两个世界建立连接再也不是梦想。

在汉朝的西北沙漠绿洲和山谷盆地中分布有三十六国，统称“西域”。早在商周时期，战车和冶铁技术就是由这里传入中原的。匈奴未被打败前，由蒙古草原向西域侵扰，逐渐成为这里的霸主，各国每年要向匈奴进贡。汉武帝为了寻找共讨匈奴的同盟军，两次派使节张骞出使西域，历时十几年，开启了汉朝与西域各国的交往之门。汉武帝击退匈奴后，设置地方官府，册封西域各国的国王，颁给他们官印，又调派军队在这里屯田，保障了西域的安定，也保证了中原通往中亚道路的畅通。

张骞出使不仅达到军事目的，还打通了横贯欧亚大陆的丝绸之路，成为两千年前世界的一大奇迹。张骞之后，汉朝使团源源不断出访各国，足迹遍及中亚各地，以求建立外交和通商关系。每个使团都带有数万头牛羊和价值巨万的金币、丝绸。丝绸顺着使者往来的道路运出西域，远达地中海，成为世界闻名的“热门货”，罗马皇室甚至掀起竞争攀比穿着中国丝绸盛装的奢侈风气。

丝路上最早的旅客，是频繁往来的各国使节，商队、教士随后而来。中国、印度、波斯安息王朝、罗马等彼此陌生的、各具特色的文明，在丝路上尤其在西域地区交融和传播，由此产生了兼具东西文化特色的、奇异的西域文明。

此外，西方的奇珍异宝、歌舞技艺和民俗民风也传入中国，为汉朝带来一股“胡风”。这一时期的欧亚大陆是世界上文明高度发达的核心区，而东方的汉朝与西方的罗马，这两个最强盛的、版图疆域最广阔的大帝国，也经由丝路连接起来。

▲ **罗马玻璃瓶**

汉朝和罗马两大帝国都希望建立官方外交关系。97年，汉朝使者出使罗马，行至波斯湾，半途而返。100年，罗马安敦尼王朝派使者出访汉朝，到达都城洛阳，并向汉朝皇帝赠送礼物，求缔结盟约，一时惊动朝野。汉朝皇帝向使者颁授最高荣誉——紫绶金印，从此双方正式建交通商。这件玻璃瓶是贵族的随葬品，属于罗马制品，应是在罗马与汉朝建交时期传入中国的。

▲ **波斯风格的银豆**

这是汉朝王族的随葬品，原是古波斯阿契美尼德王朝贵族流行的放置药丸的银盒，公元前2世纪经罗马流传到汉朝，应是政府之间馈赠的礼物。银盒经中国工匠在盒上配置足和纽，具有中西合璧的效果。

▶ **树叶纹毛织鞍毯**

这是用于马鞍上的毛毯，由西域制造，图案具有西亚风格，色彩鲜艳，是新疆于阗（今新疆和田）一带流行的样式。

◀ **挂毯上的西域人面纹**

这件汉朝的毛织品是一块挂毯的局部，在新疆出土。这个人面形象巨目高鼻，具备西域人的轮廓。在红地上由彩色的纬线显出人面的形象，以彩色晕染双目和鼻翼，使人物更生动，更富立体感。这种西方的凹凸画法，是西方文明东渐的明证。据学者研究，此残片可与带有希腊神话图案的织物残片拼合。

1 张骞辞别汉武帝
2 张骞与副使前往西域途中
3 张骞到达目的地

▲ **张骞出使西域图**

敦煌莫高窟壁画描绘了汉武帝派遣张骞出使西域到达大夏国的情景。

▲ **织物残片上的希腊神话图案**

欧洲贵族为了得到中国的丝绸，也付出了黄金和高贵的绎毛织物等巨大代价。西域出土的绎毛织物残片，是从欧洲运来中国的商品，织有人头马身的图案，有人推测是希腊神话中的“马人”部族。

◀ **龟背海棠花纹罽**

新疆出产的毛罽在汉朝皇室贵族中盛极一时，属于高级织品。这件织物以彩色羊毛交织而成，蓝、白、红三色均以植物染料染印，色彩明丽舒朗。织物上的龟背纹和海棠花纹，都是中原流行的图案。这是新疆本地的产品，已受到中原汉文化的强烈影响。

**历史链接**

**西域都护**

西汉政府设置西域都护，管理西域地区事务，这是西域正式隶属中央政府的开始。西汉末年，中央失去对西域的控制，丝绸之路也随之中断。东汉时，班超出使西域，经过不懈的努力，重新设立了西域都护，恢复了汉朝对西域地区的管理。

# 丝绸之路的开拓者——张骞

西汉时期，匈奴威胁北疆安危，成为汉朝的心腹大患。汉武帝为抗击匈奴，决定联合被匈奴驱赶的月氏人，左右夹击匈奴。为了实现这一策略，汉武帝招募天下的仁人志士出使西域，联络大月氏。张骞主动应招，带着汉武帝的期许出使西域。

张骞，汉中成固（今陕西城固东）人。汉武帝建元元年（前140）为皇帝的侍从官。公元前139年，张骞以匈奴人甘父为向导，率领100多人由长安出使西域。但是刚过陇西，就被匈奴骑兵全部俘虏。匈奴单于为了监视和诱使他投降，逼他娶匈奴女子为妻，但张骞“持汉节不失”，时刻找机会逃走。

公元前129年，张骞等人前后被扣押11年后，终于逃出匈奴，继续西行。由于仓促逃亡，他们没有准备粮食和水，一路上饿死了许多人。经过几十天的长途跋涉，张骞一行终于辗转到了大月氏。可惜大月氏不愿再与匈奴为敌，张骞无功而返，在途中又被匈奴俘虏，因匈奴内乱，才得以在公元前126年返回长安。那时仅剩下他和甘父两个人。

张骞此行虽未完成与大月氏的合作，但他将了解到的匈奴地理、军事、民俗等情报，以及沿途各国的见闻一一向汉武帝作了汇报。汉武帝根据这些宝贵的信息，派卫青、霍去病率军出击匈奴，大获全胜，并在战后下令与西域诸国建立贸易关系。

公元前119年，张骞带着联合乌孙、疏通大夏等国，将汉帝国的势力延伸到西域的任务，率领300名随从——其中有许多是持节副使，再次出使西域。他们顺利通过楼兰、焉耆，到达乌孙国都。持节副使继续向西，到达大宛、康居、大月氏、大夏、安息、身毒等国。公元前115年，张骞完成使命回到汉朝。汉武帝拜他为博望侯，位列九卿。可惜次年，张骞便去世了。

张骞去世不到两年，各地的持节副使分别在当地使者的陪同下，陆续回到汉朝。汉朝同西域、西亚各国建立了和平友好关系，一条从长安出发，经河西走廊和今新疆境内，到达中亚、西亚以至欧洲的“丝绸之路”正式开通。这条横贯欧亚大陆的古代贸易通道，成为延续两千年之久的东西方文化交流和经济贸易的纽带。汉朝原本以战争为目的而开展的对外交往活动，竟收获了丝绸之路沿线的和平与经济文化繁荣的成果，不能不让人敬佩张骞的开拓之功。

▲ **汉代河仓城遗址**

俗名大方盘城，在玉门关东20千米，是丝绸之路沿线重要的军事屯储粮食之所，同时可供守关兵马及过往使节、商旅歇息。现存遗址呈长方形，坐北向南，城墙外东、西、北有围墙双重保护，南面稍高处建有烽燧，这些都可显示出它作为补给站的重要性。

▲ **模制骑马商旅砖**

砖面上两位使者持旌节、配长剑，策马前行，似在出使西域，反映出汉唐时期丝绸之路上使者往来不绝、相望于道的情景。

▲ **张骞出使西域图局部**

图中张骞坐在马上，正在辞别汉武帝。

# 昭君出塞——和亲换和平

▲ “单于和亲”瓦当

汉匈战争使匈奴损失惨重，其中呼韩邪单于一部投降汉朝，南徙长城一带，请求与汉朝和亲。公元前33年，汉朝皇帝把王昭君嫁给他，改年号为“竟宁”，取边境安宁的意思。这件瓦当是呼韩邪单于在塞内居住的馆驿的建筑构件，刻有“单于和亲”四字，反映出昭君出塞和亲确是当时的一件盛事。

▲ 王昭君墓

王昭君是汉元帝的宫人。公元前33年，王昭君自愿嫁给南匈奴呼韩邪单于，赐号“宁胡阏氏（yānzhī）”。她把中原先进的生产技术和文化带到匈奴，促进了当地社会经济的发展。据记载，王昭君和匈奴人所生的子女后代以及在中原的兄弟亲属，有3代人为汉朝与匈奴之间建立和睦友好关系作出了贡献。王昭君死后葬于今内蒙古呼和浩特，墓前历代香火不绝。

卫青、霍去病曾带领西汉军队大败匈奴。战败后四分五裂的匈奴，出现了五位单于并立的局面。为统领匈奴各部，单于之间争斗不息，呼韩邪单于和郅支单于这两位亲兄弟也不例外。

在与郅支的斗争中，呼韩邪失败，被迫出走单于庭。因怕受到汉朝和郅支的两面夹击，他想与汉朝修好。公元前51年，呼韩邪南下，亲自入中原觐见汉宣帝，得到了汉宣帝的热情款待。自此汉匈和平迈出了第一步。

郅支见呼韩邪投汉，生怕遭到呼韩邪与汉朝的联合进攻，也向汉朝示好，并将自己的儿子交给汉朝做人质。但不久他招回儿子，杀死汉朝使者，与汉朝决裂。汉宣帝震怒之下，派兵攻打郅支。公元前36年，郅支战败被杀，部众亦被消灭殆尽。

呼韩邪在匈奴的地位更加巩固，也更加确信与汉朝保持和平友好的重要性。公元前33年春，他再次朝见汉元帝，并提出与汉朝和亲，以结永久之好。

呼韩邪这一请求，在汉廷引起轩然大波。一方认为匈奴生性野蛮，和亲并不能永远保持和平，应趁机歼灭匈奴，永绝后患。另一方认为自汉武帝对匈奴作战数十年，虽然取得了一些胜利，但汉朝的国力消耗很大，与呼韩邪和亲，可保持汉匈和平，有利于社会稳定。汉元帝最终同意和亲。

和亲人选历来是以汉宗室之女封为公主再远嫁。可是匈奴远居塞外，北地风寒，环境恶劣，而且随畜群四处迁徙，以畜肉、乳浆、干酪为食，以皮、革、裘为衣，居毡住帐，这些与汉族截然不同的生活习惯，以及背井离乡的苦楚，让诸多宗室之女不愿前往匈奴。汉元帝无奈之下决定从宫女中挑选。圣旨下达后，宫女们惶惶不安，生怕被选中。眼看呼韩邪辞行的日子就要到了，汉元帝焦急万分。此时宫女王昭君以国家利益为重，慷慨应诏。

王昭君相貌出众，从小饱读诗书，心有大志。汉元帝当即钦点她出塞和亲。昭君到达匈奴后，受到匈奴百姓的热烈欢迎，被封为“宁胡阏氏”。她把中原先进的生产技术和文化带到匈奴，极大地促进了当地的经济发展。

汉匈和亲后，边城呈现出和平景象。呼韩邪死后，依匈奴习俗昭君要嫁给呼韩邪的长子，但依汉族礼制，后母嫁儿是乱伦之举。为了汉匈和平，她毅然嫁给呼韩邪的长子。王昭君死后，她的儿女秉承其志，继续为汉匈和平而努力。

# 世族与皇帝共治天下

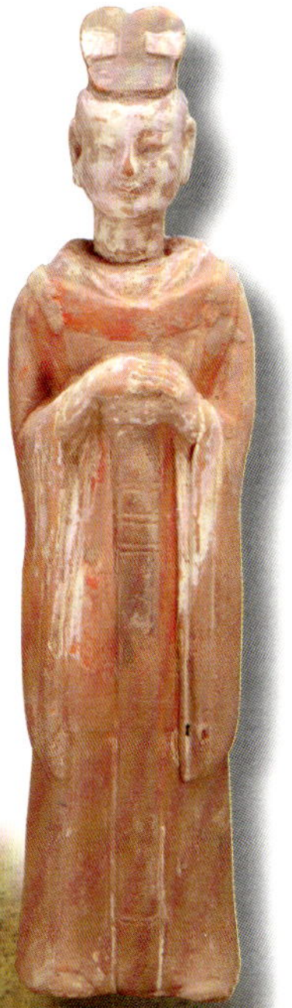

▶ 北朝文官俑

南北朝的世族地位显赫，政治圈内莫不是名门望族。这是北朝文官形象。

秦汉帝国维持了400多年的统一局面，到公元220年宣告结束。全国陷入一场历时300多年的大动荡，汉族政权四分五裂，来自北方的胡族政权亦加入逐鹿中原的战事中。

这次大变动的根源在汉朝内部。汉帝国在扩张疆土时，王室贵族和高官也热衷于扩张自家的地盘，大肆购置田产、山林河川甚至矿产资源，以经营自给自足的庄园，称霸一方。庄园的膨胀，使官僚、商人、地主“三位一体”的豪强世族世代为官。东汉皇帝就是由豪强世族扶植上台的，所以他们牢牢控制了整个国家的政权，皇帝集权遭到前所未有的威胁。

东汉晚期，地方割据势力兴起，豪强世族又控制了选拔官吏、进入仕途的通道。后来推行的选官制度——九品中正制，主要由世族出身的官员负责选拔人才，他们选拔官员忽视才能和品德，家世门第成为唯一标准，这使门阀世族控制朝政的特权合法化。新选官制度推行后，世族掌握了国家各级政权，世代盘踞高官重职，甚至与皇帝共治天下。

南北分裂后，豪强世族的势力达到极致。大批中原望族随晋王室南迁，与江南土著世族联合，控制了南方的政权。北方未能南迁的汉族世族，也与入侵中原的少数民族统治者联合，共同治理国家，凸显了“上品无寒门，下品无势族”的畸形社会现象。

▲ 《洛神赋图》中的世族男子

魏晋南北朝是豪强世族的天下，他们或为一地著姓，或为朝廷重臣，通常都有雄厚的经济实力。他们建立自给自足的庄园，过着悠闲享乐的日子。画中的世族男子一身华衣美服，踞坐在方榻上，众随从站立侍候，尽显贵族风度与优越地位。

▼ 世族的出行仪仗

皇室及王公世族将出行视为显示身份的机会，主人乘坐在装饰豪华的马车里，前有导从车辆，旁边有护卫，数量依官阶的高下而增减。南北方也有差别，南方出行队伍是车骑与步从并重，北方则以骑马出行为主。这是北方贵族骑马出行的场面，前后由身穿盔甲，持武器、旌旗的骑马侍从簇拥而行，声势煊赫。

▶ **世族的牛车**

世家大族出行，除了气势以外，还要求舒适。当时南方的世家大族流行坐平稳度较高的牛车。这辆牛车的车厢有窗有门，十分讲究。

▶ **秀才对策文**

南北朝时，部分政权仍实行与汉魏相同的选举制度。当时世家大族将选举秀才作为扩大政治势力的手段，统治者为了维护统治，在选举秀才时，也重用世族子弟。这是策试秀才的试题和考生的答题残件，秀才“咨”应出身世族。

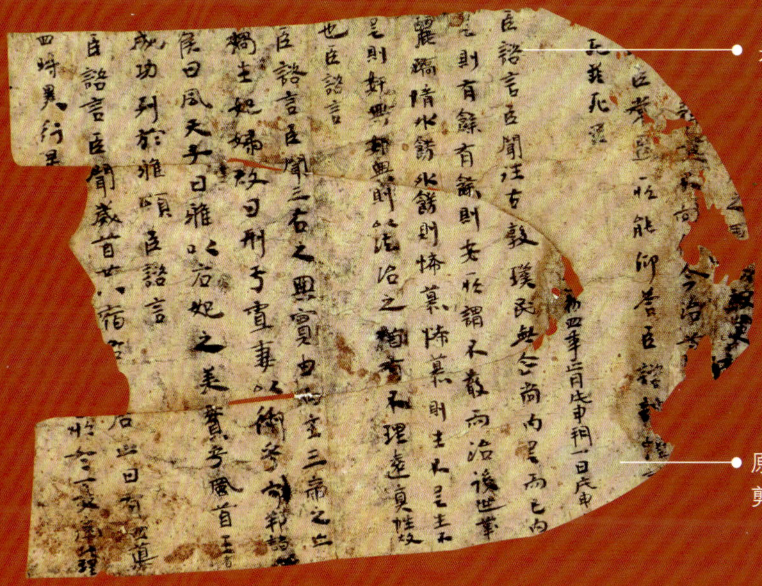

◀ **世族的名刺**

名刺相当于今天的名片。魏晋时代，世家大族之间的交往讲究门第和官位。世族在拜访时，流行出示名刺作为自我介绍。这块名刺，属于一位出身世族、名叫高荣的人。名刺用木制，厚达1厘米。

**历史链接**

**唯才是举的曹操**

在东汉末年的军阀割据势力中，曹操以其杰出的政治才干脱颖而出。曹操挟天子以令诸侯，取得了政治上的主动权；又不问门第，唯才是举，广招天下英才；还组织屯田，发展经济，实力迅速增强。曹操最终大败袁绍，基本统一了北方。

# 富甲一方的庄园

汉朝后期，豪强积极经营庄园，当时的庄园是他们经济和军事力量的来源。汉末的大军阀不少是依靠庄园主的支持才能割据一方的。

魏晋时代，取得政权的豪强世族，制定了一系列法律和制度，以保障世族阶层的利益。从中原南迁的世族，为了保障原有的优越地位，下令规定官员可以按官职品级占据大小不等的土地和山林川泽，致使江南世族更加肆无忌惮地抢占农田，扩充庄园，占地跨州越县，面积将近万里；还霸占成千上万的奴婢，庄园经济由此迅速膨胀起来。原本由国家控制的土地和农民，大量转为庄园主的私属产业，国家空虚由此而来。

由于社会动乱，货币失去信誉，社会上流行用货物交换的贸易。为了应付战争需要，积蓄足够的自保能力，自给自足是最恰当的经济模式。豪强世族在兼并而得的连绵沃土上精心经营私家庄园，这里一切生活必需品全部自己生产而无须外求。农、林、牧、渔等多种形式的生产，甚至纺织、铸造、酿酒、制药、矿产等百工技艺，一应俱全。庄园的产品占据商品市场的主导地位。富甲一方的庄园俨然是一个独立王国，“僮仆成军，闭门为市，牛羊掩原隰，田池布千里”是庄园景象的真实写照。这类庄园南方比北方更发达。

庄园也成为世族在政治、军事、经济上争取更大利益的堡垒，有的庄园主被朝廷委以重任，显赫一时。有的庄园主既是族长，又担任地方长官，形成在庄园主监督下的地方政权。为了保障世族高贵而纯正的血统，世族之间利用婚姻结成政治网络，把持朝政，成为普遍现象。但是世族横行也造成非世族的人才愤愤不平，寻找机会动摇世族的势力。

▲ **庄园的生产——牛耕**

世族私占土地后，最直接受害的是农民。动乱频仍的魏晋南北朝，原本自由的农民为了自身的安全和生活着想，也要依附世族，在庄园从事最主要的经济生产——农耕，但地位与奴隶无异。

▲ **庄园的生产——牲畜配种**

畜牧业对庄园生产的重要性，并不亚于农业。庄园里六畜齐全，以饲养马、牛、羊为主。这幅壁画展示了两匹马正在配种的情景。配种是为了改良牲畜品种，可见当时的畜牧业已较成熟。

◀ **昔日庄园的集中地——绍兴东湖**

魏晋南北朝的豪强世族身处乱世，朝不保夕，他们纵情享受山林野趣。南朝庄园将山林川泽纳入其中，更向园林化发展。这里是今天的绍兴东湖，因“千岩竞秀，万壑争流”，成为东晋南渡世家仰慕的佳境，当时有许多著名的大庄园坐落此地。

**◀ 庄园的生产——采桑**

这是西北地区庄园中女奴婢采桑的情景，说明庄园中自给自足的经济形式之一——种桑纺织相当普及。

**◀ 庄园的生产——酿酒**

酿酒是庄园的主要生产之一。庄园自设酒坊，除供庄园主饮用外，还大量出售，数量相当可观。这是大庄园酒肆作坊生产的情景。

**▶ 庄园的庭院**

这是庄园主居住的庭院。

❶ 大门　❷ 前院
❸ 后院　❹ 客厅
❺ 厨房　❻ 望楼

**▲ 四层粮仓**

贮藏粮食的仓房是庄园中的重要设施。汉朝后期，楼阁式粮仓出现，而且越建越大，可以大量贮粮，有的甚至足够维持庄园数十年的用度。此为典型的大型仓楼，在高层开风窗，保持空气流通；底层设围墙，防止粮食被偷。

**历史链接**

**三国鼎立**

220年，曹丕代汉建魏。次年，刘备建立蜀汉。229年，孙权建立吴，形成三国鼎立的局面。这是秦以来第一个分裂时期。之后，三国都致力于内政的治理，使黄河流域经济得到恢复，长江中下游以南和西南地区得到开发。

# 庄园里的世族与劳动者

▲ **梳妆图**

庄园中的奴隶有生产和非生产两种，负责生产的主要从事手工业和农耕。非生产的奴隶主要是从事家内劳役的奴婢和歌舞伎乐。这名奴婢正在侍候主人梳妆。

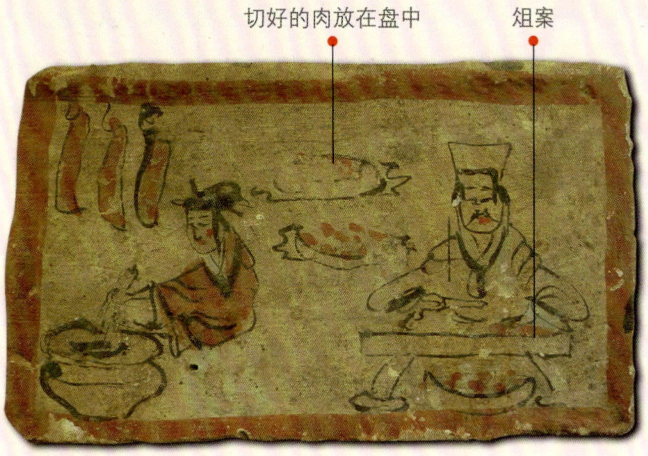


▲ **庖厨图**

厨房内放满肉食，仆人忙于切肉，为宴会做准备。当时，一般百姓和低级官员是吃不起肉的，只有世族才能在宴饮中吃肉。

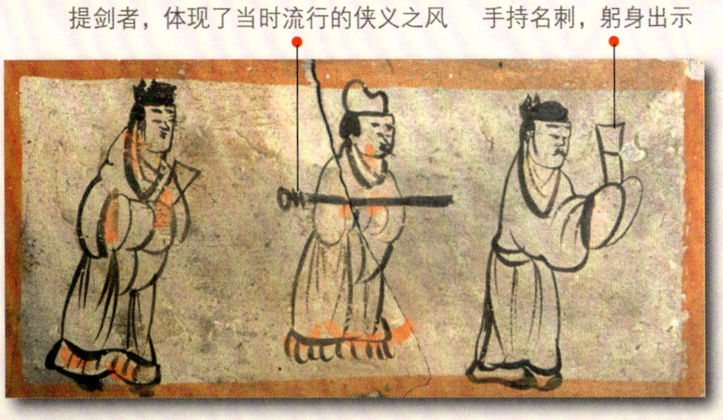


▲ **拜谒图**

这是魏晋南北朝上层社会觐见拜会的场面。图中两人手执写有姓名和官职的名刺，一人提剑。隋唐以后，名刺与侠士之风在日本相当流行，影响延续至今。

庄园里有各式各样的人，很大部分是农奴和奴隶，他们大多是在土地兼并中破产、无以为生的农民。豪强世族富有的标志，除了拥有万顷膏田，还拥有成千上万的武装家兵、农奴和奴隶。

各地大小庄园主都是有社会地位的豪强世族，他们或为当地大姓，担任地方属吏，仗势左右地方局势；或为高门大族，出任朝廷官职，参与国家政治。即使没有一官半职，他们也因为出身高门和拥有经济实力，可以享受奢华的庄园生活。豪强世族的庄园丝毫不比帝王的宫苑逊色，其间有亭台楼阁、山石林泉，装饰华丽。甚至皇家宫苑都效仿著名庄园的风格。

庄园主可以维持如此优游丰足的生活，在于他们拥有大量的土地和劳动力。大量失去土地的平民，迫于战乱和生计，投靠庄园主，沦为庄园的劳动者，在庄园中的地位很卑微。他们依附庄园主，户籍归庄园主管辖，不由政府控制。他们虽不用向政府交税或服役，但须听任庄园主的差使，从事生产、作战、杂役等工作。

在劳动者中也有尊卑等级之别，与庄园主有血缘关系的宗亲和宾客组成的家兵，地位最高；劳作的农奴身份低一些，但不能随意买卖；奴隶是最卑贱的人，不仅失去土地，也失去人身自由，属于庄园主的私人财产，可以随意买卖。

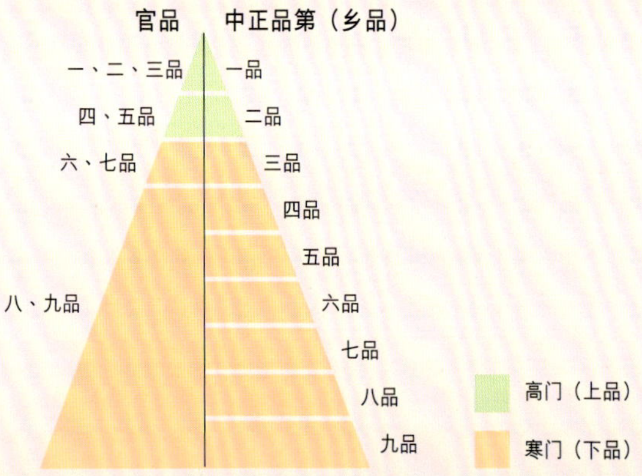


▲ **乡品与官品的对应关系**

中正品第（乡品）分上品和下品，一二品是上品，属高门，常为士族子弟垄断。三至九品为下品，属寒门（庶人）。中正品第凸显了“上品无寒门”“高门华阀，有世及之荣”的现象。

▲ 簸粮女陶俑

一名奴婢的价格与一头牛的价格相当，当时奴婢市场相当活跃。奴婢逃亡或反抗，要被处以极刑。这位拿簸箕的妇女，应是负责庄园杂务的奴婢。

▲ 世族生活图漆盘

这是世族家居的生活场景。画面分上中下三层，上层是宴宾场面，中层是家庭成员的日常生活，下层为郊游场面，画面呈现出世族丰富的休闲活动。

**历史链接**

**上品无寒门，下品无势族**

秦汉以来，选官主要采用察举、征辟等推荐的方式。魏晋时期实行九品中正制，根据士人的德行分为九等，由中正官考察优劣，建议陟黜。由于推荐权被世家大族垄断，出现了“上品无寒门，下品无势族”的局面。

▲ 讲究的士族居室

画中盛装的男女主人相对，脱鞋屈膝而坐。描绘的家居陈设及服饰等，展现了当时名门望族的真实生活场景。

▲ 弈棋木俑

在动荡的年代里，庄园主仍然享受着歌舞升平的生活。弈棋，是贵族庄园聚会时必不可少的项目，在当时也是凸显优雅高贵之风、显示贵族身份的技能。

# 豪强的军事防御——坞堡

在兵匪不分的战乱时代，民众为保住生命，与同姓和乡里之人建造墙垣高、易防守的堡垒。各地的豪强世族，也纷纷强化庄园的防御，组织自己的兵丁。一种被称为“坞堡”的防御性军事堡垒林立，这是军事、经济、政治合为一体的组织，也是具有时代特征的产物。

坞堡一般都建立在地势险峻的山间或溪涧有水源之处，这样既能据险而守，又可耕种灌溉，当然也有在平原、河边建坞的。与城池相比，坞堡面积小，有高耸的瞭望角楼。一旦受胡族铁骑的攻击或盗贼流寇的抢掠，宗族成员便可以据坞坚守，等到敌人离去，危险解除，又可以出坞耕种。

坞堡以宗族为单位，由数十户至百户族人组成。坞主大多由控制宗族权力的世族豪强担任，但也可以通过举荐产生。有的大小坞堡联结成群，共同推举出“统主”，势力更加强大。坞主督护族人，主持各项事务，安排生产与生活，指挥守备与作战。世族控制下的坞堡成为一方霸主，并参与或主导当时的军事割据战争。他们凭着雄厚的实力，以武功为自己开辟政治道路，这也是世家大族兴盛的一个原因。

战乱的北方，坞堡数量比南方多，分布很广。当时的北方坞堡已经成为地方上强大的军事势力，也是平民百姓赖以生存的主要场所。大小坞主对于少数民族统治者，有依附的，也有对抗的。由于坞主具有军事实力，荫附大量人口，事实上是在与统治者争夺政治和经济地盘，因此，坞主与胡族政权之间明争暗斗，胡族政权也会采取各种措施，限制坞堡势力的发展。

▶ **武装家兵**

庄园的军事武装都是由世族的宗亲和宾客组成的。家兵在每年农闲时期要进行射击训练，平时负责巡逻和保卫庄园，农忙时是劳动的主力，战时又要跟从参战。这位家兵身穿武士装，腰佩长刀，右手提绳，左手提加工粮食的簸箕，说明家兵具有亦兵亦农的身份。

▲ **壁画中的坞堡**

北方兵戈扰攘之际，未能南迁的世族都筑坞自保。为了加强力量，他们集聚在一起，有些是同宗同族，有些是姻亲，关系极为密切。这是魏晋时期的壁画，真实描绘了在军阀混战下，地方世族筑坞自守的情景。

▲ **水榭亭**

这是庄园中园林的缩影。堆土成山，引水成池，其间楼阁亭榭相连。亭中有人表演歌舞，四周却有张弓持弩的家兵严阵以待。这种水亭既是庄园中的游乐场所，也具有防御功能。

**城堡模型**

这是南方的小型庄园城堡。城堡四周是高墙，四角建角楼，家兵可以从高处瞭望和防卫。底层没有窗，只有高层有通风的窗，这是城堡防御敌人入侵的措施之一。

**拿刀的家兵**

这两个陶俑粗眉浓髯，手执武器，应是负责庄园守卫的家兵。他们虽然都是庄园里的劳役者，但地位比一般奴婢高。

**历史链接**

### 司马炎建晋

曹魏后期，司马懿父子三人先后掌握政权。经几番诛杀，曹氏势力消灭殆尽，曹魏王朝名存实亡。司马炎为相国时，软硬兼施，逼迫魏主曹奂禅位。266年初，司马炎正式称帝，建立晋王朝。西晋是三国以后短暂统一的王朝。

**彩绘骑士陶俑**

黄河流域以北地区的世族大庄园，多组建骑兵以保卫安全，而且一般都是轻装骑兵。这件陶俑装束轻便，便于行动，战马没有披甲，是典型的轻骑兵形象。

**望楼模型**

望楼通常都是多层建筑，与角楼的作用一样。高耸的顶楼上悬挂着大鼓，并有家兵巡视瞭望，一有敌情，可以立即击鼓示警。

# 来自北方少数民族的冲击

军阀混战揭开了国家分裂动荡的序幕。生活在中原周边的少数民族：匈奴、鲜卑、羯、氐、羌等，统称为“五胡”，趁中原王朝衰落之机，纷纷建立割据政权。一向是政治、经济、文化中心的黄河流域遭到空前的破坏，居民十不存一，在擅长骑射、勇武征战的少数民族士兵铁骑下，大量流民南迁。

大举南迁的中原汉族，以淮河或长江为界，坚守疆土。中原尚存的100多万人口，汉族不足一半。在这动荡的300多年里，西晋有过短暂统一，但南北对峙局面占据了绝大部分时间。北方的少数民族政权不断互相攻伐，政权更替有如走马灯，人民流徙于途，生命朝不保夕。

这是继春秋战国之后的第二次大战乱。春秋战国的主战场在黄河和长江流域，参战的主体是华夏各族。而这次战乱的主战场在长城沿线直至长江以北的中原地区，参战的有汉族和众多北方少数民族，战争的规模更大、更惨烈。

连绵的战争使社会动荡不安，激发大规模的人口迁移，结果促进了边远地区和南方的开发；而各族之间的交往也造就了民族大融合，少数民族文化大量输入，中原文化大量转到南方，为中国王朝发展的第二高峰——隋唐盛世注入新血液。

▲ **胡族武士**

这个鲜卑贵族墓出土的武士俑，是胡族士兵的形象，面目以夸张手法表现其威猛。

◀ **重装甲骑马作战图**

魏晋南北朝时期，大小战争无数。受摧残最猛烈的是北方，因为北方是胡族入据中原的大前方。由汉末割据地方的军阀混战，到“五胡十六国”混战，再到北朝几次政变易主，北方政局稳定的时间很短。此图表现了北方战场上重装骑兵与步兵作战的情景。这一时期的战争以骑兵为主，铁骑对没有铠甲的轻装骑兵构成极大的威胁，步兵更无法与之对抗。

▲ **鲜卑贵族的护卫军**

这是一队鲜卑贵族的护卫军及奴仆陶俑，都配以铠甲骑具装备，显示出北方军队的特色。

▲ **四骑士与指挥官**

敦煌的西魏壁画显示，战马除眼、鼻和四足外，全身都得到铠甲的保护。

▲ **重装甲骑兵**

随着“五胡”向中原入侵，骑兵在战场上成为主力兵种。为加强防护力，骑马的战士和战马都配上重型铠甲 。曾在秦汉战场中发挥巨大威力的远射武器弓箭，面对重骑兵，杀伤力大为减弱。但重骑兵的铠甲笨重，行动缓慢，仅适合单骑短兵格斗，不适宜长距离的战争，到唐朝又被淘汰了。

▼ **骑马文官俑**

这是北方文职官员的形象。战争使北方文官也穿铠甲及配备战马。文官的铠甲属于轻型，冠和宽袖短襦衫是儒雅的官服，与皮铠甲搭配很不协调，显示少数民族文官亦文亦武的特征。

▲ **轻装甲骑兵**

秦汉时期，流行装备轻巧、机动灵活、适合运动战的轻装骑兵。到魏晋时期，重装骑兵兴起，轻装骑兵已不再是骑兵的主流。这是典型的鲜卑族武士的装束，戴鸡冠帽，属于轻装骑兵。

**历史链接**

**八王之乱**

晋初，皇帝分封宗室为王，并给予军政大权，使其都督各州军事。宗室王亲逐渐形成地方势力，与中央抗衡，引起一系列混战。十几年间，宗室成员参与动乱者有20余人，其中以汝南王司马亮等8人产生的影响最大。“八王之乱”严重动摇了西晋的统治，使国家又陷入分裂状态。

# 北方民族的汉化运动

▲ **代表中央集权的铜虎符**

鲜卑族在386年建立北魏，统治者在以武力统一北方的同时，用了20年时间，从游牧民族的部落联盟向中央集权国家体制过渡。这个虎符代表着皇帝的权力，说明北魏已经进化成一个中央集权政体。

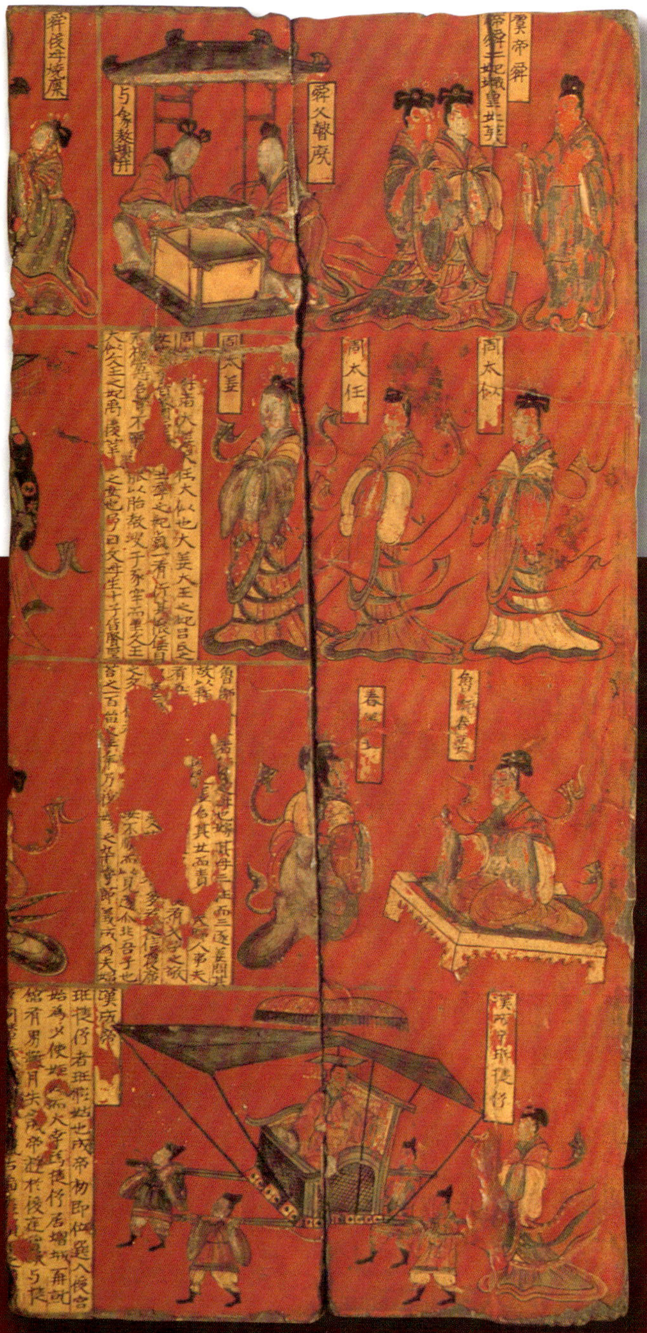

▲ **表现儒家文化的列女图屏风**

这是北魏重臣司马金龙的陪葬品。北魏虽然由鲜卑人统治，但治内汉人比鲜卑人多，厉行汉化的北魏统治者也重用汉人以维持社会稳定。司马金龙就是受北魏重用的汉人。他原是西晋皇族的后裔，父亲在战乱中降附北魏。司马金龙后来与鲜卑贵族通婚，享有显赫地位。这件漆屏风，画面内容取材自汉人典籍《列女传》，是北魏推行汉化运动的精髓——推崇儒家传统文化的例证。

北方少数民族在中原建立政权后，面对汉族广阔的土地、密集而众多的人口、发达的经济和文化以及崭新的王朝模式，他们深切感到难以控制。为了谋求一套有效的统治和管理方法，高明的少数民族统治者提倡全面“汉化”，通过改革自身文化，拉近与汉族的距离，产生同化效果，借以巩固在汉地的统治。但推行改革，必须借助汉人的先进文明，这不可避免地触动本族固有传统和利益，每每招致贵族阶层的反对。“汉化”与“反汉化”两股潮流此消彼长，反复激荡。中国历史上第一次大规模的民族汉化运动长达300多年，随后出现的大唐王朝的辉煌盛世，证实这场急剧而漫长的汉化运动大获成功。

在少数民族政权的发展历程中，纵然有个别统治者走相反的路，推行胡化，但总体仍以汉化为主要潮流。鲜卑拓跋部建立的北魏可以说是最成功的王朝，也是第一个足以与南方汉族政权对峙的少数民族政权。北魏孝文帝推行的全面汉化运动，包括政治上迁都到中原腹地洛阳，改革官制，禁用胡语胡服，改鲜卑姓为汉姓，禁止鲜卑同姓通婚，进行礼乐刑法改革；经济上推行适宜农业发展的土地制度和税收制度；等等。为了提高鲜卑贵族的社会地位，还提倡向汉人世族的生活方式转变，提高汉文化修养。诵读经书，赋诗作画，成为鲜卑贵族的时尚之举。这些变革带动中国的民族大融合，为隋唐王朝的统治者开创了全新而开明的理念。

▲ 盛乐故城出土的金饰牌

鲜卑拓跋部在阴山之南的盛乐建立最早的政权，这里宜农宜牧。在盛乐城发现了大量鲜卑遗物，证实这里是北魏早期的重要根据地，他们在此加强军事力量，并逐步接触中原文化。这块金饰牌是鲜卑拓跋部祖先的遗物，造型是具有草原特色的四兽纹。

▲ 鲜卑拓跋部的南迁路线

▶ 平城石雕柱础

平城是北魏苦心经营的北方统治中心。这件石雕柱础，是皇宫中帐篷支架的柱础，而不是木结构建筑所用。帐篷柱础保留了鲜卑族的游牧遗风。雕工技艺精致而高超，纹饰华美，属北魏朝廷管辖的雕刻工匠的典型作品。平城有百万居民，其中不乏中原高级工匠。

▲ 游牧时期的毡帐模型

鲜卑拓跋部原居于中国东北部，汉朝后期在大兴安岭地区已是相当有势力的部族。这是鲜卑族在游牧生活中常用的毡帐，盖上的毡帘可以活动，上面有两个窗口，天晴时开启，以通风和采光，遇有风雨则闭上。

◀ 洛阳的鲜卑贵族墓志

北魏皇帝为了加强鲜卑族与汉族同化，要求鲜卑贵族改用汉姓，北魏皇族一律改姓“元”。这块墓志上，这位鲜卑皇族更是把北魏最后定都的洛阳视为原籍贯，可见汉化措施确实取得一定效果。

**历史链接**

### 汉化的平城

北魏的平城完全是以中原王朝的都城为蓝本布局的，有宫城（内城）、外城、外廓城三重，全城地势北高南低，宫城居北，外城和外廓城在宫城以南。宫城和外城以皇宫、王公大臣居所和官府衙署为主要建筑，宫城内建有殿堂楼阁、苑囿，其总体布局、建筑结构和图案纹饰都与中原一致。

# 北人南迁的浪潮

▲ 长江

长江是南方政权抵御北方政权的最强防线，江面宽阔，是难以逾越的天然屏障。魏晋时代，形势上北强南弱，北方曾多次大军压境，但南方最后总能以少胜多，转危为安，长江防线发挥了重要作用。

在中原混战年代，南方另成一个世界。尤其是长江以南的沃土地带，开始崭露头角。这片江南之地，既是军阀争夺的地盘，在北方民族压境时，又是汉族政权退守的半壁江山，政局相对稳定。300多年时间里，共有6个汉族政权相继在江南建立，据守长江。

此时，北方的战乱迫使原居于中原的汉人如潮水般迁徙，形成中国历史上第一次规模巨大的移民潮。移民主要向东北、西北、东南三个方向迁徙，尤以向江南迁徙的规模最大。随着政权南下的移民，最多的一次达10万户。中原的巨万财富、人才精英和先进技术也随而向南转移，给江南注入了活力。新移民在广阔富饶的土地上，重建家园。

南方的政权为了扩充实力，大力开发江南经济，发展长江航运和水利灌溉。农业兴旺发达，保障了都城和乡村的粮食供应，商业、手工业的发展使江南蓬勃繁华。长江流域还出现了许多大型的商业城市，尤其六朝相继在龙盘虎踞的建业（今江苏南京）建都，使这里发展成为南方的政治、经济和文化中心。

南迁的皇室和豪强世族，虽然致力于开发富足的江南，但始终视江南为暂时的居所，难以忘怀北方故土。帝王和贵族仍然固守北方的汉风习俗，并以此为荣耀，都城和帝陵都仿照汉朝建制。讲究出身门第的豪强世族，还沿袭汉朝聚族而葬的礼俗，奢侈厚葬，蔚然成风。

▶ 南朝帝王陵墓的麒麟石刻

这些在陵墓墓道两旁的石刻，是六朝石雕艺术的代表。麒麟是一种神兽，是帝王的象征。这尊麒麟四足的爪趾上扬，展翅欲飞，造型生动。

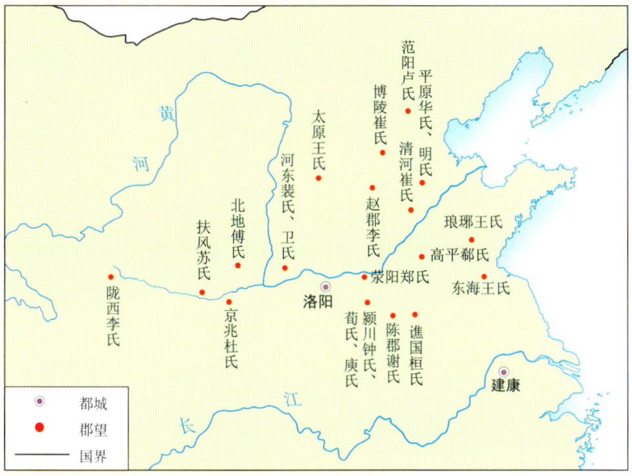


▲ **中原大族郡望的分布**

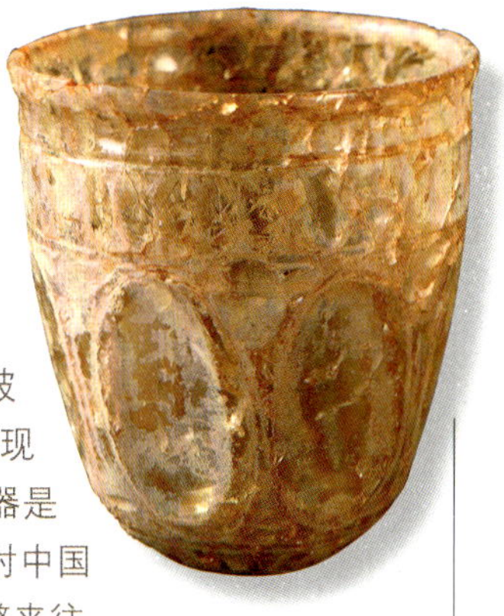

▶ **玻璃杯**

这只由罗马进口的玻璃杯，圆口圜底，口稍外侈，沿外和腹下有一圈刻纹。玻璃杯与在希腊发现的罗马时期玻璃器是一样的，反映当时中国与西方商贸的频繁来往。

◀ **南方的武士**

这位手执盾牌的武士，是东晋步兵的形象。魏晋时代的南方政权，为了应付较大的攻守范围，已经组建骑兵。但由于地理环境的影响，仍相对重视水军和步兵的建设。

**历史链接**

**王与马共天下**

司马睿建立东晋，离不开琅邪大族王氏的支持，因此给予琅琊王氏极高的礼遇。他称王导为“仲父”，登基大典上甚至想与其同坐御床。王氏兄弟总揽军政大权，家族中的许多成员都在朝中担任要职。王与马共天下，真实反映了东晋的政治状况。

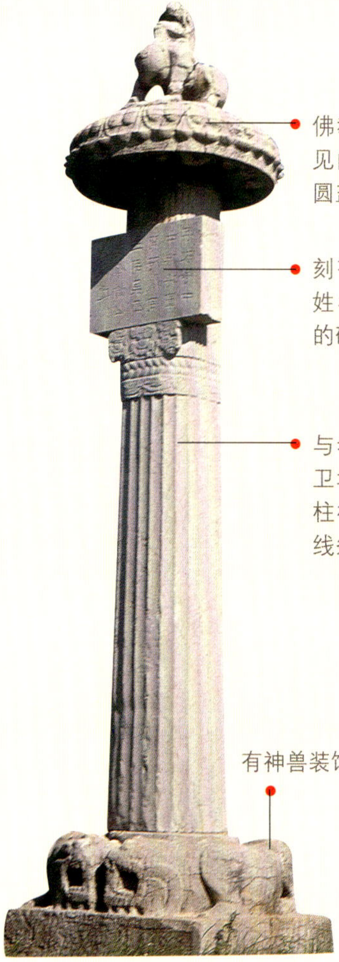


▲ **南朝帝王陵墓的神道石柱**

这座石柱融合了佛教、西方神庙和中国传统神话的文化元素，成为六朝时期中西文化交融的实物见证。

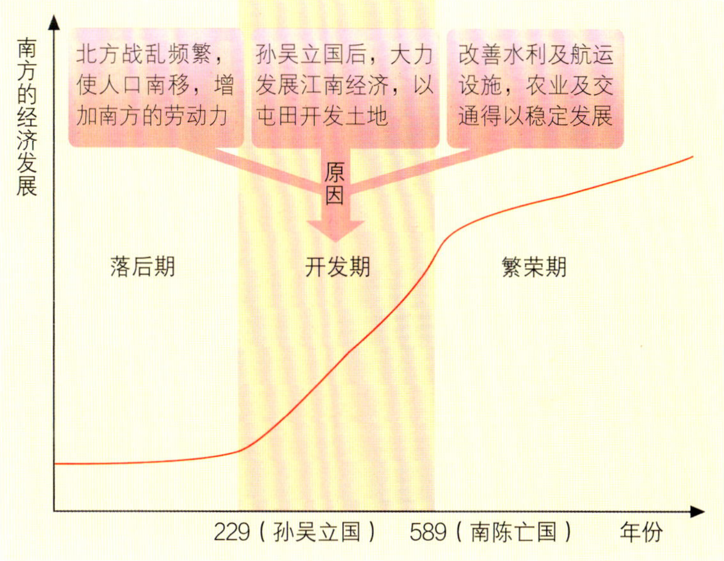


▲ **南方的经济发展概念图**

▼ **守卫都城的军事堡垒——石头城**

南方政权在建康城外围建造军事堡垒，建康以西的石头城是最重要的一处。石头城依山而建，西、北两面濒临长江，在山上及江边驻扎重兵，尽占军事防守之利。凭恃长江天险的优越地势，石头城易守难攻。这里可以停船舶千艘，水军可以驻扎于港口内。

# 淝水之战

西晋末年，受中原统治者压迫的匈奴、羯、氐、羌、鲜卑等内迁各族和沿边各族掀起大起义，最终于316年推翻了西晋统治，迫使汉族政权退据江东。北方少数民族纷纷建立政权，习惯上将这一时期北方出现的15个政权（个别政权由汉族建立）及西南的成汉，称为“十六国”。各国相互征战，政权更替频繁，社会动荡不安，民不聊生。直到376年前秦统一北方，与南方司马睿建立的东晋形成南北对峙局面，社会才暂时得以安定。

前秦是由氐族建立的政权。在苻坚的领导下，前秦先后征服了鲜卑慕容部建立的前燕、汉族建立的前凉、鲜卑拓跋部建立的代国等政权，文治武功达到极盛。版图西至西域，东极于海，北尽沙漠，南至西南边陲，基本上统一了北方，成为中国历史上第一个统治中原地区的少数民族政权。但苻坚不满足于对北方的占领，在“混六合以一家，同有形于赤子”思想的鼓动下，他企图消灭东晋，统一全国，因此他不听劝谏，执意发动了对东晋的淝水之战。

383年，苻坚征集步兵60余万、骑兵约27万，扬言：以我百万之众，把马鞭扔进长江，可以阻断江水，东晋还有什么天险可言呢？成语“投鞭断流”即典出于此。秦军主力不费吹灰之力便攻下了项城，而作为前锋的苻融也一举拿下了东晋在淝水西岸的重镇寿阳，并控制了水路要地洛涧。胜利让苻坚、苻融兄弟冲昏了头脑。苻坚将大军留在项城，仅带领8000名轻骑兵奔往寿阳与苻融会合，而苻融在寿阳停滞不前，将战略进攻转为战略防守，由此丧失了战机。

东晋北上抗击秦军的兵力虽然只有8万人，但以名将谢石为大都督、谢玄为前锋，主力部队更是训练精良、骁勇善战的北府兵。虽然暂时失利，但东晋宰相谢安趁秦军在寿阳停滞不前之时，派猛将刘牢之率精兵5000名夜袭洛涧，斩杀秦将10余名。洛涧大捷后，晋军信心倍增。谢石继续挥军水陆并进，直抵淝水东岸，在八公山（今安徽寿县北）边扎下大营，与寿阳的秦军隔岸对峙。

苻坚原本轻视对方，洛涧失利的消息传到寿阳，他大感意外，心中整日忐忑不安。他登上寿阳城

**▶ 备车出行图**

这是北齐世家大族的墓葬壁画，表现了墓主人徐显秀准备出行的场面，具有浓郁的生活气息。画面正中为一辆卷篷顶牛车，车前四人手执三旒旗，车后三人各执羽扇和华盖。

楼，瞭望晋军动静，只见晋军阵容严整，旗号鲜明，又见八公山上草树摇晃，以为都是晋兵，心中顿生惧意。之后，自负的苻坚又中了谢安的激将法，接受了晋军提出的在淝水北岸决战的要求。他下令秦军后撤，企图在晋军“半渡而击之”。不料秦兵士气低落，后撤时失去控制，阵势大乱。而秦军中一些被俘虏的东晋将领又乘机高呼“秦军败了”，致使秦军一退而不可复止。晋军乘胜追击，秦军一路溃败，死伤无数。逃亡的秦兵惊魂未定，甚至听到风声、鸟声都以为是追赶的晋军。苻融被乱兵杀死，苻坚也身中流箭，狼狈逃回洛阳。东晋以8万军队战胜了百万秦军，赢得了中国历史上这场以少胜多、以弱胜强的著名战役。

淝水之战是前秦发动的一场统一全国的战争。统一是历史发展的大趋势，但综合局势，前秦并不具备统一全国的条件。前秦虽然统一了北方，但连年征战导致的经济萧条尚未恢复。为攻打东晋，苻坚不思休养生息，反而加剧对国力的消耗，让本来就困苦不堪的百姓雪上加霜。北方诸族虽然被征服，但各族间的矛盾与隔阂并没有消除，不少边远地区的民族也在等待机会进入中原，北方社会远未成为稳定的地区。苻坚让亡国后的少数民族贵族继续领军打仗，也使统治集团内部隐藏着危机，而由各族士兵临时组建而成的大军，始终笼罩在厌战情绪中，凝聚力和战斗力也大打折扣。

此时的东晋已建立半个多世纪，虽然经过几次战乱，但时间不长，规模不大，损失较小。而北方人民苦于战乱纷纷南迁，大大增加了江南的劳动力，加上东晋采取兴修水利、开垦屯田、劝课农桑、减轻田租等有益于生产发展的措施，使经济大有发展。东晋虽无恢复中原之意，但稳定江南的目的已经达到。东晋宰相谢安比较开明，能够“不存小察，弘以大纲”，通过稳定政局、减少内耗来应付多变的局面，促进了社会生活的安定，出现了“君臣辑睦，内外同心”的局面。面对前秦来犯，谢安领导的抵抗派上下一心，积极备战，运筹帷幄，以坚实的经济基础、训练精良的士兵，依靠长江天堑，应对秦军。而号称百万的秦军，是以惯于北方作战的骑兵为主，极不适应南方地形，更不适应水战，大军长途跋涉而来，加之统帅骄傲自大、刚愎自用，其失败当在意料之中。

淝水之战后，苻坚势力大为削弱，内部潜在的民族矛盾立即爆发。原来被前秦征服的少数民族首领，乘机发动兵变，前秦土崩瓦解，苻坚被羌族人姚苌所杀。而东晋取得战争的胜利，避免了一场大混战，使南方经济文化得以继续发展。淝水之战确立了南北长期对峙的局面。

**备马出行图**

此幅画细致描绘了墓主人出行前备马的场面，表现了墓主人生前享受的豪华、讲究排场的生活，由此寄托了墓主人对死后世界美好生活的希冀和向往。画面中间为一匹已备好鞍的骏马，马前四人手执三旒旗，马旁一人手举伞盖，马后一人手持羽扇，余者恭敬侍立。

# 北方传统经济重心的衰落

魏晋南北朝时期，北方是战争的主战场，又遇连年灾荒，灾民流离失所，纷纷举家迁徙，黄河和淮河流域成为地旷人稀的荒凉地带。中原昔日经济上领先全国的地位开始动摇，南北方经济失去平衡，影响极其深远。

战乱和天灾严重打击了北方农业，大量田地荒芜，粮价飞涨，人口流失，都是对北方经济致命的打击。为了使中原农业复苏，政府积极组织军队和农民开垦农田，其中以三国时期的曹魏和南北朝时期的北魏的规模最大、效果最显著。北魏开垦的田地集中在黄河流域，同时推行授田制，政府按照每户人口数量授予农田和耕牛，还迁徙了10多万户到都城洛阳。这虽使严重衰退的北方农业略为恢复，但已无法回到昔日全国经济中心的地位了。

大规模的移民潮也改变了中国原来的经济面貌。魏晋时期从中原流失的人口，包括了大量世家大族，他们中的一部分西迁至陇西和河西走廊一带。人才和生产技术源源输入，使这些原未开发的边境地区，一时成为中原文化的避难所。加之北方政权也积极在这些地区开垦耕地，农业和畜牧业飞快发展，使其一跃成为北方新兴的经济区域。因此，在经济中心由中原向江南转移之时，北方的陇西、河西走廊以及辽东的生产水平，在全国也占有相当的比重，带动了北方经济的局部复苏。由此形成的经济新格局，不容忽视。

▲ 壁画中的垦田图

河西走廊的魏晋壁画中，大量描绘军队垦田和生活的场面。图中武装的士兵和耕地的农民合处一起，反映了士兵战时打仗，平时也与当地百姓一起垦田的事实。

▲ 移民路线示意图

◀ 畜牧井饮图

西北及北方地区缺乏河流、湖泊，主要依靠开凿水井获得水源，以供生活和饲养牲畜之用。图中的禽畜正围拢在井旁的水槽喝水。

**耕地**

在汉朝发展起来的二牛拉犁翻土技术，在西北地区已经得到普及。

**播种**

前面的女子在播撒种子，后面的男子在种子播入土壤后，用耰敲击土块，以平整土地，掩埋和压实种子。

**耙地**

耙地是农耕的重要环节，需要将大土块耙得细碎松软，使土壤均匀平整。

**扬场**

谷物脱粒后，为去除谷中杂物与空壳，农夫用杈扬场。画面表现了农夫在收获季节的快乐。

▲ **西北地区的农耕系列图**

在河西走廊的墓葬中，有大量表现农业生产技术的画面，反映了当地对科学种田的重视。这是一组在旱作地区耕种的场景，包括从播种到收获的全过程。播种前先用犁翻松田地，再用新技术耙地，保持土壤水分，使种子与土壤紧密结合，以利发芽生长。

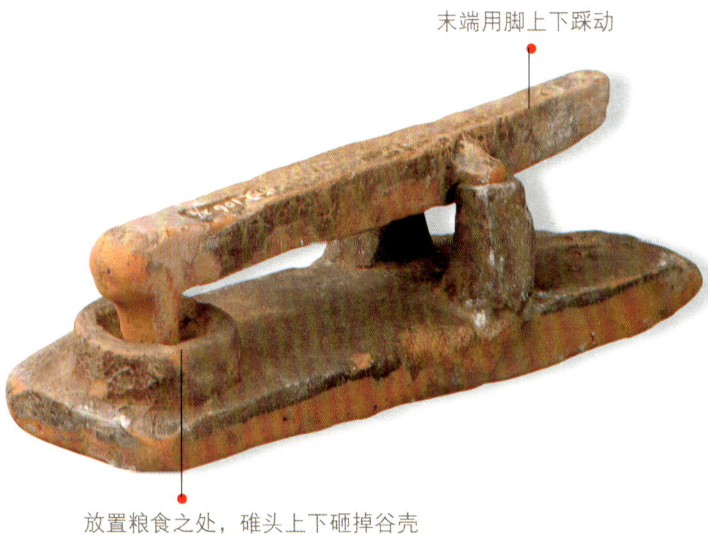


▲ **陶碓**

这是以人力为粮食加工脱粒的工具，东汉以来在黄河、长江流域普遍推广，魏晋时期在河套地区也广为应用。

**历史链接**

**祖逖北伐**

战争使北方经济遭到严重破坏，中原百姓盼望东晋北伐，重归统一。豫州刺史祖逖率私人武装百余家渡江北上，他善于用兵，又礼贤下士，数年间就收复了黄河以南大片土地，还在当地发展农桑。收复地区的经济得到发展，百姓视他为再生父母。

# 移民潮推动的江南开发

300多年的战乱和移民潮，改变了中国长期以中原为经济重心的格局。这个划时代的转变，影响了此后中国1000多年的历史。

南迁的汉族政权虽然时刻笼罩在战争的阴影里，但是已经没有大规模北伐的实力，偏安心态占据了主流，重返北方家园只是梦想。南方相对稳定的政局，适宜经济大发展。与北方经济恢复的程度相比，江南的农业成就最为突出，在人口增长、开拓耕地、兴修水利和改进农业生产技术等方面，都有突飞猛进的发展。

南方政权为保证军粮的供给和财政收入的增加，非常重视开发农业，彻底改变了江南人口稀少、农业落后的状况。东吴曾发动数十万军队和南下的农民开荒屯田，应用北方先进的农业生产工具和技能，开拓了江南耕地的面积。屯田的成功，既保障了流民的基本生活，也增加了军饷来源。大规模的江南垦荒到南北朝时基本完成。

南朝政府还兴修水利，疏通河渠；筑成陂塘，用以蓄水；在湖沼四周开辟湖田，形成密集的水利灌溉网。重点的水利工程，都是围绕都城建康兴修的，保障了朝廷的物资需求。而隋唐时贯通南北的大运河江南段，在这时已经略具规模。

江南新兴的商业城市环绕在都城建康周围，海上交通也将东亚各国连接起来，中外海路贸易来往频繁，使南方的商业贸易比北方更繁荣。

▲ 鱼米之乡——太湖

位于江苏的太湖流域，物产丰富，盛产鱼、虾、莲藕、水果，这里还种植大片桑园养蚕，为丝织业提供原料，是南方的经济腹地。

▼ 秦淮河

江南四通八达的水路网络及运输，是由长江等天然河道，配合历朝人们所开发的大小运河等水利建筑构成的。秦淮河在魏晋南北朝时期已是建康对外的交通要道，苏杭供应都城的粮食都由此运抵。

▲ 荆江大堤今貌

荆江是长江的一段，近洞庭湖，河道弯曲，容易泛滥。东晋修筑的荆江大堤，是南朝重大的水利工程之一，至今仍惠及两岸农田和村庄。

▲ 江南的农业高产区——长江三角洲

这是江苏省的长江三角洲，位于长江出海口附近。长江带来了充沛的水源，而水里的泥沙在长江口经过长年累月的沉淀，形成这片土壤肥沃的平原。这里是中国农业高产区之一。

▶ 画像砖上的江南农民

南方农民进一步改进北方先进的农具，使这些工具变得更加适合长江流域的土质，还发明了许多新型农具。这是典型的江南农民形象，正在用铁臿深挖土地。臿体比北方的长，适宜深翻南方的黏性土壤。

▲ 江南的手工业——青瓷器

南方手工业的最大成就是青瓷工艺的创新。青瓷质地细腻坚实，釉色光洁雅致，深得贵族的喜爱。这件青瓷是江南世族的随葬品，塑瓷技巧非常高，是青瓷中的精品。

▼ 江南的商业——牵马运货

江南密集的商业城市之间，陆路和水路畅通。陆路普遍以马代步和运输货物。南朝画像砖上有牵马运输的画面，牵马人阔步向前，驮运货物的马后还有一人跑步紧跟。

历史链接

### 孙吴开发江南

江南的开发始于三国时期。孙吴政权在长江沿岸开展屯田，在太湖流域兴修水利，大力发展丝织业，扩大造船业的规模，商业和海外贸易都有了很大发展，为后来南方经济的繁荣奠定了初步的基础。

# 清谈玄理与魏晋风度

魏晋南北朝的分裂局面与数百年前的春秋战国极其相似，同样在战乱之中，知识阶层异常活跃。汉朝尊崇的儒术在这个乱世中受到怀疑，社会失去了精神支柱。道家的老子、庄子大受思想界欢迎，知识分子热烈讨论，当时称为清谈玄理。这种以老庄思想为主的哲学思潮，被称为玄学。

文人聚集在山林间清谈玄理，成为一种时尚。清谈的人手执麈尾，那是一种如拂尘的用具，在辩论时挥动，凸显超脱尘世的气度。清谈的话题多是形而上的抽象命题，哲理玄妙深奥，机智思辨。玄学继承了道家崇尚简朴、自然的精神，提倡人应当自由自在地生活，充分发挥个人的意志，不受任何约束。玄谈者思维敏捷，语言巧妙，他们多是世家子弟，穿着宽袍广袖，风度超凡。然而这种自由自主的思潮，在长期战乱、生命朝不保夕的环境中，却衍生出消极性，玄谈变成逃避政敌迫害的手段。尤其在南迁的世族和文人之间，放浪形骸、玩世不恭的人生态度风行，他们袒胸、露臂、赤足，故意不同于流俗、不修边幅、放任自流。人生短促、及时行乐的处世态度，也使饮酒成风，许多文人终日沉湎于醉乡，少了先前的忧愁，多了放纵与颓废。当时的代表人物是“竹林七贤”，他们都以玄学思想为精神寄托，以纵酒谈玄、放任洒脱著称。

魏晋风度的盛行，实际是对儒学伦理的激烈反叛。追求魏晋风度的文人，外表虽然与春秋战国时期浪迹天涯的侠士相似，但是那时的侠士满怀英雄主义精神，“士为知己者死”是他们的座右铭，认为为国家、为君主献身最光荣。而玄学精神下的文人，更多的是表现自我意识和悲观的情调。加之玄学属于世族的哲学，哲理深奥，曲高和寡，很难在平民大众阶层传播。玄学主要盛行于汉族统治的江南地区，北方也受其影响，但儒学并未完全丧失中国正统哲学的地位。

▲ **青瓷天宫楼阁佛说法魂瓶**

这是东汉末年长江流域盛行的青瓷魂瓶，即安放骨灰的容器。为了体现作为死者灵魂永恒居所的功能，整体布局如同道教和佛教赞美的天国，以此为死者祈福，实现升入天国的愿望。瓶的顶部是一座富丽堂皇的宫殿楼阁，一群珍禽异兽和天人活跃其间，凤歌鸾舞，一派祥和气氛。瓶的中部有一排坐在莲花狮子座上说法的释迦牟尼像，这是中国已知最早的佛教造像之一。其下还有浮雕十二生肖像，是从西域传入中原的民间习俗。此器集中了民间信仰的众多元素，可以看出来自印度的佛教与中国本土道教实现了信仰体系的完美融合。

▲ **吹笙引凤图（画像砖）**

这是南北朝流行的追求仙道升天的故事画。好吹笙的王子乔到伊洛河畔游玩，遇上仙人浮丘公，他们一起骑仙鹤上嵩山。这个故事切合了魏晋士人追求仙道的心态。

▶ **维摩诘与文殊辩论**

这件佛教人物造像碑，渗入了玄学的痕迹。碑上雕刻了维摩诘居士与文殊共论佛法的场景。维摩诘宽袍大袖，手执麈尾，与魏晋文人清谈的神态相似。

▲ **魏晋文人的形象**

这是唐朝绘画《竹林七贤图》的残卷。画中两人列坐在竹木草石之间，身旁有侍童奉侍。左面一人袒露胸脯，右面一人盘膝而坐，潇洒随意。人物衣饰、神态表现了魏晋文人寄情于自然山水，追求超俗高雅的意趣，可见这一思潮对后世文人的影响之深远。直至宋、明、清的文人绘画中，还追寻着这种高雅的风格。

▶ **熏炉**

这种熏香炉是魏晋瓷器的大类。士族喜欢用它来熏香衣服，他们在清谈时，也常点燃香炉，使满室幽香。

◀ **竹林七贤之刘伶**

刘伶是魏晋清谈与玄学的代表人物之一。竹林七贤以玄学思想为寄托，优游于山林之间，不为礼教束缚，在当时极具名望。画中的刘伶，正坐于树下喝酒。

▶ **五石散的成分**

魏晋世族和士大夫为求长生不老，有服药之风。这种“延年益寿”的药，即五石散，因服后浑身发热，需要散发，必吃冷食，又称“寒食散”。发热其实是服药后的中毒现象。五石散的配剂有多种说法，有说是以紫石英、白石英、赤石脂、钟乳石、硫黄五种矿物配制。右图是其中两种。

**历史链接**

### 洒脱的魏晋名士

魏晋名士对束缚人性的礼教不满，多率性任情，不拘绳检。王子猷（东晋名士，王羲之之子）居住在山阴，一个雪夜突然思念居住在剡县（治今浙江嵊州）的戴逵，就连夜雇船而去。第二天到达后，却不登门而返，说：“本乘兴而行，兴尽而返，何必见戴？”足见其旷达通脱的生活态度。

# 佛教风靡中国

◀ 云冈石窟的释迦牟尼坐像

魏晋南北朝时期，从皇帝到平民都参与开凿石窟寺。北朝开凿石窟、雕塑佛像，数量之多，规模之大，都为南朝所不及。4世纪开凿的云冈石窟，是最著名的北朝石窟，它是北魏皇室为修功德而建的。北魏皇帝自视为“当世如来”，这尊坐像高13.7米，形貌是仿照下令建窟的皇帝雕凿的。

▼ 北魏贴金彩绘菩萨像

战乱带来的灾难，使悲观厌世的思潮在世俗社会中泛滥。而佛教中象征大慈大悲的菩萨，宣称可以普度众生，成为人们供奉的主尊之一。

当儒学失去威望、玄学曲高和寡之时，大多数的中国民众仍处于精神迷惘中。汉朝后期，来自印度的僧侣通过丝绸之路进入中原，传播一种完全外来的宗教——佛教，大获成功。南北敌对各政权，无论是胡族统治，还是汉族统治，在释迦牟尼面前却表现出空前的一致，帝王贵族、平民百姓大多皈依佛教。可以说，5—6世纪是佛教在中国发展的首个高潮。

其实，佛教在1世纪已经传入中国，但最初受到土生土长的道教、儒学以及传统伦理观念的强烈抵制，被视为邪教。而佛教在传播过程中，教义和传教方式不断迎合、融入中国传统的思想。在那玄风大盛的时代，名僧可以加入知识分子的清谈，并吸纳许多具有儒学和玄学造诣的学者参加译经和传经；面对惶惑于生死的平民百姓，又可以用中国人的传统观念和通俗语言，来解释佛经的深奥教义。

经过这种中国化和世俗化改造，佛教在更广泛的社会阶层迅速传播。佛教戒杀的教律以及佛法无边和慈悲救世等信仰，赢得民心，尤其为饱受战争之苦的平民百姓带来慰藉和希望。经过200多年的传播，佛教终于在中国扎根。

佛教带来的外来文化，使中国人的传统文化、观念、习俗受到巨大的震动和冲击，甚至改变了中国的社会风貌，成为中国传统文化中无法分割的一部分。大致在同一时代，另一宗教基督教也乘罗马社会混乱的机会，迅速发展起来。

禅窟，供僧人坐在里面修禅

▲ **供僧人修炼的禅窟**

佛僧静思学习佛经教义，称为禅修。禅修的僧人，一般选择在远离尘世的深山茂林和溪水相邻之处，开辟石窟寺，在窟中修禅。僧人坐禅时，须到窟龛前观看各种佛像和图解佛经教义的壁画，然后在幽静处打坐静思，以助入定。

修筑佛寺　建果园供人乘凉　施药救人

▲ **鼓励行善的佛教壁画——《福田经变》**

佛教用通俗的方式向民间靠拢，努力化入民众的血肉肌体之中。修福田，即行善积德，福田思想与中国传统的善恶报应观念相近。这是绘于敦煌莫高窟的佛经图解，描绘了佛经提及的几种可获福报的善举，都与佛教倡导的积极效力社会公益建设有关。

▶ **麦积山石窟**

这是在甘肃天水麦积山上临崖开凿的石窟，石窟自上而下修建。建造方式是先堆积木材到山上，建一层拆一层，工程艰巨。人们如此无惧困难危险开凿石窟，可见对佛教的狂热。

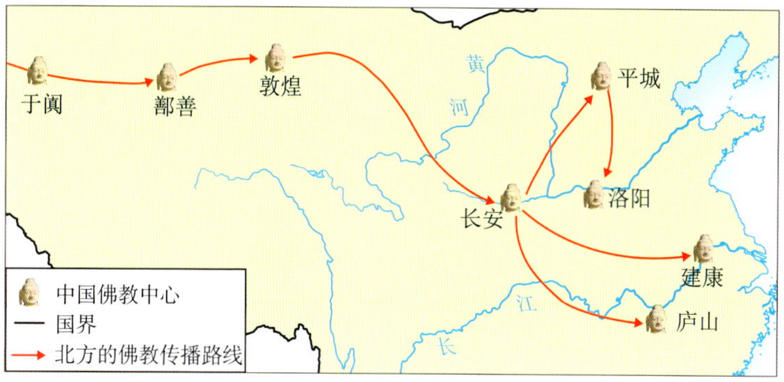


▲ **魏晋时代北方的佛教传播路线**

西北凉州是胡僧深入中原前学习汉语的中转站，尤以敦煌最蓬勃。关中长安，印度佛教学者鸠摩罗什曾在此建立译经中心；江西庐山是南方汉僧集中地。北魏皇帝崇佛，都城平城和洛阳成为北方的佛教中心。

▲ **百姓捐奉的佛教造像碑**

求佛拜菩萨能够消灾得福，现世积德死后可以进入极乐世界，这些都是中国广大民众较易接受的观念。这块佛教石碑是一个北魏平民捐钱给佛寺为她已故的丈夫刻造的。

**历史链接**

**法显西行天竺求法**

魏晋时期，由于佛经不全或翻译失真，给研究佛学带来困难。399年，高僧法显从长安出发西行，到天竺学习佛法和抄写佛经。他前后经历14年，行程数万里，经过30多个国家和地区，翻译了多部佛经，为传播佛学和促进中外文化交流作出了重要的贡献。

通往各窟的栈道

# 中西交融的佛教艺术——敦煌石窟

位于河西走廊的敦煌石窟，是中国三大石窟之一。该地是古代东西方文化的交汇点，从印度、尼泊尔等地传来的佛经和图像粉本，启发了建造石窟的艺术家，他们的作品除了具有南朝画家所倡导的“秀骨清像”画风外，还具有印度、伊朗、希腊的宗教艺术风格。敦煌石窟被誉为中世纪的艺术宝库。

▲ 敦煌最著名的石窟——莫高窟

▲ 莫高窟第428窟中心塔柱窟内景

▶ 释迦说法图（莫高窟第390窟北壁）

# 唯美主义的艺术新境界

▲《列女仁智图》中的仕女

图中人物根据《列女传》的故事绘画，用笔刚劲，并强调衣褶晕染。画中仕女眉毛绘成红色，可能是齐梁时代流行的妆容。

几百年的兵荒马乱，并没有使艺术消沉，魏晋时代，中国奇迹般地又攀上艺术的新高峰，进入了全新的唯美主义境界。

寄居江南的世族和文人所热衷的玄学，虽然没有给他们带来振作奋进的作用，却使他们寄情于自然山水之间，在清谈思辨、饮酒作赋、恋乡怀旧之时，得到了意外的艺术收获。追求个性解放和唯美极致的绘画、书法、乐舞等作品占据了主导地位，也出现了一批空前绝后的艺术家：竹林七贤等文人集团中，不乏音乐、诗歌、绘画的天才；具有道家修养的王羲之经常在畅饮作赋的集会上，产生书法的创作灵感；田园诗人陶渊明和画家顾恺之也都创作出不朽的文学和绘画作品。这些都是在活跃而自由的哲学论坛上，培育出来的艺术新生代。

文人爱好流连山水，于是自然风光时常成为描绘和赞美的对象。在中国绘画史上，魏晋的创新成果便是开山水画的先声，这比欧洲的风景画早了一千年。中国的山水画注重人物与风景的搭配和呼应，通过作品抒发画家丰富的内心情感。

中国书法艺术也在这一时期达到前所未有的高峰。书法家通过书写，着意追求书法的韵律，表露风流儒雅的风度，书法艺术进入一个“自觉时代”。字体也由篆书、隶书转变为楷书，还有注重意韵的草书和行书，丰富了书法的艺术表现力。

音乐和舞蹈更是进入了民族大交融、中西大交融的时代。一种融合了南方民歌的音乐——清商乐，取代了古典雅乐的地位，与舞蹈表演配合，在南朝宫廷流行，并在之后传入北魏。而来自北方民族的高句丽、鲜卑乐舞以及西域龟兹（今新疆库车）等地的佛教乐舞等，成为北朝乐舞的主流。这些乐舞有强烈的节奏感，艺术感染力很强，大受中原百姓的欢迎。当时胡乐与清商乐南北并立，互融汇通，为乐舞艺术注入了多元的血液。

▼ 顾恺之《洛神赋图》局部

南朝画坛是士大夫的创作天地。他们有深厚的文化修养、优裕而闲暇的生活、超凡脱俗的精神世界，在绘画中显露出时代的印迹。顾恺之是当时最负盛名的画家。这是他根据三国魏曹植的名作《洛神赋》创作的绘画，描绘曹植在洛水边遥见水中仙子洛神在水上飘行的情形，被称为绝代之作。

◀ **乐舞俑群**

当时在贵族中流行配合清商乐表演的长袖舞。最早在西周，已有徒手舞袖的记载。这位舞伎的舞姿温婉绰约，具有含蓄之美。

▼ **黄釉扁壶上的胡腾舞图**

魏晋以来，胡人乐舞大量涌入北方，风格豪放洒脱，不拘一格。这件北齐的扁壶，腹部两面有“胡腾舞”图案，乐舞伎全为胡人形象。这件瓷壶造型仿自游牧民族的壶，又以胡人乐舞作装饰，在中原地区较罕见。

▲ **奏乐图**

清商乐是继承秦汉乐府、结合南方民歌发展而来的，在南朝盛行，又有文人参与歌词创作，故很受王公贵族和民众的喜爱。演奏的乐器分弹奏、吹奏和敲击三类，本图表现了其中两种——吹笙和弹琴。这块南朝的画像砖，绘画了几位隐居深山的贤者以奏乐为乐，是玄学思想和魏晋风度的反映。

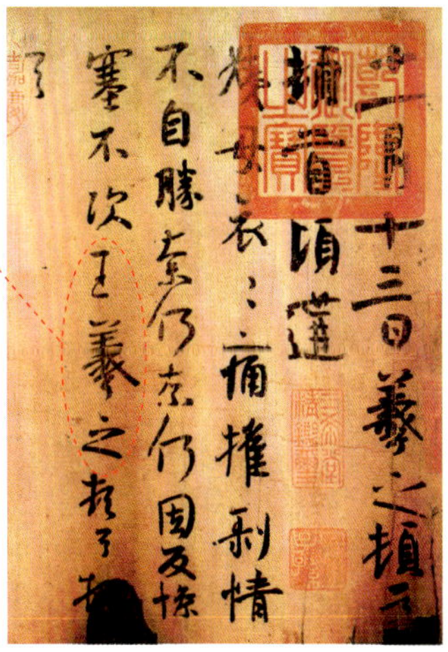

▶ **王羲之《姨母帖卷》中的行书**

魏晋南北朝创立“书画同源”理论，认为书法与绘画一样，是抒发情感的艺术。魏晋时有不少书法家习写行书，讲究风格自由率真、灵活飘逸。这是东晋著名书法家王羲之的行书作品，真迹已不存，为后人摹本，可见字体端庄，笔锋圆浑遒劲。行书中以此帖和《兰亭序》最为著名。

**历史链接**

**归隐田园的陶渊明**

东晋陶渊明擅写文章，为人洒脱不羁，“不为五斗米折腰”，辞官之后归隐浔阳（今江西九江），过着田园生活。他亲身参加农事活动，怀着“采菊东篱下，悠然见南山”的恬淡心情，创作了许多反映田园生活的诗歌，成为山水田园诗派的代表人物。

# 唐朝盛世新秩序

经过近400年大混乱，中国再次实现长期统一，建立了全新的王朝形象。隋唐时代和秦汉时代一样，先有一个短命而具有开创意义的王朝先行，然后是长久而兴盛的王朝统治。它的繁荣不亚于秦汉，与域外的沟通更是频繁多彩，是一个众口交誉的时代。

唐朝的统治者虽然是汉人，但它的根底其实是胡汉融合的。就以被少数民族尊称为天可汗的皇帝李世民来说，他的祖母、母亲、皇后都是鲜卑人。

唐朝开创时继承了秦汉的制度，又融合了北朝的一些改良，再加上了自己的新创。中央政府把相权分给几个部门，政事决策需要经过草拟出令、审议批驳、执行这三道程序，皇帝的命令也要经过这个程序。选拔人才的制度则由地方推举改为科举考试，这个制度令中国稳定兴旺了很长时间，明末清初时影响了法国、英国以及欧洲其他国家的官员系统。王朝统治者着意防止人民过穷，于是为民置产，凡壮丁都分配田地。至于军队，则是兵农合一，但不是全农皆兵，只有中上等人家子弟才能当兵；当兵是一种荣誉，免交税，但政府也不发饷，由士兵耕田自养，自备马匹武器。政府对法律也很重视，制定了刑法（律），订立了各种法例（令），编成了法律书，详细解释刑法精神，书里还有模拟问答，又减去不少肉刑。日本仿效唐朝的法律体系，建立起律令社会。

这个时代政府的规划能力也很出色，努力做好了人口登记、田地分配册。从它的首都长安城，也能看出这种规划能力。来自世界各地的使臣、留学生、商人，见了这个井井有条的世界级大城市，无不赞叹。

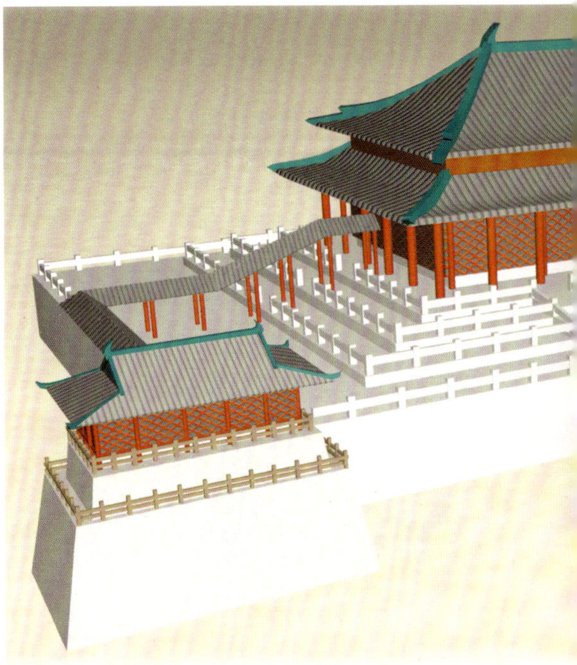

▼ **长安城立体图**

长安城是唐盛世的国力和影响力的具体表现。它布局严谨，功能分区明确，有严格的秩序和等级观念，显示了大一统帝国的政治蓝图和杰出的规划能力。都城面积约84平方千米，是当时世界上规模最大的城市。11条南北向和14条东西向的大街，将全城整齐划分为108个坊，方正整齐，有如棋盘。中央的大街十分宽阔，两旁植树。街道两旁都有水道，每隔一段有滤网阻隔杂物。

▲ 含元殿复原图

含元殿在大明宫内，本来是避暑宫殿的大殿，后来避暑的宫殿成为正式皇宫，含元殿也成为正式大殿。皇帝在这里听政，会见群臣，接见外国使节，举行国家大典及阅兵等仪式。红柱白墙，赭黄色斗拱，深灰色瓦和绿色琉璃屋脊，使这座宫殿显得雅致、庄严。唐时还流行在高台上建屋，含元殿也有高台映衬，显得雄伟、壮丽。

▲ 大雁塔

在最高一级科举考试中被取录是当时读书人的梦想，有个诗人高中后，写下“春风得意马蹄疾，一夜看尽长安花”的名句。被取录者受招待在曲江皇家花园内饮宴，然后一起来到大雁塔下，推荐书法好的人将他们的姓名、籍贯和及第时间用墨笔题写在大雁塔的粉墙上。他日如果有人做到卿相，还要将姓名改成红色。雁塔题名被文人视为莫大的荣耀。

**历史链接**

**赚得英雄尽白头**

隋朝开设的科举制到唐代得以确立。科举考试中进士科的难度最大，有“三十老明经，五十少进士”之说。读书人把毕生精力花在考试上，熬到满头白发也无怨无悔。科举制使国家得以网罗俊才，也对教育和文化的发展产生了积极的作用。

◀ 彩绘贴金文官俑

这位文官斯文雍容，显示了唐初文官的风度。唐初文官服式沿袭隋朝旧制，变化不大，裲裆铠加于朝服之外。从朝服颜色可以区分官阶高低，红色是四或五品官员所穿的颜色，官阶比穿绿色朝服的文官略高。

◀ 彩绘文官俑

头戴黑色梁冠，双手执牙笏于胸前，应为中高级官员形象。

▶ 仪仗图

唐朝是当时世界上的文明大国，图中由车队、马队及步兵组成的仪仗队，军容壮大，是唐朝国力强盛的反映。

# 多民族军队

唐帝国的军队是当时胡汉融合的证据。唐朝正式兵制是兵农合一的，但同时也有很多以血缘统属的外族军队。

唐朝正式兵制叫府兵，府就等于一个军区，首都和边疆的军区数目多一些。每个府在当地招募中上等人家子弟当兵，免去他们的田租和力役。由于唐朝的壮丁都有国家分配的田地，这些士兵就免费耕作分得的田地，不必国家供养，出战也用自己的装备。这是一种全兵皆农的制度，政府可以省下不少军饷。不过制度实行初期，府兵的作战力量未强，外族军队还是很重要的。

隋唐两朝的开国者都出身于北朝的汉人大族，北方胡人的政权虽然落回汉人手里，但武力还是强盛的。何况这时还有雄踞北方草原的突厥，突厥被唐朝打败后，它那骁勇的部落军队是唐朝和阿拉伯帝国的罗致对象。所有这些胡族军队都有一个共同点：以部落划分，将领和士兵有父子、叔侄等血缘关系，又擅长骑射，因此作战勇敢和同心，是任何人都不能忽视的军事力量。

唐朝招抚这些胡人军队，重用他们打硬仗，同时又有远大眼光，努力以府兵培养自己的军队，所以武功强盛。不过唐朝太平安乐到了高峰时，胡人将领带头造反，唐朝依靠府兵以及另一些胡人军队才平乱，而国力从此就大衰了。

**彩绘骑兵泥俑**

唐朝早期针对游牧民族军队的特点，采取主动出击、外线作战的战略和长途奔袭、攻其不备的战术。一支精锐的轻装骑兵，快速、机动性强，才能保证这一战略和战术的成功，于是唐朝舍弃重装骑兵，大力发展轻骑兵。轻骑兵披铠甲（也有不披的），战马不披甲。

**涂金彩绘甲马群**

人马俱披金甲的骑兵队，尽显大唐的雄风。唐朝骑兵用金银盔甲，史书记载：713年，20万穿上金甲的骑兵在骊山集合，金光闪闪，“耀照天地”。

▲ **彩绘陶马与驯马俑**

唐朝骑兵军队中的马匹，很多是来自西域的优良品种，由国家牧场饲养和训练。马匹会被训练成战马、驿马、坐骑或在庆典中表演的舞马。图中可见当时训练马匹的情形。

**历史链接**

### 天可汗

唐太宗在位时，对少数民族以诚相待，四方少数民族相继归附。贞观三年（629），户部上奏，“中国人自塞外归，及四夷前后降附者，男女一百二十余万口”。四方酋长尊奉唐太宗为“天可汗”，还开设一条驿道叫“参天可汗道”，每年从这条道上入供貂皮等物资作为赋税。

◀ **天可汗**

唐太宗是实际为唐朝开国打江山的人物，他本身有汉族和鲜卑族的血统，能征善战，熟悉游牧民族军队的优缺点，又有策略头脑，善用各族人才的长处，是唐朝有名的君主。中国古代西北各族君长称“可汗”，漠北各族为表示对唐太宗的拥戴和尊敬，尊称他为“天可汗”，含有“天下大可汗”的意思。

▶ **彩绘胡人武士俑**

唐朝将帅用袍，军士用袄。将帅袍上绣狮虎纹，以衬托其勇猛威武。

| 蕃将 | 族属 | 事迹 |
| --- | --- | --- |
| 李光弼 | 契丹 | 安史之乱中，任天下兵马副元帅，平定安史之乱 |
| 安禄山 | 粟特 | 范阳节度使，导致安史之乱 |
| 史思明 | 粟特 | 平卢兵马使，继安禄山之后反叛唐朝 |
| 高仙芝 | 高句丽 | 开拓西域，使西域重新归附唐朝，中原至西域以及中亚的商道畅通无阻 |
| 哥舒翰 | 突厥 | 安史之乱时镇守潼关 |
| 仆固怀恩 | 铁勒 | 平定安史之乱时立功，后又起兵反唐 |

▲ **唐著名蕃将及其事迹**

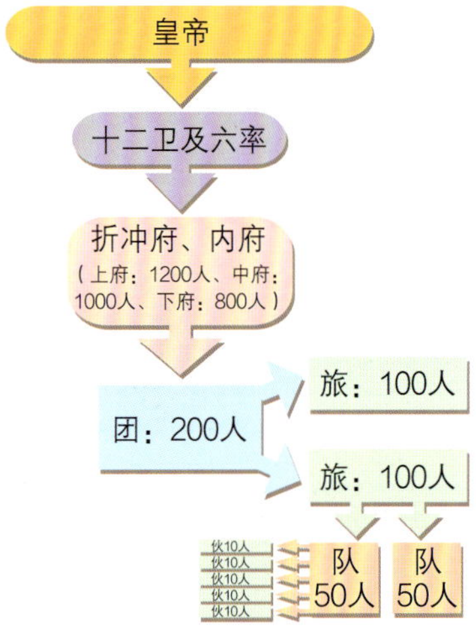


▲ **府兵指挥系统示意图**

▼ **隋炀帝时重装骑兵编组表**

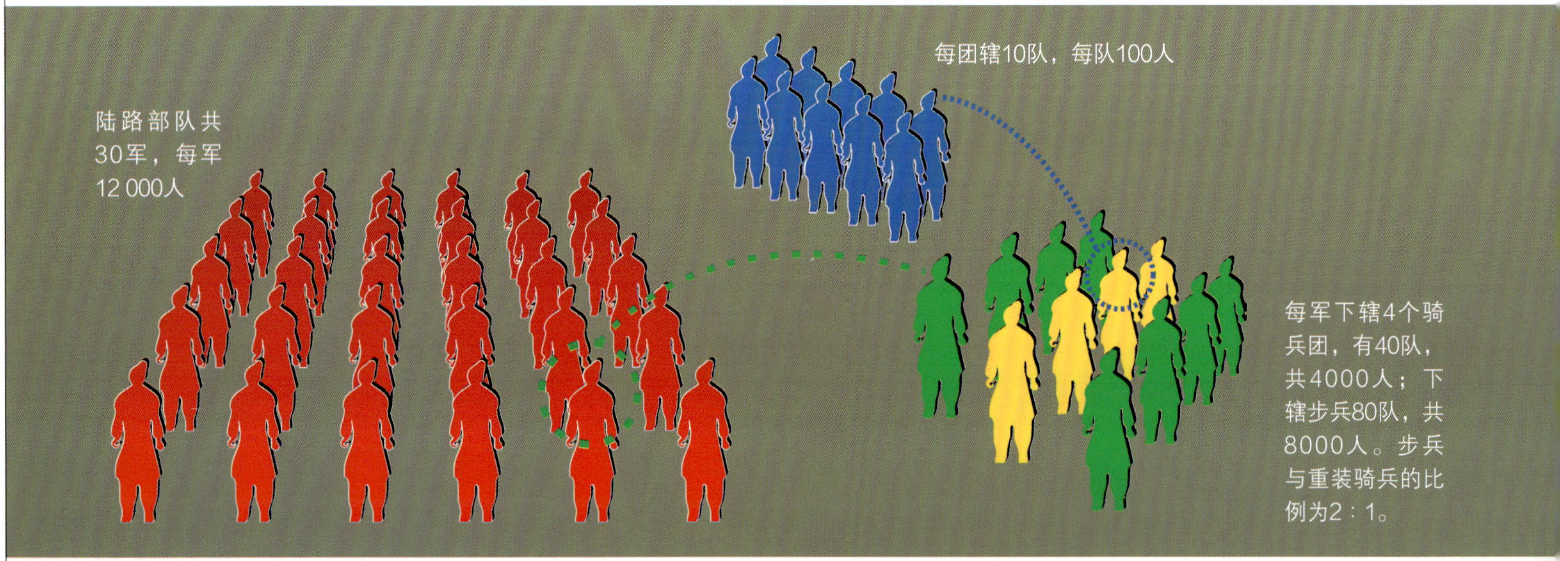

# 哥舒翰与安禄山

唐朝如日中天时，发生了安史之乱，打了8年仗，从此国势衰落。这场政变的主谋是十分受宠的大将安禄山，后来史思明继续造反，因此叫安史之乱。安禄山要想攻陷首都长安，先要夺得潼关，而守着潼关的大将叫哥舒翰。哥舒翰失守潼关后，安禄山直捣长安，唐玄宗只好仓皇逃难到四川，中途在马嵬坡上演了“六军不发无奈何，宛转蛾眉马前死”的惨剧。

安禄山、史思明、哥舒翰都手握军权，且不是汉将。哥舒翰是突厥人，安禄山和史思明祖籍中亚（约今乌兹别克斯坦等地区），是粟特人，安和史都是他们国家的译音，他们习惯以国名为汉姓。在唐代，深目高鼻的外来人，泛称胡人。安禄山一起兵，就动摇了盛极一时的大唐帝国，而镇守战略关隘的唐朝守将又是胡人，可见胡将在唐代军队里有多大势力。为什么唐朝把军权命脉都放手给胡人呢？ 只因胡人战功显赫，他们的社会组织又容易组成子弟兵，作战时非常齐心，和征兵制出身的汉人比较，战斗力大不相同，因此不得不用胡将。唐玄宗太重用胡将，也是安史之乱的祸因之一。

安禄山和哥舒翰这两个胡人大将，在潼关之战前，其实早有宿怨。安禄山虽然得皇帝宠信，但他属于中亚胡人，当时贬称“杂种胡”，他的国家曾经臣属于突厥，因此出身不及来自突厥的哥舒翰高贵。一天，安禄山见到哥舒翰，想跟他套近乎，对哥舒翰说：“我的父亲是胡人，而母亲是突厥人；你的父亲是突厥人，母亲是胡人。我们的族类本来相同，应该相亲相爱啊！”哥舒翰回答：“古人说，‘野狐向自己出生的窟嗥叫，是不吉利的征兆’。因为它忘本啊！您既见爱，我怎敢不尽心呢？”哥舒翰以狐来讽刺安禄山忘本，安禄山气得大骂哥舒翰大胆无礼。

由此可知，所谓胡人，来自许多不同地方。虽然安禄山的国家打不过哥舒翰已亡的突厥汗国，但唐朝很流行的胡人歌舞，却是中亚胡人的拿手好戏，因此腰围粗壮的安禄山也能跳节拍强劲、速度很快的胡舞，深得唐玄宗和杨贵妃欢心。

▲ 彩绘贴金武官俑

◀ 胡人将军俑

明光铠流行于南北朝至唐之间，因其保护胸背的椭圆形金属板在战场上反射阳光而发出“明光”，故有此称。胡人将军所穿的正是明光铠。

# 富裕社会

唐朝最盛时，整个社会都很富裕，杜甫怀念唐朝全盛时写下“稻米流脂粟米白，公私仓廪俱丰实”名句。当时，社会富裕主要表现在农业，所以杜甫对全国粮仓储满优质粮食印象深刻。

唐朝开国的制度是不限人民过富，但防止人民过穷，采用的是从北朝传下来的方法：由国家分配耕地给壮丁，使人人有田耕。当时的田税只是收成的四十分之一，另外每个壮丁为政府服力役，以及每家交一些副业产品，主要是丝和麻织品。唐朝农业发达，与耕种者有其田的政策有很大关系，农民摆脱豪强大族，收成都是自己的，积极性自然提高。

前朝的开垦、新技术的出现也是促进唐朝农业发展的因素。前一阶段中国南北分裂，各个政权努力开发所在地区，使唐朝得益不少。唐朝中期之后，成为中国经济发展火车头的江南，就得益于南方六朝的开发。唐朝的农具和水利设施也有很大发展。水稻是最能养活人口的农作物，唐朝时增加了插秧的工序，缩短了水稻在大田中的生长期，提高了亩产量。出现的新犁具，也节省了农民的力气。到处是各种水利工程，早期在北方，后期在南方。新发明的各种防旱的灌溉工具，既保障了水稻收成，也节省了人力。

“银拾两”

▲ **庸调银饼**

租庸调制是唐初的重要税收和力役制度。当时交税仍然用实物，平民一般上缴粟绢等实物，由地方政府统一收集处理，其中部分征来的实物，由地方政府或国家兑换成金银锭作为储备。

▼ **雨中耕作图**

敦煌壁画中有不少描绘农耕生活的场景。这是一幅优美的农村风光图，天上乌云密布，大雨刚下起来，农夫还在辛勤耕作。左边农夫驱使一头牛牵犁翻土，比两牛牵犁节省了畜力。

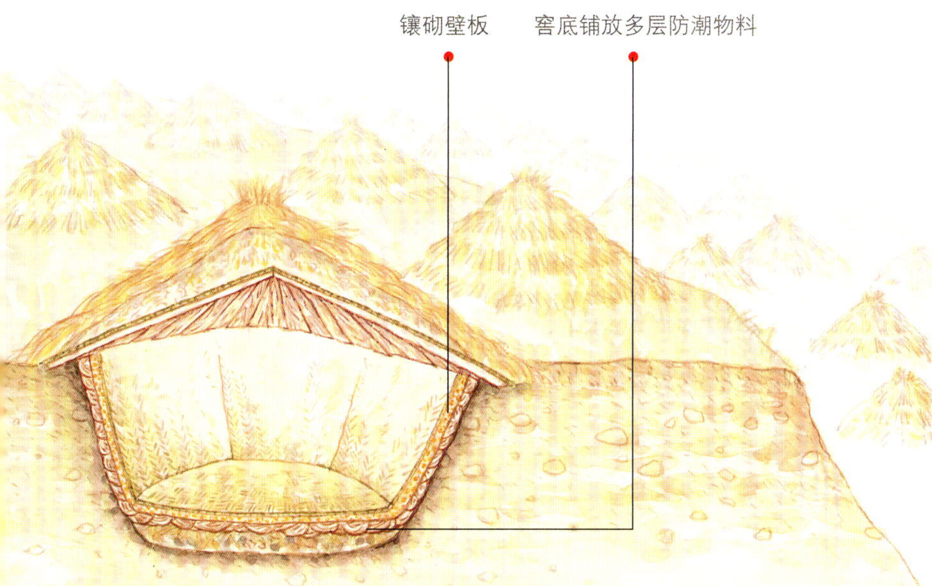


▲ **洛阳含嘉仓窖复原图**

唐朝沿运河两岸建造了很多粮仓，北方的粟和南方的米经运河源源不断运到洛阳，先存入仓，再经陆路运到首都，支援消费人口。这些粮仓管理严密，为了使储粮长时间不变质，仓窖建得很考究，口大底小，不易塌陷，内部经过细致加工和防潮处理，窖顶密封，放置粮食时每层均用席隔开。含嘉仓有400多个仓窖，分成不同区来管理，曾在这里发现的谷物遗存约有25万千克。

▼ **唐朝均田制示意图**

唐朝均田制更加完善，寡妻、妾以外的妇人及奴婢均不受田，以减少贵族借养奴婢获取受田数量的情况，对稳定社会及发展生产极为有利。

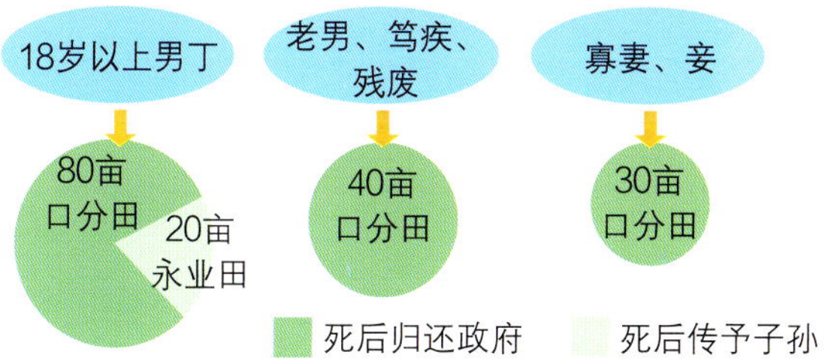


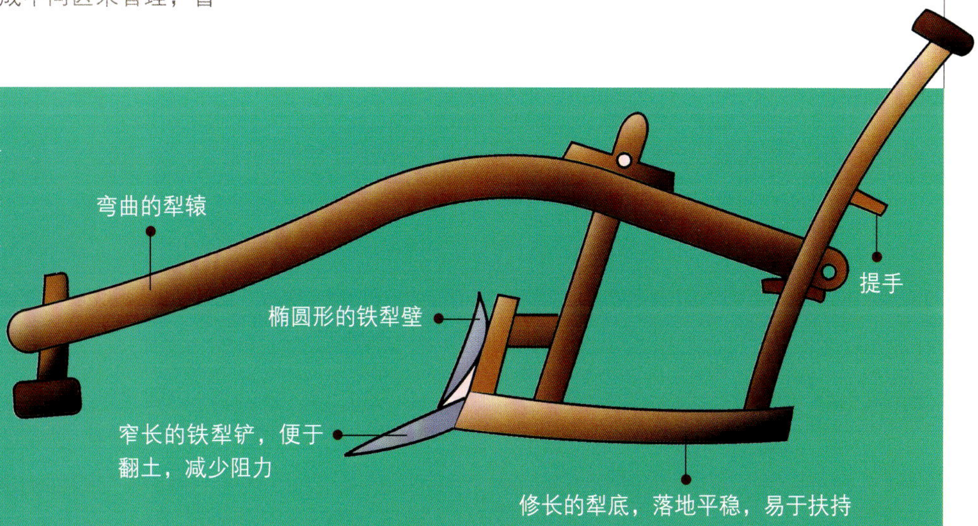


▶ **曲辕犁**

把犁的辕改短改曲，使这种深耕翻土工具变得轻巧灵活，节省人力畜力，后来在全国推广使用。

◀ **高转筒车**

这是新发明的灌溉工具，装在地高水低的地方。灌田时，转动岸上的木轮，使汲具沿着索转动，把汲得的水倒入土地中。自动灌溉工具对南方的水稻田很重要。有些筒车可以由水力带动，昼夜不停灌溉，效率是畜力带动筒车的10倍。

**历史链接**

### 水能载舟，亦能覆舟

唐太宗善于用人，还特别善于听取众人的意见。魏征多次直言进谏，他不仅不生气，还把魏征比作自己的“镜子”。他把君与民的关系比作水与舟，常用“水能载舟，亦能覆舟”这句话来警示自己。他在位时政治清明，被称为“贞观之治”。

# 千里大运河

如果要选对中国影响最大的江河，那么黄河、长江之后，应该就轮到大运河了。这条人工河道，是为了克服中国河流大都东西流向、南北不易沟通的弊端而开凿的。它也不负使命，通过运输物产，真正把中国南北方文化沟通起来，沿河还造就了一大批商业城市，其中从唐到清长盛不衰的是扬州。

隋朝投资开凿的大运河，全长约2700千米，到唐时发挥了大效用，把南北的粮食运到关中，保证了首都的供应，也向南运输了各种北方的生活物资。运河宽60多米，河旁有御道，路旁种柳树。在这条美丽的人工河道上，航行着先进的内河航船。江苏出土的一艘内河木船已经有隔舱板，不同货主可以按类别将货物装入不同的船舱，方便货物管理和装卸，提高了效率。

沿河的城市首推扬州，它的繁华还盖过了汉以来已很发达的四川。扬州商人多，生活条件好，城市环境美丽，娱乐生活丰富，阿拉伯等国的商人也喜欢聚居在这里。唐诗里充满了对扬州的美好印象，如李白的“烟花三月下扬州”，杜牧的“二十四桥明月夜，玉人何处教吹箫”和“十年一觉扬州梦，赢得青楼薄幸名”。

隋唐的陆路交通建设也很完善，但论突破性和深远影响，不得不让影响中国1000多年的大运河大出风头。

**历史链接**

**隋炀帝游江都**

隋炀帝征数百万民工开凿大运河，耗费无数；又建造豪华龙舟，沿运河3次游幸江都。随行船只有数万艘，首尾相接近200里，两岸纤夫有8万余人，随行人员达数十万，所过州县供给之费以亿计。他的骄奢淫逸加速了隋朝的灭亡。

▼ **大运河今貌**

大运河到今天仍在使用，它已造福扬州1000多年。

◀ **扬州瓜州古渡口今貌**

大运河经过扬州和长江交接，这个渡口当年是扬州的大码头，即有名的瓜州古渡。唐朝鉴真和尚东渡日本的船只就是由此出发的。

▼ **三彩双鱼瓶**

扬州是唐朝南方最富庶的都市，它的物产也久负盛名，除了铜镜，扬州的陶器造型也不同于北方。这件三彩陶器被做成鱼形，与北方流行的驼马造型大不相同。

▲ **大运河位置图**

大运河从南到北，沟通了钱塘江、长江、淮河、黄河等东西流向的水系，是延续了1000多年的南北大动脉。

▼ **南粮北运的情况**

唐朝时，江南已成为重要的经济地区，远在北方的京师要依靠南方的物资供应，于是大运河就承担起南粮北运的角色，对当时的政治和经济起着重要作用。

**历史链接**

### 漕运

从水路运粮食供应首都或作为军需，一直是很重要的事情。为了便利漕运，隋朝开凿大运河，连接起几个水系，使漕运一通到底，物资运送源源不绝。漕运虽然是政府的事，但一直有私人搭运货物，屡禁不止，因此也是商业贸易的一条重要渠道。

▼ **有水密舱的内河船**

江苏如皋出土了一艘唐朝单桅运输木船，排水量约33~35吨，船长约18米，应是江河中行驶的快速运输船。船的舱房之间有隔舱板，分为9个舱，是迄今所见最早的有水密舱的船。有了水密隔舱，即使个别船舱破损漏水，也不会影响其他船舱，降低沉船风险。

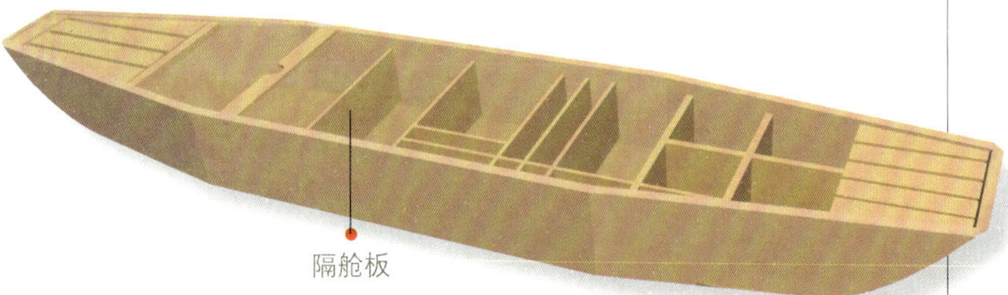

# 丝绸之路的盛况

中国重新统一后，贯通欧亚的大动脉又畅通了，丝绸之路进入最盛的时代。

丝绸生产是唐朝主要的手工业生产。这时的租税还保留征收布帛这种上古制度，唐朝主要是征收丝麻，因此丝麻生产成为农村家家户户的副业。丝绸甚至有货币的作用，士兵到边疆防守，会带上丝绢作为备用钱财。

唐朝时，城市里出现分工细、规模大的丝织作坊，丝织技术还向南方传播。中国的丝织在工艺、染色方面始终领先，但很重视吸收外地技术和花纹样式。名贵的织锦吸收了波斯用纬线织花的技术，产品更细密。波斯的联珠纹、禽鸟纹风行一时。

丝路沿线上的罗马和波斯，是丝绸的大买家。这时罗马已分裂，东罗马帝国的君士坦丁堡和唐朝的长安同是世界商业中心。至于波斯，向来和唐朝关系密切，却在唐初被新生的阿拉伯帝国灭掉，波斯王子还逃到中国求援。

新局势虽然改变了欧亚政治面貌，但是丝路贸易无论对哪一个国家都很重要。阿拉伯人一点也不轻视做丝绸贸易中介商的利润。波斯人一直做中国和罗马货物的转手贸易，这时虽然已经亡国，但仍努力保持中介角色。再加上中亚的粟特人既熟悉波斯，又熟悉中国，甚至可以在中国设厂生产波斯锦。因此，这时丝路的商品贸易比汉朝时还要兴盛。

▲ **丝路西域段的佛寺遗迹**

西域龟兹东面却勒塔格山南麓的河岸，寺院残垣密布，出土了许多佛像和文书，可见当年佛教的辉煌。从位置推测，此处应是唐玄奘《大唐西域记》记载的雀离大寺。

◀ **萨珊波斯银币**

这是波斯王库思老二世（Khosrau II）在位时期（590—628）的银币，正面为王像和波斯文字。这一时期萨珊王朝经济繁荣，贸易发达。

▼ **彩绘胡商牵驼俑**

骆驼有沙漠之舟的美称，是丝绸之路上不可缺少的运输力量。许多胡商牵着骆驼，不远千里来往于东西方之间，为东西方文化和贸易交流作出了贡献。

▲ **织绣与织锦袜**

随着丝路的重新开通，中西交往又频繁起来。这件波斯萨珊王朝风格的织品，用刺绣与织锦合制而成，上面有绣工精致的宝相花纹。

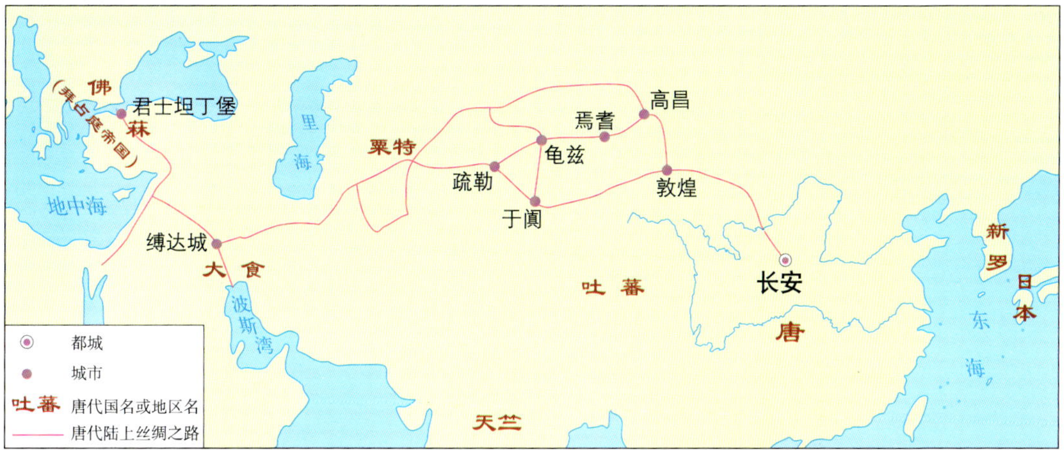


▲ 丝路沿线主要国家及地区位置图

**历史链接**

**万国都会长安**

唐代长安是万国都会，来自西域的商人都集中在长安的西市。那里商铺林立，西域商品如珠宝、香料、玛瑙、琉璃等琳琅满目，来自外国的食品如胡饼、葡萄酒等应有尽有，吸引着四方来客流连于此。

◀ **东罗马金币**

由东罗马帝国铸造，发现于唐长安城的何家村窖藏。

◀ **阿拉伯金币**

在西安出土，是中国境内发现最早的伊斯兰铸币。

▶ **彩绘骆驼胡人俑**

在西安隋唐墓的随葬陶俑中，有许多深目高鼻、头戴尖顶帽、身穿折领衣，或抱西域乐器，或牵引驼马的胡人形象。那些风尘仆仆奔波于沙漠、山岭和丘陵之间的阿拉伯、波斯或粟特商人，为中国和西方的商品贸易辛勤跋涉。

▲ **阿拉伯人俑**

这是往来于丝绸之路的阿拉伯商人形象，深目高鼻，络腮胡须，穿厚实的皮衣，脖上套有干粮袋，腰束皮带，皮带上还串带有孔铜钱。当时西方的货币都没有孔，这些铜钱是中国隋唐时期流行的货币。

# 丝路两大站——波斯与东罗马

以中国为起点的丝绸之路上，波斯是必经之地，是重要的转运站，而东罗马帝国则是丝路交通的西端终点站。中国、波斯、罗马这三大文明就由丝路联系起来：商品、艺术、知识源源不断输入和输出。波斯和东罗马的产品更成为南北朝及隋唐王室贵族喜爱的时尚用品。

◀ 波斯武士斗野猪银盘

▲ 罗马人物浮雕鎏金银瓶

# 世界文明的汇合

◀ **龟兹佛教壁画**

龟兹盛行佛教，是佛教东渐的关键地点。这里有很多佛寺及石窟的遗存，克孜尔石窟是其中规模最大的。这是一幅神话故事壁画中的人物，有印度风格。

唐朝因为国力强盛，交往的范围很广，朝鲜半岛、日本以及东南亚、南亚等国都派人员来学习。随着丝绸之路商品交流愈发兴旺，罗马、阿拉伯、波斯、中亚商人频繁来往甚至定居。不同国家和地区之间的技术、生活风尚、思想也互相影响。

从首都长安的情况来看，中国成了当时世界文明的交汇之地。官员贵族爱用东罗马和波斯金银器，连瓷器都仿金银器制造。牵着驼马的胡商，把千里迢迢运来的珠宝、玛瑙拿到市集售卖，再买入丝绸、漆器。人人欣赏风格混杂的舞蹈、杂技，偶尔喝一下葡萄酒，吃胡麻烧饼。胡族女子经营酒肆，即兴还可来一场歌舞。佛寺里僧人讲充满印度幻想风格的佛经故事，吸引信徒。诗人听着中国乐器结合琵琶、胡琴伴唱他们的名诗，可能突然想出一首既有佛家明心见性又有道家空灵意趣的好作品，甚至怀抱雄心，想要到边塞去参军欣赏那壮阔的景色。

长安之外，西域一东一西的高昌和龟兹，当时受唐管辖，也做了很多文化中介的工作。这两个丝绸之路的重镇，高昌更近中原风，龟兹更近中亚风，都使经过的世界文化先做一番融合，加上本地的色彩，再转给丝路的两端。唐朝的造纸、丝织、绘画，甚至道家思想也向西域发展。

循海路而来的贸易出现后，以航海闻名的阿拉伯商人，带着伊斯兰教信仰聚居在南方。

在唐朝出现的各族、各地的密切交往，已突破政治，深入经济、文化、生活以至思想方面。

▲ **风头人面壶**

这个壶外形奇特，人物头发中间分界，梳三节发辫，长鼻、小口，有印度人的特征。

▶ **礼宾图**

唐朝作为泱泱大国，很多国家和地区都希望与之建立交往关系，故使臣来访不绝如缕。当时设立了专门负责接待外宾和少数民族使节的机构——鸿胪寺、典客署等。这幅礼宾图中，3位戴笼冠、持笏板的唐朝外交官员正在接待3位外来使臣。

◀ **兽首玛瑙角杯**

这是东罗马传入唐朝的著名商品，称为角杯，是盛酒水用的。角杯是东罗马贵族使用的典型器皿，多用金银、象牙、玛瑙等制作，器形模仿羊头或牛头。角杯传入中国后，深受唐皇室贵族喜爱，成为一股新时尚，争相仿制，出现了三彩角杯、象首杯等多种形式。但角杯大，造型奇异，不符合中国人的饮食习惯，实用品很少，只用于陈设观赏。这件角杯用玛瑙制成牛头形，质料珍贵，极易碎，应是贵族炫耀的观赏品。

**历史链接**

**开元盛世**

唐玄宗在位前期，是一位有作为的君主。他任用一批正直的官员，使政治清明，文学艺术繁荣，科学技术发达。开元年间（713—741）社会富饶达到空前程度，史称“开元盛世”。这是承接唐太宗贞观之治的太平盛世，也是唐朝的全盛时期。

◀ **昭陵十四国酋长像**

昭陵是唐太宗李世民的陵墓，祭坛上雕刻了14个石像，代表当时突厥、薛延陀、吐蕃、新罗、吐谷浑、龟兹、于阗、焉耆、高昌、林邑、婆罗门等部族和国家，是唐初与各族往来的缩影。这是其中保存较完整的一个。

▲ **伊斯兰刻纹蓝玻璃盘**

这件在唐朝皇家寺院出土的玻璃盘，从器形纹饰及加工技术来看，产地当在伊朗。伊朗是波斯故土，被阿拉伯帝国吞并。波斯以玻璃制作著称。刻花玻璃器属伊斯兰玻璃的冷加工技术，即在制成的器形上打磨、刻划纹饰，再在打磨的纹饰上描金。

# 李白、王维与岑参的西域缘

唐朝是诗歌大盛的时代，盛唐诗人李白、王维和岑参，都是一流的中国大诗人。这三位各有风格的诗人，他们的生活和诗却都能跟西域文化沾上一点关系。

李白个性很强，才气高，既学做剑客，也喜欢入山求仙，与道士做朋友。李白的诗写得大气、潇洒，视野开阔，被称为“诗仙”。这位和杜甫齐名的中国诗人曾被怀疑不是汉人，他在哪里出生，学术界长期争论不休。他成长在四川，但出生地有四川和西域两说。主张西域说的，认为他可能出生在碎叶城，也就是今天中亚吉尔吉斯斯坦北部托克马克附近，童年才回四川。即使现在未有定论，但有一点是可以肯定的：李白的祖先曾长期住在西域。据说李白的祖上因为获罪而逃到西域，隐姓埋名，在那里住了五代人，到李白出生前后，才潜回四川。无论李白是不是出生在西域，他的四川背景还是深一些，所以他写的《行路难》，是写四川的蜀道，而不是写被千里沙漠覆盖的丝绸之路。

可能因为李白家世与西域有渊源，很可能懂得外语，因此小说戏曲里编了情节，说他懂得蕃文，有一次唐玄宗收到蕃主国书，满朝文武没有人懂得，赶忙把李白找来做翻译。李白不但译了内容，还草拟了回答的蕃书。

李白的先世与西域的关系，究竟对他有多大影响，大概与他的出生地一样，没法说得清。唐朝流行写边塞诗，到中原的西域人也很多，李白的诗自然会写到胡风胡貌。“落花踏尽游何处？笑入胡姬酒

▲ 汉朝阳关遗址

肆中”，写的是中原市肆中当垆卖酒的胡族女子；“明月出天山，苍茫云海间。长风几万里，吹度玉门关”，写的是西域边塞风光。

另一位盛唐大诗人王维，没有李白的外地背景，是地地道道生长在中原的士人，他也写大漠景色，而且是实景，像“大漠孤烟直，长河落日圆”这样的诗句，没到过关外，是写不出的，而王维确曾出塞慰劳战胜吐蕃的河西将领。至于送别朋友去西域，王维的“劝君更尽一杯酒，西出阳关无故人”，更是传诵千古。不过王维最出色的，是他写山水景物的诗。他是大画家，苏东坡称他“诗中有画，画中有诗”，也就是诗里的视觉意象特别出色，从“明月松间照，清泉石上流”就可以见到这一特色。有人说王维诗的另一个特点，是有禅味。禅是印度传来的佛学的一支，在中国被发扬发展到开创一派。盛唐时代，佛教十分兴盛，很多大人物都信奉这种自西域传来的宗教。据说王维的母亲信佛虔诚，王维的名字——名维、字摩诘，就是取自佛教里聪明绝顶、辩才无碍的维摩诘居士。写禅诗，不是由王维开创，但是谈禅诗的，总会把王维搬出来，像“雨中山果落，灯下草虫鸣”等，参悟天地，契合自然。甚至王维最为人传诵的山水诗，写景空灵，也被认为有禅味，捕捉了佛教世界的意境。

李白、王维都有写边塞诗，因为唐向往异域色彩，不少诗人都写过西域景物。唐诗里还有一派叫边塞诗派，就是以写边塞见长。唐代以前写边塞诗的，未必都到过边地，但唐朝的边塞派诗人却真有带着一股豪情跑到西域的。岑参就是曾从军去西域的著名边塞诗人，他有名的边塞诗多是七言古诗，如“北风卷地白草折，胡天八月即飞雪。忽如一夜春风来，千树万树梨花开”，又或“四边伐鼓雪海涌，三军大呼阴山动”，都是为人称道的名句。

我们读《唐诗三百首》的时候，不要忘记在这些中国名诗里，体味一下唐朝时期文化交融的活泼气氛。

# 各种宗教的传入

在轴心时代的影响下，从南亚的印度河流域到西亚的两河流域，成为世界最大的宗教思想发源地。古印度的婆罗门教影响了释迦牟尼创立佛教，古波斯则有拜火教、摩尼教，西亚一带相继诞生了犹太教、基督教和伊斯兰教。恩格斯（1820—1895）说：“历史上的伟大转折点有宗教变迁相伴随，只是就迄今存在的三种世界宗教——佛教、基督教和伊斯兰教而言。”（《马克思恩格斯选集》第4卷）这些活跃在欧亚大陆上的世界性宗教，在大唐盛世繁荣景象的吸引下纷纷涌入中国，深刻影响了中国的文化面貌。

印度北部、中亚到西亚，虽然山区沙漠错落，道路不算好走，但比起喜马拉雅山脉和中国西北的大沙漠，却可说是条通途，东西奔驰，来往密集，重要的宗教思想常常互相渗透影响。唐朝时，这些宗教又随着信仰者东来，传入中国。

拜火教是波斯和中亚粟特人的信仰，不向外传教。长安有很多波斯居民，从长安沿丝路到西北，有拜火教寺院或祭坛，唐朝有专门的部门负责每年的重要祭祀。粟特商人来做生意，有些早就落户，自成聚落，拜火教是粟特商人和聚落的凝聚力。

基督教借着罗马的扩张，在罗马占领的西亚地中海沿岸，也很有势力。唐朝时，一支名为景教的基督教传入中国。景教由罗马帝国叙利亚教会教士提倡，由于主张不同，不容于罗马教会。景教受到当时与罗马争雄的波斯王的庇护，并且向东传入中国。景教重视传教，在上层社会还相当兴旺。

初兴的伊斯兰教随着阿拉伯商人东来，在中国南方阿拉伯商人聚居的地方建有寺院。沿着丝绸之路，伊斯兰教则随着阿拉伯帝国的圣战，逐渐使波斯和中亚归化，并且延伸到西域。

佛教虽然传入中国已几百年，但印度还不断有新的佛教思潮产生。佛教传到中亚、西域，这些地方的新信仰者对佛教新思想也有贡献。唐朝时未来佛弥勒大受欢迎，甚至成为下层民众聚众起事的思想根源，一千年之后还在影响白莲教。弥勒信仰在中亚兴盛，它的未来救世者角色很像基督教的弥赛亚。佛教密宗思想也是在唐朝传入中国的。

▲ **密教石造像**

中国的密宗正式建立于唐朝，僧人善无畏从中印度经西域将经卷带到长安。这个石像体现了印度艺术风格的影响。

◀ **银盒上的印度佛节巡行图**

这个精美的鎏金刻花银盒上的驯象图，与印度佛教节日的佛像巡行活动相似。佛像巡行既是佛教节日的庆典，又结合了象戏表演，流行于印度各地。

▶ **西安伊斯兰教礼拜寺**

这座省心楼是西安大清真寺的一部分，是召唤教徒到大殿做礼拜的地方。大清真寺总面积12 000平方米，是最著名的伊斯兰教礼拜寺。

| 次序 | 时间 | 皇帝 | 盛况 |
| --- | --- | --- | --- |
| 第一次 | 贞观五年（631） | 唐太宗 | 千人一时同观，并重修法门寺，增筑殿堂，修建钟、鼓二楼 |
| 第二次 | 显庆五年（660） | 唐高宗 | 迎奉佛骨于东都洛阳。武则天施舍佛事寝衣帐绢1000匹，为佛骨制造金棺银椁。在东都供养3年后奉还。皇帝皇后亲造九重宝函，供送1500匹绢绸，数千人的队伍千里护送。增修法门寺 |
| 第三次 | 长安四年（704） | 武则天 | 奉送佛骨到东都洛阳，708年归还。并重修法门寺殿塔 |
| 第四次 | 上元元年（760） | 唐肃宗 | 迎奉佛骨于京师禁中道场。献赠甚奢，有袈裟一副，沉檀香300两等 |
| 第五次 | 贞元四年（788） | 唐德宗 | 不成文的规定是迎奉30年一次，但德宗即位后急不可待，距上次迎奉仅28年就再次迎奉 |
| 第六次 | 元和十四年（819） | 唐宪宗 | 王公大臣狂奔参拜，百姓民众唯恐落后 |
| 第七次 | 咸通十四年（873） | 唐懿宗 | 耗费钱财之多超过前几代，佛具上均饰以金玉珠翠玛瑙，组织万队仪仗，从京都长安到法门寺300里间，车马昼夜不绝。唐懿宗见佛骨激动得泪水泉涌，沾湿襟袖。此次迎送具有国际性，天竺沙门和尚伽提和参加了迎送佛真身 |

▲ **唐朝7次迎奉佛骨概况**

▼ **景教壁画圣枝节图**

高昌寺院遗址中发现的景教壁画，表现基督教圣枝节欢迎基督进入耶路撒冷城的场面。身形高大的牧师，着长袍，拿圣水杯，左手做指点状，其余3人拿棕树枝，恭敬地听牧师讲道。

▶ **拜火教的人身鹰足祭司**

拜火教即祆教，以火为善神的代表，约于北魏时传入中国，在隋唐时期的中亚地区极盛。丝路贸易的兴旺，使很多中亚地区的商旅如粟特人来到中国定居，他们仍保持其宗教信仰和礼仪。这幅拜火教石刻祭祀图中的人身鹰足祭司正在主持祭祀仪式，其外貌是典型的粟特人形象。右下角跪在金银器前面的是供养人。

人身鹰足祭司

**历史链接**

### 中国的本土宗教

道教是中国本土宗教，产生于东汉。它以得道成仙为目的，宣扬通过修身养性、炼丹服药实现长生不老。唐朝统治者推老子为祖先，道教得到很大发展，唐玄宗时达到鼎盛。唐代城市中到处可见道观，能与佛寺争胜。

并列的两座花岗岩墓

◀ **泉州伊斯兰圣墓**

7世纪初，穆罕默德遣门徒4人来华，在广州、扬州、泉州传教，他们死后葬在泉州。这是其中两座圣墓，是伊斯兰教在中国传播的证明。

# 丝路上的中亚商业民族——粟特

▲ **粟特俑**

唐朝留下很多胡人俑，这个俑很可能是粟特人的形象。

自从丝路开通，商人就在中西贸易上大展身手，其中尤其出色的是中亚的粟特人。当时中国人把他们叫作昭武九姓，因为粟特是中亚狭长沙漠绿洲的几个城邦国家。

他们的故乡，约在今天的塔吉克斯坦、乌兹别克斯坦，这里是古代中国、印度、波斯、罗马几大文明交流的必经之路，也是各大强国军事冲突的重灾区。因此，虽然部分粟特人很会打仗，却只能是谁强大就依附谁。突厥兴起，他们臣属于突厥；唐朝强大，他们就成为唐的属国。后来阿拉伯兴起，逐渐入侵到中亚，粟特人屡次以进贡为名，向唐朝求救。唐将高仙芝败于阿拉伯，粟特便臣属于阿拉伯。

粟特人无法左右政治，于是把精力放在经商上，他们会多种语言，孩子很小时便教他们经商之道。他们把织造成波斯人、东罗马人喜爱的图案的中国丝绸西运，把玻璃器、金银器、各种珍禽异兽运入中国。粟特人有很高的艺术天分，擅长弹琵琶、唱歌、跳胡腾和胡旋舞，他们中有一位叫曹仲达的北朝画家，把犍陀罗风格的衣纹绘画法传入中国，被称为“曹衣出水”，在中国绘画史上很有名。

粟特人的信仰源于波斯的拜火教。他们大批来中国通商，有些落籍，长住在中国，用汉字、改汉姓、与汉人通婚，但仍然保持拜火教信仰和生活习俗。

▲ **敦煌壁画中的胡旋舞**

粟特女子擅跳胡旋舞，以快速轻盈的旋转风靡唐朝。唐朝人不论等级，都爱跳舞，杨贵妃就是跳胡旋舞的好手。

▲ **圣火**

这是隆重的拜火仪式，圣火由三头骆驼背驮。这幅石刻出土于陕西一个入籍中国的安国人（昭武九姓之一）墓中。

▲ **粟特鹿纹银盘**

粟特金银器中，以鹿纹为主题的最多见。原本树杈形状的鹿角，演变为扇形，是粟特特有的风格。

▶ **弹曲颈琵琶的胡人**

粟特人擅长音乐舞蹈，其中曹国人（昭武九姓之一）尤以擅弹琵琶著称。

▲ **鎏金伎乐纹八棱银杯**

▼ **粟特与唐的关系**

| 时间 | 昭武诸国（部分） | 事件 |
|---|---|---|
| 永徽年间（650—655） | 何国 | 唐置贵霜州 |
| 永徽年间（650—655） | 康国 | 唐置康居都督府 |
| 显庆二年（657） | 东安国 | 唐灭西突厥，置羁縻府州，粟特九姓胡改宗唐朝 |
| 显庆三年（658） | 东安国 | 唐置木鹿州 |
| 显庆三年（658） | 安国 | 唐置安息州 |
| 显庆三年（658） | 石国 | 唐置大宛都督府 |
| 显庆三年（658） | 米国 | 唐置南谧州 |
| 显庆中 | 史国 | 唐置佉沙州 |

注：唐玄宗天宝十年（751），唐将高仙芝败于阿拉伯，昭武九姓改宗阿拉伯。

**历史链接**

**来自西域的食物**

来往于丝绸之路的商人把许多西域食物带到中原。如葡萄是西汉时引进，石榴从大夏传入。西域的胡麻、胡桃、胡瓜分别是汉族人民喜欢食用的芝麻、核桃和黄瓜；蚕豆和豌豆当时都叫胡豆，连胡椒和姜也是当时作为香料从西域引进的。

# 青藏高原上的吐蕃

统一的隋唐帝国建立时，青藏高原上也兴起吐蕃王朝，西藏一改松散的部落状态。松赞干布统一各个部族，定都拉萨，是吐蕃王朝最强盛有为的君主。

松赞干布称王只比唐太宗登皇帝位晚一点，他采取很多措施使吐蕃逐渐形成一个王朝，如委任官员、制定法律、创制藏文、改进地方组织等。吐蕃所处的高原，交通阻隔，文化上受中原和印度的影响。而唐朝国力强盛，松赞干布明白，要令吐蕃强大，要输入很多中原的技术，因此他多次向唐太宗请求通婚，唐朝终于答应把文成公主嫁到吐蕃。文成公主把汉族的耕作、造纸、制墨、纺织技术带入西藏，又带去佛像和中原的礼仪乐舞制度，对吐蕃的发展起了很大作用。

吐蕃强大后，向北、向南挑战唐朝：向北灭了依附唐朝的吐谷浑，还占领了河西走廊，包括敦煌；向南征服唐朝扶植的南诏。唐和吐蕃因此多次交战，但也经常和谈。文成公主之后，又有金城公主嫁到吐蕃，中原文化第二次大规模传入西藏。

吐蕃和南亚相接，也受南亚文化的影响。藏语和汉语属同一语系，但藏文却受梵文影响，属于拼音文字。文成公主笃信佛教，入藏时手携佛像，松赞干布娶的尼泊尔公主也带来佛像。吐蕃占领河西走廊后，同样受到当地兴旺的丝路文化影响。在青海发现的吐谷浑墓，显示吐谷浑被灭后，还保留原来的社会组织，墓里又发现流行于唐朝的波斯纹样丝织品。由吐谷浑的例子可知，部落在吐蕃里仍然有势力。因此，吐蕃衰落后，青藏高原又分裂成许多小国。

▼ **唐卡中的牛拉犁**

文成公主嫁到吐蕃后，中原的耕作技术及农具随之传入，促进了西藏的农业发展。吐蕃的农耕技术本来比较原始，不讲究平整土地，田地也没有阡陌，水土容易流失。自吐蕃人学会挖畦沟，又有先进的农具协助耕作后，西藏的农产品产量大大提高了。图中以牛拉犁就是中原的耕作方式。

▲ **拉萨小昭寺**

这是文成公主入藏后亲自督建的寺院，设计和施工都是由入藏的汉人负责，建筑讲究左右对称布局，是汉族特色。现在这里是西藏佛教的一所密宗经学院。

正在兴建佛寺

**◀ 唐卡中的佛像**

唐卡是藏传佛教中一种卷轴画。这幅唐卡表现了松赞干布时期唐朝与吐蕃交往的重要历史，这是其中一个画面，左面应是描绘文成公主和尼泊尔尺尊公主（松赞干布的另一位皇后）带入西藏的两尊佛像。

**历史链接**

### 文明的使者

文成公主是唐朝宗室之女，自幼被唐太宗收养在宫中。她美貌多才，且通达事理。她17岁入藏，与西藏人民共同生活了40年，传播了中原先进的文化与技术，改革了当地的落后习俗，促进了西藏经济文化的发展，深受西藏人民爱戴。

**◀ 文成公主像**

一直以来通婚是中原王朝和外族联络的方法之一。文成公主嫁入西藏在当时的东亚是一件大事，令势力强大的突厥人既妒又恼，因为唐朝不肯和突厥通婚，却把公主嫁给势力小得多的吐蕃。

| 事件 | 年份 | 重要成就 |
| --- | --- | --- |
| 文成公主和亲 | 641 | 文成公主传授吐蕃民众垦田种植方法；<br>带金玉绸帛等精美手工艺品、生产技术及医学著作100多种，佛教经籍几百卷；<br>松赞干布为文成公主建小昭寺 |
| 神龙会盟 | 706 | 唐与吐蕃使者长安会盟，结束半个世纪的战争，重建亲善关系 |
| 金城公主和亲 | 710 | 带绣花锦缎数万匹、工技书籍多种及大量随行工匠和乐工杂技入吐蕃，传入中原文化 |
| 开元会盟 | 734 | 唐与吐蕃在赤岭立碑分界 |
| 长庆会盟 | 821—822 | 重建双方关系，结束唐蕃之争，823年立唐蕃会盟碑作为纪念 |

**▲ 唐与吐蕃交往的重要事件**

**▲ 松赞干布像**

**◀ 《步辇图》中的禄东赞**

中间穿窄袖锦袍的禄东赞是吐蕃的大臣，松赞干布派他向唐朝请婚，唐太宗应允。

**▶ 唐卡上的藏式房屋**

西藏多山，建于山上的房屋称碉房，特点是外形成阶梯形，一般高2至3层，通常是成组成群地建造。

# 西藏布达拉宫

始建于7世纪的布达拉宫，是松赞干布为文成公主建造的。“布达拉”是梵语的音译，指观世音菩萨所居之岛。这座宫堡式建筑群，占地41万平方米，一直是西藏的佛教活动中心。中央的红宫，用于宗教事务；两翼的白宫，是达赖喇嘛政治活动和起居的场所。这座荟萃藏族艺术精华的古建筑，现已成为西藏的标志。

布达拉宫全景

藏民到布达拉宫山脚转经筒

# 东亚文化的形成



中国的文明发展早，一直是东亚文明的中心，秦汉形成统一的帝国以来，文明和制度不断向四周传播。唐朝的鼎盛，使来中国求学、生活的外族人特别多，文化传播的规模和范围比秦汉时大。日本学者认为，唐朝时东亚文化体系成熟，给东方世界带来了重要而深刻的影响。

东亚文化体系内各国的表现包括：模仿唐朝的政治和法律制度，接受儒学和中国化的佛教在境内传播，未有自己文字的甚至直接使用汉字。这个文化体系的范围东到朝鲜半岛、日本，西到中亚，北到位于东北的渤海国，南到越南北部。各地接受的内容和影响程度不尽相同，其中渤海国、朝鲜半岛的新罗和日本最明显。

渤海国既是唐的属国，又接受唐朝册封的地方官职，和唐朝既是宗主和藩属关系，又是中央和地方政府关系，受唐朝文化影响特别深。渤海国和日本、新罗交往密切，因此成了向这两国传播唐朝文化的桥梁。在渤海国的北方又有很多仍处在部落组织的部族，像契丹，它们也是通过渤海国接触唐文化的。916年，阿保机称帝，建立契丹国，也就是后来雄霸北方的辽国。从辽朝的壁画和器物，可以看出很深刻的唐朝影子。

朝鲜半岛上原有3个国家，后统一为新罗。新罗的人才不但到唐朝学习，还参加唐朝的科举考试。政治制度也模仿唐朝，既设科举考试，也设国学教授儒家经典。新罗用唐的历法、年号，穿唐服，读汉文，宫廷音乐里有唐乐。唐的制瓷、印刷、天文学、医药学也传入新罗。

日本受唐朝的影响很深，主动派学生和僧人冒生命危险渡海到中国学习。日本的大化革新运动，以唐朝制度为模仿对象。日本当时的首都京都和奈良，可以说是唐朝首都长安的再现，连主要宫殿、城门和街道名称也沿用。

朝鲜半岛和日本都盛行中国化的佛教，并且自己开宗立派。

◀ **日本正仓院藏螺钿紫檀五弦琵琶**

正仓院位于日本奈良的东大寺，里面收藏了8世纪在位的圣武天皇的很多珍宝，当时正是日本大量吸收唐文化的时期。现今存留的200多件宝物中，有很多由中国输入，如琵琶和镜，有些则是日本仿唐制作，如三彩陶器等。

▶ **《职贡图》中的百济和日本国使**

朝鲜半岛上的3个国家，在唐朝以前已与中国互有往来。这张百济和日本国使的画像，是一幅长卷画的局部，由南朝梁武帝之子萧绎所绘。原画有多个来访使节的服饰形象，以及用文字交代两国来往的事迹。

◀ **具有唐朝风格的契丹器物**

辽的前身契丹，原居于渤海国的北方，他们通过渤海国接触唐文化，即使是建国后的制品，也明显带有唐朝的风格。这个银壶就是契丹早期模仿唐朝金银器的代表作。

▲ **高句丽送供使**

敦煌壁画中描绘的来自朝鲜半岛的高句丽朝圣队伍，正前往文殊菩萨道场圣地五台山进香供奉。

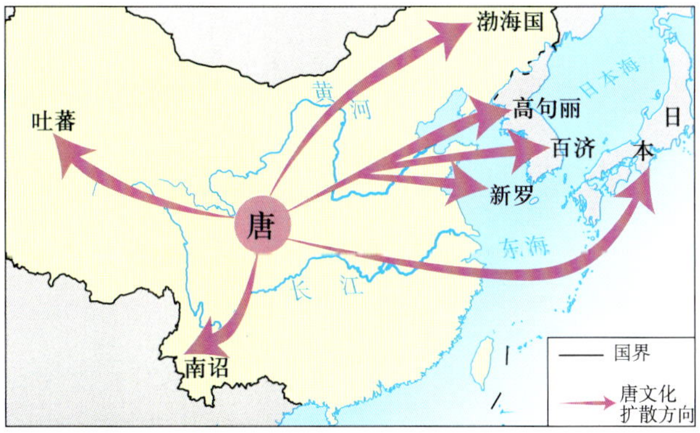


▲ **唐文化扩散范围**

▲ **敦煌壁画中的大帆船**

中国与朝鲜半岛、日本及东南亚、印度等地早有通航。随着南方经济的发展，制造海船及海上航行技术的改进，为海路大兴奠定了基础。此外，陆路丝绸之路所经的河西在安史之乱后被吐蕃占领，道路不通，中外贸易只得改经海上的丝绸之路。从唐中后期开始，海上贸易的国家和地区之多、贸易额之大是前所未见的。

▲ **唐代海上丝绸之路**

由于陶瓷的运输主要通过海路，海上丝路亦被称为陶瓷之路。追踪陶瓷的外销，可以窥见唐朝海路所到之处。

**历史链接**

### 鉴真东渡

唐朝高僧鉴真应日本邀请，赴日传教，经过6次东渡，终于抵达日本。他带去了大量佛经、佛像、书法等作品，在日本受到极高礼遇。鉴真在日本整整10年，既推动了日本佛教发展，又传播了中国建筑、医学等技术。

# 开放的社会风气

唐朝是中国一个很开放的时代，从分裂混乱走向统一，从统一走向兴盛，推行了很多称得上世界先进的制度，人民安居乐业，充满自信。这时的人民经过近400年的民族融合，显得生气勃勃，很有活力。所谓汉族，已混有南北各地少数民族的血液。加上国力兴旺，外地人来得多，彼此交往多，见识广，整个社会有一种蓬勃向上的精神。

在精神面貌上，文明礼貌和奋发勇敢同时兼有。大家都知道唐朝人爱写诗，官员可以是诗人，一般民众也可以即兴创作几句，这是文质彬彬的一面。也有很多诗人向往到北方和西北边塞体验生活，所以也有雄浑的边塞诗。为了追求知识和哲理，也有僧人经历千辛万苦到西域或印度学习佛法，最著名的是唐玄奘。

唐朝的妇女很自由，并不从属于男性，她们有单独的社交活动，可以自由结社，也不怕和男性接触。她们可以穿着裙子骑马出行，可以女扮男装，也可以下棋、出游、打球、狩猎。唐朝妇女婚嫁也很自由，不怕离婚或再嫁，还敢自己选对象。

▲ **骑马的贵妇和小女孩**

在唐朝的开放风气下，妇女在社会上非常活跃。在这幅春游图中，可见几位贵妇盛装骑马春游，其中一名随队出发的小女孩，可能从小便学会了骑马。

◀ **弈棋图**

下棋是唐朝贵族妇女的娱乐活动之一。图中贵妇束高髻，簪花耀顶，眉作倒八字晕饰，面色红润，穿绯地蓝花袄，白纱披肩，着绿花罗裙，应是六品官员的妻子。

**历史链接**

**中国唯一的女皇帝**

中国封建王朝没有女性继承皇位的习惯，唐朝却出现了一位不甘心只做皇后的女性——武则天。她登位称帝，是中国历史上唯一的女皇帝。这个特例恐怕和唐朝的社会风气有很大关系。北方胡族的女性有很高的社会地位，唐朝是汉胡风俗结合的社会，对武则天的即位比较有利。

**历史链接**

### 唐朝女装

唐朝开放的社会风气使妇女服装绚烂多姿。妇女们上穿小袖短襦，下系紧身长裙。盛唐时，流行袒领，不穿内衣，形成“粉胸半掩疑晴雪”的风格。妇女可以和男性一样穿靴，甚至可以穿着男装出游，其开放程度可谓空前绝后。

◀ **彩绘狩猎骑马陶俑**

唐朝社会充满进取精神，汉晋时代贵族百姓的娱乐活动主要以健身养生为主，唐朝人却以刺激的竞技活动为时尚，狩猎、出游、打马球等都是当时流行的游乐活动，充分表现出唐朝人奔放开朗的个性。女子也一样可以参加这些激烈的活动。

640 **弘化公主** 吐谷浑慕容诺曷钵

641 **文成公主** 吐蕃松赞干布

710 **金城公主** 吐蕃尺带珠丹

717 **固安公主** 先嫁奚族首领李大酺，后嫁李鲁苏

**交河公主** 突骑施苏禄可汗

**永乐公主** 契丹松漠王李失活

722 **燕郡公主** 契丹松漠郡王李郁于

744 **和义公主** 宁远国奉化王阿悉烂达干

745 **静乐公主** 契丹松漠都督崇顺王李怀节

**宜芳公主** 饶乐都督怀信王李延宠

758 **宁国公主** 回纥英武威远毗伽阙可汗

768 **崇徽公主** 回纥牟羽可汗

788 **咸安公主** 回纥天亲可汗

821 **太和公主** 回纥崇德可汗

▲ **和亲公主表**

◀ **打马球俑**

马球是从波斯传入的球类活动，在贵族中十分流行。唐朝贵族的体育活动广泛多样，受胡人及草原民族尚武之风的影响较大。

▶ **女扮男装的宫女**

唐朝女性也爱作男装打扮，这是一名着男装的宫女。

# 能歌善舞的时代

大部分民族本来都能歌善舞，但似乎越文明开化就越不敢歌舞了。汉族由爱歌舞变成爱看人表演歌舞，在汉朝已经有迹象。北方胡族给汉族的巨大冲击，不单在军事上，还在歌舞上。他们无论身份高低、男女老少，都爱歌舞。魏晋南北朝时期，在北方民族的冲击下，政治四分五裂。汉朝的正统音乐流落到西边的河西走廊、南边的长江中下游，与当地的音乐舞蹈结合，生出新的乐种；加上北方雄浑的胡乐、西方细腻的胡乐，使唐以前中国早已进入东南西北乐舞大交流的高峰。唐朝继承这笔财富，对外交流更畅通无阻，新的乐舞涌入，对各种乐舞兼收并蓄，使唐朝的音乐舞蹈达到一个很高的水平。

唐朝是个胡风弥漫的时代，这时的胡人除了北方的，还有西方的，尤其是两个扼守文明通路的地方：中亚和龟兹。中亚的粟特人政治上依附唐朝，但他们弹琵琶、唱歌、跳舞能力首屈一指，他们的胡腾舞和胡旋舞风靡唐朝。今天被视为中国乐器的琵琶，其实是从西域传入的。边塞诗人听着的“胡琴琵琶与羌笛”，没有一件是商周秦汉以来的中原传统乐器。龟兹这个文化大熔炉之地的乐舞，早已影响到河西走廊。变成唐朝统治西域的中心后，龟兹继续发挥它融合波斯、印度、中亚文化的特长。粟特和龟兹音乐都被编入唐朝的宫廷正统音乐里。

唐朝宫廷音乐机构规模庞大，有乐工数万人，有专门教练宫廷音乐创作人员的机构，是音乐人才荟萃之处，也是音乐活动的中心。宴乐是国宴时表演的音乐舞蹈，集中了当时乐舞的精华，主题虽然是歌功颂德，但吸收了很多外来音乐，艺术性强，保持了各地乐舞的生命力，加上几个嗜好音乐的皇帝提倡，成就睥睨各代。

▲ 敦煌壁画中的反弹琵琶

▶ 戴孔雀帽女乐俑

表演艺人不单奏乐要出色，打扮也要别出心裁，这个女乐人戴着一顶孔雀帽。

▲ **汉白玉浮雕的散乐图**

从这个用高级石材雕刻出来的图像，可以看出当时达官贵人家中蓄养乐伎以演奏音乐的情况。

❶ 秦地的筝
❷ 方响
❸ 中原的箫
❹ 竖笛
❺ 西域的筚篥
❻ 西域的五弦琵琶
❼ 横笛
❽ 拍板
❾ 腰鼓
❿ 都昙鼓

◀ **敦煌第172窟龟兹乐队**

打鼓者的左胳膊上有与众不同的标记，应是乐队的指挥。较大型的乐队都有鼓，常在前面，打鼓者一般有指挥作用，尤其是打羯鼓者，唐玄宗说羯鼓是八音的领袖。

▶ **胡腾舞玉带**

中亚的腾跳舞蹈，使唐朝人看花了眼。这种发挥男舞者跳转优势的舞蹈，舞步急促，不时加入高跃、空转等高难度动作，很受欢迎。图中一个深目高鼻、满脸胡须的舞者，正在一张地毯上起舞。

**历史链接**

**《霓裳羽衣曲》**

唐朝人能欣赏到用胡笛、琵琶演奏的西域音乐和优美的异国歌声，唐玄宗创作的《霓裳羽衣曲》就是融合了中外音乐风格的作品。舞者身披多彩的羽毛，配上歌舞表演，飘逸如仙，呈现如梦如幻的仙境，寄托了玄宗的向往。

# 佛教的狂热

佛教传入中国，到唐朝时信仰达到鼎盛。上层王族和文人迷恋，一般民众也极其深信。

唐朝有几个皇帝多次从京郊的皇家寺院迎佛骨到宫中侍奉，当时万人空巷，百姓夹道相迎，耗费了很多钱财。大文豪韩愈对皇帝大讲迷恋佛教怎样有害，结果被贬官。迎佛骨的花费还是偶然的，平常对寺院的奉献却是经常的。皇家寺院法门寺遗址出土的，有名噪一时的秘色瓷、不易得到的进口玻璃器、金银茶具整套、香炉多个，还有各种金线绣品，都是皇帝皇后供献的。达官贵人还经常把住宅捐出做寺院。按当时法律规定，僧尼不必交税和服劳役。现存的龙门石窟和敦煌石窟，在唐朝时开凿的洞窟或佛像，既多又大，装饰得很美丽。

当时信仰的方向，已从佛教初传到中国时讲苦修、牺牲以及观音菩萨救苦救难，转向讲西方极乐世界，宣扬念诵阿弥陀佛的名字就可以去西方极乐世界。不光一般民众信奉，很多知识分子也很向往，有些还自己建坟墓，坐床念经，等佛来接引他到西天。

诗人的诗文里回荡着佛教式的意境，画家、雕塑家费尽气力营造出瑰丽的佛教世界和神祇。佛教对唐朝的文学和艺术都有很大影响。

▲ **往生西方极乐世界**

往生西方净土是唐朝人的大梦想。根据佛经，往生时是变成小孩子，从莲花中化生的。西方净土即是阿弥陀佛的净土，在西边。由于阿弥陀佛的信仰兴盛，到今天，“阿弥陀佛”仍是中国人常挂在嘴边的一句祈祷语。

▼ **敦煌石窟剃度图**

两个剃度师为许多贵介人士剃度，地上放着洗脸盆和净水瓶。

▲ 为捧真身菩萨像特制的丝织上衣

这件仿唐朝仕女短袖上衣的微型衣物，是为捧真身菩萨像而特制的，供奉在法门寺内。出土时，衣服的花蕊刺绣还钉了珍珠，充分显示出唐朝金绣丝织物的精细手工。

历史链接

**大雁塔诗满为患**

由于佛教盛行，唐朝的士人喜欢去寺院聚会，以至于大慈恩寺大雁塔周围到处都留有士人刻下的诗句。僧人见无处落笔了，就会铲去一些，让后来者再题诗。有的诗写得很精彩，僧人舍不得铲，就会长时期保留，由此成为长安一景。

▲ 鎏金捧真身菩萨

这是唐朝高僧在唐懿宗39岁生日时为供养佛祖而造的，高38.5厘米。

▶ 卢舍那大佛

东都洛阳的龙门石窟，唐朝时大加开凿。这是龙门石窟最有名的大佛，是武则天以唐朝皇后身份赞助修建的。大佛倚山端坐，面相丰满圆润，眉弯如月，略带笑意，神态庄严而显睿智。

# 历险求法的玄奘

唐玄奘西行求经，是唐朝的著名故事。他从长安出发，经过火焰山、流沙河和荒漠才到印度，苦学10多年后回到中原，并带回佛经原著600多部。在皇帝的支持下，他专心译经，并创立了唯识宗。玄奘的求学历险后来被神话化，给他添了徒弟孙悟空、猪八戒和沙僧，以及坐骑小白龙，成为中国古代四大小说之一 ——《西游记》。

▲ 玄奘归葬处——西安兴教寺舍利塔

◀ 敦煌壁画中的玄奘和孙悟空

# 从实用中解放的艺术

当艺术不再只是为了装饰和实用，艺术家就有了一个更广阔的创作空间。唐朝在中国艺术这一转变过程中，起承上启下的作用。有名的艺术家多如繁星，各种题材的绘画都有所发展，这个时代对中国艺术的发展很重要。

唐朝人才辈出，一方面是承接了南北朝的发展，另一方面是进入大一统时代，南北各地画家加上西域画家都聚在首都长安，画风交流更频繁直接。在绘画题材上，仍然以人物画为主，尤其是前期，功臣、朝廷大事以及宗教神祇仍然是主要内容，但是山水画已经有独立的倾向。绘画不再以人物为主，山水做背景陪衬。著名诗人王维发展的水墨山水更是以纯水墨画法在金碧辉煌的山水画风中独立一派，王维也因此成为水墨山水画的先行者。除山水画外，后来中国画的另一重要品类——花鸟画，也有所发展。与后世爱画花鸟不同，唐朝前期始终爱画牛马。

佛教艺术本身，以及它对中国艺术的影响，在唐朝始终不能忽视。早期的画家大部分同时是宗教画家。宗教信仰需要热情，它本身就融合了许多名家的精神和精华，然后又以粉本的形式，传给各地的画师临摹，提高了各地的绘画水平。佛教在唐朝向世俗化发展，佛教画也加入世俗因素，很多神祇人物活现了现实生活人物，佛经故事画又涉及了很多生活风俗画面。

由于这些独立化、世俗化的发展，中唐开始，绘画艺术逐渐脱离宗教、教化、实用，有自由发展的趋向。唐朝衰落时，艺术的独立自由还进一步发展，到宋朝，开启了中国绘画的新时代。

唐朝的书法也是一个承前启后而又有大成就的角色，讲究严谨法度，尤其楷书的发展较为成熟。唐朝的名书法家也很多，如欧阳询、虞世南、褚遂良、薛稷等。这时书法和绘画还未合流，名书法家和名画家不是同一批人。

**▲ 菩萨**

佛、菩萨是佛教画的主角，画家创作时要花很大精力。这个初唐菩萨画在敦煌石窟一个门洞上面，画像不大，但神情的闲静，手拿莲花、提飘带的优雅，令人印象深刻。其脸圆如月，却不显胖，符合唐朝女性的审美。

**▶ 《五牛图》中的黄牛和荆棘**

《五牛图》是中唐的真迹。这是一幅农村题材的风俗画，画家韩滉却是宰相的儿子。全幅画唯一的背景是一丛荆棘，重点都放在牛上。牛身按凹凸作晕染，很有立体感。但最精彩的是牛的神情，牛的眼睛有神而且富有感情。这头牛迈步前行，低首舐舌。牛的倔强与温顺，活现纸上，把历代看画的人都迷住了。

▲《簪花仕女图》中的仕女

人物画从帝皇、功臣、神祇扩展到宫苑仕女。这是长卷画中的一个仕女人物。这幅长卷画是仕女画名家周昉的作品。他的仕女画很细腻，颜色柔和美丽。以长卷形式画人物场景，也是从汉开始、经南北朝摸索而形成的一种形式。

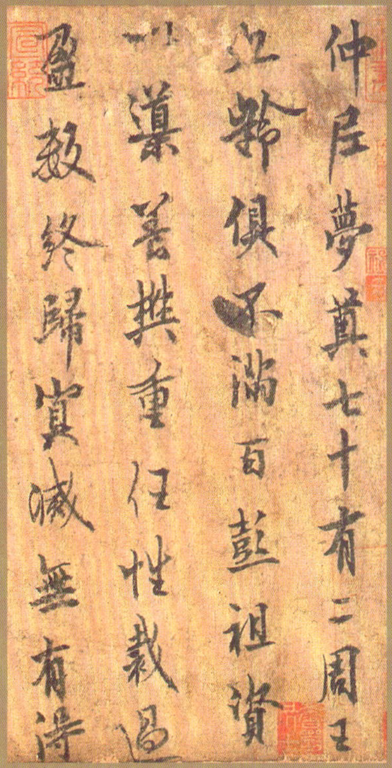


▲ 欧阳询的《梦奠帖卷》

唐朝从皇帝到民众都喜欢书法，官方学校设有书法科，由著名书法家欧阳询、虞世南执教。欧阳询的书法字体后来还成为科举考生的标准字体。

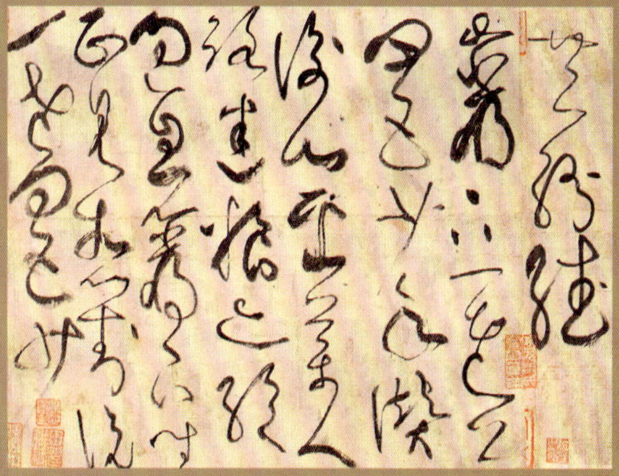

▲ 张旭的草书

张旭与怀素同是以草书著名的唐朝书法家，两人大胆变革创新，把草书艺术推向顶峰。这幅是张旭的草书作品，笔走龙蛇，字体连绵回绕，气势自然流露。

**历史链接**

**画圣吴道子**

吴道子是唐代著名画家，山水、鬼神、禽兽、草木无所不精，尤擅画佛道人物。唐玄宗思念蜀中山水，命他前去写生。吴道子不带纸笔颜料，将所有风光记在心中。回长安后，他一日之内画出嘉陵江300里山水，令人赞叹不已。

▶ 展子虔的《游春图》

魏晋南北朝时，人物还是绘画的主角，山水只是陪衬。隋唐开始，山水画单独成一派。这是隋朝的山水画，也是现存最早的可看作以山水为主的画作，可视为山水画独立的实例。这幅画中的山水人物的透视和比例合理，山、树木、水纹、云气营造出空间感。笔法还有点拙朴，微处没有画得很仔细，是初创而还未变精巧的早期山水画名作。

# 迈向

宋 朝 至 清 朝

# 近代

肆

**960年**
赵匡胤在一次兵变中夺取政权，建立宋朝，史称“陈桥兵变”。

**1023年**
益州设立交子务，发行世界上最早的纸币——交子。

**1041年—1048年**
毕昇发明活字版印刷术。

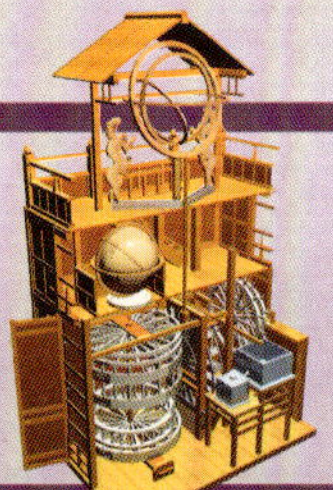

**1088年**
苏颂开始组织人员制造水运仪象台，这是世界上最早的综合性天文仪器。

**1096年**
欧洲基督教徒开始组织十字军东征，与伊斯兰教徒争夺圣城耶路撒冷，前后共8次，历时近200年。

**1219年**
成吉思汗率领蒙古军第一次西征。

**1259年**
宋军发明新式管状兵器突火枪。这是后世枪支的雏形。

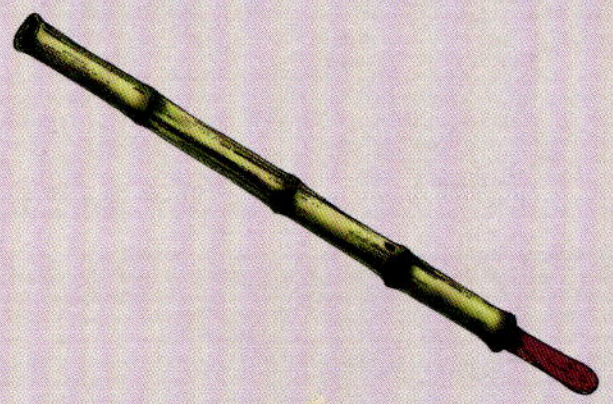

**1260年**
中统元宝交钞正式颁行，流通全国。

**1860年**
中国在与英法联军之役（即第二次鸦片战争）中战败，首都陷落，皇帝出逃，圆明园被英法联军抢掠和焚烧。

**1865年**
英资汇丰银行在上海成立分行，并在中国发行纸币，垄断外汇市场。此后，各国银行争相在中国各地设行，控制了中国的金融市场。

**1868年**
日本明治维新开始。

**1894年—1985年**
北洋海军在甲午战争中被新兴的日本海军歼灭。

**1895年**
孙中山领导兴中会成员在广州发动起义，结果失败了。

**1898年**
康有为、梁启超等人倡导变法，即“戊戌变法”，又称“百日维新”。

**1899年**
美国提出对中国实行“门户开放”政策，即承认各国在中国的“势力范围”和既得利益。

**1900年**
八国联军侵华，首都再次陷落，圆明园再次被焚毁。

**1911年**
孙中山领导辛亥革命推翻清王朝，结束中国两千多年的封建帝制。

**1271年**
忽必烈建立元朝，入主中原。

**1278年**
景德镇设立浮梁瓷局，成为全国的制瓷中心。

**1348年**
意大利薄伽丘开始创作《十日谈》，文艺复兴力量正在酝酿。

**1368年**
朱元璋建立明朝，定都南京，开始颁布不许私人出洋贸易的禁令。

**1380年**
朱元璋废宰相，结束了中国的宰相制度，权力由皇帝独揽。

**1405年—1433年**
明朝以郑和为统帅，28年间共7次派大船队下西洋，这是当时世界上规模最大的远洋航行。

**1421年**
明成祖朱棣迁都北京，入驻紫禁城。

**1492年**
哥伦布到达美洲大陆。

**1517年**
葡萄牙使团首次到达广东沿海。

**1601年**
耶稣会教士利玛窦获准在北京传教，奠定耶稣会在华传教事业的基础。

**1644年**
清军入关，占据北京。

**1748年**
孟德斯鸠《论法的精神》一书出版。他与其他法国思想家把17—18世纪的启蒙运动推向高潮。

**1757年**
清朝实行闭关政策，开放广州一口通商。

**1765年**
英国人瓦特改良蒸汽机，提高生产力，引发工业革命。

**1776年**
英属北美13个殖民地代表召开大陆会议，通过《独立宣言》，成立美利坚合众国。

**1842年**
中国在第一次鸦片战争中战败，被迫割地赔款。此后，中国不断与西方国家签订不平等条约，主权受到极大侵害。

# 北方民族再兴

中国2000多年的封建王朝历史里，从秦朝开始，就忙于应付北方民族南侵。而中国的古代王朝历史，也由北方民族画上句号，满族的溥仪成了中国的末代皇帝。

契丹、女真、党项、蒙古和满族，前后相继，一共建立了5个草原王朝。最早兴起的契丹，在宋朝建立之前就已经存在。可以想象，连番的巨浪令汉族政权招架乏力。终于，汉族王朝两次灭亡，蒙古族和满族先后成为全中国的统治者。自宋以来的4个中原王朝，是汉族和北方民族轮流建立的。

这些在北方草原、森林、沙漠驰骋的人，生活习惯和定居的汉族人很不一样。他们都是习惯迁徙的游牧人、出色的捕猎者。在广阔的土地上，北方游牧民族的人口不多，生活方式和社会组织本来很简单，但一旦组织起来，他们在游猎生活中培养和积累的射猎技能、大量供应的马匹、灵活迅速的移动能力，会变成惊人的战争优势，能够在广阔的战线上东驰西突，令定居民族惊魂难定。

▲ **剃发结辫的蒙古人**

蒙古族男子会剃去额前头发，只留下一小撮。契丹、女真、党项、蒙古和满族，全都有剃前额头发的风尚，各族不同的是留下头发的处理方式和辫子的编法。蒙古人多把辫子弄成环形，垂在耳后。

▼ **女真族骑士**

从这幅金朝的画中，可以见到早期女真人的形象。寒风凛冽，女真族的骑士顶风前行，辫发飘扬的形象十分逼真。北方苦寒，生存环境相对恶劣，这是历代游牧民族南下的动力之一。

◀ **党项族穹庐家族岩画**

刻于内蒙古阿拉善盟阿拉善右旗曼德拉山，在中间的大尖顶式穹庐内有5层，分别端坐着党项家族的始祖；两旁的小尖顶式穹庐是从始祖分衍出来的小家族，成为党项族的若干部落。这幅岩画形象地反映了党项人早期的家族体系。

▲ **汉族与北方民族轮流建立的王朝**

| 年份 | 事件 |
|---|---|
| 916 | 契丹族首领阿保机称帝，建立契丹国家 |
| 1038 | 党项族首领元昊称帝，国号大夏，史称西夏 |
| 1115 | 女真族领袖阿骨打建立金朝 |
| 1206 | 成吉思汗统一蒙古各部，建立大蒙古国 |
| 1271 | 蒙古族入主中原，定国号为元 |
| 1616 | 女真族首领努尔哈赤即汗位，建国号金，史称后金 |
| 1644 | 清兵入关，顺治皇帝迁都北京 |

▲ **北方民族大事年表**

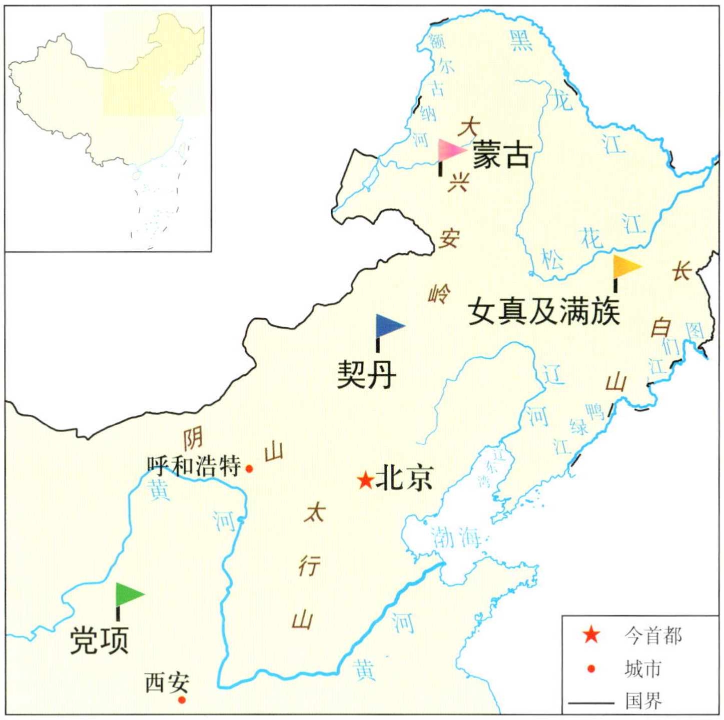


▲ **5个草原王朝的发源地**

◀ **毡帐顶的车**

这是元朝典型的毡帐式的车，由动物拖行。骑马虽然速度快，但车方便运输，尤其可以把拆下的蒙古包运走。逐水草而居的生活，不能缺少车。在草原上打仗，还可以把车一辆一辆连接起来，布置战阵，抵挡冲击。

**历史链接**

**耶律阿保机建国**

耶律阿保机是契丹族的杰出领袖，916年，他废除了部落联盟的旧制度，仿照中原王朝国家体制，建立了政权，国号契丹，辽太宗时改国号为辽。阿保机仰慕中原文明，他置州县、定赋税、制法律，创造契丹文字，加速了契丹人走向文明社会的步伐。

▼ **蒙古包**

蒙古包就是草原民族一直居住的毡帐，它拆卸、组装、运输方便，装在车上就可运走，适宜逐水草而居的游牧生活。蒙古族经常在蒙古包的毡上涂石灰、骨粉等白色涂料，使它洁白。

# 成吉思汗的少年时代

成吉思汗及其子孙建立了横跨欧亚的大帝国。可是这个世界征服者一生中最艰难的日子，却不是成为蒙古领袖后南征北伐的时候，而是少年时代，那时候他的名字叫铁木真。

在12世纪的东北亚大草原上，蒙古族并不强大，人口也不算多，草原上有很多比蒙古族强大的势力。东南边有属于蒙古人种的鞑靼族；西边有深目高鼻，属于突厥人种的乃蛮族。突厥人曾经建立突厥帝国，唐朝开国时，军力不及突厥，唐高祖还得向突厥称臣，后来突厥内部分裂，唐太宗李世民乘势打击，才瓦解突厥，令他们西迁。由名字的读音就可以知道，土耳其是突厥的后裔。高原上还有很多小势力，包括住在森林里比较野蛮、剽悍的部族，铁木真刚立足时，就得跟他们打一仗。铁木真出生在蒙古一个小贵族家庭，虽然是贵族，但铁木真一支在蒙古族里面也不算显赫。

铁木真出生在混乱的草原世界，当时没有统一的汗，各族势力争斗不断。铁木真的父亲也速该在铁木真9岁时就死了，那是蒙古和鞑靼互相仇杀的结果。鞑靼是个强大的民族，放牧的地方靠近金朝。金朝是女真族建立的，来自东北，本来也是游牧民族，但它在短时间里打败了强大的辽国，甚至俘虏了北宋徽、钦

▼ **成吉思汗陵**

这座陵墓是后人为纪念成吉思汗建造的，位于内蒙古伊金霍洛旗，伊金霍洛是蒙古语“帝王陵墓”的意思。

二帝，进入中原做了主人。金朝皇帝非常明白，北方的游牧民族随时可以威胁他的江山。所以，金朝经常留意草原上的情况，扶植亲近金朝的势力。鞑靼是金朝在草原上的耳目，曾经把蒙古一个汗和一个贵族首领送到金朝，让金朝皇帝把他们钉死在木驴上，又帮助金朝打败蒙古，导致蒙古衰落分解，再也没有推举过汗王。

铁木真的父亲也速该在蒙古与鞑靼的战争中，曾杀死一个叫铁木真的鞑靼头领，为了庆祝这一战功，他为长子取名铁木真。鞑靼人后来趁也速该经过他们地盘时把他毒死。9岁的铁木真一家从此跌进了苦难的深渊。

游牧生活需要体力劳动，也需要集体战斗力来保护牲畜不被抢去。这个失去父亲、只剩下女人和6个男孩的游牧家庭，前途一片灰暗。本来在一起游牧的贵族，嫌他们孩子太多拖累大家，竟在一个寒冷的冬夜狠心丢下他们孤寡而去。铁木真的母亲诃额伦拼命追赶并和他们理论，但没人敢和铁木真一家站在一起。最后，这个可怜的母亲只好和孩子们站在茫茫的草原上，看着他们孤零零的帐篷在呼号的寒风中摇曳。在绝境下，铁木真的母亲咬紧牙关，带着孩子们去采野果和捕鱼来充饥。作为长子的铁木真，小小年纪便要担负起家庭重任，经常外出狩猎，捕获不到猎物时全家只得以野菜充饥。

熬到铁木真兄弟稍长，抛弃他们的贵族又要斩草除根。铁木真被追到森林里躲了10天，终于被抓住了。在被锁上木枷等候处置时，他打昏看守逃脱了。他戴着木枷躲在河里，被敌人的盟友发现，这个盟友可怜少年铁木真，容许他藏匿在他家的羊毛堆里。可是在草原上这样毫无痕迹地失踪，太奇怪了，于是敌人搜到盟友的家里，而且注意到那个羊毛堆，要动手去掀。铁木真命悬一线，幸好这个盟友临危不乱，对搜查的人说："天气这么热，人藏在羊毛里不被闷死吗？"敌人这才作罢离去。铁木真躲过了一生中最大的危机，捡回一命后，他骑上恩人的马，拿上恩人的粮食，飞快逃走，找到母亲和兄弟后，与家人躲到更远的地方去。

铁木真长成青年，有了一定的名声，但磨难还没有完。他新婚后，一天夜里，属于森林民族的蔑儿乞惕人突袭他的地盘。幸好老女仆警觉，铁木真和母亲、兄弟赶忙骑上仅有的几匹马逃到山里去，却丢下了新婚妻子孛儿帖。突袭者是来报仇的，因为铁木真的父亲多年前抢了一个蔑儿乞惕人的妻子，也就是铁木真的母亲诃额伦。现在蔑儿乞惕人也来抢他的妻子。他们把孛儿帖带回森林，分配给诃额伦前夫的弟弟做妻子。铁木真没有办法，拿了妻子送的黑貂裘做礼物，到草原西边投靠父亲的盟兄弟，也就是客列亦惕人的首领王汗，请他帮忙。王汗与蒙古一个部落首领札木合联合出兵，9个月后，他们袭击蔑儿乞惕人，抢了他们所有财产，也找回孛儿帖。

铁木真的苦难算是过去了，他逐渐成为蒙古人的领袖。铁木真逐一收拾了傲慢的蒙古贵族，趁金朝与鞑靼生嫌隙的时候，与王汗一同帮助金朝打败世仇鞑靼，把高过车轮的鞑靼男子全部杀死。然后与王汗决裂，兼并了客列亦惕部，再征服了更西边的乃蛮部，回头与蒙古盟兄弟札木合大战，获得胜利，终于统一草原，在1206年被推为大汗，称"成吉思汗"。

# 骑射的新威力

北方游牧民族2000多年来的军事优势都在骑射。在那没有军车、热兵器的时代，马和弓箭就是最有威力的武器。每个游牧人都熟悉马和弓箭，都是天生骁勇的士兵。匈奴、鲜卑、柔然、突厥、契丹、女真、蒙古、满族，都靠骑射起家。

为了维持这种优势，即使已经占有城市，定居下来，成为中原的统治者，北方民族还是千方百计告诫后代不要忘记祖先的传统。他们会组织上万人的大型围猎，作为训练军队保持骑射能力的手段。在北京城往北、长城以外，有个木兰围场，占地1万多平方千米，就是每年秋天清朝皇帝带领满族与蒙古族士兵进行围猎训练的地方。

不少中原人曾记下围猎的情况。有出使到辽朝的人，路上见到上百人在打猎，被告知这只是小规模的平常打猎，没有上千人的，都算不上大规模。元朝亡后，北返的蒙古人仍时常在阴山进行大围猎。每当秋风初起、弓劲马强、禽兽肥壮的时候，蒙古首领一声令下，千骑万马会集于森林，震动阴山，上百日还未返回，猎得的野兽堆积如山。

既然骑射是自古以来的优势，为什么从契丹开始，游牧民族的压迫力就变得特别大呢？因为新一代的游牧人与他们的前辈不同了。他们向中原定居者学习强化社会组织，建立都城，从占据的农业地区获得经济来源，不会因为一场大天灾就组织涣散、土崩瓦解。游牧人有了稳固的经济基础，骑射不再只是制胜的唯一手段，游牧民族的力量因而更强大了。

▲ 蒙古骑士

长年盘马弯弓的生活，使北方骑兵骑射技术娴熟。图中头戴尖笠帽的蒙古骑士，似乎正准备提缰绳，策马前行。

▼ 套马

这个女真骑士梳长辫，穿窄袖毛里衣服，与坐骑紧密配合，将狂奔的骏马一套而中。这或许是牧马人在进行严酷的骑术训练。这幅金朝的画，画风、笔法都来自中原，但题材充分表现游牧色彩。

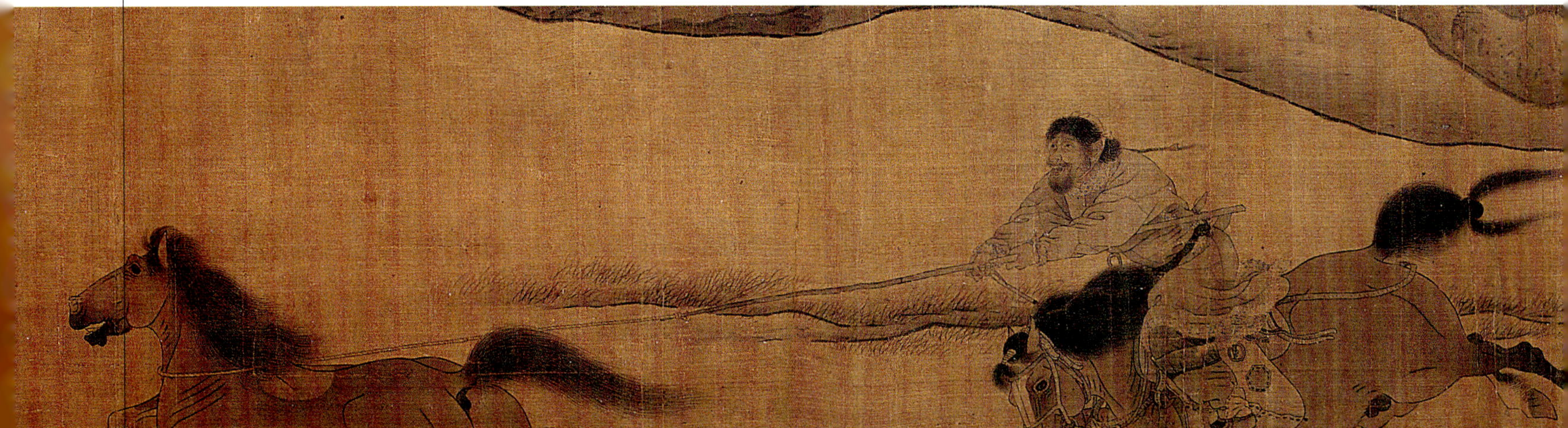

▼ **游牧民族的腰带**

蹀躞带束在腰上，可以挂弓箭、算囊、刀、打火石等日用品，很适合马上生活。这件金银装饰的蹀躞带是辽朝驸马的遗物。

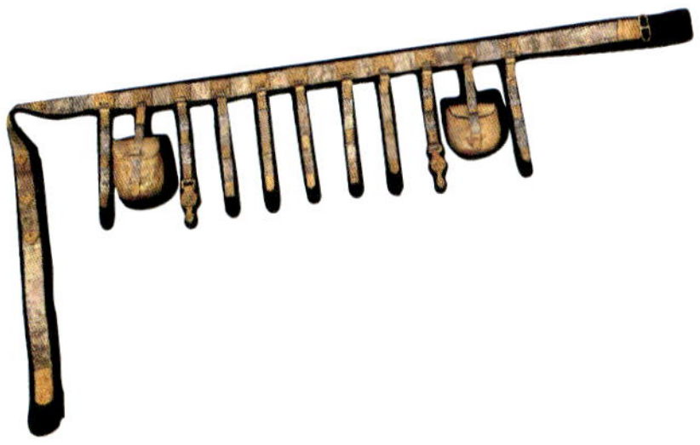

▶ **合围示意图**

合围又称大猎，是当时最流行且正式的打猎方法。清朝行围时，八旗将士加上蒙古各部派来的骑兵，共上万名军士。他们在围场布围，声势浩大。皇帝坐在高地的围帐中指挥，军士无论面对什么情形，都要奋勇前进，在枪声、喊声之中，把围内野兽赶到皇帝的帐前。之后，皇帝率皇子入围射猎，随围军士与围中野兽激斗，号角喧天，喊声遍野。野兽东逃西窜，想要冲出重围，咆吼哀鸣，震撼山野。行围约持续20天，每天行围结束，在原野上陈列所获，由皇帝论功行赏。

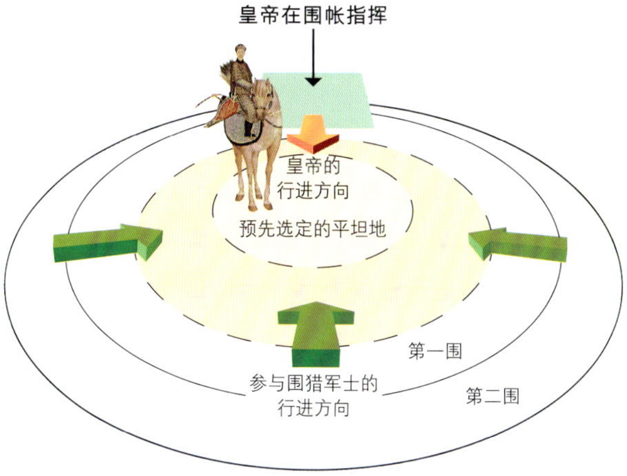

◀ **狩猎岩画**

射猎是人类维持生活的古老手段，即便后来猎人学会畜牧，仍然经常狩猎，以补充粮食，或作为日常娱乐及培育勇武风尚的锻炼方法。中国北方的岩画，多是游牧民族创作的，有很多射猎题材。这是甘肃贺兰山的岩画。

**历史链接**

### 辽朝的打谷草骑兵

辽朝初期，军中没有粮草供给制度，靠打谷草骑兵四处掠夺解决。打谷草骑兵由氏族部落中的军事组织发展而来，每次出动，必将方圆数百里的财畜抢劫一空。辽朝中后期，契丹军纵兵大掠的现象逐渐减少，打谷草骑兵也逐步退出历史舞台。

▶ **海东青啄大鹅玉雕**

北方民族偏爱鹰。海东青是东北所产的名贵猎鹰，体型小，但可以捕捉天鹅等大型飞禽，被视为勇悍的象征，深得祖居东北的契丹人喜爱。建立辽朝后，契丹人经常向住在东北的女真人索取海东青，以致两族结下仇怨。

# 讲究的马具

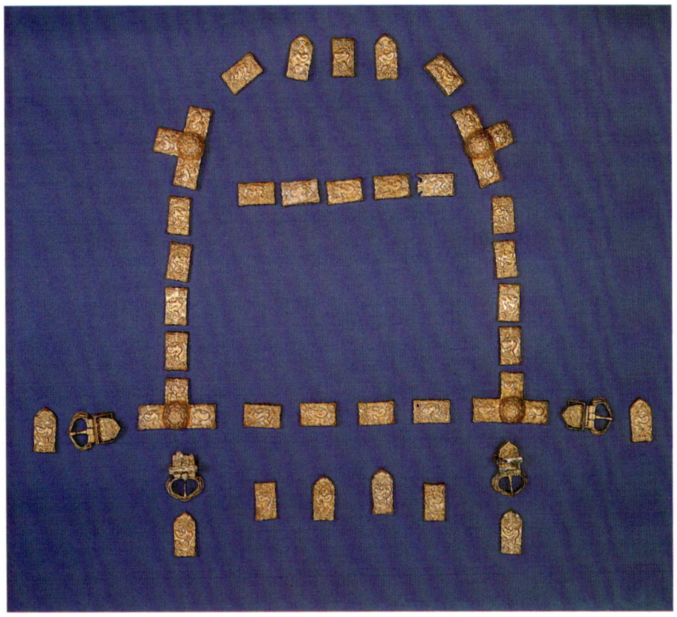

▲ **马笼头饰**

这是从一个辽朝驸马墓出土的马笼头饰，以铜鎏金铸造，上有鹿纹。同一个墓中，共有5组164件马饰陪葬，其数量、种类之多，装饰之精美，充分说明马在契丹人心目中的地位。

马上得天下的民族，对马有特殊的感情，对马具的制造和装饰也特别讲究。各个北方民族里，契丹的马具最有名，曾向中原送过金花鞍辔、水晶玉装鞍辔等。西夏建立之后，辽、西夏、宋这三个鼎足而立、竞争不休的政权，分别以鞍、剑、丝织品著名，契丹鞍、夏国剑、蜀锦并称为天下第一。契丹人的征战离不开鞍马，死后多用马具随葬，辽墓里多有马具出土，因此我们今天才能看到契丹鞍和其他马具的面目。

游牧民族历来爱用金银器，所以契丹的名贵马具，多用金银做装饰。辽朝的工艺品虽然多是由外输入的，但是马车具、皮革、弓箭等可以说是本国传统手工业，马车具的工匠多是契丹人。金雕玉砌的精细装饰技术从外地传入后，契丹工匠的掌握程度还有待探讨。不过从大量精美的马具来看，熟练掌握这些工艺，装饰他们引以为豪的马鞍，也是有可能的。

◀ **契丹马与马鞍**

契丹人精于制造马鞍。在这幅辽朝的壁画中，绘有一匹枣红色的大马，马鞍的部分亦绘得特别细致。

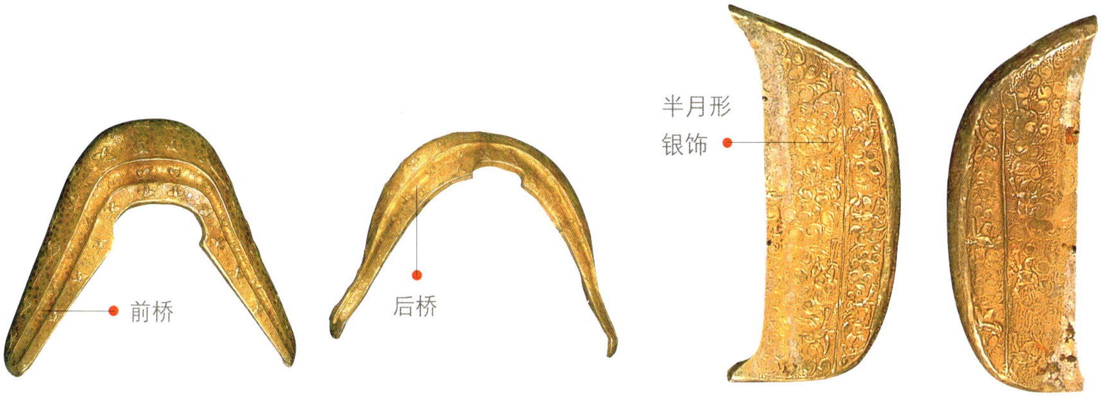


**鎏金银鞍**

这是马鞍前后高起的鞍桥护片，用银打造，再錾刻花鸟，用小圈似的鱼子纹做地纹，面上还有鎏金。

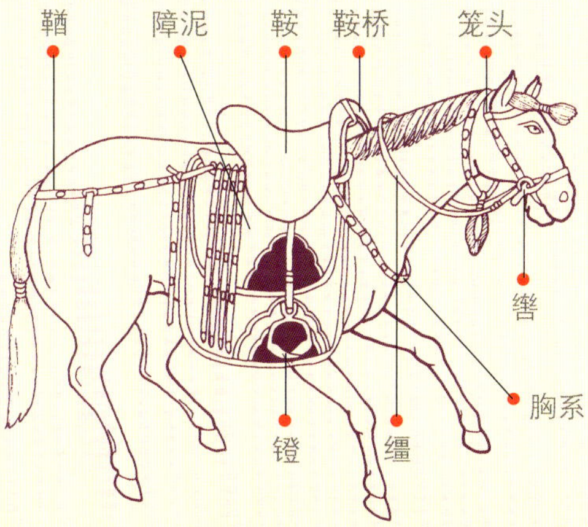


**马具的功能**

| 马具 | 功能 |
| --- | --- |
| 笼头 | 套在马头，用以系缰绳 |
| 辔 | 头络的一部分，有些连着放在马口里的链形器，以便驾驭 |
| 缰 | 系马的绳索 |
| 鞍 | 供人乘坐，多用皮或木加棉垫制成 |
| 鞍桥 | 马鞍前后高起部分的护片，亦是装饰，多为金属制成 |
| 镫 | 脚踏，策马时的着力点 |
| 鞧 | 拴在马股后的细皮带 |
| 障泥 | 垂于马腹两侧，用于遮挡尘土 |

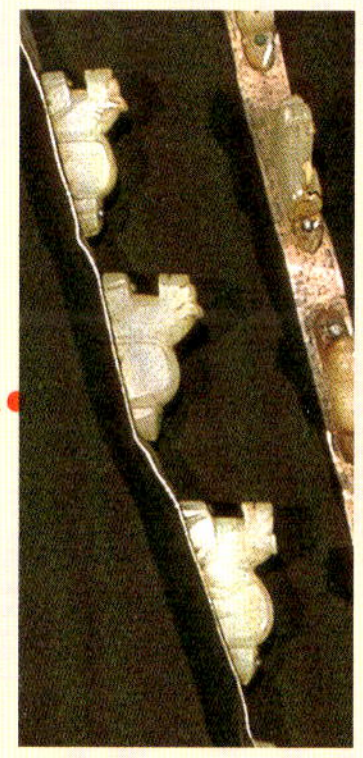

下伏马形玉雕

**马后鞧饰**

鞧是马的后革带。这件金银制的后鞧饰，每条带上都连缀了多个下伏马形玉雕，并排看去，有千军万马的气势。用玉器装饰马具，而且数量这么多，较为罕见，鞧饰的手工亦很精美。

**历史链接**

### 北方的畜力车

在辽宋金时期的交通中，畜力发挥了很重要的作用。除了马匹，可用作畜力的还有驴、骡、骆驼、牛等。辽朝流行用马或驼拉车，也叫奚车。辽太宗曾经坐在奚车中指挥作战，但契丹军大败，战乱中辽太宗失去了车辆，只好骑着一匹白橐驼逃走。

# 宋明王朝的边防

守御北方，对于由北方民族建立的元和清政权来说，不是主要问题，但对于由汉族建立的宋和明王朝来说，却是关系命运的大事。出击虽然偶有胜利，但防守是宋明两朝的主调。反映这种形势最形象的事物，是横卧在中国版图上，吸引着无数游客的万里长城，它是明朝重新修建的。

宋明两朝相比，明朝初期的军事实力强得多，能推翻军事力量极强的元朝，明人的自信心也比宋人强得多。由于五代后晋皇帝石敬瑭将幽蓟十六州割予契丹，宋朝建立时，已经失去了燕山防线的土地，不能以大举修建长城的方法来抵御攻击；及至西北也被西夏占去，又没有了战马供应。宋朝也曾试过勇敢出兵，变法图强，但出兵不利，变得畏战；变法失败，朝廷上下陷于派系之争。政府内部畏敌很深，甚至怕内奸通敌，禁止官员学习契丹语。不想打仗的宋朝，订立了很多和约，以向北方纳贡换取和平；又扶助新崛起的游牧民族，以捣敌人的后方，先扶助金，使金灭了辽，又与蒙古联合，借路给蒙古灭了金。这个计策最后却以金攻灭北宋，蒙古又灭了南宋而告终。

在宋朝漫长的抵御历史上，留下了两个传颂至今的悲壮故事，一个是北宋的杨家将抗辽，另一个是南宋的岳飞抗金。杨家将故事常常在戏曲舞台上演，岳飞则变成讲唱故事和小说里的抗金英雄。这种现象与宋朝话本小说和戏曲大为流行有关，同时也是当时汉民族在长期外力压迫下的心理宣泄。

▲《穆桂英挂帅》剧照

民间传说杨家父子先后在战争中牺牲，留下众多寡妇。杨门女将听说敌军进犯，愤而挂帅出征，终于大败敌军。这是京剧中杨门女将之一穆桂英抗击敌军的英姿。

▼明军出兵场面

明朝在北方东起鸭绿江、西到嘉峪关一带，设了9个防御重镇，称为“九边”。这是西边重镇固原兵马出发的情形。

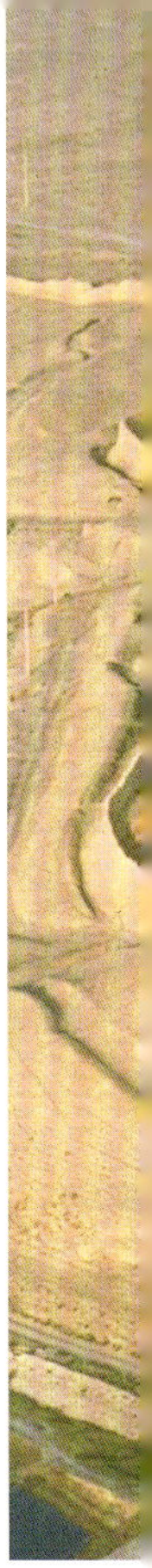

**◀ 明朝嘉峪关**

嘉峪关是明朝长城防线上最西面的重要关口，仿佛是中原对西域的一扇门户。关城的建筑坚固，城外有城，又有护城河，层层布防。为加强军力，当时这里拥有数量最多的火器。

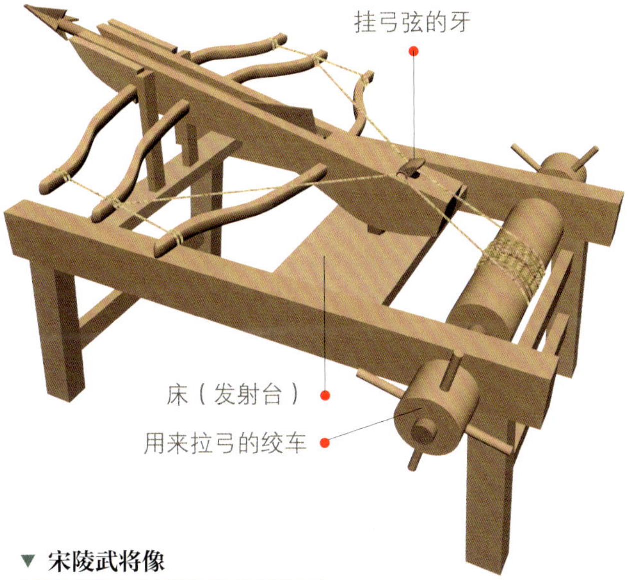


**◀ 三弓床弩**

宋朝的弓弩相当精良。弩分为用人力踏张的踏张弩和用绳轴绞张的床弩。这种三弓床弩合并3个大弓，要30人才能拉开，射击力大。但床弩搬动不便，不能用于野战，于是南宋时改为发展踏张弩。

**▶ 岳飞**

岳飞少年时，母亲训勉他尽忠报国，长大后成为抗金名将。他善用谋略，屡建战功，一次与金朝骑兵决战时，命令步兵用大刀和大斧来砍掉马足，使骑兵溃败。最后因为皇帝和宰相主和，岳飞在前线被12道金牌紧急召回，还被诬陷并判处死刑。岳飞的故事被编成小说，广泛流传于民间。

**▼ 宋陵武将像**

宋明两朝名将不少，勇武亦不逊于前人。南宋灭亡前，军民在长江上游的四川修筑山城，力拒蒙古达16年之久，还曾使蒙哥汗死在钓鱼城下，死讯西传，蒙古西征竟然从此停止；又在长江中游的襄阳坚守6年，直到救援完全断绝。

**历史链接**

### 杨家将抗辽

抗辽名将杨业，曾多次击退辽军的进攻，被称为“杨无敌”。辽军对杨业极为畏惧，一见杨业旌旗，就退兵遁去。但杨业却因此遭到同僚的忌妒，在战争中备受牵制，甚至不得不孤军作战，最后抱屈饮恨，战死疆场。

## 建设万里长城

工程浩大的万里长城，虽然始于秦始皇，但今日吸引游人的，是明朝修建的那一段。从秦到明，隔了1500多年，长城再次发挥作用，而且修建得更宏伟，尤其是东部用砖砌筑、蜿蜒在燕山山脊的部分，更令人印象深刻。

▲ 金山岭长城

▼ 长城

# 岳飞抗金兵

12世纪初，崛起于白山黑水间的女真族建立金朝后，经过10余年的对辽战争，于1125年消灭了辽，继而侵宋。靖康二年（1127），金军攻破北宋都城东京（今开封），俘虏了徽、钦二帝和后妃、皇子、宗戚、大臣等3000余人。宋徽宗赵佶第九子赵构侥幸逃脱，在南京应天府（今河南商丘）即位，建立南宋王朝。其后，金兵一路南侵，南宋一路南退，凭依长江天险，才得以偏安杭州。以宋高宗赵构为首的投降派一味媾和，使这段历史成为一段耻辱的历史。但以岳飞为代表的抗金将士，为收复河山而枕戈待旦，却不得善终，更为这段历史添上一层悲剧色彩。

岳飞（1103—1142），字鹏举，生于相州汤阴（今属河南）的一个农民家庭。他自幼随父亲在田间劳动，体格健壮，喜欢练武和读书，尤其爱读《左氏春秋》和孙吴兵法。母亲姚氏在他背上刺下“精忠报国”四字，岳飞受此信念的激励，奋然投军，抗击金兵，并率兵收复建康等地，立下赫赫战功。

1140年，金人撕毁与南宋的议和条约，大举南侵，宋高宗被迫下令抵抗。为了完成北伐任务，岳飞严格训练军队，大举扫荡东京外围，一再获胜，大败金帅完颜兀术的主力骑兵，金军哀叹：“撼山易，撼岳家军难！”岳飞一雪宋朝前耻的日子眼看就要到来，奸相秦桧担心岳飞得胜，自己卖国求荣的行径被揭穿，力劝高宗以眼前胜利为筹码与金人议和。高宗也担心收复东京，迎回徽、钦二帝后自己的皇位不保。于是君臣密谋，连发12道金牌，催促岳飞班师回朝，与金人议和。

皇命难违，壮怀激烈的岳飞不禁仰天长叹：“十年之功，废于一旦。”他被迫忍痛撤军。1142年，宋高宗、秦桧捏造岳飞策动兵变、拥兵自重、企图谋反等“莫须有”罪名，将其赐死。岳飞仅在供状上留下“天日昭昭，天日昭昭”8个大字，便慷慨赴死，时年仅39岁。

岳飞戎马一生，在赵宋王朝轻武、制武，对统兵将领无端猜疑和百般防范的不利条件下，坚持抗金斗争，保住了南宋半壁江山，使江南百姓免遭战火蹂躏，但最终壮志未酬，含冤而去。这不仅是他个人的悲剧，也是整个南宋的历史悲剧。

▶ **岳鄂王墓**

岳飞儿子岳云在战场上十分勇猛，是岳飞的得力助手，后来被追封为继忠侯，葬于岳飞墓旁。

▲ **蒺藜火球**

蒺藜火球又称“火蒺藜”，是燃烧性火器，由士兵掷向敌人，引发爆炸。

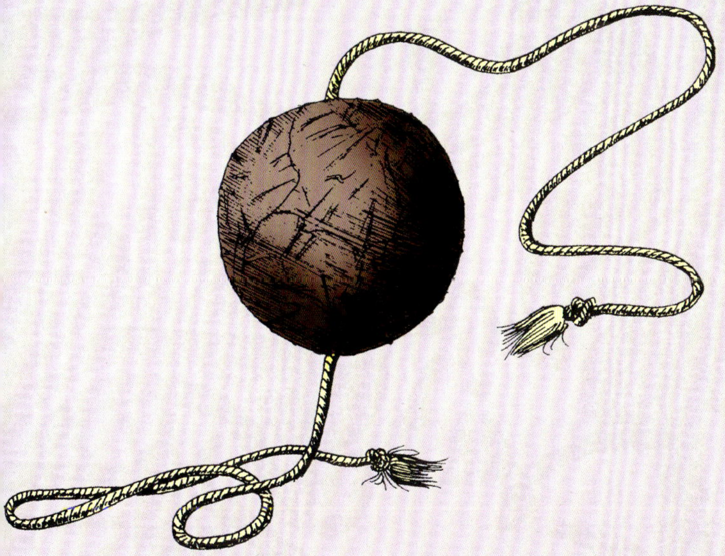

▲ **毒药烟球**

这是一种能产生毒气的球形火器，以火药为基本成分，加入狼毒、巴豆、砒霜、乌头等10多种成分的混合物，一起装填于球内，吸入毒气的人会鼻口流血而死。

## 震天雷的故事

手榴弹类的热兵器最早发明于中国，宋朝时就出现了称为“火球”或“火炮”的武器，其原理与现代手榴弹相同。1044年出版的兵书《武经总要》中，已载有霹雳火球、蒺藜火球、毒药火球、引火球等多种可用手投的兵器，这些兵器是最早的手榴弹雏形。13世纪初，中国又出现了铁壳制爆炸武器。

金军在同宋军作战中，收缴了宋军储备的火器库，并留用了宋军的工匠和作坊；在仿制火器的过程中，不仅学会了纸壳火球的制造与使用技术，而且将铁壳火球和铁壳火炮加以改进，创制出了爆炸威力更大的“震天雷”。震天雷用生铁铸造，壳厚2寸，外形如同两只口对口合在一起的碗，里面装上火药，顶上有个小孔，可通出火捻，使用时将火捻点着，引爆震天雷，炸杀敌军人马。震天雷有罐式、葫芦式和圆球式等样式，各式的震天雷杀伤力都非常巨大。

金军使用震天雷最著名的战例，是绍定五年（1232）金军守卫汴京（今开封）的战役。蒙古军进逼金军坚守的汴京，在城外设置攻城器械，沿城壕树立木栅，向上抛射石弹火球，壕外又围城百余里，还派很多士兵在城墙根进行挖掘，誓要将城攻破。金军为破蒙古军的攻城阵式，从城上用铁索悬吊震天雷，点燃火捻后沿城壁下吊至蒙古军掘城处爆炸。其威力强大无比，曾在城中目睹震天雷爆炸威力的金人名儒刘祁记载说：“北兵（蒙古军）攻城益急，炮飞如雨……皆莫能挡，城中火炮号‘震天雷’应之，北兵应之，火起，亦数人灰死。”意思是蒙古军虽然也使用火球攻城，但威力远远不及震天雷，蒙古士兵们被炸得血肉横飞。蒙古军攻不下汴京，遂撤兵了结。

在此战之前，金军也使用过震天雷。那是在1231年，金军将领完颜讹可在山西河中府（今永济蒲州镇）被蒙古军击败后，率领残部3000余人夺船而逃。溃逃途中，遭到蒙古军猛烈拦击，金军向蒙古军抛掷震天雷，炸毁了蒙古军拦击的战船，逃奔到了潼关。

女真族建立的金朝虽然被同是少数民族的蒙古摧毁了，但是在以汉族占主导地位的中国火器史上，少数民族在创制震天雷和飞火枪兵器中所作出的贡献，是绝不会被历史磨灭的。

# 靠科技制胜——火器

军事压力下，武器制造自然推陈出新。除了改良冷兵器，最受瞩目的是热兵器的出现。

热兵器使用火药。唐朝已经用硝石、硫黄、木炭等制造火药。宋朝为了抗御北方民族，努力改良热兵器。初期不过是利用火药的燃烧性能，作为发射手段，又或掺入起烟或放毒气的成分，达到惊吓敌人、烧毁辎重的作用。后来提高了火药威力，制成爆炸性的热兵器，投到敌阵中爆炸。经过不断改良，后期的爆炸性热兵器威力很大，可以造成大量伤亡；到南宋末年，又发明了类似枪支的热兵器，如突火枪，利用火药的动力，由管道发射子弹。这种新发明，被元朝接受，改用金属做管，称为火铳。爆炸和管形射击是后来火器的两大品种。

不过这时的热兵器还处于开创期，威力和使用的方便程度都有限制，同时北方民族因为俘虏了宋朝军士和工匠，也学会使用热兵器，反过来对付宋军。像金军攻打汴京，第一次被热兵器打败，同年就反过来用如雨的火炮攻陷汴京。后来金军还首先制成以铁为壳、爆炸威力巨大的震天雷，不过这时金军却忙于抵挡蒙古军了。

热兵器没有救回宋朝和金朝，但帮助了蒙古西征。热兵器西传后，在欧洲影响很大，成为摧毁欧洲中世纪封建制度的重要武器。

明朝早期仍是热兵器的发展期，品类多，性能提高。宋朝发明的用火药反冲力推进的火箭技术，在明朝发展到可以分级发射；又有地雷，只要触发地面机关，就会爆炸；尤其是管形射击火器，有更大的发展，由简单的火铳发展到火枪、火炮。火枪可以多孔发射、分段发射。明朝中期，西传欧洲的火器经过改良，加了瞄准器，由葡萄牙传回中国，称为佛郎机、红夷炮，它们在明清易代以及清初内外战争中，发挥过重要作用。

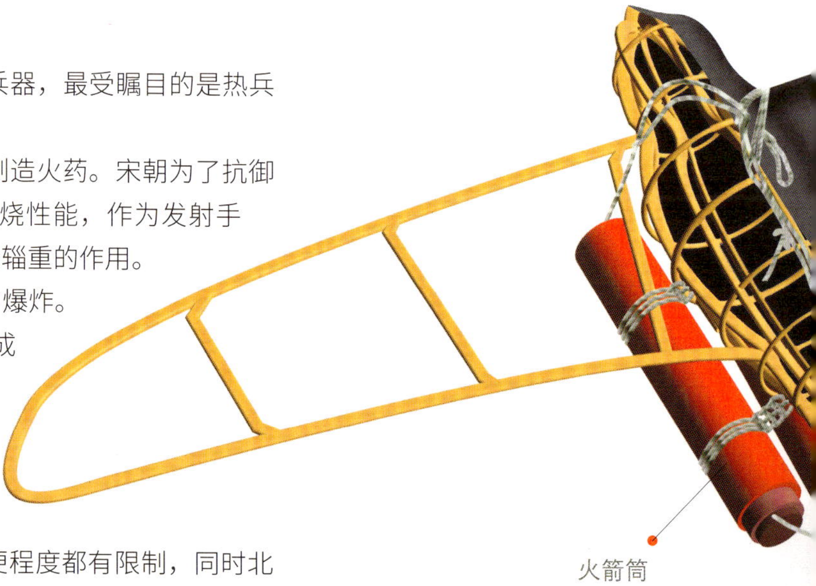


▲ **神火飞鸦**

这是燃烧性热兵器，多用于点燃敌方的军帐。用竹篾和纸制成乌鸦模样，掩人耳目；弹药装填在鸦腹内，有火线和鸦腹下绑着的4支火箭筒相连，点燃后可飞行100多丈，然后燃着腹内的火药。

◀ **制造火药的原料**

硝石、硫黄和木炭是制造火药的主要原料。

▲ **明朝早期火炮**

明朝早期制造的火炮用火绳点火，发射石弹、铅子和箭，用于攻城，有相当大的威力。与后来传入的西洋炮相比，缺点是发射费时，射程不够远，炮身笨重，不便于野战。

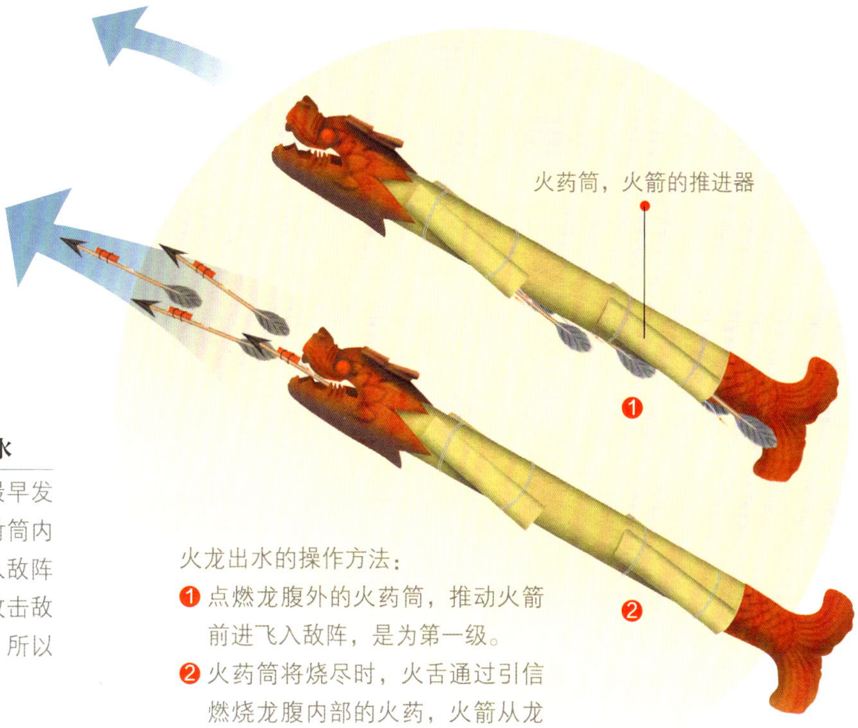


▶ **两级火箭——火龙出水**

它是世界上同类火箭的最早发明。首尾做成龙形，长竹筒内外分别装上火药，待飞入敌阵时，引信引爆筒内火药攻击敌方。因为多从船上发射，所以叫“火龙出水”。

火龙出水的操作方法：

❶ 点燃龙腹外的火药筒，推动火箭前进飞入敌阵，是为第一级。

❷ 火药筒将烧尽时，火舌通过引信燃烧龙腹内部的火药，火箭从龙口射出命中目标，是为第二级。

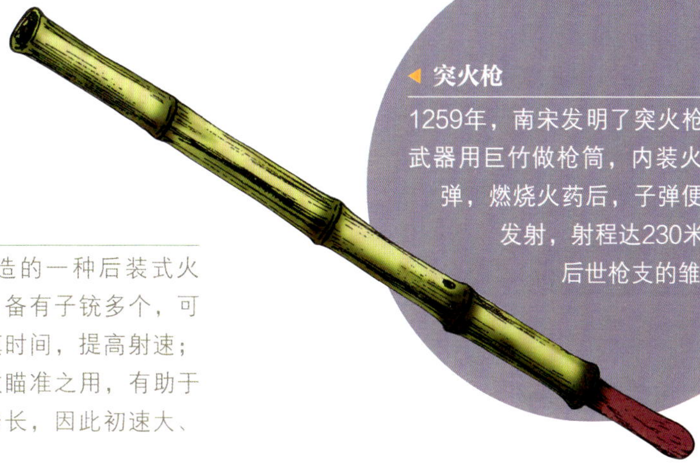

◀ **突火枪**

1259年，南宋发明了突火枪。这种武器用巨竹做枪筒，内装火药和子弹，燃烧火药后，子弹便会高速发射，射程达230米。它是后世枪支的雏形。

▼ **明仿制的佛郎机**

佛郎机是葡萄牙人制造的一种后装式火炮，采用子母铳设计，备有子铳多个，可供轮流发射，减少装填时间，提高射速；前有准星，后有照门做瞄准之用，有助于命中远距离目标。铳身长，因此初速大、射程远。

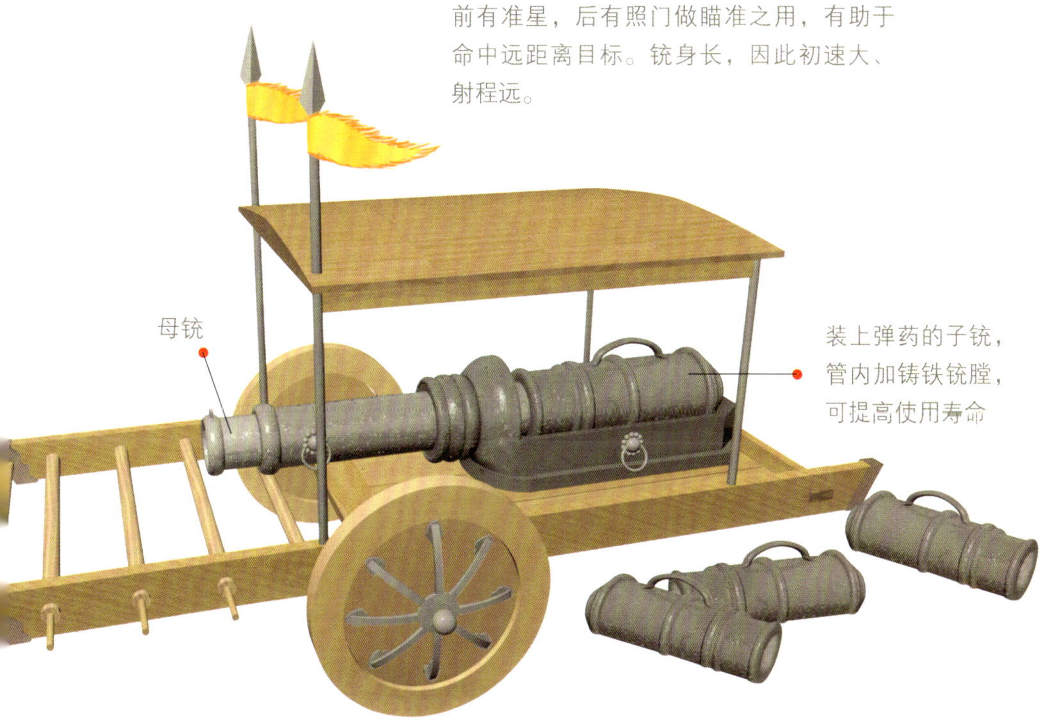


**历史链接**

**虞允文抗金**

1161年，金军南下攻宋。宋将虞允文指挥部下抛出一个个物体，落到金军周围，物体落地发出如雷的爆炸声。顿时石灰飞扬、烟雾弥漫，金军睁不开眼，只得狼狈溃逃，南宋王朝因此转危为安。虞允文使用的就是爆炸性火药武器——霹雳炮。

# 北方民族的传统制度

北方民族过着游牧或游猎的生活，但不是单家独户、毫无组织的。游牧民以族为基本，族内有许多分支，其中有特别强大的分支和领袖。每个部族有相对固定的牧或猎的地盘，与其他族也会结成世代通婚的关系。遇到天灾人祸，各部族或敌对或结盟，出色的领导者会被联盟推举为首领，公推为汗。成吉思汗就是其中的佼佼者。

推选出来的领袖，虽然获得联盟内其他部族首领宣誓效忠，但他不能直接指挥下面的游牧民。他的权力来源于推选，他的决策也需要与各部族首领商量，他的继任人也要经过推选。蒙古的大汗要经过忽里勒台（贵族决策大事的大聚会）推选，就是这种制度的遗留。亦因为这样，大汗死后，常常经过激烈的争斗，才选出新的大汗。今天沈阳故宫（满族入关前的皇宫）东部亦留有共议大事的大政殿和十王亭。

此外，游牧民没有固定的居所，成吉思汗的宫帐是用牛车拉着的，可以转移。即使后来仿效汉族定居者建立首都，游牧统治者仍然按本来的游猎习惯，随着季节和打猎地点变化转移都城。自辽开始，建立五京制度，金、元、清三朝都有类似的安排。

**▼ 八旗军服**

八旗是满族入关前的社会和军事组织，对满族在短时间内入主中原起到了积极作用。这个制度起源于出猎，当出猎时，按旗寨而行，每10人推举1个临时的首领。努尔哈赤为了把松散的各部组织起来，推广这种临时组织，把所有子民都编到旗下，组成八旗，以颜色区别。凡年满16岁的男性都有资格被选为士兵，这既是权利，也是义务。八旗分担下派的任务，有利益亦按旗分享。

▲ **猎归图**

这幅图反映了北方民族对狩猎习俗的重视。辽人的墓爱绘壁画，携鹰引犬、联群出动、满载而返的猎归图，在辽墓里常常能见到。

◀ **反映女真族组织的印**

金朝建立前，“猛安”是部落的统军首长，“谋克”是氏族长。金朝早期，以“猛安谋克制”为地方行政制度，具有军事、政治、生产三合一的部落特色。直至金朝中期，才被中央集权的制度取代。这是“撒土浑”谋克的印信，是金朝推行猛安谋克制的物证。

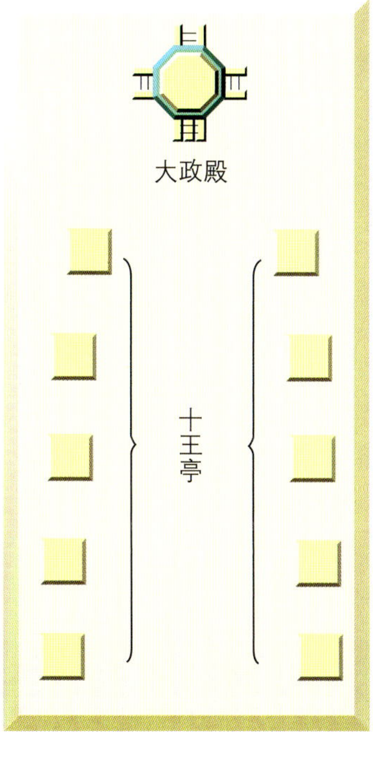


◀ **大政殿和十王亭的布局**

沈阳故宫最早兴建的大政殿和十王亭，最能反映满族由合议过渡到中央集权的情况。当时，满族正在向中央集权过渡，推行八旗制度。首领努尔哈赤在这里与他的八旗旗主开会议政，中央的大政殿是努尔哈赤办公和听政的地方，十王亭就是八旗旗主办公的地方。

**历史链接**

### 辽军的屠城政策

蒙古旧制，凡攻城邑，只要对方进行过抵抗，破城后就杀尽城中军民。窝阔台时期，汴梁将被攻破，大将要求屠城，提倡以儒治国的耶律楚材坚决劝阻，认为屠城只得一时快意，却落得人财两空。耶律楚材的意见为窝阔台所采纳，京城百姓得以幸免于难。

# 少数民族政权的汉化举措

北方民族虽然有强大的军事实力，但政治制度、经济、科技和文教水平不及中原汉人。当他们占有了一大片有城市的农业土地、建立了一个新政权后，面临的最大问题是怎样治理这个不只游牧民族的王朝，怎样使它强盛起来。当时中原的政治制度在世界上处于领先地位，而且在东亚范围内，除了中原也没有更先进的模式可供学习。汉化因此成为当务之急。在当时，汉化就相当于“现代化”，并不是一个民族问题。

中原王朝制度的最大特色是，中央集权帝制和文官统治。北方民族的政权大部分推行这种制度：在政治和军事上把部落首领的兵权转到皇帝手里，不再用与各王合议的方法做决策；在地方上设立州县制度。此外，他们还模仿中原的文官系统，举行科举考试。辽朝比较早在汉人地区恢复科举，但不许契丹人参加，辽末才打破禁令。就连最瞧不起读书人的元朝，到后来也恢复科举，不过录取的人数只占文官系统的少数，而且录取的时候，也按民族而有差别。

汉化的同时，也要顾及本族人的适应程度。像辽朝，虽然皇族汉化很深，但也实行一朝两制，在汉地用汉法，在契丹的地方用契丹的法。几个北方民族王朝的汉化程度各有深浅，金和清的汉化程度极深。清朝皇帝深信“敬天法祖，勤政爱民”，对汉族传统伦理规范的遵守程度，连许多汉族皇帝都远远比不上。很多满族人成了文学、艺术名家，在传统的汉族文艺上大放异彩。

▲ **御赐“万岁台”石砚**

这个砚应是辽太宗赐给大臣耶律羽之的。耶律羽之是契丹贵族，在征战之余，爱好读书和方术，有深厚的汉文化根基。石砚是汉族写字绘画的工具，此砚以游牧民族喜欢的金银物料做砚盖，以龙和花做装饰，刻上汉字，是结合汉族文化和游牧民族喜好的产物。

▶ **辽朝文官**

辽朝辖域内包括了众多的民族，统治者采取因俗而治、分而治之的办法，“以国制治契丹，以汉制待汉人”。在南部汉人地区任用许多汉族官员，实行汉人传统的政治制度。这个辽墓壁画中的文官形象，穿汉式官服，应为当时辽国南境的汉族官员。

▶ **孝子故事鎏金银罐**

儒家的孝悌观念得到辽、金两朝贵族的认可。这件契丹贵族的随葬品，罐上刻有8幅孝子故事图。

摘取风筝的孩子　抱树干想向上攀的孩子　手托线团的孩子　观看的妇人

**历史链接**

### 元昊兴夏

北宋前期，党项族首领李德明附宋。其子元昊继位后，坚持以本民族文化为主，走独立发展的道路，故下令恢复传统发式、废除汉姓和宋朝所封年号。不过他建立的西夏，还是承袭了汉族文化和典章制度，创造的文字也深受汉文的影响。

◀ **五子登科石刻**

这件元朝石刻，以5个孩子摘取树梢上的风筝为主题。“棵”与“科”音近，孩子攀树，有登科亦即考取功名的寓意，显示汉人父母希望子女通过科举获得好前途。统治汉人的北方民族，明白这种心理之后，也恢复科举考试，以减轻汉人反对的压力。

▼ **北京孔庙内景**

孔子是汉人儒学精神的代表，北方民族也敬奉孔子，这是他们汉化倾向的最佳说明。这是元朝政府1302年在北京建的孔庙，是元至清政府祭祀孔子的场所。

▶ **康熙帝读书像**

清朝的康熙帝崇尚汉族传统文化，这与他自幼受到汉文化的熏陶有关。他的父亲顺治帝是汉文化的崇拜者，笃信禅宗佛学。康熙的启蒙老师都是明朝的读书人，所以他自小打下汉学根基，喜欢读书写字，研究学问。他每次离京出巡，都要给各地孔庙和学府题写匾联。

# 忽必烈的汉化之路

在历史发展的长河中，野蛮的征服者往往最终被所征服民族的高度文明所征服。中国历史上曾有多个北方游牧民族入主中原，他们无一不受到汉族高度发达的农业文明的熏染，走上汉化的道路。元朝是由蒙古乞颜部孛儿只斤氏贵族建立的，是中国第一个由游牧民族建立的统一政权，也是中国历史上疆域最大的帝国。如此强大的元王朝在入主中原后，也不得不经历一段曲折的汉化过程。

元帝国的开国世祖忽必烈是成吉思汗之孙。他即汗位后，面临着蒙古帝国分裂的危机。忽必烈采纳“帝中国当行中国事”的策略，毅然改弦更张，大刀阔斧地进行汉化改革，采纳宋朝的一套中央集权体制，巩固元朝统治。

忽必烈首先以开平（今内蒙古正蓝旗东闪电河北岸）为上都，燕京（今北京）为中都，将大蒙古国的政治中心由漠北草原移到中原。他按照宋朝的国家体制，在中央设立中书省、枢密院、御史台，分管行政、军事、监察；另设宣政院掌管全国佛教事务，统辖西藏地区。他还设立行省作为地方最高行政机构，强化了元朝对广袤疆土的管理和控制，结束了汉唐以来东北和西南地区的分治状态。这套行省建制一直沿用至今，堪称忽必烈的丰功伟业！

忽必烈实行重农政策，设立专管农业的机构，以农业成绩作为考核官吏的主要标准。1283—1293年的10年间，他在山东开凿3条运河与隋代大运河连接，形成京杭大运河。这条运河还与黄河、海河、淮河、长江、钱塘江五大水系联网，构成中国水运主动脉。

忽必烈汉学造诣颇深，常给人解读《资治通鉴》，尤善书法。他标榜文治，尊孔崇儒，在各地修建孔庙，并在中央设立国子学，用儒学教育蒙古贵族和各族官僚子弟。他还在地方建立各级官学，以科举取士，使程朱理学上升到官方意识形态的至高地位。

忽必烈采取的汉化政策巩固了元帝国的统治。可惜他在实行“汉法”的同时又保存“国俗”，即在吸收汉族农业文明的同时又大量保留蓄奴、军事长官世系制、民族歧视等游牧民族的旧制。并存的二元统治政策虽为入主中原的少数民族所共有，但元朝表现得最为突出，故其汉化进程最缓慢。元帝国统治未能长久，与此不无关系。

▲ 梅瓶另一面所绘韩信形象

◀ 元朝青花萧何月下追韩信图梅瓶

萧何月下追韩信的故事，宣扬儒家提倡的忠义行为，脍炙人口，广为流传。以这个故事为瓷器的主要图案，反映出统治者已经接受了汉族的某些价值观念。

# 乾隆的汉化

满族为了完成入主中原的宏图，很早就开始学习汉文化，入关前已具有相当高的汉化程度。入关后更大力推行汉化，甚至对明代的政治模式只稍作改动，就照搬过来。如在中央设六部、不设宰相，任用汉族文人，采用八股取士，加强皇帝集权等，都是汉化的表现。

为了更好地统治中原，他们将满族原来没有，而中原王朝又最为重视的礼乐制度也全盘吸收过来，如天子登基大典，祭天、祭地、祭先农等祭祀活动，皆是全盘汉化。乾隆时的《皇后亲蚕图》，便是帝后祭祀先农的实物证据。

汉化的过程中，清朝皇帝可谓以身作则，他们身体力行地彻底学习汉族的文化，继承汉人传统的价值观，标举“敬天法祖、勤政爱民”的美德。经过前几代帝王的经营，到乾隆时，整个清王朝的汉化程度已相当深入。乾隆是一位汉学造诣极深的皇帝，在吸收汉文化方面大大超过了他的各位祖先。他能诗善画，创作了大量的诗文，自谓“即以汉人文学而论，朕所学所知，即在通儒，未肯多让，此汉人所共知”。他陶醉于江浙的山水，迷恋南方的园林，在位期间，多次亲下江南，并将著名景观仿建于皇家园林之中，以供时时赏玩。除此之外，乾隆还在边疆的少数民族地区推行汉化政策，使其加快了汉化的进程。

清朝在整个汉化的过程中始终秉持着自己的准则，对于传统的汉文化有所取舍。满族是一个重骑射、尚武勇的民族，也正是凭借着强大的军事力量，他们才得以入主中原，因此，他们时时警惕，以防失去了根本。例如，乾隆大加整饬，并严格执行木兰秋狝、东巡谒祖等制度。其中，木兰秋狝是清代帝王演练骑射的一种方式，即每年秋天皇帝到避暑山庄附近的木兰围场巡视习武，行围狩猎。而东巡谒祖是皇帝出巡东北盛京、吉林、黑龙江等清王朝发祥之地，祭祀祖宗先帝的活动。

同时，清朝储君的废立，也坚持满族独特的方式，他们并不建储立嫡，而是实行秘密立储制，如乾隆反复强调“不可不立储，而尤不可显立储”，同时诫谕后世子孙不必拘泥立嫡立长的古制。这种择优选择皇储的做法，既提高了继位者的优选率，又有利于国家最高权力的平稳交接。

清朝前期的几位帝王通过一系列的措施，使汉文化很好地融入满族的统治之中，同时坚持自身所长，各有取舍，较好地把握了满族汉化的方向。

◀ **北京紫禁城文渊阁**

康熙、乾隆两朝先后大规模编纂《古今图书集成》《四库全书》这两部亘古未有的巨著。当年《四库全书》的一部分存放在文渊阁里。

# 游牧人的定居生活

意大利人马可·波罗来中国的时候，在元上都拜见了游牧骑兵的大帝忽必烈。元上都在内蒙古广袤的草原上，马可·波罗大概从未想过游牧民族的首领要怎么居住在城市里。其实，蒙古人初占城市时，还想将中原地区改成大片牧场。

游牧王朝有固定的首都是新一代游牧民族的风气，辽、西夏、金、元、清无不这样。首都营建富丽堂皇的宫殿，甚至还建孔庙，又设市场供商品买卖，十分繁荣。游牧王朝的都城也有自己的特色，像元上都西面有一片土地，专门用来扎蒙古包，又有棕毛殿等具有少数民族风尚的宫殿。此外，游牧皇帝也不习惯长年住在一处，因此辽朝有五京，以后金、元都仿效五京制。

除了都城，草原上有些临河的地方还建了不少城市，像松花江沿河就发现了许多座金朝城市遗址。这时游牧人也有了农田，可能是被俘或北来的汉人开垦的；有了河水，也方便灌溉附近的农田。房子起初不一定是长期居住的，辽金时期的房子有些只是就地用沙土拍打成墙壁，不是很牢固，估计是临时的，可能到天暖就搬走。北方天气冷，房子里有火炕、烟囱，但煮食的灶是露天的，从这些房子可以看到游牧人逐渐走向定居的情况。

▼ **辽金房屋遗址复原图**

在吉林发现了迄今规模最大的辽金时期聚落遗址，揭示了游牧民族逐步走向定居生活的过渡形态。房址朝东南，有利于朝阳背风御寒。墙壁就地取材，用沙土拍打而成，可能只拍打到一定高度，以阻挡风水雨雪，然后用棉、毡、皮类做成的蒙古包式帐篷顶盖在上面。室内普遍建造曲尺形火炕，还有烟道、烟囱等，说明当时汉族的生活器具、生活习俗不断传入，而契丹和女真已娴熟掌握了建造火炕取暖的技能。

▼ **鎏金门铰和锁匙**

门铰和锁匙都是与门有关的构件。门的使用，是游牧民族转为定居的象征。这几件工具用上鎏金，可见珍贵，不是一般房屋所用。

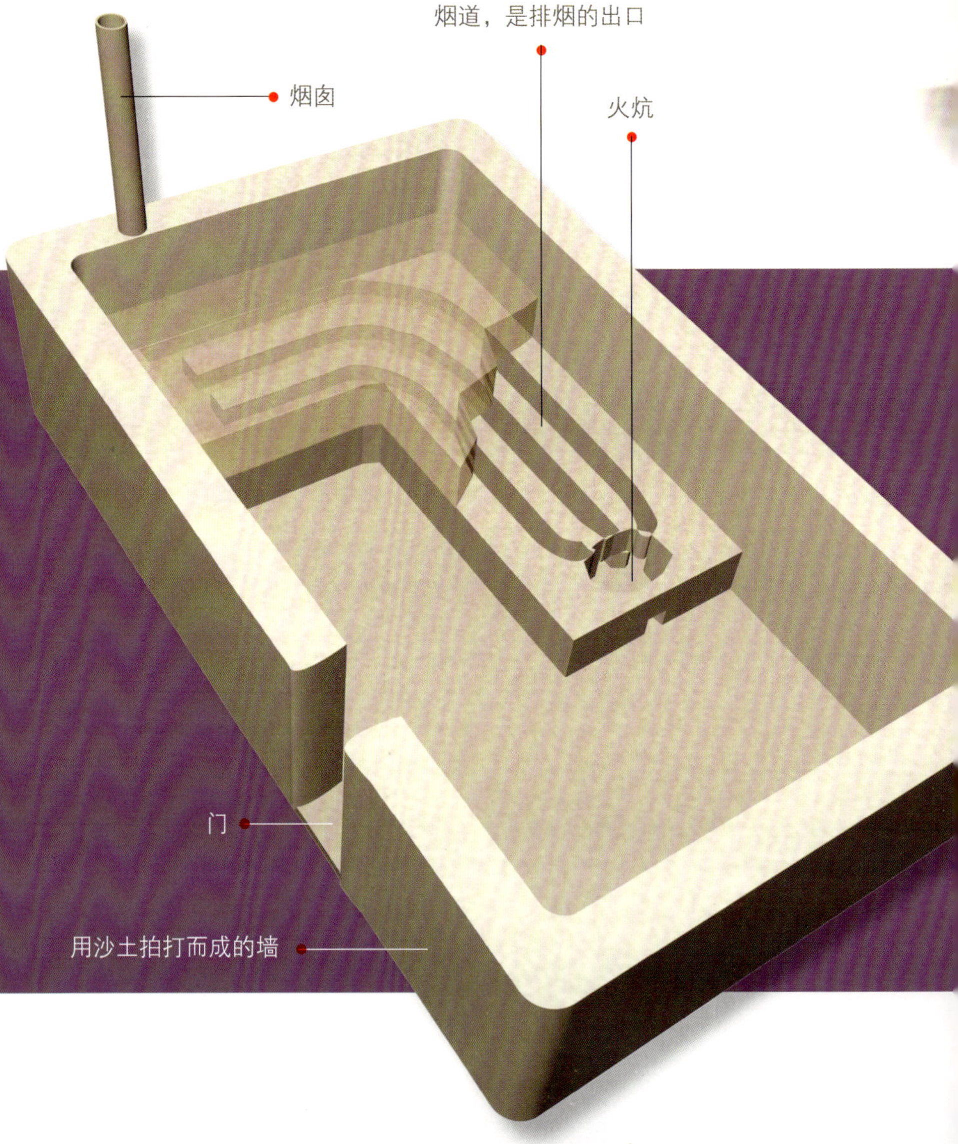

◀ **满族入关前的生活**

这幅版画描绘了满族入关前的城镇生活。明朝时，原来散居在东北较北地区的女真分成三部，较文明的两部不断南迁，大约在嘉靖时期（1522—1566）已稳定散居在接近长城的辽东地区，他们向汉人学习耕种、建屋，不再是只知射猎的民族。

▶ **妇人启门图**

辽墓壁画内容丰富，充满生活气息。画中妇女正在开门，门上画了金色的凤凰，有门环，可见富有人家的定居生活已和草原生活相去很远。

◀ **金人的木床**

从金墓出土的木制家具，可见金人已经逐渐适应以农业生产为主的定居生活。

**历史链接**

### 成吉思汗西征

大蒙古国建立后，成吉思汗与其子孙先后3次西征，扩张势力范围，兵锋曾到达今俄罗斯、波兰、匈牙利、伊拉克、耶路撒冷等地。西征客观上推动了东西方经济文化的交流，使元朝的对外关系有很大的发展。

1 提壶准备斟水的男子
2 吹火的孩子
3 碾茶的孩子
4 手持杯盏的侍女

▶ **煮茶图**

在蔬菜、瓜果资源不丰富的北方地区，茶叶有除腻、提神功效，极受欢迎。北方本不产茶，因此从南方买得的茶叶格外珍贵。所谓“茶马贸易”，即南方想要北方的马，北方需要南方的茶。这幅壁画反映契丹人煮茶的情景：长方形的桌子上放了茶具，几个人正忙于煮茶。

# 从畜牧到农商

畜牧业虽然成就了游牧民族的军事强势，但畜牧经济本身很脆弱。逐水草而居的生活，时常受旱灾、雪灾威胁，严重时人畜大量死亡。因此，新一代游牧民族建立政权后，大力发展农业、商业、手工业。

北方民族占领传统农业地区之后，逐渐认识到农业对经济稳定的作用，改变了想把农田变成牧场的想法。他们利用汉人的耕作技术，发展农业；又把农业推广到草原地区，作为辅助性生产。北方地区的耕种条件当时已赶不上南方，而且这些北方民族起初只占有农业较落后的地区，这些地方雨量不平均、风沙大，对农业发展构成阻碍。为了进行农业灌溉，这些北方民族政权纷纷集中力量兴修水利。金朝后来还可以种植水稻这种高产量农作物。有了农产品，草原发生天灾也可以调集粮食救灾。

至于商业，游牧民族向来重视，因为游牧生活的物资常常要靠贸易交换来补充。因此，纵使与中原王朝处于对立状态，边境上的贸易仍很兴盛。不过，双方对彼此欠缺的战略物资，如马、金属、粮食等，是禁止贸易的。游牧民族可以贸易的主要商品是畜产品，如牛羊肉食、皮革、毛裘、毛毡等，由于欠缺其他手工业技术，所以他们很重视抢夺工匠。蒙古人对俘获的工匠都免死，将其带回后方工作。获得工匠后，北方民族的手工业大有发展，丝织、瓷器、玉器都有不错的成就。

不过，畜牧业还是很受重视，北方民族政权用政府的力量经营牧场，对饲养的管理很严格。窝阔台时又在草原没有水的地方凿井，使游牧民逐水草而居的范围比较固定。

▲ **双凤齐飞玉饰**

金朝玉器制造业发达，留下许多传世精品。这件双凤齐飞玉饰造型精巧，一对飞凤嘴尖相对，双腿合并交叉，做比翼齐飞的姿态。玉饰琢制、抛光技术高超，显示了金朝制玉的工艺水平。

▼ **《饮饲图卷》局部**

这幅元朝的画生动描绘出官营牧场中饲养者精心照料马匹的情景。辽、夏、金、元各朝都设有专门管理畜牧业的机构。元朝在全国设立了14处官营牧场，朝廷每年派专人巡视各地牧场。

◀ **点茶图**

北方少数民族都爱饮茶，中原与北方民族的贸易被称为茶马贸易，可说是各取所需。辽的茶叶，主要是通过贸易和宋朝的馈赠获得。契丹贵族喜爱饮茶，而且看重宋朝的名贵茶叶。辽墓中与饮茶相关的壁画很多。

▼ **辽三彩陶鸳鸯壶**

游牧民族的陶瓷器制造在他们立国后渐有发展，虽然有受中原工艺的影响，但又形成各自的特色。辽朝的陶瓷器造型质朴，其中以三彩器和形如皮囊的鸡冠壶最有特色。这件辽三彩黄绿相间，鸳鸯的羽毛也刻画细致，艺术性很高。

▼ **犁耕图**

二牛抬杠的耕作方式在汉朝已经出现，并在各地推广。西夏仍然用二牛抬杠的方式耕作，一方面说明西夏的农业生产根植于中原，另一方面说明由于宋夏对立，东南地区先进的耕犁技术还没有传播过来，所以西夏的深耕技术远远落后于宋朝。

**历史链接**

### 不能返农为牧

来自草原的蒙古贵族不知如何治理中原，很多人认为应把汉人赶走，把农田变成草原，这样才能产生财富。为了说服他们，耶律楚材（窝阔台时期的大臣）成立课税所，征收土地税、商业税，每年的收入支付军粮和军费绰绰有余，这才让他们认识到农业的积极意义，避免了返农为牧的倒行逆施。

# 民族文字的创立

早期的游牧民族大多没有文字，历史和生活经验都靠口传，但是新崛起的游牧民族认识到文字对提高文化水平的重要性，纷纷创制自己的文字。汉字在中原已经有两千年历史，对周边国家和地区的文字也产生了重要影响。

北方民族造字受两方面影响：方块的汉字和非方块的拼音文字。最早兴起的辽、西夏、金的文字主要受方块汉字影响。他们的文字看起来是一个一个方块字，字形结构也与汉字相似。但是除了西夏，其他北方民族的语言系统不属于汉和西藏的语系（词多是由单音节的单纯词和多音节的复合词组成），所以模仿一字一音的方块汉字总有些不便。

后期的蒙古族和满族则模仿另一个系统，尤其是回鹘文（亦即畏兀儿文字）。蒙古灭了突厥系的乃蛮人之后，借用乃蛮人使用的畏兀儿文字，形成畏兀儿蒙古文。明朝末年，满族因为仿汉字的女真文已经不通行，借用仍然在使用的畏兀儿蒙古文，模仿而造出了满文。蒙古族还有另一套模仿藏文字母、畏兀儿蒙古文和汉字创制的文字，是直写的，称为八思巴文。元亡后，八思巴文不再通行。

不过，北方民族统治境内仍然通行汉字，不但境内的汉人使用，官方文书也有汉文，而皇族中不少人也懂得汉语，文学家也有用汉语写作诗文的。

▲ **契丹文字**

契丹国建立后，先后参照汉字创制了契丹大字和契丹小字。辽亡后，契丹文字继续使用了一段时间才被金朝废止。图中是契丹小字。

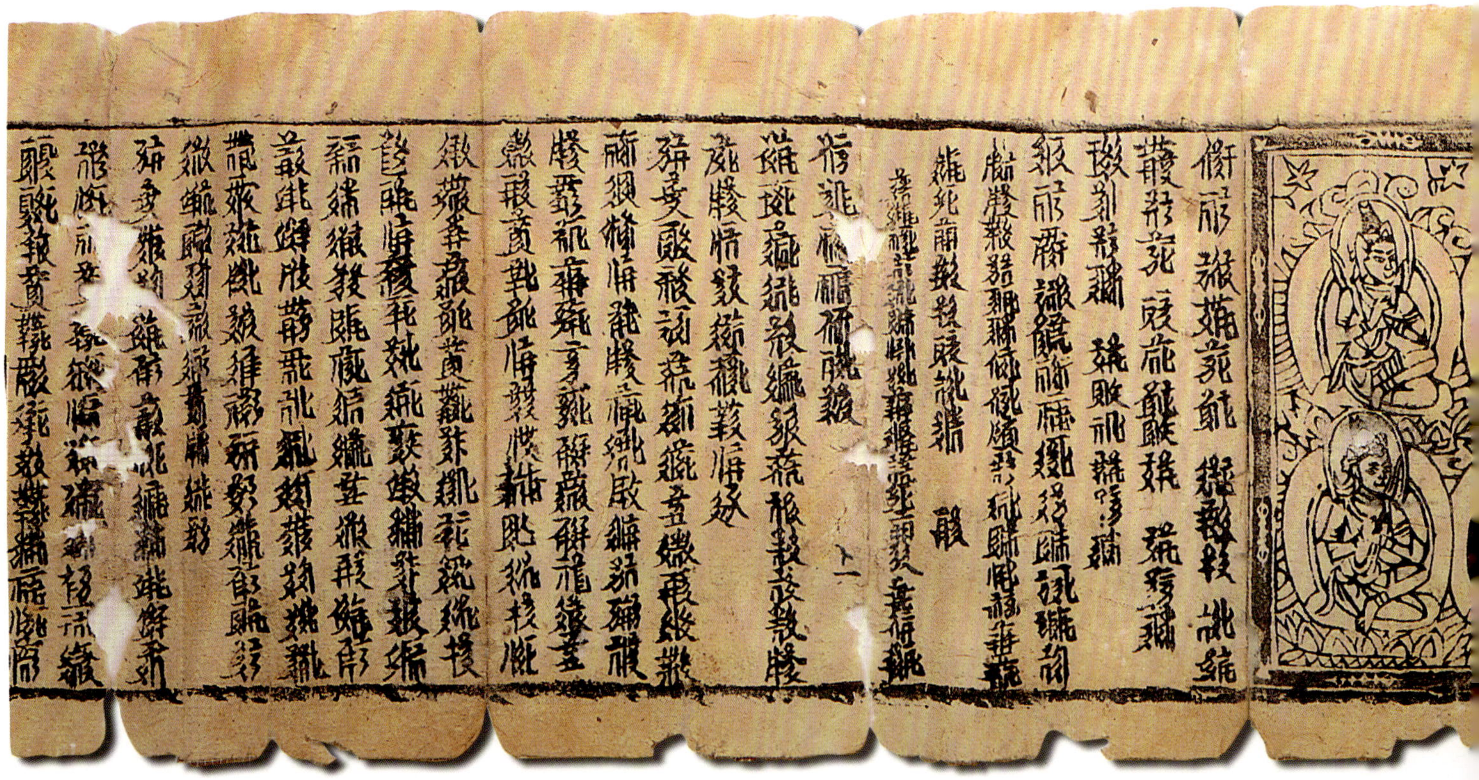

▲ 五体文字匾额

清朝修建的承德避暑山庄，正门匾额有满、藏、汉、维、蒙文字，体现了多民族国家的多文字特色。清朝的文献都有满、蒙、汉三种文字版本，无论是紫禁城还是离宫别馆，各殿的匾额都有满、汉两种文字。

| 创制时间 | 周边文字 |
| --- | --- |
| 7世纪 | 突厥文 |
| 7世纪 | 藏文 |
| 未详 | 回鹘文 |
| 10世纪 | 契丹文 |
| 11世纪 | 西夏文 |
| 12世纪初 | 女真文 |
| 13世纪初 | 蒙古文 |
| 15世纪中叶 | 朝鲜文 |
| 1599年 | 满文 |

▲ 汉字周边文字的创制时间

▼ 西夏文雕版印经

西夏文在当时流行的少数民族文字中十分突出，统治者大力推行，从立国到亡国，甚至亡国后200多年，未曾中断使用。西夏雕版印刷业发达，更有利于西夏文的流传。

**历史链接**

### 回鹘人的文化中介角色

回鹘人聚居于丝绸之路，唐朝时曾建立汗国，亡国后，向西、向南迁徙，分成三支，分别住在河西走廊、西域高昌和今帕米尔高原以西。元朝时称回鹘为畏兀儿，后来发展成现今的维吾尔族。河西走廊一支称为“黄头回鹘”，发展成今天的裕固族。

回鹘人多经商，有自己的文字，对中亚、西域和东亚（尤其是宋、辽、元三朝）之间的经济交流和文化传播，有重要的中转作用。

▲ 畏兀儿蒙古文

有了蒙古文来发布命令、登记户口、记录所断案件和编集法律文书，蒙古人的文化水平大大提高。1219年，成吉思汗召集大会，重新确定了世代相传的规范。他将历年发布的法令和训言，命人用蒙古文记录成卷，名为《大札撒》。每代大汗即位或处理重大问题，都必须依例诵读《大札撒》条文，表示遵行祖制。这是内蒙古地区的石窟发现的13世纪畏兀儿蒙古文题记。

# 壁画里的辽朝生活

唐亡之后，南下的北方民族里面，辽朝是第一个兴起的，它对北邻各族有文化传播的作用，对以后的北方民族王朝也有先例作用。辽朝的社会生活到底是怎样的？我们可以从辽人墓室壁画的内容得到启示。辽人的墓里有许多壁画，题材广泛，以饮宴、猎归、出行、家居生活为主，是当时贵族生活的生动写照，而附带又可见到林木、鸟兽、羊马等北国风情。有一个皇帝陵墓里的四季狩猎壁画，相当于一幅描绘四季的山水画，面积很大，可见辽朝的绘画水平很高，可惜已经残破。

壁画和墓里的其他文物一样，可以很明显见到唐朝的影子。契丹先后依附突厥、回鹘和唐，突厥、回鹘相继衰落后，在建国之前，契丹和唐的来往最紧密，受唐的影响很大，连法律都近似唐律。唐和契丹都有胡汉文化交杂兼容的特色，透过两朝的壁画，可以感受到胡汉文化融合的新鲜气息。

▶ **童嬉图**

画面中，几个孩子躲在箱笼后面玩耍。他们的脸部和手部经过晕染，更显逼真。发式既有绿衣小孩剃去额发的契丹式，也有红衣小孩的汉式髻发，反映出辽朝统治下汉人和契丹人杂居的情况。

▶ **写经的贵族妇女**

辽人崇信佛教，达到狂热的地步。抄写佛经、传播佛法，在辽人看来，是一种功德。图中女子在花园中抄写佛经，神情专注。她的衣饰华美，阔袍大袖、头插金饰，完全是养尊处优的贵妇模样。这座墓（内蒙古赤峰宝山辽墓）的壁画色彩鲜丽，而且描金，十分珍贵。

▶ **出行图**

这幅图描绘了契丹贵族出行游猎的场景。其中一个侍从头顶一筐饮食用具，从形状来看，像是瓷器，带易破的瓷器出行，可见辽人生活中已渗入许多不是传统游牧民族的元素。

◀ **贵妇图**

辽人壁画中的贵妇仪态端庄，面部丰满，有唐朝贵妇的风格。

◀ **奉侍图**

壁画中描绘的是贵族家中正在忙碌的佣仆，他们都穿汉式服装，反映了汉地辽朝贵族家中的日常生活。不过这些佣仆的衣服，不像一般下层人的短衣束袖，戴的帽子也像官员。究竟是贵介官家中连仆人都衣服华美、高人一等，抑或是其他原因，还有待研究。

◀ **门吏图**

契丹族以武立国，得以逐鹿中原，因此尚武之风盛行。辽朝墓葬的许多壁画中，都有手持兵器的士兵形象。这两个画于墓门两侧的门吏，守卫着墓室。

**历史链接**

**萧太后临朝**

辽朝的萧太后，美丽而聪慧。其子圣宗即位时才12岁，萧太后临朝称制，管理国家大事。她特别宠信汉人韩德让，两人在严酷的政治斗争中配合默契，稳定了政局。契丹族妇女地位较高，也不太忌讳男女交往，这为萧太后施展政治才能提供了可能。

# 融汇世界各大宗教

北方民族普遍信仰萨满教。萨满教是原始宗教的一种，相信万物有灵。萨满巫师一般会穿上有许多动植物装饰的衣服，手拿大鼓、旋转歌舞，举行跳神仪式，驱赶所谓的邪恶精灵。

北方民族攻掠的地方不断扩大，他们接触其他宗教之后，一般都容许这些宗教自由传播，很少排斥，这种包容态度可能和他们的多神信仰有关。元朝地域广大，而且中西往来频繁，各地的宗教传入很多，佛教、道教、基督教、伊斯兰教、犹太教并行不悖。蒙古人后来改信藏传佛教，又称喇嘛教，但他们的祭祀仪式里，保留很多萨满教和草原生活的习尚。与蒙古族通婚的满族，为了与蒙古联合进攻中原，也支持藏传佛教，还在中原建了不少藏传佛教的寺庙和白塔。

以崇信其他宗教出名的还有辽朝。辽朝当时盛行佛教，到处都有佛寺，佛塔建造得也很精美。辽朝统治者还花了很大气力刻成《大藏经》。

**▼ 鎏金银道冠**

这顶辽墓出土的道冠，反映出汉人传统的道教已经为契丹贵族所接受。道冠由16片鎏金银片缀合而成，另钉上24件凤、鸟、花卉、火焰宝珠等银饰件。

**▼ 八思巴觐见忽必烈壁画**

元朝从忽必烈开始，尊崇藏传佛教的萨迦派（俗称花教）。1253年，该派教主八思巴觐见忽必烈，深得忽必烈赏识。忽必烈成为大汗之后，封八思巴为帝师，统领全国僧人，同时也是西藏的行政领袖。帝师受皇帝优待，赏赐无数，忽必烈仅第一次灌顶所献的供养即为13个万户；帝师在朝会时有专座；帝师往来大都和西藏，沿途都有官员隆重接送。

▲ 摩尼光佛像

创立于波斯的摩尼教，7世纪传入中原，也叫“明教”，曾产生很大的影响。位于福建泉州的摩尼教草庵是中国目前仅存的摩尼教遗址。这座神像在摩尼教草庵出土，背雕毫光四射纹饰，称“摩尼光佛”。

▶ 辽朝石雕观音像

辽朝帝王提倡佛教，尤其信奉观音。辽朝的观音像十分精美，很能代表辽朝的雕塑艺术水平。

▲ 印度寺的石柱

元朝时各国商旅云集泉州。泉州当时有印度寺，寺中的石柱带有浓厚的印度文化色彩。

▶ 元朝景教墓顶石

此石用灰白色花岗岩雕琢而成，正面和侧面各阴刻一个十字架，背面阴刻一行古叙利亚文。基督教的聂斯脱利派在唐朝已经传入中国，被称为“景教”。到唐朝末年，景教在中原已湮没无闻，但在蒙古等地依然流行。

**历史链接**

### 少数民族的多神崇拜

契丹人“好鬼而贵日”，特别崇拜太阳。每月初一，他们都要向东方拜日，朝典仪式皆以东向为尊，连房屋也都朝东。女真人崇拜山川神灵，长白山作为“兴王之地”，获得了许多香火。党项人崇拜鬼神，房屋往往留其中一间，以奉鬼神。

# 草原之路连接世界

▼ **双羊提花织锦被面**

这件元朝被面上的羊有欧洲神话中的神兽“格力芬”的特征，嘴形似鹰，有卷云纹的翅膀。格力芬形象在中国北方草原出现，是中西文化交流的具体证据。

大家熟知的丝绸之路，主要是中原王朝与西方来往的通道。早在这条闻名世界的丝绸之路开通之前，在北方草原上已经有一条贸易通道。不过，商旅往来不光看道路通行难易，还看商品的丰足与否。丝绸之路开通之后，很快变成最受瞩目的世界性通商大道。

北方民族纵使控制了中原，他们的政治中心依然主要在北方，其中辽和元两个政权，都控制了广阔的东亚草原，国力亦盛，草原之路又变得兴旺起来。尤其是辽，受阻于西夏，当时主要通过草原之路与西边各国各族贸易，输入珍宝、兵器和细毛织品等。由于辽和西域、中亚的交往密切，因此辽亡后，部分契丹人在西域建国，称为西辽。今天俄语里的中国，来源可能就是契丹，可见辽的贸易范围很广。元朝既有草原之路，也拥有丝绸之路，灭了南宋后，更继承了海上之路，东西往来更加频繁，而草原之路不似辽时兴旺。

元朝的驿站系统很完善，虽然主要作用是传递政府信息，不供商人使用，但对各地的交通联络也起到了促进作用。驿站系统以元大都为中心，东北到达黑龙江口，正北去到叶尼塞河，西北去到伊儿汗国和钦察汗国，西南到西藏，而原来交通发达的中原，驿站分布更密。

◀ **骑骆驼俑**

这个元朝陶俑重现了外国商旅骑骆驼远赴中国经商的情景。

▼ **大漠中的驼队**

在一望无垠的草原和沙漠绿洲中，骆驼是主要的运输工具。驼队和商旅的西去东来，使得这条横贯欧亚的天然通道，成为中西文化交流的大动脉。

▲ **察合台汗国银币**

蒙古军队西征后，在被征服地区建立了四大汗国，察合台汗国是其中之一。蒙古入主中原后，四大汗国与元朝驿路相通，使节往来频繁，带动东西方物质和文化交流。这枚银币正面压印了库法文和阿拉伯文，内容是伊斯兰教教义。

▶ **刻花高颈玻璃瓶**

出土于辽国贵族墓中，是典型的伊斯兰玻璃器，可能是10世纪末伊朗地区所制。

▶ **色目人俑**

元朝将治下的人民分为四个等级，其中色目人是对蒙古以外的中国西北各族、西域人的统称。他们在元朝的地位仅次于蒙古人，而高于汉人和南人。这尊色目人俑，头盘长辫，眉隆凸，目深陷，满腮须髯，双脚蹬靴，颇像西域色目人。蒙古人本身不善经商理财，色目商人在元朝商品经济领域中极为活跃，其中以回族商人为最。

▲ **胡人驯狮琥珀饰品**

狮子不是蒙古草原的动物，胡人、狮子和琥珀都是外来之物，这件辽人装饰品将三者结合在一起，是东西文化交融的实物见证。

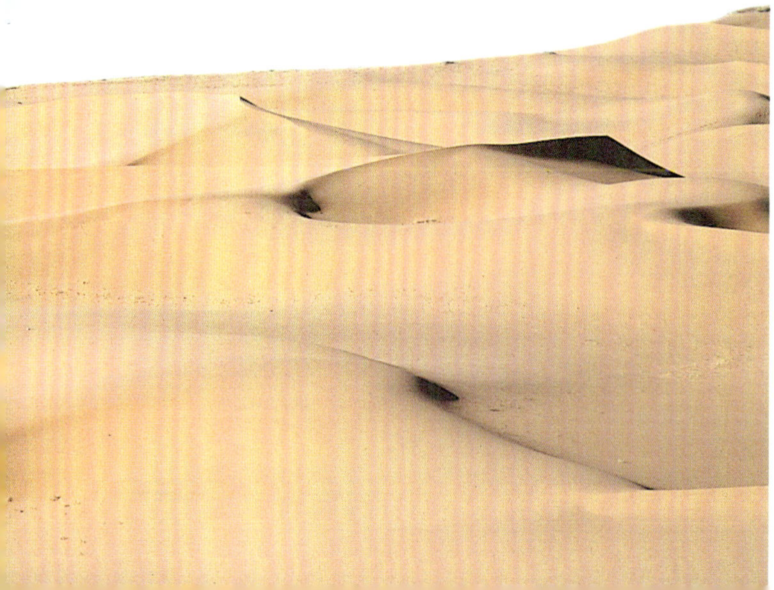

**历史链接**

**马可·波罗来华**

马可·波罗的父亲和叔父来华经商时，曾奉忽必烈之命出使罗马教廷。约1271年，马可·波罗随父亲、叔父来华复命，经丝绸之路跋涉了3年半，终于来到元上都。他在华居住了17年，深得忽必烈的信任。后来他口述在华所见，撰成《马可·波罗游记》。

# 蒙古高原新形势

▲ **成吉思汗像**

游牧民族的历史经过上千年的积累，到成吉思汗终于爆发出震惊世界的力量。

13世纪时，成吉思汗崛起，统一蒙古高原各族，这既是蒙古族的大事，对中华民族亦产生了极大的影响。

自古以来，蒙古高原上的游牧民族，像匈奴、鲜卑、突厥等，强大时，高原上各族归附，都号称出自其族；衰微时，则纷纷瓦解。成吉思汗出自蒙古一个不算强大的部，他先统一了蒙古各部，成为蒙古的汗，再打败了高原上其他强大的汗，如属于突厥系统的乃蛮，统一蒙古高原。在统一过程中，许多经常与高原各族来往或交战的森林民族，也被卷入其中。蒙古不光是原来的蒙古族，还融入了许多或降或附的蒙古高原居民。元朝灭亡后，蒙古族北迁，形成东西两大对立部族，下面再分成很多部，但蒙古仍然是北方重要的军事力量。

元亡时没有北返的蒙古人，在中原地区的分布范围很广，后来世代与汉族通婚，改成了汉姓。有许多著名的文人学者，如果不查祖源，根本认不出先世是蒙古人。

蒙古人可能从来没有想过，他们的宗教宽容政策加上掠夺性的西征，会为中华民族留下深刻的印记：中华民族从此多了一个新成员——回族，并对元朝社会经济文化产生重要影响。蒙古族的扩张、改奉藏传佛教，同样深刻影响着中国的政治和文化。

◀ **祭祀成吉思汗家族图**

被祭祀的成吉思汗及他的3位皇后、4个儿子在画的正中。成吉思汗戴四方瓦楞帽，3位皇后戴罟罟冠，均端坐于白色高台上，接受台下另外3组人的祭祀。

▲ **蒙古族妇女**

◀《塞宴四事图》宰羊场面

▶ 宰羊

蒙古人热情好客，有用全羊或全牛款待贵宾的传统习俗。

▶ 摔跤

摔跤、骑马和射箭是蒙古男子必备的三项传统技能，孩子自小就开始接受训练。

**历史链接**

**中华民族新成员——回族**

回族的祖先，主要是蒙古西征时归附并东迁，组成“西域亲军”的西域和西亚居民，信奉伊斯兰教；也有部分是循海路来元朝做官或做生意的穆斯林。在元朝色目人中，回族人数很多，分布很广，他们地位高于汉人，善于经商，很多成了高官或巨商，专擅天下水陆之利。

▶ 冬季迁徙

今天的蒙古族仍然过着半农半牧的生活，因畜牧的需要，他们冬季和夏季会在不同地方放牧，故每年会有两次较大规模的迁徙行动。

▼ 草原与马

草原是游牧民族生活的大本营，成吉思汗和他的骑兵所建立的功业就是以草原为起点的。

# 满族的深入汉化

满族是中国古代最后一个王朝的统治者，入主中原近300年。它的崛起及实施的民族政策，对中华民族的融合形成影响很大。

满族的前身是女真族。金朝灭亡后，女真族先后受蒙古和明朝统治。在明朝统治期间，女真族不断南移，直到距明长城不远的地方。明朝末年，女真各部统一，而且得到蒙古很多部归附，女真族领袖打败北迁的元皇室嫡裔，得到元朝的传国玉玺，被东部蒙古各部推举为汗。女真和东部的蒙古早已有接触，这时结为联盟，世代通婚，共同以入主中原为目标。

满族既来自关外，又与蒙古结盟，进入中原后，原来用于抵御关外民族的长城不再受重视。清朝还在接近北京的明长城以北建造避暑山庄，接待入朝的蒙古各部，山庄外围又修建了很多藏传佛教寺庙，供入朝的蒙古王公参拜，清朝本身也优礼藏传佛教。每年秋天，清帝在避暑山庄北面的围场与蒙古各部围猎。

满族入关后，面对人数占绝对优势的汉人，采取高压和怀柔并用的治理策略。虽然清统治者圈占土地、逼迫汉人剃头发换服饰，引起极大反抗，但也大量任用早已归附的汉人到各地做官，宣布保持明朝制度，维持科举，稳定人心。清朝皇族和八旗旗民的汉化程度相当深，语言文字都已汉化。清朝灭亡后，满族几乎完全融入汉族之中。

清朝的多民族大一统政策，与中原传统王朝一样，但联络蒙古族和藏族更加深入。自唐亡之后，北方民族持续了几百年的南下潮，到满族入关、各族更深入融合之后，可以说是告一段落了。

▼ **避暑山庄普陀宗乘之庙**

避暑山庄是清朝皇帝与蒙古族、藏族联络感情的重要行宫，山庄外建了多座藏传佛教寺庙，普陀宗乘之庙是其中最大的一座，仿西藏布达拉宫而建。普陀宗乘之庙最高处的大红台，只有最高级别的王公和喇嘛才能参拜。

◀ **满族男女服饰**

满族男子剃去前额头发，梳一条长辫在脑后，如同图中男子的发型。他身穿圆领长袍，腰带上挂满了各式小物，这是满族人的习惯。左边妇女梳两边高髻，这是满族女子的时尚。她穿对襟外套，绣鞋的鞋底很高。

◀ **苗族**

《皇清职贡图》描绘了清廷所辖边疆各少数民族的历史、地理、风俗、物产等情况，乾隆十六年（1751）开始编制，花了不到10年时间。图中二人是苗族人的形象。苗族主要分布于中国西南地区。这对苗族男女，女的衣饰颜色和纹样鲜艳细致，表现了苗族的染绣艺术；男的执芦笙，这是苗族人每年跳月盛会上用的乐器。

▶ **清帝观看蒙古人摔跤**

每年秋天，满蒙的贵族、军士齐集行围打猎之后，清帝会接受蒙古族宴请，宴会上有蒙古技艺表演助兴。图中是乾隆帝在观看摔跤表演。

▼ **新疆民族**

这是新疆各地各族的朝贡者，旗上有朝贡者的名，包括新疆北部的伊犁，新疆南部的库车、和阗、乌什、阿克苏、叶尔羌等。哈萨克、布鲁特和蒙古则是族名。哈萨克是游牧民族，有分布于清朝境外的，常往来于境内外从事游牧和贸易。

**历史链接**

**清迁都北京**

清王朝原建都于盛京。1644年，多尔衮率清军进入北京。他从统一和管辖整个中国的战略出发，力主迁都。他顶住了重重压力，终于在当年十月迁都成功。从此，清朝在关内进一步站稳了脚跟，并逐渐统一了全中国。

# 藏族是中华民族大家庭一员

藏族是中华民族大家庭中的重要一员。元朝时，西藏地区正式纳入中央政府的直接管辖范围。

西藏地区本来部落很多，约在唐朝时，出现两大变化：政治方面，吐蕃王朝统一各部，是西藏高原上第一个具有严密组织的政权；宗教方面，佛教传入，佛教的密宗与西藏原有的宗教结合形成藏传佛教。吐蕃之后，西藏地区陷入部落割据状态，然而藏传佛教信仰逐渐深入。地方家族势力和不同的藏传佛教宗派结合，因此教派林立。蒙古强大后，西藏接受招降，首先投诚的萨迦派及相关的家族受扶植，蒙古亦改信藏传佛教，封萨迦派教主为元朝的国师。西藏原有的政教合一状况加强。元亡后，明清两朝亦继续这一政策，但明朝时萨迦派的势力衰落，在蒙古部落支持下，以达赖和班禅喇嘛为首领的格鲁派（俗称黄教）成为藏传佛教的领袖。格鲁派的领袖也由蒙古部落引荐给满族皇帝，西藏于是成为支持满族统治中原的力量。

自元到清，中央王朝在西藏推行很多稳定政治的改革措施。中央王朝在西藏统计户口、征收赋税、制定法律，设计和改良政治制度，委派最高层官员。其中一次极重要的改革，是在18世纪时，改革达赖、班禅及各级活佛的继承制度，亦即改革转世灵童的选择方法。西藏的地方权贵家族经常因为选灵童而发生纠纷，清朝于是改用在格鲁派祖师像前抽签的方法选出灵童，最后由中央政府册封认定。这个方法一直沿用到今天。达赖负责西藏的地方行政事务，也是由清朝皇帝确立的。

▲ **达赖喇嘛五世银像**

达赖喇嘛是藏传佛教格鲁派的最高领袖。格鲁派因为联合游牧在青海的蒙古族推翻西藏的汗，成为西藏的最高宗教领袖。五世达赖（1617—1682）经蒙古部落引荐，在清初率三千侍从到北京觐见清朝皇帝，并受册封。这尊银像是他献给清朝皇帝的礼物。

▼ **珐琅僧帽壶**

僧帽壶是藏传佛教僧人的用器。这个珐琅壶制作讲究，具有宫廷风格。

签上写各地报来的“灵童”名字

**◀ 掣签所用的金奔巴瓶**

乾隆五十七年（1792）规定达赖、班禅和各地活佛转世，不再由巫师作法指定，改由金奔巴瓶掣签决定。目的是避免各派贵族贿赂巫师，选各自所推的人选。这项抽签制度今天仍然奉行。金奔巴瓶即金瓶，由清政府颁发，分别藏于北京雍和宫和拉萨大昭寺。抽签过程由清朝驻藏大臣监督，被抽出名字的灵童便成为格鲁派活佛的继承人。

**▲ 不动明王缂丝唐卡**

这是宋朝后期的西藏工艺品。唐卡是指用颜料在锦缎、布帛上绘制各式图案的卷轴画。缂丝是汉族传统工艺，在宋朝取得了很高的成就。

**历史链接**

### 驻藏大臣的设立

1727年，清政府在西藏设立正、副驻藏大臣。驻藏大臣代表中央政府与达赖和班禅共同管理西藏，负责处理对外交往和财政，转世灵童的确立也要在其监督下进行。驻藏大臣的设立，标志着中央政府对西藏管辖的加强。

**◀ 藏族贵族服饰**

9世纪末，吐蕃王朝灭亡后，西藏便一直处于分裂割据的局面。各地形成由贵族组成的政治集团，藏传佛教各教派为了自身发展而与贵族势力紧密结合。

**▶ 鎏金文殊菩萨像**

明朝在宫内建造藏传佛教庙宇，设番经厂习念经籍，并制作西藏佛教造像，赐给西藏、青海等地区的宗教领袖。这些明朝廷赏赐的鎏金铜像，至今还存于西藏、内蒙古等地寺院。

# 中央集权制度加强

▲ **荒唐的明朝天启皇帝**

这位天启皇帝穿着皇帝的礼服，礼服上绣满代表皇帝德行的专用纹饰——十二章，可正是他宠信乳母和宦官，在关外又大吃败仗，使明朝彻底衰败。继位的明朝末代皇帝崇祯想力挽狂澜，亦未能成功。

唐朝开创了新的政治制度后，后继的四个王朝再没有什么大创造，包括两个北方民族王朝也是萧规曹随。可是中国帝制时代这最后四个王朝，有两种不良发展：一是皇帝的威权越来越重，明清两朝君主专制程度已相当高；二是中央权力的加强，地方受管控和限制，难有活力。

宋代的理学是一个新的儒家学派，也是当时的显学，它从哲学理论上加强了皇权的合理性。皇权侵害了臣权，尤其是最高级的宰相的权力。唐朝宰相可以坐着和皇帝议事；宋朝就只能站着；明朝最黑暗的时候，大臣被当廷杖打侮辱，甚至被打死。皇权高度膨胀的表现，是明朝的开国皇帝朱元璋废除宰相，直接管理各部大臣，什么事情都由皇帝决定。皇帝再荒唐，也没有其他权力可以制衡。

至于相对远离中央的地方制度，也没有起色。唐朝末年，地方的军事长官割据，导致全国四分五裂，之后上场的宋朝皇帝便一意加强中央的权力，不光地方军力要限制，收得的赋税也要交给中央。到后来，中央推行的政策，在地方未必行得通，地方官只能自己变通，造成上有政策、下有对策的局面。

**▼《大驾卤簿图书》局部**

描绘宋朝皇帝出行的场面。皇帝出行，百官相随，这幅图表现了高官座驾的气派。

**▲ 皇帝礼服上的政治理念**

十二章图案从周朝继承下来，是皇帝礼服上的专用纹饰，包含了中国古老的政治理念：希望皇帝做德行高超的圣人。

**▼ 清帝玉玺**

普天之下，只有皇帝的印章才能称“玺”。玉玺是皇帝的信物，也是权力的象征，凡正式公文的批审都要盖此印鉴。这枚清帝玉玺刻有汉文和满文两种文字。

**▲ 四库全书**

《四库全书》是乾隆时期编修的大型丛书，在编书过程中，大量征集与理学相关的书籍，并禁毁那些对清廷统治不利的图书，以达到倡导理学、加强皇权的目的。

**历史链接**

**明朝的特务机构**

为了加强专制统治，明朝政府先后设立了锦衣卫、东厂、西厂、内行厂等特务机构，合称“厂卫”。厂卫直接由皇帝指挥，可以从事侦查、逮捕、审判等活动。厂卫的监狱简直是人间地狱，其刑罚惨绝人寰，入狱者很少有活着出去的。

# 紫禁城的中轴线

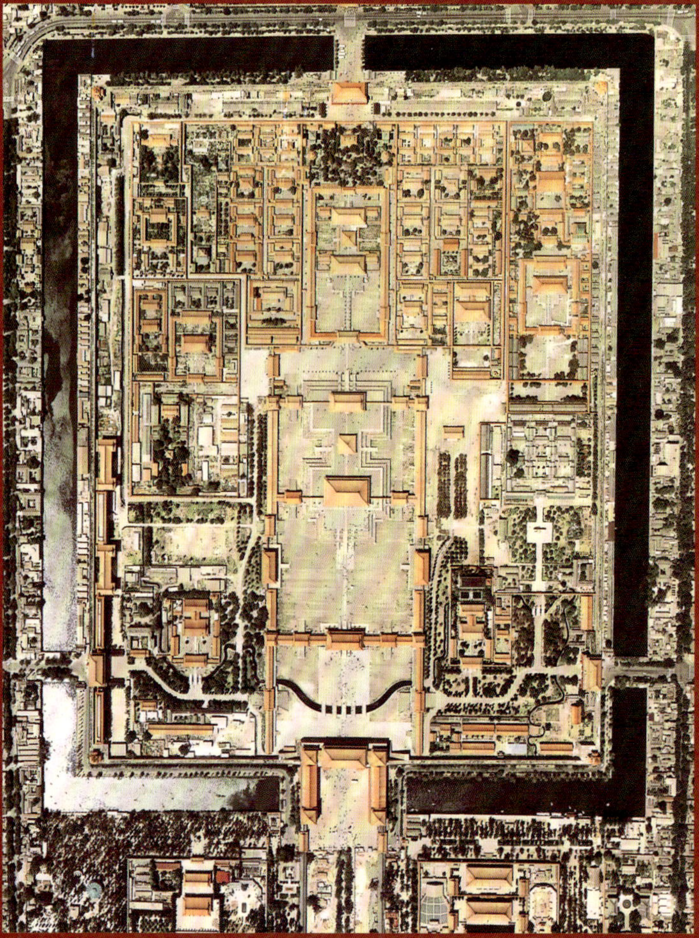

▲ 紫禁城图

中国古代把皇帝比作天上的紫微星（北极星），故皇帝的居所称作紫宫；又因为皇帝的宫殿是百姓不可随意接近的，有“禁城”之意，所以称皇帝的宫城为紫禁城。处于政治权力中心的皇帝，他在紫禁城里的办公大殿、寝宫都特别高大，而且都布置在中轴线上，两边是对称展开的建筑物。广阔的紫禁城是一首以皇权为主题的建筑交响曲。

▲ 太和门广场

▶ 明画中的紫禁城建筑及其设计者

# 三教合一与宋明理学

经过魏晋南北朝胡汉各族和文化的大融合，再经隋唐五代的演进，中国形成了儒、道、佛三家思想汇流的新文化动向。宋朝以后，三教合一的思潮已深入学术的各个领域，也进入了社会文化价值和民间信仰的各个方面。三教之间互相影响、互相渗透，最后成为三教合一的文化整体。儒家以自身为主，吸收了佛教和道教；佛教和道教也紧靠儒家的纲常名教思想，形成你中有我、我中有你的三教合一的发展局面。

自汉朝以来，作为中国文化主体的儒家思想，是以注疏经典的汉学为主导的。到了唐朝，儒家虽然仍旧是国家的官方教义，但活力早已丧失，不能满足时代精神和社会发展的需要。佛教的传入与道家的复兴，深深地影响了儒家的思想形态，逐渐形成了追求形而上的宇宙本体论和道德价值的性命之学的新儒学。新儒学的开端虽然可上溯到唐朝，但它的思想系统的明确形成，是在11世纪宋朝最繁荣的时期，所以新儒学亦称宋学。

新儒学系统的开创者，最初以经典《易传》太极思想为基础，演化出新儒学的宇宙论和心性之学，继而形成理学和心学两个学派。而新儒学的集大成者，是理学派的领袖朱熹。他是一位精思、明辨、博学、多产的哲学家。理学的哲学系统到朱熹才达到顶峰，成为最有影响力的、独立的哲学系统，对此后中国文化的影响也是最大的。

新儒家认为《论语》《孟子》《大学》《中庸》是学习儒学最重要的课本，称为“四书”，朱熹倾尽心力为“四书”做注解，并将之视为其最重要的工作。元朝颁令，以“四书”为国家考试的主课，以朱注为官方解释。朱熹对其他经典的解释，也同样受到官方的认可。凡是希望考取状元的学子，都必须遵照朱注来解释这些经典。这种考试办法和取向，明、清两代一直沿用，直到1905年废科举兴学校为止。朱熹的理学思想主宰了中国思想界六七百年。

| 教派 | 创始人 | 主要事迹 |
|---|---|---|
| 正一派 | 张道陵 | 原为五斗米道，后以“天师道”著称，入元后并为正一道，明时受朝廷敕封，成为最兴盛的道教派系 |
| 武当派 | 张三丰 | 太祖、成祖多次派人寻找张三丰的行踪，皆不遇。成祖夺位后，声称自己受真武大帝的护佑，故大规模修建武当山宫观，武当派因此成为明朝道教的主要支派 |
| 内丹东派 | 陆西星 | 内丹家原以烧炼丹药为主，到陆西星时，发展了男女同修的阴阳丹法，以炼成内丹。这种修炼法因合乎晚明士大夫的纵欲心理而受到欢迎 |

▲ **明朝道教的主要教派**

▶ **镬汤地狱**

经过佛教的渲染，民众相信地狱里有刀山、油锅，坏人死后，会被打入地狱，受尽酷刑，然后才能投胎再生。当时的父母给孩子讲地狱的情况，以教导他们不要做坏事。宋朝的佛教艺术里，地狱的形象很多，极力刻画地狱残酷凄惨的景象。

▲ 天坛圜丘

真正的天坛在天坛建筑群的南部，是一个三层高、由汉白玉砌成的祭天圆坛。圆形是取“天圆地方”的意思。三是吉数，天坛建筑以这个阳数来象征天。台高三层，而坛面、台阶、栏杆所用的石块数目也是三的倍数。祭祀包括祭天地、祭祖、祭先农等，在中国皇帝的工作中有极重要的地位。各种祭祀中又以祭天最隆重。

◀ 佛教水陆画里的道士

水陆画是佛教举行超度水陆一切亡灵的法会时挂的画，有时会画道士和儒生。这一幅明朝山西的水陆画，题为“往古道士升霞烧丹未明众”，画中是道士的形象。

▲ “理学名家”匾额

这面“理学名家”匾额挂在江西一个累世功名的家族的建筑上，可见理学的作用。宗族若只靠血统，则只能维系而难以发展。宗法制度有了理学的依据，就具有精神感召的作用，有利于形成稳固的宗族关系。

▼ 南宋皇室八卦田

南宋君主每年都在此举行春耕礼仪，并亲身耕作，这是中原遗风。中国以农立国，皇帝在春天躬耕，有重要的象征作用。

**历史链接**

### 鹅湖之会

南宋理学主要有朱熹和陆九渊两派，吕祖谦则兼取两家之长。1175年，吕祖谦为了调解朱陆的学术争执，出面邀请陆氏兄弟和朱熹至江西铅山鹅湖寺聚会论学。双方争论激烈，最终无果而散。但这次论辩有利于双方理论思维水平的提高，促进了中国哲学思想的发展。

# 朱熹与王守仁

宋明理学是儒学自春秋战国之后的一个学术高峰，也是佛教、道教在唐朝大兴之后，儒学对佛道既吸收又另辟新说的成果。儒家企图维持中国不需宗教而导人向善的取向，努力研究良知的性质和实践方法。宋代理学成就最大的是朱熹，明代则以王守仁为最。

南宋理学家朱熹（1130—1200），字元晦，又称云谷老人，是程颢、程颐的三传弟子李侗的学生。朱熹是宋代理学的集大成者，被世人尊称为“朱子”，又称朱文公。朱熹出身贫苦，但天性聪颖，自小就有非凡才智，且对哲理有着浓厚兴趣，他和小孩游戏时在沙上画八卦，又常常思考“天之外是什么”等问题。他像当时的读书人一样，学写时文去考科举，中进士之后，也去做官。他对朝中政治是有见解的，常常上书言事，但因为官不大，不是很受重用。虽然他曾经为皇帝侍讲，但不足两月皇帝就听不进去。晚年他的学说还被指控为伪学，不但门人被黜，自己也几乎丧命。朱熹最关心的，仍是道德学问。他曾辞官居家，全心

**▼ 朱熹行书文稿卷**

这是朱熹写给其门人程洵的信。朱熹不仅是理学集大成者，还是宋代著名书法家。

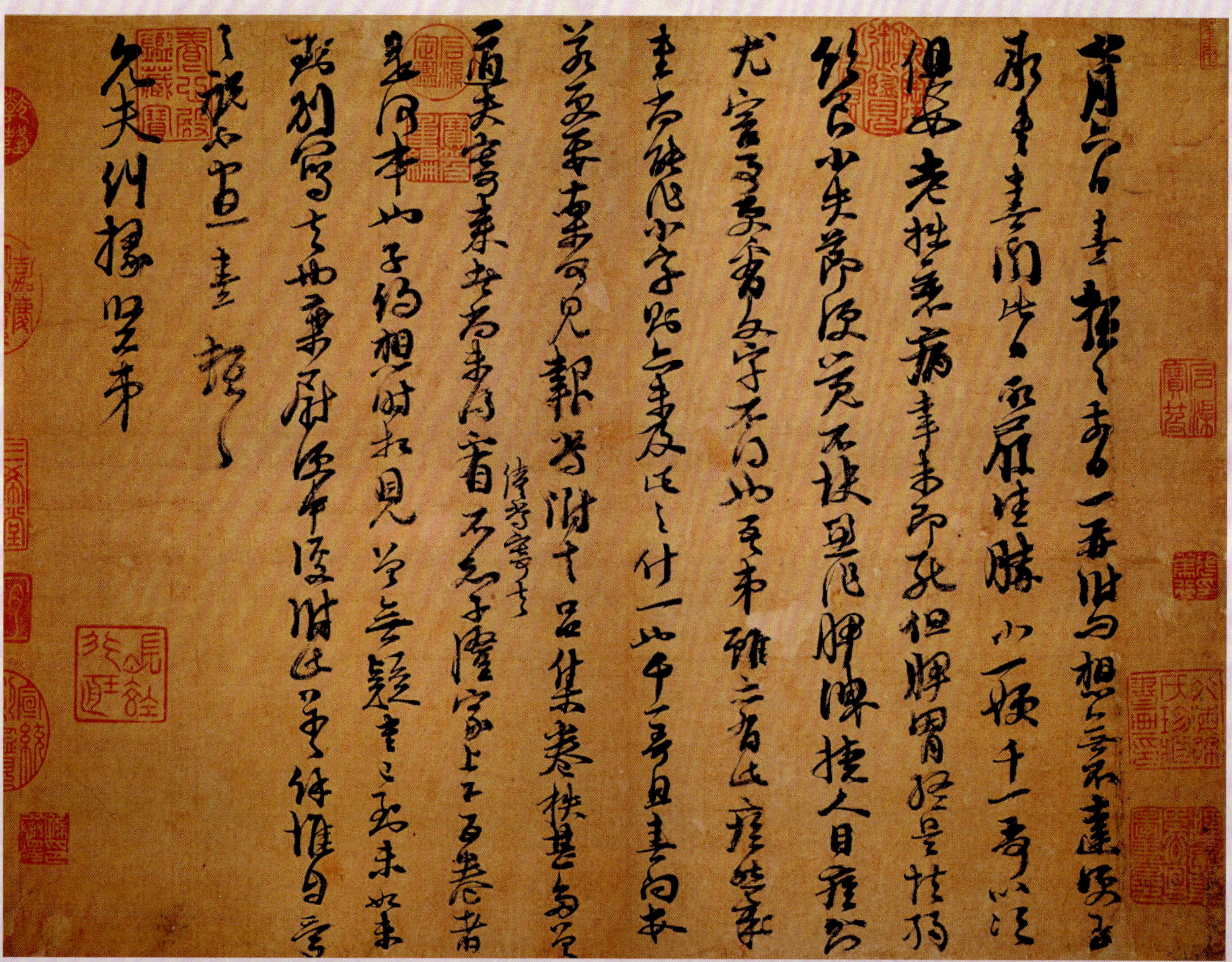

用在教育事业上，朝廷多次征用，他都极力推辞。他一生著述讲学，学生很多，并努力恢复和重建了著名的白鹿洞书院，又请名儒去为学生讲学。

朱熹提倡诚意正心，认为格物致知，即要时时研究外物，才能致良知。他曾上书要皇帝诚心做正事，注意用人，远离小人。有一次到京任职，别人劝他不要再向皇帝讲诚意正心那一套了，认为皇帝都听腻了，但朱熹坚持平生学问就是这4个字，因此不能不讲。当时朱熹的学说并没有像后来那样，被官方定为最高权威，因此曾受不少人抨击，说是伪学。权相韩侂冑恨朱熹在皇帝面前讲他的坏话，也大肆攻击他。此外，道学家虽然是讲道德的学问，但并不是每个道学家都能够做到言行一致。朱熹的门人多，难免也有假道学的。《四朝闻见录》就曾记载韩侂冑主政时，以伪学罢黜朱熹门人刘德秀。此前他就看不过朱熹门人的假道学，表面不折节求人，其实早就乞求引进，又或者本来有讲有笑，见他进来立即正襟危坐，惺惺作态。

朱熹对后世影响很大，他继承周敦颐与二程学说，引领了宋代研究哲理的学风。他把《大学》《中庸》《论语》《孟子》合称“四书”，并为这“四书”作注，所撰《四书集注》成为儒家经典，成为宋以后读书人的必读之书。朱子所注四书被作为元代以后国家考试用的教科书，明清时科举考试都以朱熹的《四书集注》为标准，儒家的思想经他整理注释后普遍被人们了解。他的学术思想在中国元、明、清三代一直是统治阶级的官方哲学。他提倡守节，认同程颐“饿死事小、失节事大”的讲法，认为这种讲法从世俗来看，是迂阔的；但在知经识理的君子看来，是应该的。然而世俗把它变成压迫民众的教条，成为巩固社会统治秩序的精神支柱。朱学强化了三纲五常，对后期政治社会的变革起了一定的阻碍作用。他的学术思想在文化史上也有重要影响。凡此种种，都令朱熹提倡的哲理成为宋到清重要的思想，但又为人攻击。据清人的笔记，元代书法家陆居仁读《论语》《孟子》时，刻朱熹的像，见朱熹的注有纰缪，即击像一下。但无论如何，朱熹是宋代理学家中博学、集大成的人物。

至于王守仁（1472—1529，因曾筑室阳明洞而被称为阳明先生），也是终身以圣贤事业为职志的思想家，他也以致良知为目标，但强调实践，提倡知行合一。他认为心是万事万物的根本，世界上的一切都是心的产物。他是明朝最重要的理学家，同时又是罕有的事功型儒者，被视为能做到立德、立功、立言三不朽的少有人物。王守仁出生在一个官宦人家、诗书世家，父亲是明成化十七年（1481）状元，做过南京吏部尚书。王守仁小时候很笨，5岁还不会说话，在父母的帮助下，用刻苦和勤奋来弥补不足，终于成了“神童”。王守仁也是进士出身，曾努力讲学授徒；他重视兵法，带领过军队，军事成就骄人，曾在一个半月里平定声势浩大的宗王叛变，又以德服人，以兵不血刃的姿态劝服揭竿而起的农民。论功业，他比朱熹显赫得多，但是在57岁去世前，用了许多时间为皇帝保江山的他，却连面圣抒发己见的机会都没有，可见他比朱熹更不得志。他极重视修身的实践，在戎马倥偬之间，仍然努力做着致良知的功夫。他的著作不及朱熹多，因此在著述上的影响力不及朱熹大，但是跟从者亦不少。他曾到岳麓书院讲学，后来弟子继续致力于湖南教育事业，对湖南影响很大。但王学的末流被认为只尚空谈，游谈无根。

# 文人与禅宗哲学

▼ 《八高僧故事图卷》之达摩面壁

据说当年佛祖拈花，迦叶微笑，师徒以心传心，不知多少代后传给在南北朝时到中国的达摩，于是在少林寺坐禅面壁9年的达摩被追尊为禅宗的创始人。其实禅宗的理论背景早在佛教传入中国后已经酝酿，追认达摩为初祖，与禅宗的兴起关系不大。《八高僧故事图卷》是南宋画家梁楷的作品，描绘南北朝至唐朝8位禅宗高僧的故事。

佛教传入之后，不断中国化，与道家哲学结合之后，在唐朝产生了禅宗。禅宗可以说是最中国化的中国佛教宗派。自宋开始，禅宗一枝独秀，对中国哲学、文学、艺术影响深远。

禅是梵文“禅那”的略称，原意是静寂、幽玄的印度式思维。最初到中国的僧人都重视打坐、禅观，以想明白佛理，这是印度禅，重视“寂”，中国的禅宗则重视“悟”。禅宗说除了佛经之外，还有只以心传的佛祖教化，是教外别传的，不立文字。这些心传的佛法才是最高的意蕴和真谛，是不能言说的。

这个最高的意蕴是认识“空”的真谛，禅宗把“一切皆空”推到极致，不光外在是空，心也是空幻，所以也就不必苦修，而重视一刹那间的顿悟。禅师喜欢讲令人摸不着头脑的偈语，因为最高真谛不能言说，这些偈语和参禅者互比机锋的公案，成为当时流行的故事；禅师又喜欢对问问题的人当头棒喝，让修行到成熟、只差顿悟一刻的参禅者一刹那间，障碍如桶底忽脱，得以了悟。

文人对禅的兴趣很大，因此受文人趣味主宰的诗文和艺术也深受禅的空寂精神影响。唐朝开始，很多诗人爱写禅味浓厚的诗，又提倡诗要有韵外之致，要悟；宋朝开始流行的文人画，不求神似，追求象外之象，讲究意境，表现个人的心灵自由。禅还透过文人影响与山水自然大有关系的中国园林艺术。

◀《八高僧故事图卷》之白居易谒鸟窠禅师

白居易是唐朝著名诗人，同时也是热心的佛教徒。他的诗作虽然有很多描写社会现实的作品，但充满佛教味道的也不少。

▶《八高僧故事图卷》之禅宗祖师弘忍

弘忍是达摩之后的第五祖，也是提倡顿悟的六祖慧能的师傅。禅宗是在弘忍之后才兴起的。

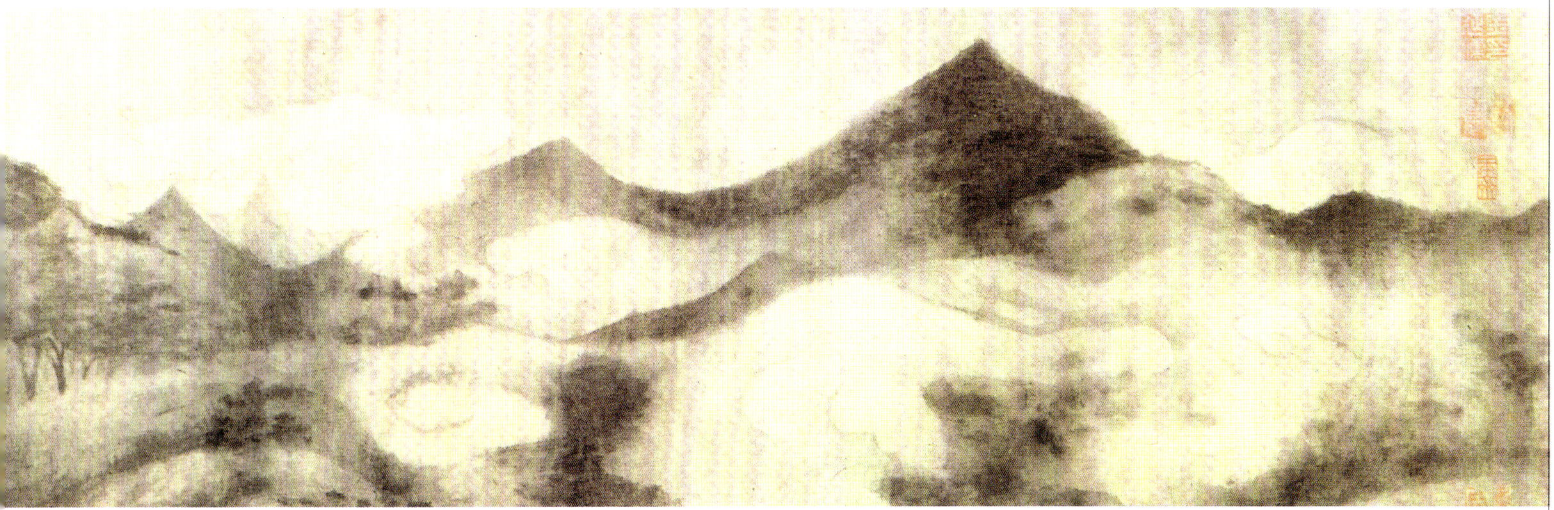

▲充满禅意的《潇湘奇观图》

文人的水墨山水画和禅宗意境相通。米友仁是南宋的文人画家，同时又深受禅宗思想影响。他所画的云山雾霭，充分表现出千变万化、不可名状的趣味，展示出一种物我两空的艺术境界。在手法上，用水墨横点，再加渲染，使画面显得迷蒙无际，在当时也是水墨技法上的突破。

**历史链接**

### 禅宗的南北派

南北朝时，天竺僧人达摩到中国北方传播禅学，以一件棉布袈裟作为历代相传的凭证。五世弘忍看中了一个未剃度的舂米行者慧能，就将衣钵传给他，并嘱咐他到南方去。从此禅宗分南北派，北派沿袭达摩的渐修法，南派讲究顿悟。

▶《八高僧故事图卷》之师备乘舟

师备是唐朝的高僧，是禅宗的代表人物之一。此图绘师备独乘钓舟。

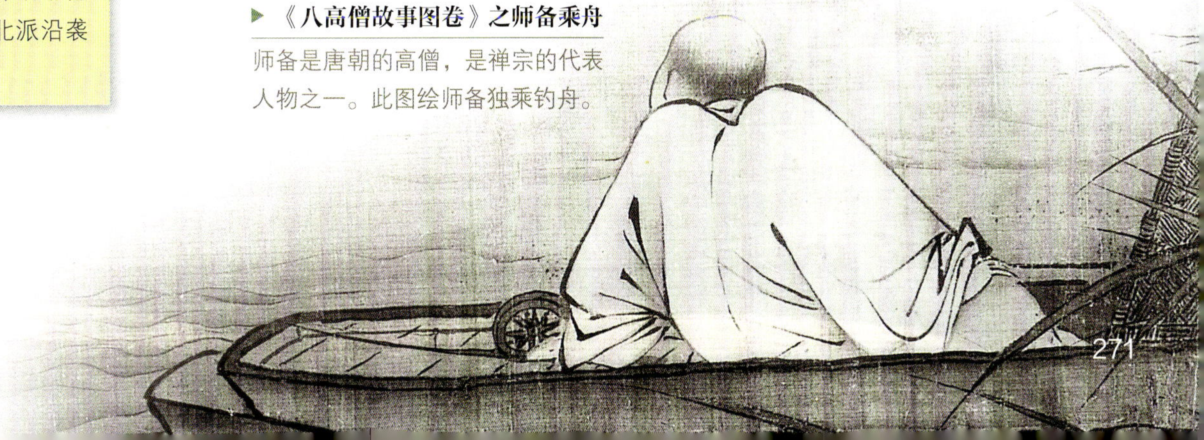

# 科举与教育

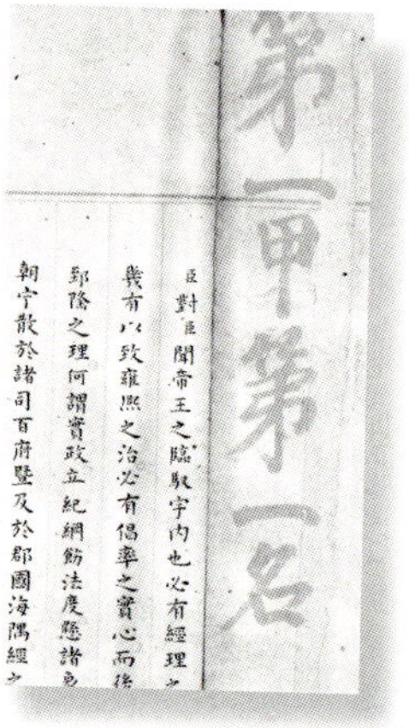


▲ **殿试试卷**

科举考试分三级，殿试是最高一级，在首都举行，考中的成为进士，第一名称为状元。这是明朝一个状元的殿试试卷。

▼ **试场**

科举入仕价值观深刻地影响着汉族，因此，北方民族当政的辽、金、元、清各朝代，为了减少汉族民众的反抗，也或先或后推行科举。这是清朝苏州举行地方科举考试的情形。

始创于隋唐的科举制度改变了中国选举人才的方法，自宋至清影响很大。科举制度用考试招纳治国人才，公平竞争，使低微贫寒的人都有进身的途径。

有了这个动力，加上印刷术的发展使书籍大为普及，启蒙学校开设日益增多，上进的孩子于是奔忙在读书和赶考的路上。富贵人家占了资源、环境、师资等优势，但是穷苦人家有无限奋发的动力。自宋开始，文人、官员、政治家三位一体，真是“满朝朱紫贵，尽是读书人”“万般皆下品，惟有读书高”。凡是武官和不从科举出身的文官，都自觉矮了一截。

因此，家族很重视挑选聪明的孩子细心培养。有点能力的家族，务必要世代书香，以保持地位。富有人家还主动和高中的读书人结亲。

不过，科举既是选拔人才的方法，也是统一思想的手段。既然以儒术治国，考的必然是儒家的四书五经。因为朱熹的理学有助于巩固统治，皇帝规定四书五经的解释都要跟从朱熹。全国三年一考，考了1000多年，很多读书人连老子、庄子都不认识，书肆里充斥着考试“天书”。明朝中期还规定考试文章的起承转合写法，结果束缚更甚。

在这种“科举热”之下，也有追求更高层次学问的读书人到私人办的书院跟从名师学习。宋明两朝都是书院教育的兴盛时代。

书院主持人一般是有名望的学者，书院内虽然讲的也是儒家经典，但讨论自由，风气开放，成为各种文化思潮的中心，明后期还发展成学潮。明朝中后期，知识分子在书院抨击败坏的朝政，书院成为政治舆论中心，招致政府4次禁毁。

▲ **岳麓书院藏书楼**

古代书院选址在名山大川，经费大多由私人捐助，后来也得到读书入仕官员的支持，成为半官方性质的学术机构。岳麓书院是北宋四大书院之一，南宋重建，朱熹曾经在此讲学。书院不但作育英才，而且藏书丰富，甚至可以出钱刻版印书，对推动学术发展有很大作用。

▲ **许国石坊的雕饰**

牌坊是中国特有的门洞式建筑，上面雕饰各种吉祥图案。这座牌坊在屯溪（今黄山市南部、新安江畔）通衢大道上，成一立体长方形，很独特。这座牌坊的主人许国科举登第，做了大学士，显赫荣耀，因此牌坊四面写有“大学士”“恩荣”等字样，表现了传统社会的价值追求。

▶ **进士题名碑**

北京孔庙内竖立着元、明、清三朝的进士题名碑，共198块，记录进士名单，包括姓名、籍贯和名次。孔庙既是祭祀孔子的地方，也是官学所在。

◀ **科举考场**

这是位于南京的科举考场，考棚排得密密麻麻，应考的人每人一间房，考试期间，起居都在里面。

**历史链接**

**八股取士**

明清科举考试的程式和内容都有了新规定。考试以四书五经命题，答题必须按照经义，考生不能有自己的见解。为了博取功名，读书人只能死记硬背儒家经典，专门研究八股文，对其他学问漠不关心，这对学术文化的发展产生了非常不利的影响。

# 落第名人左宗棠

明清时的科举考试分成三级，读书人都以考到最高一级的进士为荣，如果只考到第二级的举人，虽然社会地位已经不低，但是还是令人耿耿于怀，如果连最初一级的秀才也考不上，就更令人沮丧痛苦。进士每三年考一次，每次只取录一两千人中的二三十名，有时只取录几名。考不上进士的文人里，也有不少优秀人才。

号称清朝中兴三大臣的曾国藩、左宗棠、李鸿章，都是功勋卓著的人物。曾国藩和李鸿章都是进士，但左宗棠只是举人。他虽然很早就有文名，但科举路途并不顺利。由于为父母守丧，不能参加考试，左宗棠并没有秀才资格，为了赶上服丧期满那一年的举人考试，左宗棠按当时的做法，捐钱获得应试资格。他的举人也得来不易，当时科举的所谓好文章，就是格式化的八股文，文章的起承转合都要按规定。许多人把时间都消磨在怎样写好八股文上面。左宗棠差点就因为格式不够规矩而落第，所幸主考官有眼力，让他得了一个举人。然而，向进士迈进之途就没那么幸运了，左宗棠考了3次都落第。考进士要到首都参加会试，旅费筹措并不容易，考试过程也很艰苦，而且左宗棠重视能救国济民的学问，如此花费精神去做应试文章，心里很不是滋味，因此第三次落榜后，他就绝意功名。由于左宗棠留心世务，有经国大志，在读书人之间早就被认定是人才。他还只是穷举人时，主政江南的大臣陶澍就坚持和他做儿女亲家，因为他认定将来左宗棠的名声在自己之上。这位比左宗棠大30多岁的亲家很有远见。此后10多年，左宗棠只是一名乡间教师，到40岁才做幕僚，接触政治。但他交往的都是曾国藩、林则徐等名臣，他们对左宗棠赞不绝口，极力向咸丰皇帝推荐，左宗棠终于得到提拔。

此后，左宗棠平太平天国之乱，成为西北的封疆大吏，稳定新疆政局，防御俄国入侵，最后主政东南，发展洋务，成就了比许多进士甚至状元都出色的功业。

门额题字是期望中外关系友好之意

**▶ 总理各国事务衙门**

1861年，清廷在北京设立总理各国事务衙门，由恭亲王奕䜣担任首席大臣。观其名，此机构应是主理对外事务的部门，但是在洋务运动的过程中，它实际扮演着统筹、策划的角色，外国人也视之为清政府的内阁。

# 进士名人蔡元培

唐太宗积极推行科举考试，据说有一次他看着新取录的进士鱼贯而出时，很高兴地说："天下英雄，尽入吾彀中矣！"他认为这样可以网罗天下的人才。但科举因为推行了太长时间，到明清时已僵化。考中进士的人虽然是僵化的考试制度的得益者，但其中也有不少人才，他们不但会写文章，还能够做大事，进而扭转一个时代的风气。像五四运动时的北大校长蔡元培，就是一位有进士头衔的改革家。蔡元培的科举路比较顺利，17岁中秀才，26岁就成为进士。年轻时高中，让蔡元培有更多时间按兴趣读书，他中秀才后，就开始随意看书，不局限在四书五经上。当进士后不久，中国在甲午战争中受挫，蔡元培就开始读译自外国的书报，留心时事。

蔡元培虽然中进士点翰林，但没有只顾升官，他眼见百日维新失败，知道清朝不易改革，索性辞官回江南办教育，以启发民智。他鼓励学生自由读书，抛开传统的忠君思想，提倡民权。为了表示尊重女权，他的妻子去世后，他向媒人提出的续娶条件是女方要识字、不缠足，他自己则不娶妾，若他死去，女方可再嫁，夫妇不合可以离婚。这些条件在20世纪之交提出来是很令人震惊的，其思想前卫由此可见一斑。

蔡元培在国家大事上也很有胆识，他很早就主张改革旧制，提倡革命，成了清朝政府主要追缉的人物。1904年，他还组织了革命团体"光复会"。当时世界上盛行刺杀，尤其是俄国革命党人，热衷刺杀行动。蔡元培也和留日学生一起，学习做炸弹，准备刺杀清朝权贵，实行暴动，推翻清政府的统治。不久，蔡元培加入孙中山组织的同盟会。民国建立之后，蔡元培成了国民党的元老级人物。虽然清朝末年政治腐败，很多知识分子参加革命，但身为进士翰林的革命者却极少。蔡元培的翰林好友，怕社会动荡，都主张逐步改良，不主张革命。

蔡元培做北大校长时，以吸纳、包容各种不同政见思想的教授而闻名。创办《新青年》杂志、领导新文化运动的陈独秀，就是由蔡元培聘任为北大的文科学长的，最终使1919年爆发的五四运动与北大结下不解之缘。

**◀ 京师大学堂职员**

京师大学堂创办于1898年。当时，光绪帝起用康有为、梁启超等，颁布了一连串的新法，推行却并不理想，真正落实的只有京师大学堂的设立。1912年，京师大学堂易名为北京大学。图中的大学堂职员有外籍人士。

# 图书与文化普及

纵使中国早就发明造纸术，但书还是要手抄，至唐朝发明印刷术，情况才有改变。印刷术对宋和以后的文化普及，产生了很大作用。雕版印刷术的改良和活字印刷术的出现，使出版成本大大降低，书本更便宜，流通更广，知识更为普及。

印刷最初主要是印佛经，及至技术普及，题材就丰富繁多了。官方刻本多数刻经史书籍，刻得很精美，不惜工本。民间刻本方面，只要有钱，就可以请人刻书。不少知识分子刻印自己或先人的诗文集，又或出钱刻印严肃的书籍。私人刻坊为了商业利益，多刻印唱本曲词等通俗消闲读物、科举考试用书、儿童启蒙课本。

插图书也是一个重要新品类，明朝以雕版技术印插图书，题材非常广泛，如小说、戏曲、时文里的故事情节插画，儿童故事书的插图，地方志书里的山川形势，百科全书式的工具书里的实物图。套印技术出现后，还可以印书画，并且引出一种全新的出版物——画谱。

出版发达，书籍普及，有助于提高社会整体文化水平。既然书容易得到，底层民众也能读书，“崛起于寒微”就有了条件，而民众整体的文化修养也能获得相应提高。书也使实用知识传播得更快、更远，农业书、机械设计书、武器书有实物和操作图，农民工匠可以看图复制；医学书有经络穴位、草药矿物等图，医生可以对比检阅；地方志有地势图、山川景物图，一目了然，比千言万语的描述更形象；百科全书有附图，民众会看得津津有味，增加知识。明朝对图像很热衷，连翻印前代的书也加入了插图。

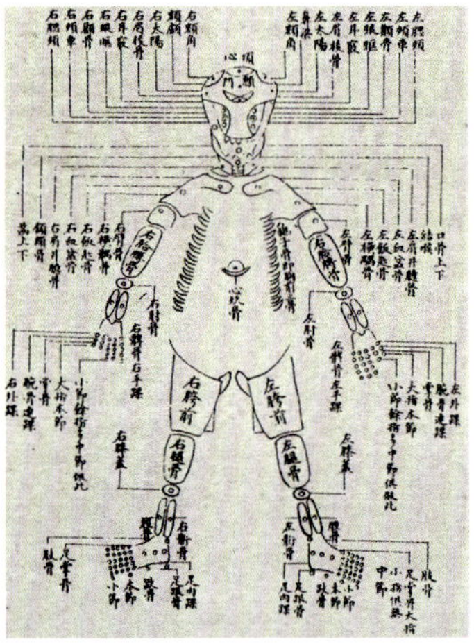

**▲ 法医书的解剖验尸图**

南宋司法官员宋慈编撰的《洗冤集录》，象征法医学成为一门独立的学科。此书一出，皇帝立即下令颁行全国。书中讲述验尸、验伤、验毒等各种方法，不少内容都符合现代法医学原理。它比欧洲的第一本法医著作早350年，曾被翻译成多种文字广为流传。这是讲验尸的插图，说明人体正面的“致命之处”。

**◀ 明朝说唱刊本**

这是戏曲的曲辞文本，上图下文。图以版画制作，先由画工绘出线条清晰、适合雕刻的画稿，再由雕刻工刻成版画拿去印刷。这种插图书在明朝非常受欢迎。绘图雕刻以江南为盛，当地又画家辈出，名画家如陈洪绶、仇英也有为版画绘稿的。雕刻工的技艺，可以做到与原画稿乱真的地步。

◀ **《西游记》图册**

《西游记》是中国四大古典小说之一。这本图册以图画配上简单的情节文字，使《西游记》不但可读，还可以观赏收藏。由此图亦可以见到明末清初的彩色套印技术。

▼ **《十竹斋画谱》之花石图**

这是著名的木刻画谱，是木版水印的代表作。画谱分两种，一种是图录，一种是画法图解。木刻的画谱也按传统的路子分成这两类。《十竹斋画谱》属于图录类。无论是哪一种画谱，印成品要像手绘作品，对雕刻艺术和彩色印刷技术都有很高要求。木版水印是一种十分复杂的工艺，一幅画往往要刻上三四十块版，分先后轻重印刷六七十次。通过多种色调的套印、叠印，充分体现原作的艺术风韵。明朝雕版印刷的发展，使有彩色图的绘画书普及，为美术教学和欣赏开辟了新局面。

▲ **国家文献资料库——皇史宬内景**

重视出版自然重视藏书。明朝的藏书家多，藏书精，私人藏书风气很盛，著名的如天一阁。北京的皇史宬是收藏国家文献的书库，用汉朝以来石室金匮藏书的形制：墙身由特制的砖砌成，厚达6米，有利于防火，堪称“石室”；两侧各开一窗，使空气对流，有利于防潮，减少温差。明朝的皇室档案如圣训、玉牒、实录等，便是收藏在上百个樟木制的金匮内。

**历史链接**

### 范仲淹断齑划粥

北宋范仲淹自幼立下“不为良相即为良医”的志向。他长年废寝忘食苦读，倦了就用冷水洗脸，饿了就划一块冷粥，拌点盐和腌菜果腹。外面有热闹事，他仍然正襟危坐，专心致志读书。多年苦读使他学问大进，最终成为一代名相。

# 理想的农业社会

中国文明是以家庭为基本的农业文明。自宋到清，虽然工商业发达，但农民人口仍占了8成以上，农业是每一个朝代的经济基础。宋朝商业繁华，越来越多农民把余裕产品投入市场，本来正要改变自给自足的状态，但在这初兴的商品社会中，理学的引导、因抵抗北方游牧民族而回归汉族传统价值观念的思想，成为往相反方向牵引的力量。

在儒家理想的投射下，一家一户男耕女织，各安其分，自给自足，个人的衣和食有了着落，国家的经济也有了基础。于是男耕女织成为农村家庭的理想模式，耕种之余，读一下书，又有机会通过科举进身做官。况且无论商业怎么发达，商人的地位都在读书人、农民、手工业者之后，所以读书和农业结合，才是最高尚的事业。农民经读书而做官，有了钱回乡买地，退休时还乡耕作，并使子孙继续读书，这一模式得到皇帝、知识分子的大力提倡。耕读传家的理想，开社会风气新局面。

当时的教育也适应农业社会的情况。男孩子会受到一点基本的识字教育，读书人又花时间编了不少教科书，让他们一边识字，一边长点知识。再往上就是精英教育，大部分农民不会花时间去接受不切实际的圣贤教育，他们最多再学点特别实用的知识，因为小农式的耕作，并不要求具备很高的知识水平。精英教育是为成为士大夫而设的，道路漫长。只有重视科举，又或有读书传统的家庭，才会叫孩子完成这个过程。以农业社会的标准来说，当时社会上受教育的人数情况，可以说是达到普及的程度了。

▲《耕织图》之织机

“唧唧复唧唧”，中国妇女勤劳手巧，支持家庭劳作，连女英雄花木兰也不例外。家庭纺织是每家农户的重要副业，很多家庭的纺织品是用来交纳租税的。对缺少土地的农户来说，家庭纺织对维持生计有重要作用。有些女性迫于环境，如丈夫去世或不顾家，甚至能凭辛勤双手来养活全家。

▼《耕织图》之送饭

男耕女织这种农村现象，被南宋一个留意农业生产的地方官绘成《耕织图》献给皇帝。图中详细描绘了耕和织的步骤，得到皇帝嘉许，开始成为宫廷画的题材，以后历代帝王多次摹绘《耕织图》，以反复提倡男耕女织的社会分工模式及其背后的价值观念。这幅《耕织图》出自清朝的摹本。

▲《耕织图》之进仓

**历史链接**

### 妇女的贡献

古代的劳动妇女多参加社会生产。农业上，她们采桑养蚕，浇水割麦，过着日出而作、日落而息的生活。手工业方面，她们纺织和裁缝，产品除了缴税，还投放市场。商业方面，她们坐列贩卖，促进了商品的产销。妇女对古代社会经济的发展作出了很大的贡献。

▶ **《耕织图》之卷布**

图中3个妇女在卷布，孩子在地上玩耍。纺织任务由家中妇女承担，连小女孩和老太太都可以参加，晚上也可以进行。丝织要求的技术和资金较多，作坊主要是家庭式的。

▲ **寺庙学堂**

让不让孩子读书不完全看经济，还看家风。穷孩子不是没有读书机会。宗族会在祠堂提供义务教育给族中贫寒的孩子，同村的异姓孩子有时也可以入读。此外，还有其他慈善团体办学，像这个学堂，就以寺庙为校舍。

▲ **儿童课本《千字文》**

《千字文》用1000个浅易的字，组成一篇有文采的文章，而且没有一个字重复。这本书出现于南朝，到清朝还有人读，是流传时间最长的启蒙识字课本。

# 中国农业的黄金时代

中国长期发展，农业高度发达，粮食丰足，医疗和科技水平比较高，虽然也常常有战乱，但人口总体呈上升趋势。北宋人口已经超过1亿，清朝人口最多时突破4亿。人口越多，人均耕地面积越少，社会容易不稳定，剩余人口也要谋发展。

为了保证社会稳定，自宋到清皇帝都很重视农业，勤修水利，治理河道，保证灌溉，又阻挡海潮，保护农田。

在农业作物方面，一千年里发生了两次革命。一次是在宋朝初年，引入成长期短、抗旱力强的越南占城稻，使一年内可以收成两次，大幅增加每单元土地的收获量。另一次是在明朝后期，欧洲人殖民美洲，使美洲四大作物马铃薯、玉米、花生、甘薯传到欧洲，再辗转传入中国，这些农作物适应性强，可种植在很多地方，养活了更多人口。

中国的农业一直向精耕细作发展，自宋到清，精耕细作的程度进一步加深，增加了几道中间环节的工序，务求细致。同时，政府又把边边角角的可用土地都加以开垦。人烟稀少的地区，也有大量人口涌去开荒。

中国农民以勤奋的态度、精巧的手艺，经营他们能够耕作的小片土地，以多样的农业品种，竞取世界上最高的亩产量，以养活一家。虽然不富裕，但能够温饱，善良的中国农民就满足了。如果说宋元两朝，中国的农业还在黄金时代，到了明清，农业生产力已达到它的极限，开始停滞不前。这种经济结构耗尽了农民的精力，“窝藏”了许多剩余劳动力，直到矛盾尖锐化，才爆发出灾难性的后果。

▼ 人力耕地机

这种新农具，与其说是促进农业发展的发明，不如说是农业衰败的产物。明朝末年，由于灾荒、瘟疫，一些地方缺乏耕牛，农耕生产受影响，便发明人力牵引的耕地机械。两边辘轳由两人操控，还需一人扶犁，但只一人出力，力量比得上两头牛。这个工具到清朝时仍有使用。

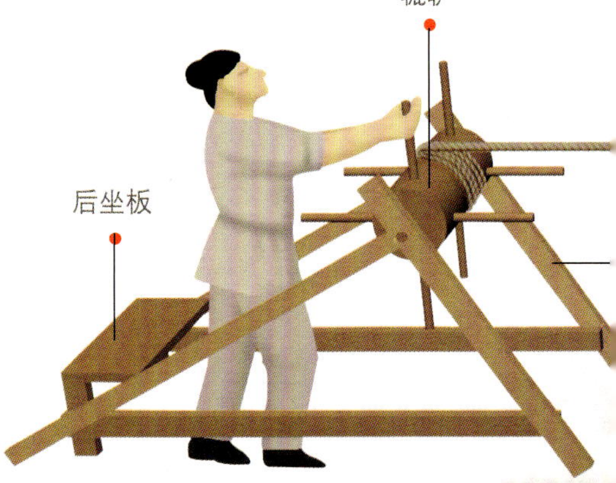


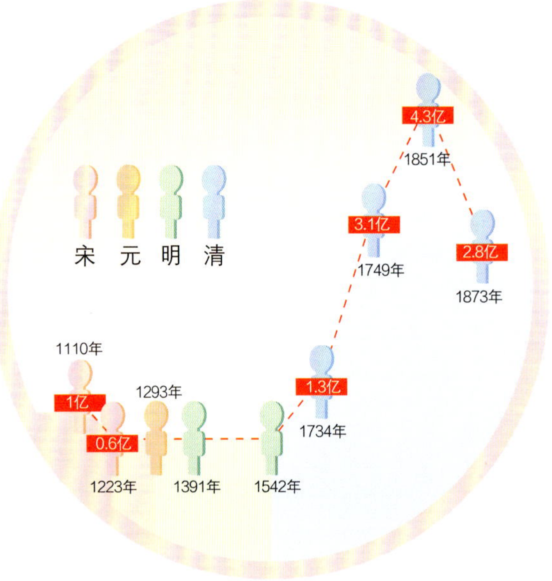


▲ 宋至清的人口增长示意图

▶《耕织图》之农家

▲ **牧牛的农民**

农具经过唐、宋、元时期的高度发展，已经足够满足传统农业的需要，明、清两朝除零星发明外，没有重大突破。由于人口多，人力资源充足，生产方法主要还是以人力和畜力进行精耕细作。

▼ **健康勤劳的养鸡女**

重庆大足石刻地狱变相中的养鸡女，以健康勤劳的农村妇女为原型塑造，充满乡村生活气息。农民为帮补家计，从事各种家庭副业，布匹、食品、农具等大部分生活用品都是自己加工的。

▼ **太湖围田**

围湖做田，向海争地，都是开发新耕地的方法。江南是中国的粮仓，太湖地区又是江南农田的精华，较早开发在低洼地方筑堤建闸以控制水量的圩田。北宋时圩田数目已经以千计。

▶ **《鱼鳞清册》**

《鱼鳞清册》是明初为丈量登记全国土地而绘制的土地册，因为状似鱼鳞而得名。万历九年（1581），为了增加政府收入，清查隐匿的土地，再次清丈全国土地，此图即该次清丈土地的记录之一。

**历史链接**

### 引进优良稻种

为了促进农业的发展，宋代统治者重视水利建设，增加垦田面积，还从越南引进耐干旱、播种期短的占城稻。经不断改良，农民们又纷纷培育出适合各地土壤条件的新品种。占城稻的引进和改良，推动了南方农作物由单熟制向多熟制的过渡。

# 宗族复兴

祖先在中国有特殊的生命力。本来宗法制度随着上古制度的崩溃而有所削弱，唐朝又有意打破大家族的势力，到宋朝前期，一般民众都不重视家族宗法观念，更不讲究家族源流。然而宋朝知识分子却大力提倡一种新的宗族组织，一直影响到近代中国社会。

宋朝士大夫复兴宗族组织，不是为了再建门阀、垄断参政权，而是为了实践儒家理想。他们意识到，家族是社会的基本单位，家庭秩序稳定，社会容易安稳。于是便鼓吹重建家族制度，甚至身体力行，建立典型的家族组织模式。新的宗族制度下，出现祠堂、族谱、族规、族田、族长等事物。

供奉祖先的祠堂是一族的中心。通过隆重的祭祖仪式，唤起族人同根同源的意识。祠堂也是宗族的活动中心，族内大事如选族长、平息族人争讼和执行家法等，都在祠堂进行，族人学校也常常建在祠堂里。宗族里行为规范的中心思想是尊敬长辈、勤俭持家及平息争讼等儒家的伦常道德观。

有能力的族人购置田地作为族产，族人不得私自占有。所得的田租拨作族人的福利费用，生活不继的族人可以得到接济，失学的贫苦子弟可以到族学上学。地方的修桥修路事业，也常常由宗族主持。宗族制度起到了社会保障的作用。

乡村聚族而居，也有不少流弊，如必须听从长辈的训诫、后辈必须服从长辈的命令，这些就很受人诟病。而且常常有排斥异姓和新来人户的情况，械斗也时有所闻。同族内也有阶级，有些分支世代显贵，有些长期是一介平民，并不完全和谐。

▲ **进士的祠堂**

本来只有皇室及少数特许的高级官员能建立家庙，祭祀祖先。为了推广敬拜先人的传统，南宋理学家提倡建立祠堂。每个宗族都有一个大祠堂，并视分支情况而设有相应数量的小祠堂。特别的族人也享有另建祠堂供奉的殊荣。这是江西流坑村董氏族人为纪念该姓在宋朝的第一位进士而建造的祠堂。

◀ **聚族而居的村落**

宗族以血缘关系维持，维系的最好方法就是聚族而居，因此，同一祖先的男性子孙世代居住在一个或相邻的几个村落。然而，因为人丁繁衍，同族之间也有亲疏之别。如果人口成百上千，宗族内还会分出支系，由族长来管理。

▶ **徽州棠樾牌坊群**

为表示纪念和表彰，欧洲人爱塑像，南宋以来中国人爱建牌坊。受理学礼教影响，牌坊以表扬孝行、义行及节烈等为主，有的由朝廷颁赐，有的是后人追念先人德行而兴建。它在宗族制度中起到了强化观念、团结族人的作用，和祠堂同样重要。这一连串牌坊属于一个家族，树立在由祠堂通往聚居村落的路上，都是表扬孝义、贞节、功名等的。

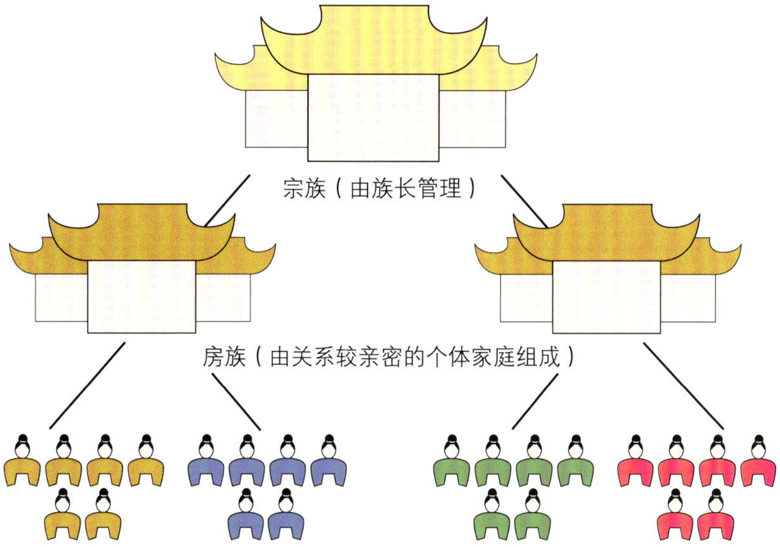


▲ **宗族制度的社会组织关系图**

▲ **族谱**

族谱是一个宗族的家世和血缘记录，知识分子认为通过族谱可以“敬宗收族”，即追敬祖先，团结家族。凡是男性，不分贫富，都收入族谱中。族谱里有世系图、家规、家仪等。定期修族谱以更新资料，是宗族的大事。这是江西流坑村董氏的族谱。宋朝时董氏有很多人做大官。

▶ **宗祠前举行的驱邪仪式**

江西流坑村至今保留了古老的傩舞驱邪仪式。在仪式上，表演者会戴着各种面具，在宗族祠堂前跳起充满神秘色彩的舞蹈。这类仪式同时也是凝聚族人的活动。

**历史链接**

**村落里的文化中心**

一个聚族而居的大家族，一般都有一所塾学。辟房一间，聘请“文义通晓、行宜谨厚”的塾师一人，带领数个或十多个儿童，教他们读书识字。塾学是一村或一族的最高文化中心，儿童们在这里学习修身、齐家、治国、平天下的道理。

# 文人雅趣



文人对宋朝以后的中国影响很大。他们是科举培养出来的新兴精英阶层，人数比以往大增，兴味容易接近。加上宋朝重文轻武，士大夫得到朝廷的优待，经济优裕，饱读诗书。由于本身的学养，他们日常的活动倾向高雅，这一风气对当时的市民和后世的文人产生了很大的影响。论宋朝以后的艺术和生活风尚，文人都有领导作用。

士大夫也有经世致用、爱好科学的一面，宋朝在科学、技术和学术领域上的进步，与士大夫热衷求知有很大关系。但他们整体共通的趣味是文学、哲学和历史。消闲活动包括写诗填词、书法绘画、弹琴喝茶，由追寻古代历史进而收藏古董做研究。他们又讲究生活艺术，宋朝的瓷器、明朝的家具，都受到他们爱好雅致简洁的影响，部分文人还亲自参与园林设计。

宋朝商业繁华，市民阶层兴起，市民虽然是文人趣味的竞争者，但是也推崇读书人，他们会模仿文人的趣味，像饮茶就是由文人带动起来的高尚活动。皇帝经常以各地进贡的上好茶叶，款待王公大臣；太学生、士大夫也经常举行茶会；就连一般市民饮茶时，也不忘附庸风雅一番。宋朝茶坊遍布城镇，大都布置幽雅，茶具精美，张挂名人书画，又有乐师、歌女卖艺。文人参与，使饮茶的品位大大提高。

▲ **玉印**

这个印以名贵的田黄石为材料，上面雕刻了犀牛望月，作为印纽。这种形式的印是南宋官员或士大夫私印的代表。

▼ **《杏园雅集图卷》中的明朝文官**

唐朝的新科进士在杏园饮宴，从此，文人官员的聚会就雅称为杏园的集会。这是明朝的大学士和内阁成员的聚会，与会者都穿着明朝文官的衣服：乌纱帽、团领衫、补子及革带。衣长垂地，袖长过手，可以想见文官那一派儒雅风流、不事劳动的形象。

▲ **钧窑玫瑰紫釉尊**

钧窑瓷器以难以控制的釉色变化闻名，这件瓷器上部为天蓝色，下部为玫瑰紫色，充分表现了钧窑“窑变”釉色的美妙。宋瓷没有唐朝瓷器那样仿金银器的装饰，也不在外形奇巧繁复上做功夫，但特别重视雅致耐看的效果。窑变，冰裂，青瓷如美玉的质感，白瓷上绘水墨画，黑釉瓷的深沉温润，都不夸张、不炫耀，而境界自高。这种审美是宋朝整体的文化艺术氛围造就的。

| 时期 | 代表画家 | 风格特色 |
| --- | --- | --- |
| 明早期 | 宫廷画家为主，多为浙江及福建人，如戴进、吴伟等，故称“浙派” | 承南宋院体风格，以花鸟、山水为主，人物画多写皇帝肖像及皇宫行乐生活，称“院体”。戴进绘山水尤佳，健拔劲锐；吴伟的山水以奔放磅礴见长 |
| 明中期 | 沈周、文徵明、唐寅、仇英等苏州画家，称“吴门画派” | 继承宋元文人画的传统，描写江南风景及文人生活，抒发优游林下、淡泊仕进的情怀 |
| 明晚期 | 董其昌、徐渭、陈洪绶，称“松江画派” | 董其昌擅长山水画，矫正吴门末期绘画的靡丽纤弱之风，主张摹古、重笔墨、追求“士气”。徐渭擅长花鸟写意画。陈洪绶的画作以夸张变形的人物画为主要特色，格调高古，富有装饰味及金石味 |

▲ **明朝绘画流派**

▲ **黑釉木叶纹茶盏**

饮茶成为宋人优雅生活的重要部分。他们对茶的要求很高，连用哪处的水来煮茶也有讲究。三五知己一起品茶之余，还互相比拼煮茶的功夫，煮成的茶面以有鲜白泡沫为佳。为了衬托出茶汤的白，多会选用深色的茶具。这件纹饰素雅的黑釉茶盏，在当时应该大受欢迎。

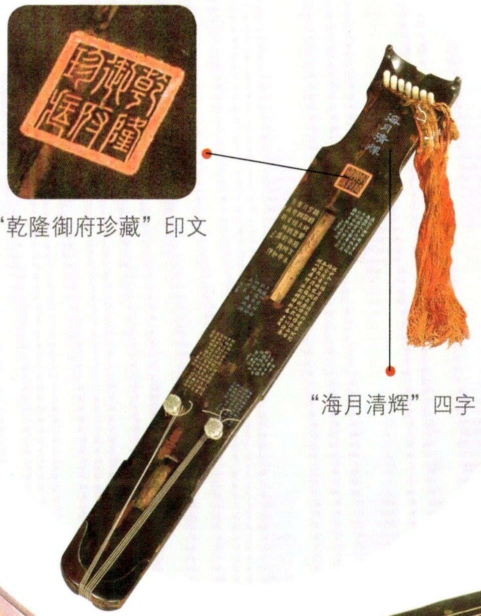


◀ **紫漆“海月清辉”七弦琴背面的题诗**

此琴为南宋琴中名品。精通音律是宋朝士大夫的修养之一，此琴保留众多题诗，表现了士大夫追求的音律与书画、诗词融会贯通的深奥意境。

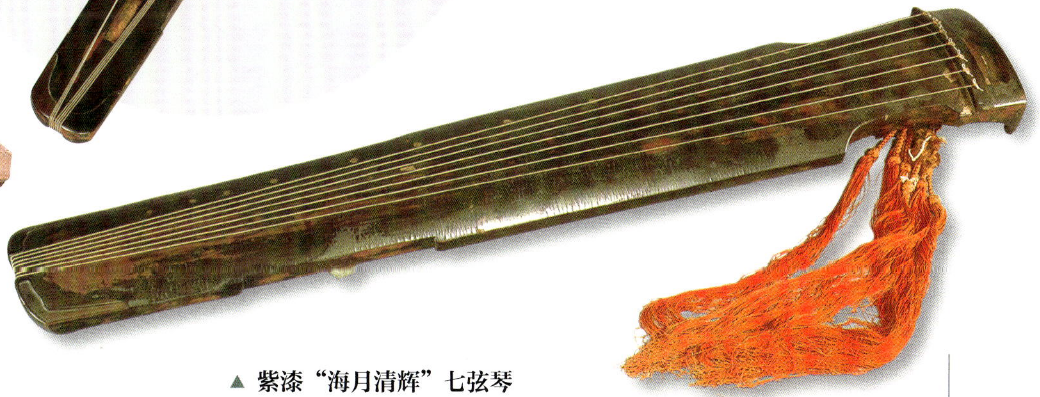

▲ **紫漆“海月清辉”七弦琴**

▲ **明朝家具**

这件朱漆石面木桌是明朝早期的家具，虽然不是硬木制的，但明式家具那种造型简练的特征，已经很清晰。文人的品味明显影响了中国家具的风格。

**历史链接**

**六一居士欧阳修**

欧阳修自号醉翁，晚年改名号为六一居士。有人不解“六一”的意思，欧阳修说：“我家藏一万卷书，集录三代以来金石遗文一千卷，有琴一张，有棋一盘，又经常备好酒一壶，再加上我一老翁，不就是六个一？这就是我的乐趣。”

# 诗词书画各擅胜场的苏轼

宋朝经济相对繁荣，政府又推行重文轻武的政策，大部分要职由文人出任，宽松的政治环境使文人兴起了追求高雅生活情调的风尚。社会风气催化了苏轼对浪漫与自由思想的追求，也造就了他诗词的豪放之风。他自幼才气横溢，聪颖过人，受到良好的家庭教育，16岁已博通经籍史集，20岁时赴京应进士考。主考官是当时的文坛泰斗欧阳修，苏轼的试卷得到欧阳修的赏识，被评为第一。

苏轼入仕后官至翰林学士，但仕途并不坦荡，他既反对司马光尽改旧制，又不赞成王安石新法变革，总避不开政治漩涡对他的冲击。他一生中经历了几次放逐，每次都长达数年，长期的放逐造就了他的诗词境界。浪漫性情使他在谪居地黄州写下了“大江东去”的千古绝唱，至今人们仍称黄州赤壁为文赤壁。他在黄州还自奉为东坡居士。“昨夜东坡春雨足，乌鹊喜，报新晴。”这首《江城子》表达了他开朗的性情。放逐使他有机会接近民众，每到一地都有浪漫故事流传。在杭州时，他与佛印禅师的交往留下了东坡鱼和东坡肉的传说；疏浚西湖中的淤泥，筑成苏堤，传颂至今。放逐的生活使他的心灵产生了蜕变，与大自然的亲近使他的思想变得更豁达、开放。与友人游西湖时，他写下“水光潋滟晴方好，山色空蒙雨亦奇，欲把西湖比西子，淡妆浓抹总相宜”的浪漫诗篇，诗句令人如痴如醉。

官场上的失意与他向往自由的文人雅调形成了对比，他让思想插上驰骋的翅膀尽情地在文学作品中遐想、翱翔，写下“我欲乘风归去，又恐琼楼玉宇，高处不胜寒”。诗词清新、浪漫，独具风格的艺术表现手法和他在许多作品中表现出的豪纵奔放、明白晓畅、情景交融的气势，使他登上了北宋中期文坛巨匠的位置，将北宋文学推向了新的高峰。

苏轼的兴趣广泛，他擅长行书、楷书，用笔丰腴跌宕，又能自创新意。在黄州时，他写下流传千古的《黄州寒食帖》（行书卷），该作品现藏于台北故宫博物院。他还喜画竹，也喜作枯木怪石。论画主张“神似”，所以后人既称他是文学家，亦称他是书画家。

苏轼大半生在贬谪和流放中度过，大起大落无数，但他面对苦难，总是乐观以对，绝不困于怨恨之中。他运用思想的自由，反而在逆境中造就了他的千古文章。

▲ **北宋苏轼《潇湘竹石图卷》**

苏轼（1037—1101），宋代文学家、书画家，以擅画墨笔竹石著称。此图墨竹随意点画，水墨淋漓，秀石轻勾淡染，意趣浑成。卷末有叶湜、李烨、钱复等26则题记。

# 《三国演义》与《水浒传》

市民大众在繁忙的生活中，最喜欢的娱乐就是听故事和看戏。听故事当时叫作听书，而讲故事就叫作说书或者说话。自唐朝寺院里开始讲佛经故事之后，听故事的热潮持续不减，题材也多起来。宋朝时，到处都有说书表演，所谓“身后是非谁管得，满村听说蔡中郎”，讲的就是蔡邕的故事。宋明两朝讲的短篇故事底本，就是宋明话本。这种听故事、说故事的热潮，也催生了中国著名长篇章回小说《三国演义》和《水浒传》。这两部小说是元末明初文人收集民间的三国英雄和梁山故事而整理写成的，每回最后以“欲知后事如何，且听下回分解”为结语，就是说书的痕迹。这两部中国最早的长篇小说，用白话或浅白的文言撰写，完全反映当时口头文学的盛况，这种新的写作形式也改写了中国小说史。

《水浒传》的作者施耐庵的生平并不清楚，因为当时写小说并不受人重视。他是江苏人，可能中过元朝的进士，但是官运不亨通。他虽然不是山东人，但曾经在山东做过小官，奠定了他与梁山英雄故事的缘分。罗贯中是施耐庵的门人，年纪比施耐庵小。《水浒传》就是在罗贯中的帮助下完成的。这是中国第一部用白话文体写就的长篇小说。罗贯中是山西人，但可能长期居住在杭州。他创作的小说或戏曲，都是以历史为题材，可能他对说书里的讲史题材特别有兴趣。施耐庵和罗贯中生活的江浙地区，尤其苏州、杭州都是繁华之地，流行说书，他们两人对说书这种市民娱乐艺术非常熟悉。三国英雄和梁山英雄的故事，也不是他们独立创造出来的，应是在口头文学和说书人话本，以及当时开始发达的戏曲的基础上发展出来的。《三国演义》有历史书可依凭，但也经过民间渲染和作者的创作加工。施、罗的成就，为中国文坛增添了异彩，给后世的文学创作带来了巨大的影响。

有了这两部长篇章回小说开辟天地，明代中期，就出现了中国四大长篇古典小说的第三部《西游记》。该书也是以民间小说和戏曲为基础。四大古典小说里，只有《红楼梦》纯粹是个人创作，不是从民间说唱艺术发展而来的。当然，《红楼梦》的影响也同样深远，且意义别样重大。

▲ **伎乐俑**

“说话”是迎合市民口味的民间艺术，话本主要用通俗白话文写成。“说唱”是把乐曲融入“说话”之中，由说唱艺人以边讲说、边唱歌的形式，将整个故事表达出来。这两个瓷俑反映了说唱艺人的生动形象。

# 文人与山水画

文人不是为钱，也不是受人之命去创作艺术，他们喜欢抒发自己的情怀。写作诗文固然这样，写字作画也重视寄托自己的意兴。他们轻视形似，提倡神似，强调书画不是讲求法则、技巧的“技艺”，于是开创了文人画，而书法也转而重视个人意趣。

在文人意气飞扬的宋朝之后，社会环境来了一个大转变，轻视文人的蒙古人王朝建立。元朝统治阶层大多歧视汉人，汉人知识分子的地位很低，又长期停办科举，文人的苦闷和彷徨只有到艺术中排解，促成了元朝文人画的划时代发展。尤其是山水画的成就，引领着后世文人画的路向。

文人纷纷隐逸山林，寄情自然造化，使山水景色成为元朝画家的常见题材。风格上故意简率，强调神韵，不少作品弥漫冷寂的气氛，情怀落寞，时代气息明显影响画家心境。画家强调个人风格，作品的面貌亦因人而异。当时还出现了一个影响很大的做法，即诗、书、画、印结合。画家都能画善书，题款洋洋洒洒，既表现书法，又表现文才，最后还盖上精心雕刻的印章，把文人的多种艺术修养汇合在画作上，对后世影响颇大。

后世的文人画仍然强调个性，但是时代有变，随着商品市场发展，市民富裕，买画成风，又受文人的趣味引导，爱好文人书画，文人画的创作特点受市场需求影响。文人若未能在官场上一展拳脚，往往以卖字卖画为生。画坛以受市民文艺影响的文人画为主，职业的文人画家应运而生，富庶地区出现许多著名画派。这些画派人物已不是为个人而创作，但是仍然在理念上推崇神似、尚意的文人趣味。

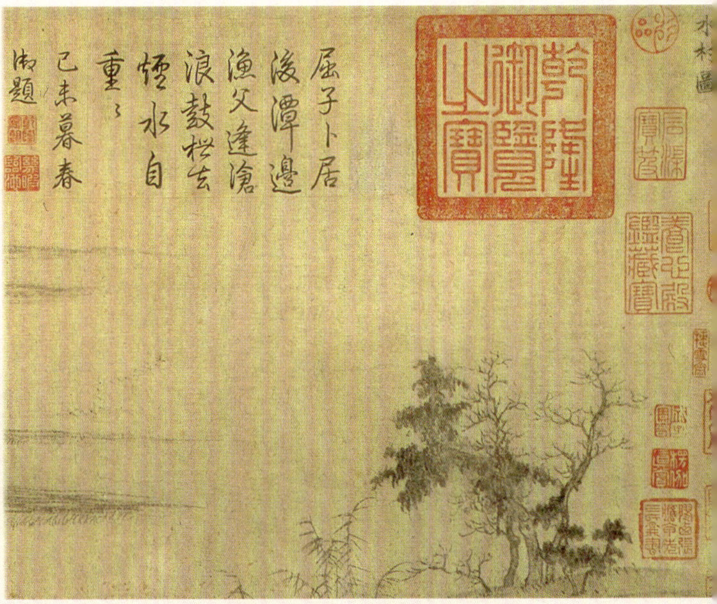

▲《水村图卷》中的书法和印章

▼《水村图卷》

这幅水村图画的是江南水村的景色。清淡的水墨画，细看远山披麻皴的线条、近处有繁有简的树木芦草线条，有平远的意境，是元朝山水画的代表作。画家赵孟頫主张以书法入画，“石如飞白木如籀”，影响了元朝及以后的中国画。

| 时期 | 代表书法家 | 风格特色 |
| --- | --- | --- |
| 明初 | 宋克 | 以健美见长 |
| 永乐以后 | 沈度 | 以台阁体为主 |
| 明中期以后 | 祝允明、文徵明、王宠（被誉为“吴门三家”） | 祝允明讲求师从古法再做创新。文徵明以功力见长。“吴门三家”以小楷成就最高，其草书传世最多 |
| 明晚期 | 徐渭、张瑞图、董其昌、米万钟、黄道周、倪元璐等 | 徐渭的行草纵横驰骋，张瑞图书风奇异，董其昌生拙秀雅。从黄道周、倪元璐、王铎、傅山等的书法中可见明朝末世对文人风格的影响 |

▲ **明朝书法流派**

▶ **《月夜秋声图页》**

这是南宋的作品，画在扇面上。文人画追求意兴，不求画工细致。图中人物、河流的线条，是随心所欲勾画出来的，并不细腻逼真，与精细的“院体画”有很大差别。

▲ **《梧竹秀石图轴》**

元朝四大画家之一倪瓒的作品。高高的梧桐树，叶子用阔笔湿墨画成。竹叶的墨色有浓有淡。太湖石用浓墨皴，有石质感，又有湖石皱、秀、漏的特点。石旁还有画家的题字和一首诗。诗画结合，尽显文人本色。

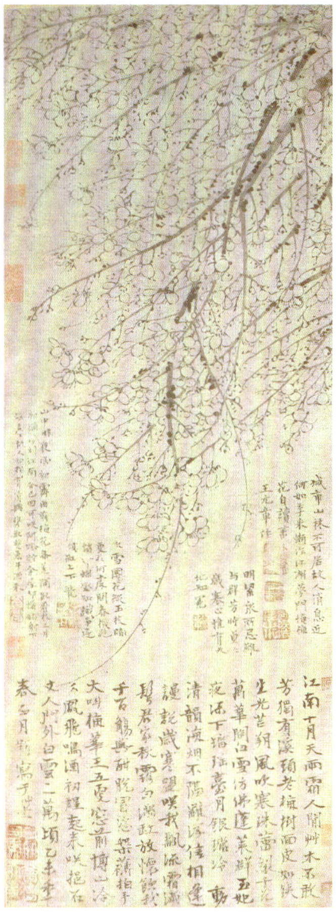

▲ **《墨梅图轴》**

梅在中国文人心目中是高洁的象征。梅、兰、菊、竹合称“四君子”，松、竹、梅又称“岁寒三友”。因此，梅成为画家喜爱的题材。画家王冕考科举未中，以卖画为生，擅长画梅花、竹石。画上题诗：“明洁众所忌，难与群芳时，贞贞岁寒心，惟有天地知”，表达了画家的思想。

▼ **《墨竹图卷》**

北宋文人画家的作品。竹是文人画的主要题材，不少士大夫都借画竹来抒发自己的情怀，他们认为竹节正好寓意文人的气节。

**历史链接**

**米点山水**

米芾是宋代四大书法家之一，本不善画，因常徜徉于山水间，以目所见摹仿之，竟然自成一家。他师法自然，创造出一种水墨渲染的大写意画法，以表现烟云迷漫、雨雾昏蒙的江南山水。绘画史上称之为“米点山水”。

# 仿自然的园林艺术

宋明两朝，文人士大夫崇尚山水的雅兴，加上造园、游园的热潮，以及社会富裕，令中国园林建筑进入高潮，并且建立了一套理念，留下不少园林实例。

宋明两朝的园林很多，皇族有大型园林，士大夫和富商有私人园林，宋朝连政府办公的建筑物里也有园林，除了给办公人员休憩，还经常开放供人游览。

这时文人士大夫的趣味主宰时尚，他们发展出不少造园的理念，中心思想是师法自然。选址布局、建屋造桥、种花引水虽然都有人工，但要求不显修饰造作，应像大自然般有变化无穷的趣味。文人还参与造园，指点工匠，把他们的审美观融入私人园林中。

他们重视空间和景物的变化，追求在有限的地方生出无限的感觉。他们要求大园不能一览无遗，小园要不觉局促，要因应本来的地形，高低错落，左右曲折，利用墙、廊遮隔空间，再用门窗透见另一处空间的景物，做到一步一景，风光随人变化。

同时，细节处又要流露自然的气氛。山石和水边驳岸都尽量不加人工切削，甚至水上没有桥，只放踏石；花木要因应季节栽种，使园林里四季分明；连窗户也不要方形，要做成多边形、扇形、花形、叶形等。

园林里的建筑物都用素雅的颜色，使建筑融入景色之中。所挂的匾额楹联，都是诗文精妙、书法美观的艺术品，诗情画意，完全配合文人品味。

中国园林的技术和艺术，此时都已十分成熟，在江南发展最出神入化，连向来追求瑰丽的皇家园林也受到影响，清朝皇帝干脆把南巡时见到的美丽园林景物，仿建在离宫别苑中。

▲ **留园的叶形窗景**

在花园的粉墙上做出各种形状的门和窗，为色彩淡雅的园林增加趣味；透过窗去看透出的景，又有裁图聚焦的作用。

▼ **《四景山水图》中的住宅园林**

为了追求自然的趣味，宋朝官员、富豪的住宅，常常建有园林，这些园林打破传统规整对称的房屋布局，参差错落，依山傍水。

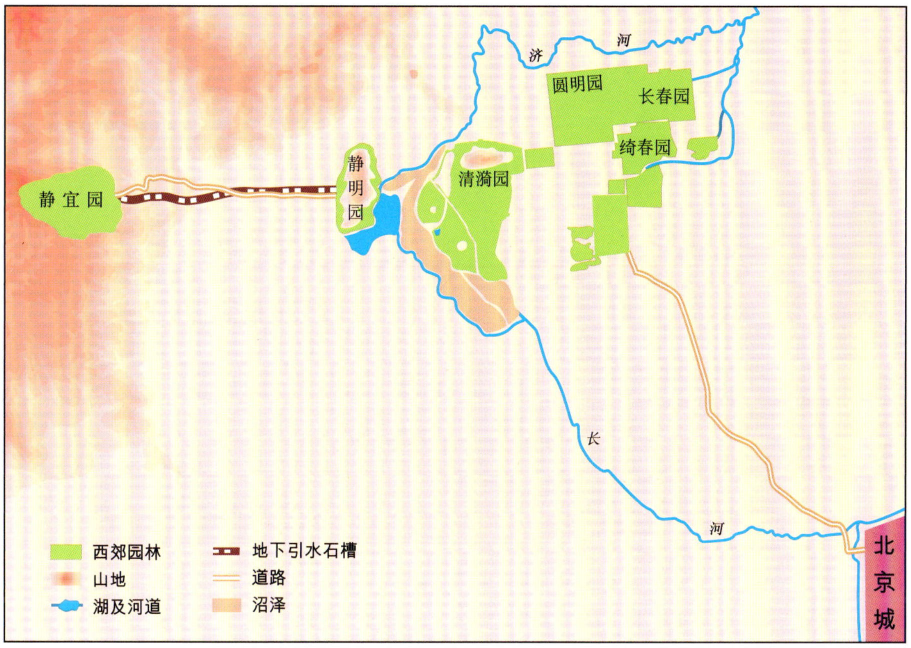


▲ **清中叶北京西郊诸园位置图**

位于北京城西北面的皇家园林分布密集，为方便皇室人员到各园游乐，修筑了连接各园的道路；为解决位于山地的静宜园的供水问题，开辟了地下的引水管道。

▲ **无锡寄畅园**

楼台依水而建，小桥石岸，花木扶疏，虽是人为的山水，却有自然的美。

▼ **皇家园林**

造园不仅在士大夫阶层成为热潮，就连清朝的皇帝也在北京城的西郊建造多处园林。为方便皇帝处理政务，园中设有办公的地方。皇帝后妃在这里游玩饮宴，举行特别节目，如放烟花、赛龙舟、钓鱼等。这幅画描绘了一次端午节的龙舟盛会。

龙舟

**历史链接**

**江南园林甲天下**

苏州素来以山水秀丽、园林典雅而闻名天下，有“江南园林甲天下，苏州园林甲江南”的美誉。苏州有大小园林近200处，沧浪亭、狮子林、拙政园和留园分别代表宋、元、明、清四个朝代的艺术风格，被称为“四大名园”。

# 繁华的商业社会

宋朝以来的商业大发展，使社会面貌焕然一新。

最突出的是城市的发展，全国城市数目和非农业人口都急速增加。庞大的城市人口要消费，带动农村的商业活动。农民种植多种经济作物，明朝时，京郊的农民专门种花种菜，供应给京城，冬天也有暖室种植的黄瓜和鲜花供应，农业的商品化可见一斑。农产品和家庭手工产品同时为市场提供充裕的原料，使私人手工业从城市兴起。政府征收农民的田税也因时而变，不再收粮食，连力役也折算做钱银，实行单一税法。

城市里工商业者纷纷组成行会。商人赚了大钱，社会地位提升，影响力也明显加强。宋朝时，甚至有士大夫抨击抑商政策。商人团体在明清时发展出以同乡结合、在城市里设会馆互相支援的商帮。商帮很现代，用集团方式经营，实行股份制，重视员工的培训。但商帮也讲宗族、重科举，赚到钱就带回家乡，又援引族中子弟到城市发展；又或者发展家乡教育，谋取功名。

商业税收是宋元两朝政府的重要财政收入，可是明清两朝，财政税收制度反而倒退，商税不受重视。政府怕社会不稳，又不敢随意加田亩税收，遇到战争、治河、庆典等，只好向商人摊派。乾隆时，商人动辄捐助数以百万两。结果农民负担没减轻，商人也得不到应有的地位，使中国的经济不能朝正途发展。

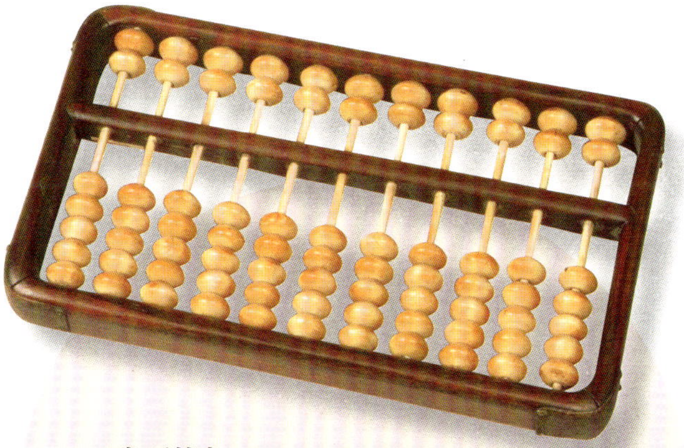

▲ **象牙算盘**

算盘最早出现在元朝，到明朝已是商业贸易必要的用具。最迟在万历年间（1573—1620），已经形成完整的珠算运算法则和口诀。汉语单音节的特征，令中国的心算很方便，但未有阿拉伯数字之前，以汉字数字计数很麻烦，算盘对减少笔算的麻烦大有帮助。

▼ **鎏金花瓣形银盏**

宋人重视饮食，同时也注重饮食器具的精致典雅，从这件手工精细的银器食具便可以得到证实。宋朝的达官富商喜欢用金银器来炫耀财富，高级的酒楼等休闲娱乐场所也使用银制食具，因此社会对金银器的需求很大。

▼ **牌子金**

这种纯金金牌经常被皇帝用来赏赐臣下，但制造者是普通的商人，上面往往刻有产地、铺号、姓氏、成色。

▶ **苏州的商业场面**

苏州是明清时代中国最繁荣、最富裕的水乡城市。画中所见的是清朝鼎盛时期，在苏州一道桥上挤满了摆地摊的小贩。

◀ **财神婆**

宋朝商品经济大潮甚至冲击到佛门净土。佛教石窟中出现财神婆的形象。

**历史链接**

### 贪图享乐的统治者

宋徽宗虽然多才多艺，但在政治上昏庸无能。他信任蔡京等“六贼”，大兴土木，人工堆筑了万岁山，所有馆阁皆精雕细凿、金碧辉煌，还到东南各地搜寻奇花异石。江南百姓不堪承受“花石纲”的盘剥，最终揭竿而起，爆发了方腊起义。

▲ **鱼翅、燕窝**

今日中国人仍视为高级食物的鱼翅、燕窝，是明朝时从东南亚传入的。明中后期还输入许多珍贵硬木木材，做成讲究的明朝硬木家具。

▼ **《货郎图》**

这幅画为南宋李嵩所绘的绢本水墨画。图中描绘宋朝货郎（小商贩）在乡间行商的情况，货郎担上的货物品种繁多，有斧子、木耙等农具，有布伞、草帽、布匹等日用品，还有蔬菜、油盐、糖果等食物，甚至有木刀、布老虎、小泥人等玩具，反映出宋朝的商业活动已深入农村。

# 新型商业城市

城市化是宋以来商业兴盛的标志之一。商业发展使政治性城市的经济功能不断加强，规模不断扩大，宋朝首都开封和杭州就是最繁荣的商业城市，明清的商业城市就更多了。

随着商业发展，宋以前严密的都城管理制度不得不打破，宋朝推倒坊墙就是这种巨变的象征。唐朝的大城市是封闭的，城市最明显的特征是划分为坊，每个坊有坊墙、坊门，商业交易在规定的市进行，城市实行宵禁。唐朝以开放见称，最有规划的长安城，最热闹的东西市，也是这样管理的。

宋朝商业十分活跃，城市人口急速增长，首都开封的人口达到100万以上。如果仍然把全城的庞大商业活动限制在市中进行，根本没法应付。于是不少大城市的商户为了增加营商空间，都拆掉坊墙，将房舍改成面向大街的铺位。街道两旁是密密麻麻的商店、食肆和酒楼。于是，市民的活动不再局限于封闭的坊市之中，商业活动渗透到城中每一个角落。

商贩和市民都要求延长营业时间，宵禁制度因而受到冲击。宵禁取消之后，市民不必听见鼓声就急着出入城门，城内各式各样的夜市兴旺起来，有些通宵营业，令市民的生活更多彩多姿。宋朝的城市发展，影响到辽朝的城市，辽的皇帝受夜市吸引，还曾偷偷跑去游逛。

城市人口形成了庞大的市民阶层，使社会出现了一股市肆风俗的文化。

▼ **元宵灯节**

取消宵禁，开夜市，使市民的晚间生活充满乐趣。元宵节时，市民都到街上赏花灯、看烟花。《明宪宗元宵行乐图》描绘了1485年的宫廷元宵灯节。殿前台阶上放了好几层高的牌坊灯，鼓乐齐鸣，烟花齐放，还有各种杂技表演助兴。

▼ **开封市井百态**

《清明上河图》描绘清明节时，漕船把南方物资运到北宋首都开封的热闹情景。图中的城市内没有坊墙，商户都是临街开铺，店铺摆满了各式货物，还搭建了彩楼。

**◀ 北京皇城前的商贩**

明朝商人把生意做到皇宫前的街道上来。这是大明门前的棋盘街，小商贩遍地，包括有顶棚、桌子的摊贩，以及地摊贩等，所售货物纷呈。大明门现已拆除，位置在今天安门广场。

**▲ 开封的税务机构**

“过税”是宋朝商税的一种。所谓过税，就是流通税，是商人把货物带到其他地方贩卖时，经过关卡所纳的税。图中所见应为开封的一道税卡。

**◀ 开封的乞丐**

在城楼外的街道上，坐着一个正向路人乞讨的残疾人士。开封城内的乞丐相当多，每遇大寒，他们会被强制性地“拘收”在福田院，立春之后才能离开。

**历史链接**

### 四大名镇

明清时期，各地涌现出一批特色鲜明的新兴城镇，成为区域经济发展的枢纽。汉口镇、朱仙镇因地处交通要道，成为商业中心。佛山镇以冶铁业名扬四方。景德镇则是当时最大的瓷器生产和集散地。这四座城镇号称中国“四大名镇”。

**◀《南都繁会图卷》局部**

此图描写明朝晚期南京市郊商业繁华的景象。南京是明朝的陪都和第二大都市。画中反映出当时南京城店铺林立、车水马龙的景况，可见明朝南方经济的繁荣和市民生活的丰富。

# 精美的手工业商品

宋到清仍是手工业发展的高峰期，精美的手工业产品使中国对外贸易长期出超，但国内市场更大，庞大的人口制造了一个需求庞大的国内市场。

这时候的手工业技术和品种仍然有大发展，新兴的陶瓷业的日新月异姑且不论，古老的丝绸业活力亦不减。宋朝的绢细、密和轻薄，比唐和元都好；亳州生产的轻纱仿如无物，裁做衣服，像一层烟雾；缂丝有新突破，可以织出多种颜色的花草禽兽图案。元朝的蒙古贵族喜欢金，大批擅长织金技术的西域工匠东来，令丝绸织金技术空前发展。织金是用金箔切成的金线织花，使织物呈现金属光泽。明清的丝织品也名目繁多。

商业竞争也引发了品牌意识。宋朝金银器主要由私人作坊生产，大城市有不少金银铺，小城市也有流动的金银工匠。现存的宋朝金银器，不少都刻有金银铺的商号或工匠名称，反映当时的金银器已出现品牌竞争。元明时期有不少著名工匠，将名字刻写在产品上，认为有这标记，产品肯定更受欢迎。

这时候代表手工业最高水平的，前期仍然是官营作坊。商业发展催生农民分工发展，宋朝已有全职种桑养蚕或者从事丝织的农民，后来城市里更出现雇用专业工匠的丝织作坊，但是此时的手工业仍未脱离家庭副业的身份。

明朝后期，支持官营作坊的古老工匠制度瓦解。因为工匠按古老的服役制度，义务为皇家和政府服务时，容易消极怠工，甚至逃亡。明朝政府终于容许工匠交纳银两代替服役，政府再拿这些钱请私人手工业者代役。数以十万计的官营作坊工匠纷纷以钱代役，私营手工业作坊、民间全职手工业工匠涌现，各种手工业蓬勃发展。除了少数产品之外，从规模而论，私人手工业已成为支柱。

▲ **织有“朱克柔印”的缂丝**

缂丝是用横向的纬线织花，宋朝的缂丝可以织成画一样。这一幅作品由南宋缂丝名家朱克柔制作，画中盛开的三朵山茶花引来飞舞的蛱蝶，被虫咬的叶子像真的一样。朱克柔的缂丝技术被认为是中国缂丝技艺的高峰。

▼ **工匠**

宋元以来，随着城市经济的发展，行业分工越来越明确，这是元朝的土木工匠。

▲ **黑漆戗金棱瓣形盒**

戗金即划纹填金，明朝中晚期多以戗金来装饰实用器物。这件十五棱莲花形漆盒，造型优美，盒面刻庭园小景，一女执笔凝思，两婢女捧书侍立，四边有波涛旋涡纹。

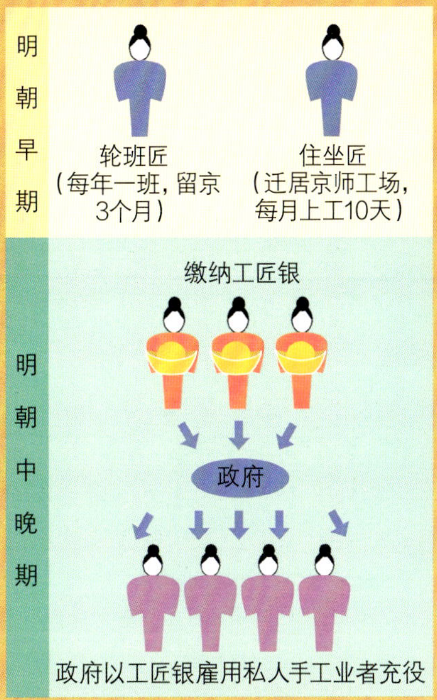


▲ **明朝工匠服役规定的转变**

▲ **元朝重要瓷窑遗址分布图**

▶ **"时大彬"款紫砂胎剔红执壶**

明朝的各个工艺领域均出现专业工匠，风格独特，技艺高超，犹如个人品牌。此壶底刻"时大彬"款，时大彬是明朝万历年间的著名制壶工匠，尤其擅长制作紫砂壶。这件雕漆器便是以时大彬制器为胎，上髹红漆而成。

**历史链接**

**现存最早的广告**

宋朝商业竞争激烈，商铺为争取生意，纷纷以广告宣传。目前遗留下来最早的广告实物，是一间造针店铺的广告，上面标明店铺的名称是"济南刘家功夫针铺"，又印上白兔捣药图，注明"认门前白兔儿为记"，颇有现代宣传品的风格。

◀ **楼阁人物金发饰**

这支金钗是利用花丝工艺编成的，不但营造了立体效果，更有如微型雕塑品，工艺之精细，令人啧啧称奇。

明朝的发钗式样新颖，可在小小的发钗上雕出"仙人楼阁图"，图案细致，工艺复杂；除了发钗以外，妇女也喜欢戴金银首饰。采用花丝工艺，以幼细的金银丝编织首饰，是金银饰物制作的一大跃进。

▶ **手工染布**

纺织业发达，纺织原料的种植趋于专业化，其中以种植棉、桑及印染原料为主，并且出现了种植地区的分工，为纺织业发展奠定了良好的基础。

# 市民趣味

▲ **烹茶图（画像砖）**

一女子正在用火箸拨着火炉中的燃料煮茶。宋朝城市生活奢华，普通人家每生女，则“爱护如捧璧擎珠”，因为长大之后可以教以各种技艺。其中厨娘虽然地位很低，但“非极富贵家不可用”。

城市化的结果是形成了强大的市民阶层，这个阶层品流复杂，有官宦、富豪、士兵、各行业的平民，连寄生人口也不少。

市民的生活方式与农民有异，品位又与士大夫不同。他们人数多，有消费能力，于是针对他们的口味，出现了形式较为通俗、讲求刺激、主要以城市生活为题材的娱乐和商品。市民趣味深深影响了中国许多娱乐艺术形式。

城市的娱乐活动，最常见的是听故事、看戏曲、看百戏、逛集市。听说唱故事从唐朝佛寺流行开来，但这时说唱内容已不再是佛经故事的变文了。许多以当时生活为背景的小故事，专以曲折离奇号召，不出鬼怪、侦探、男女情爱题材，像《白蛇传》等，后来汇集成短篇的话本——近似广播剧本。历史故事十分流行，三国英雄、玄奘取经、宋朝造反的梁山好汉、破金兵的岳飞等，全部被编成动听的故事，后来就成为长篇古典小说的创作素材。表演这些说唱故事的，是专业的艺人，他们以生动的口语，绘声绘色，又讲又唱，讲到关节处，故意卖关子，好让听众付钱。

这些艺人在街头巷尾或者专门的娱乐场所（称“瓦舍勾栏”）演出。大型勾栏可容纳数千人，集中各种表演艺人，除了曲艺、说书，还有杂技、魔术、摔跤、马戏，为市民增添无限欢乐。

市民又有自己喜欢的绘画商品，大都是描绘城市生活和民间风俗的，像《婴戏图》，就是以儿童为主角的喜庆风俗画。这些画由民间画家绘制出售，他们有自己的行会。受欢迎的画工会把画稿画成几百幅出售，以满足市场需要，又防止别人模仿竞争。后来有了雕版印画的技术，又印成充满吉祥寓意的年画，以迎合大众讲意头、讨口彩的心理。

▶ **盲人说唱**

听说唱故事是市民大众的普遍娱乐。画中描绘一个失明的说唱人，一边敲击，一边绘声绘色地说故事。

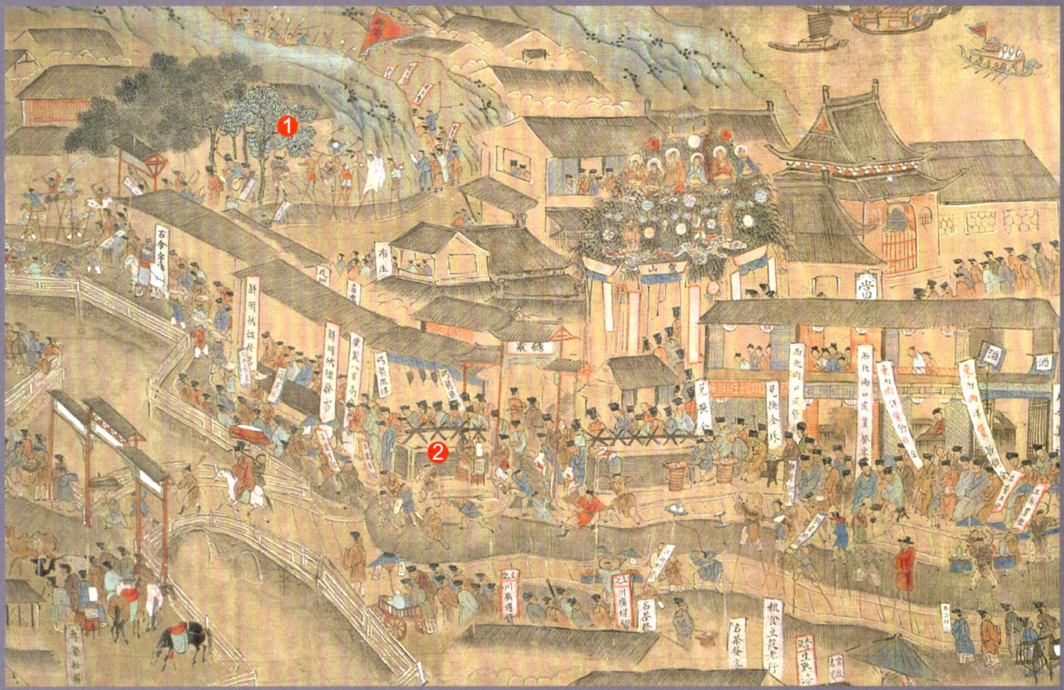

踩高跷的迎神队伍

杂技艺人

▲ **迎神赛会的情景**

民众的娱乐往往和宗教节庆联系在一起，图中一队踩着高跷扮成阴间鬼物形象的迎神演出者正绕行山间，表演杂技的人则刚刚经过闹市。沿途有观众或坐在屋前或站在路边观看。这种出会情景很可能是迎神赛会，表演者可能是专业艺人，也可能是各行会的职员，表演水平很高。迎神赛会可说是全城全乡的节日活动，表演时万人空巷。

▲ **《婴戏图》**

南宋民间画工苏汉臣的作品，是一幅描绘儿童的市肆风俗画，具有浓厚的生活情趣。苏汉臣画艺出众，后来进入宫廷，成为宫廷画家。

▶ **孩童垂钓枕**

磁州窑以平民阶层为主要销售对象，花纹图案也较多民俗生活题材。这件瓷枕就以孩童垂钓为主题，绘有一个额前留刘海儿、身穿紧袖长衣的宋朝小童形象。

◀ **《杂耍图》局部**

这是一幅清朝的画卷，所绘包括说书、听曲、看相、耍木偶戏以及各式各样的杂技表演。

**历史链接**

### 宋代的百戏

宋代魔术节目变幻无穷，如藏人、藏舟、藏剑、吞刀、吃针等，都属于“藏去之术”。口技模仿飞鸟和禽兽的鸣叫声，叫作“百禽鸣”。骑手的马术特技表演和动物表演都属马戏，如笨熊翻跟头、蠢驴跳舞、禽鸟认书、乌鸦下棋等，都受人欢迎。

# 张择端《清明上河图》

藏于北京故宫博物院的《清明上河图》是北宋画家张择端绘制的长卷风俗画，纵24.8厘米，横528厘米，绢本设色。张择端，字正道，东武（今山东诸城）人。早年在汴京学习绘画，后为宋徽宗赵佶时期的画院待诏，善画市桥、郭径和舟车等。

《清明上河图》描绘的是北宋都城汴京在清明节时的繁华热闹景象。清明上河是当时的民间风俗，有如现在的节日市集。全卷图大致分为三个部分：第一部分是市郊景物，绘有茅屋、树木和耕田的农夫等；第二部分是汴河及两岸风光，即图的中心部分；第三部分是城内街道和城门内外景色。

《清明上河图》的中心部分，由汴河中的大船及一座虹形大桥和桥头大街的街面组成。穿城而过的汴河上巨大漕船接连不断，有只大船慌忙中横在了桥下，繁忙紧张的场面引得桥上、岸边许多行人驻足观看，一时人山人海。两岸各色店铺林立，有卖刀、剪、杂货和茶水的，有看相算命和卖各色小吃的。路上的行人，有坐轿的、骑马

▼《清明上河图》局部

的、挑担的，还有赶毛驴运货的，等等。街道向东西两边延伸，一直延伸到城外较宁静的郊区，这部分恰似一幅开封的市井百态图。

《清明上河图》长卷气势恢宏、笔法细腻，人物、景物虽多而不紊，皆呼之欲出，跃然纸上，全卷前后呼应，一气呵成。如此浩瀚的画卷，观者无不为之震动。历代帝王贵族曾争相收藏，视它为稀世珍品。

张择端绘制的这幅不朽杰作，堪称我国绘画史上的瑰宝，亦不愧是誉满中外的艺术珍品。

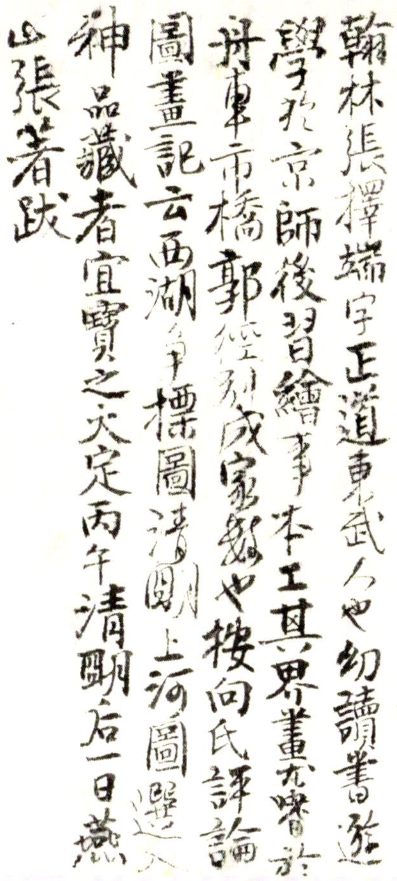
翰林張擇端字正道東武人也幼讀書遊
學於京師後習繪事本工其界畫尤嗜於
舟車市橋郭徑別成家數也按向氏評論
圖畫記云西湖爭標圖清明上河圖選入
神品藏者宜寶之大定丙午清明後一日燕
山張著跋

▶《清明上河图》卷尾题跋之一

# 大众的娱乐——戏曲

市民爱听的说唱故事加上舞蹈、扮演，在宋朝发展出有复杂情节的戏剧，由于唱的成分重，称为戏曲，是结合了唱、做、念、打的综合舞台艺术。戏曲出现后，出现了几次高潮，把贵族和平民迷得如痴如醉。

第一个高潮在元朝，这时文人地位低，迥异于“惟有读书高”的宋朝。文人苦闷无出路，生活于社会底层，用活泼的口语创作了很多反映社会黑暗面的戏曲，很受市民欢迎。剧中人以第一人称来表达，不像宋朝用叙事的方式，在艺术上价值更高。这些戏曲作家大多是北方人，以首都北京为活动中心。不过元朝末年，恢复科举，文人都去考功名，创作的人员大减。

元朝之后，南方的戏曲凭着江南的文化程度高、经济能力强、商业城市数量多，掀起新热潮。明朝戏曲各种地方风格中，发源于苏州附近的戏曲，最受文人青睐，加以改革后，就是现在所称的昆曲。苏州是明清两朝最富有的城市，又是出状元最多的地方，因此，昆曲与元剧那种硬朗作风不同，温婉细腻，能入大雅之堂。到清朝，昆曲仍然是文人的雅兴。而有地方戏色彩的安徽戏班进入北京后，成为新的大众戏曲，后来演变成今天的京戏，无论满汉，甚至连皇帝，都成了京戏迷。

戏曲的热潮由城市带起，深入到大大小小的村落。每年农闲的节庆，就请来戏班临时搭台演出，有些戏一连演上十天半月，大人小孩都盼着这个热闹日子。

**▶ 临时戏台和观众**

在民间节日活动中，演戏是很吸引人的娱乐。除了大城市可以常常看到演戏，有固定的戏台之外，城外及一般乡镇每年可能只演出几次，因此戏班要巡回表演，戏台也是临时搭建的。很多观众就围在戏台前的空地观看。图中的戏台用木料搭成，应该是一个临时戏台。

▶ 傀儡戏画像镜

这面铜镜表现的是傀儡戏的演出情景。傀儡戏是用木偶进行表演的戏剧，现在通称木偶戏，有布袋、提线、杖头木偶等形式。宋朝市民喜欢欣赏傀儡戏。

▲ 到皇宫表演的艺人

明清时期，不少皇帝也是戏迷。图中显示有一队穿着各式戏服的表演者正准备入宫表演。

▲ 丁都赛砖雕

这是宋朝建筑物上的砖雕。砖上刻画北宋后期著名的杂剧艺人丁都赛表演的情景。

▶ 吹口哨俑

随着元朝曲艺发达，出现各式各样的民间艺人。元朝墓葬中也出土了许多艺人形象的陶俑。

历史链接

### 关汉卿和元杂剧

元杂剧的出现，标志着中国戏曲艺术达到成熟阶段。关汉卿是最负盛名的元杂剧作家。他一生创作杂剧60余种，大多揭露社会的黑暗腐败，表现生活在底层的人民，尤其是妇女的遭遇和苦难。悲剧《窦娥冤》是他最震撼人心的代表作。

# 三大发明：火药、指南针、印刷术

中国古代有四大发明，分别是造纸术、火药、指南针和印刷术，除了造纸术早在公元前后就有，其他三种皆是唐宋以来的新发明，自宋开始，产生了很大的影响。

火药的情况，在前面部分已经提及，宋人也用火药来制造烟花和爆竹。这里集中介绍印刷术和指南针。

中国发明的印刷术有两种：雕版和活字。雕版在唐朝后期已有，宋朝时进行改良，用铜版代替木版。北宋的新发明是泥活字印刷术，元明两朝又创木、铜、锡、铅等活字，发明了转轮排字方法。活字印刷节省工夫，比雕版印刷灵活方便，又能够重复利用。近代印刷术是从活字印刷术发展而成的。汉字不是拼音文字，做字模并不比雕版省工夫，活字印出的书又没有雕版印刷的精美，何况雕版印刷可以印图，因此，活字印刷出现后，雕版印刷也没有被取代。活字印刷多用于印族谱等。

指南针在战国时就有，称为司南，宋朝改良了制造和使用方法，把用磁石磨制改成利用地磁感应。关于放置磁针的方法，热衷于指南针研究的科学家沈括，记载了漂浮式及缕悬式两种，认为这两种比较稳定。这两种指南针后来分别演变成"水罗盘"和"旱罗盘"。罗盘是在指南针基础上加上有方位的底盘，用于航海时辨别方向。北宋后期的《萍洲可谈》一书，撰成于1119年，已记载水手日间观日，晚间观星，阴天时观指南针的情况。沈括又发现磁针常常微偏东，在世界上首次记载了磁偏角现象。

元朝时，指南针使用方法不断改良，又绘成由罗盘测定的航线图。元朝远洋航运发达，与熟练运用指南针是分不开的。12世纪末，指南针经阿拉伯人传入欧洲。

▼ **山东潍坊明清古版**

雕刻印版是把翻转上版的黑色线条浮雕出来，而雕版的效果优劣往往是插画书的成败关键。雕刻绘画作品绝不容易，要用锋利的刻刀配合雕版师的娴熟手艺，方能制作出精细的雕版。

◀ **使用转轮排字盘的情景**

转轮排字是由活字印刷衍生出来的技术。木活字按照音韵分类排列在排字盘上，一人读稿，另一人坐在两个转动的排字盘中间，转动排字盘，依照稿本挑选出所需要的木活字，排于书版之上。印刷完毕，重新将木活字按照原来的位置归放到排字盘上。

▲ **缕悬式指南针**

将蚕丝系于木架上，蚕丝下端用蜡黏接磁针中部，再在木架下装上方位盘。磁针在地磁场的作用下，即可指示方向。这种指南针后来发展成旱罗盘。中国在明朝正式出现旱罗盘。

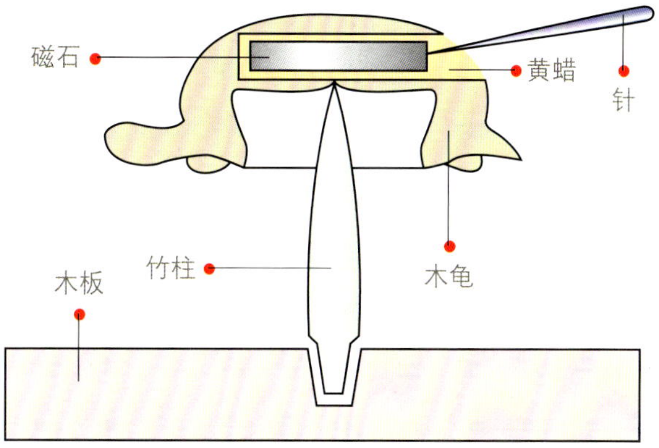


◀ **支撑式的指南仪器——指南龟**

元朝出现的支撑式指南工具，在民间很流行。把木龟腹部挖空，嵌入磁体，再放在竹制的尖柱上，木龟的首尾自然指向南北。磁针加上固定支点这种做法，和旱罗盘相似。西方用旱罗盘比中国早，恐怕与指南龟西传阿拉伯后改良有关。

▲ **泥活字版模型**

北宋平民毕昇以胶泥刻字，用火烧硬。排版时，在铁盘内铺放一层松脂蜡及细纸灰等，在盘上排满一版字后，将铁盘放在火上烤，熔化松脂蜡，再用平板把字压平，松脂蜡冷却后，便会与泥字粘连，即可印刷。印刷后，再把松脂加热，便可取下泥活字再用。泥活字印刷术估计出现在庆历年间（1041—1048），是近代活字印刷术的先驱。

▲ **金朝印钞票的铜版**

铜版印刷的质量高，且铜版能长久保存，因此适合印制精细的纸币和商标等小型印刷品。这是金朝后期贞祐年间（1213—1217）的印钞票铜版。

▼ **水浮式指南鱼的制作示意图**

水浮式指南鱼是世界上第一件用人工磁体制成的指南工具。

❶ 先用薄铁片剪成鱼形，然后放入炉中烧透烧红。

❷ 取出铁鱼，顺南北方向放在地上，因地磁感应作用，铁鱼冷却后即带有磁性。

❸ 将指南鱼放在盛水瓷碗上面，静止时，鱼的首尾分指南北。

# 纸币的发明

用纸来做钱是宋元时代的一大发明，也是人类历史上首次用钞票的大试验。马可·波罗在游记里讲到这种新货币，他自己也感到十分神奇，纸币因此在欧洲很受注目。

马可·波罗知道的纸币不是最早的，元朝之前，宋、辽、金都发行过纸币。当时商业繁荣，纸币是针对经济形势采取的对策。中国一向主要使用铜钱，但是宋以来商业极为发达，铜钱面值小，大宗交易用不上，何况铜钱也常常欠缺，四川还要用铁钱。针对缺钱和携带不便的情况，信用制度开始发展，宋朝时四川的商人收取客人的铁钱，向他们发出一张等于活期存款单的证明，保证可以换回钱，这张单据叫作交子。这种方法被政府接受，交子成为一种法定货币，和铁钱一同流通。于是纸币正式出现，后来的钞票也叫“交钞”。此后纸币的发展还有一点反复，到元朝最有实效。

纸币的使用到元朝时已经累积了很多经验。发行时，有储备金，使人们对纸币有信心；推广使用纸币，规定可以用来交某些税；真钞盖上官员和皇帝的印，防止钞票作伪，伪造钞票会受到严厉的惩罚。

不过，政府虽然明白滥发是纸币的死敌，但是到了财用不足的时候，总是抵受不住多印钞票的引诱。结果元朝的纸币和宋、辽、金各朝纸币的命运一样，因为通货膨胀而大失人心，钞票制度崩溃。明初，中国继续发行纸币，但人们对纸币没有信心，很快就出现通货膨胀，于是具有先锋性的纸币制度到此结束。中国重新用铜钱，加上一锭锭的银元宝，以应付日益发达的商业交易。

▶ **“天禄通宝”铜钱**

中国的货币系统并不先进，主要是用铜钱。铜钱面值小，难以应付大额的交易；又重，不好携带，何况常常被人拿去收藏、熔铸做铜器或改铸成劣质伪币，加上商业发达，唐朝后期已出现流通钱币不足的情况。这是辽朝铸造的铜钱。辽宋两朝南北对峙，都限制铜钱流到对方的地区。但是辽朝铸钱有限，为了缓解通货不足，努力通过贸易吸引铜钱入境，出现了宋钱滚滚北流、宋朝陷入钱荒的情况。

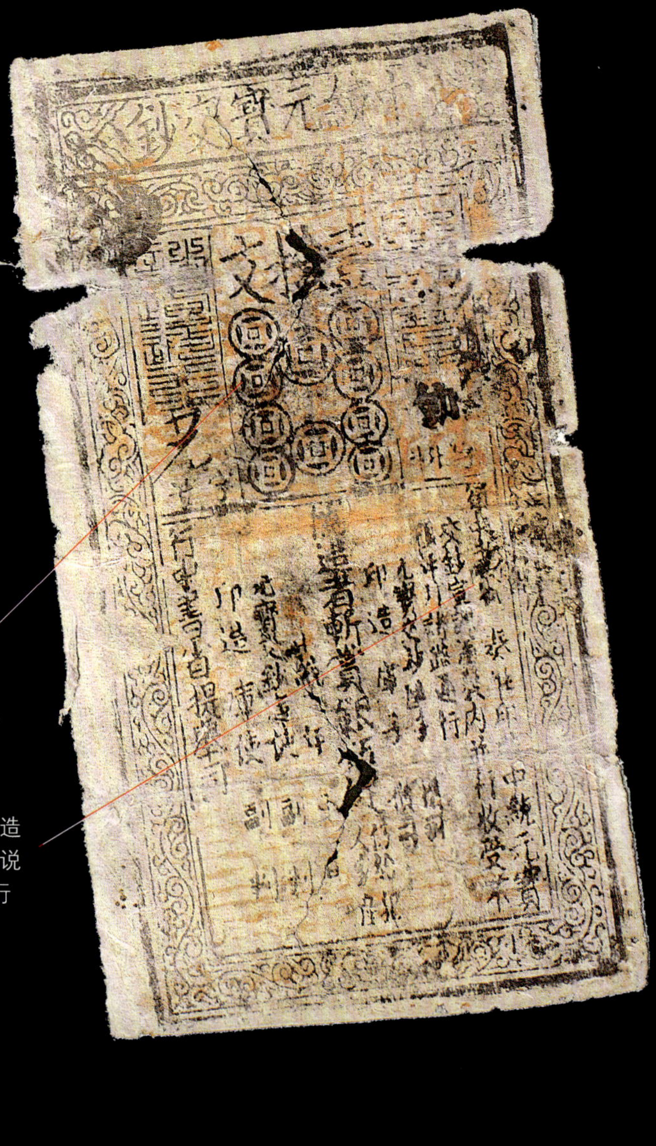

10个铜钱图案，代表面值10文

“行中书省奏准印造中统元宝交钞”，说明行中书省参与发行

▶ **元朝最早发行的纸币**

这是忽必烈中统元年（1260）颁行的中统元宝交钞，长16.3厘米，宽9.5厘米，桑麻纸质。面额从10文至2贯（即2000文）不等。马可·波罗记载的纸币，可能就是它。马可·波罗来中国时，是元朝发钞正常的时候，他惊讶于忽必烈用桑树皮做的纸就可以买到天下的宝藏，每年可以印无数钞票，不用花一点钱，因此称它为大汗的点金术。当时马可·波罗似乎还不明白发行纸币的道理。

▼ **金花银**

明朝把税粮折收的银两称为金花银，表示这是足色的上好银两。明初为了推行纸币，严禁民间用金银交易，但收效不大。后来政府放宽了禁令，白银变成主要货币。及至交田赋也收白银，白银的使用更普及。江南田赋是最早折银征收的。地方政府将收到的散碎银两铸成银锭，上缴中央。这锭金花银是福建上缴的50两银锭，凹面刻了地名、税别、重量、内耗、有关官员和银匠的姓名等。

◀ **印刷南宋纸币的铜版**

这是南宋政府印刷会子的铜版，会子出现在交子之后。这个铜版最下一行有“行在会子”几个字，说明这是政府在1160年颁布法例之后发行的，是正式的纸币印版。会子最初发行时，只有一种面值，其后增加了几种面额。

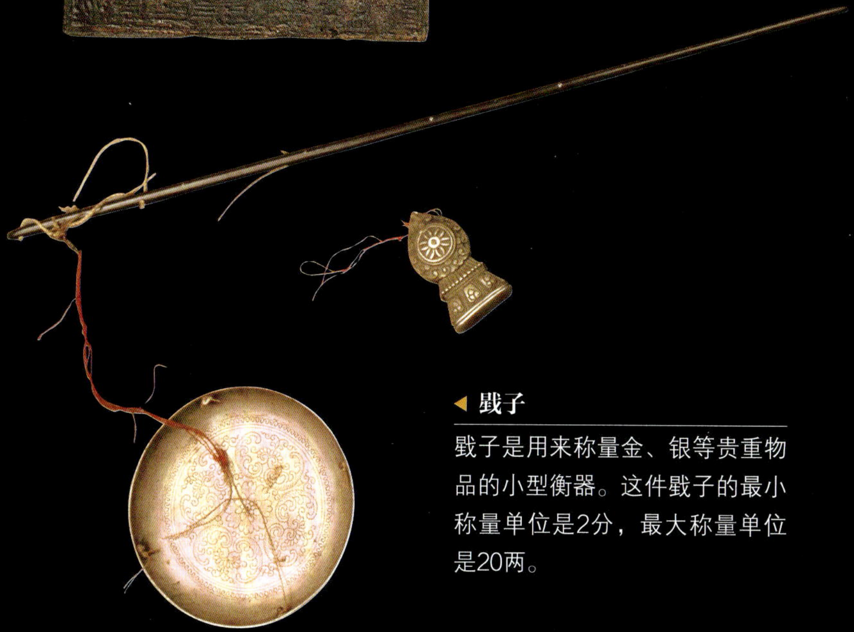

◀ **戥子**

戥子是用来称量金、银等贵重物品的小型衡器。这件戥子的最小称量单位是2分，最大称量单位是20两。

| 时间 | 铜钱铸造量/万贯 |
|---|---|
| 宋太宗至道年间（995—997） | 80 |
| 宋真宗景德末年（约1007） | 183 |
| 宋神宗元丰三年（1080） | 506 |
| 宋徽宗宣和二年（1120） | 300 |
| 宋高宗绍兴二十六年（1156） | 22 |

▲ **宋朝的铜钱铸造量**

| 时间 | 纸币发行量/万贯 |
|---|---|
| 宋高宗绍兴三十一年（1161） | 100 |
| 宋孝宗淳熙年间（1174—1189） | 240 |
| 宋宁宗嘉定年间（1208—1224） | 2300 |
| 宋理宗淳祐六年（1246） | 6500 |

▲ **南宋的纸币发行量**

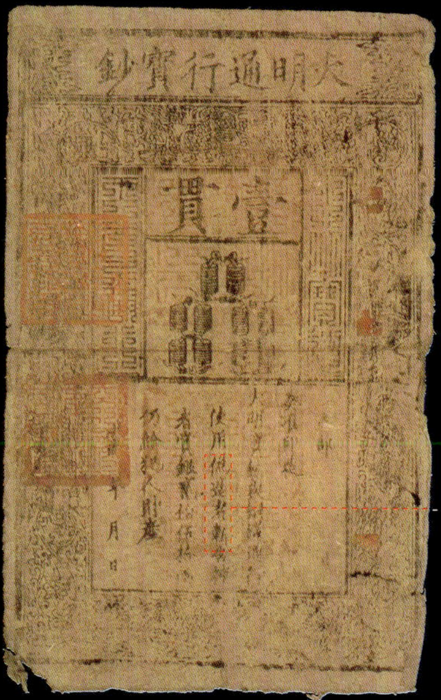


◀ **大明通行宝钞**

这是明初通行的主要货币，由首都南京的宝钞局督印。这种宝钞面额最大，为1贯；长约30厘米，是中国历史上面积最大的纸币。由于政府滥发纸币，导致纸币贬值，大家不肯用来交易，嘉靖元年（1522）正式废止。

“伪造者斩”

# 棉纺织业的推广

丝、麻、葛是中国传统的纺织材料，丝昂贵，平民百姓只能穿麻、葛织的布衣。棉在宋朝开始广泛种植，改变了以后几百年中国平民的衣料。

棉原产于印度，很早就由南北两个途径传到中国，但是推广不开，只在新疆、云南等边远地区种植。棉布最初是一种高级衣料，而中国早已有丝绸，丝织技术又非常好，棉布在与丝绸相比中，败下阵来。宋末，棉花和棉纺织业发展到长江下游，这是中国的经济重心地区。由于品种改变，去籽和弹棉花工具传入，棉产品的经济效益提高很多。又因为棉布温暖，比麻布更适合北方天气，于是夺得平价衣料的市场；加上元明政府用政策奖励种棉，棉的种植范围大了很多。棉和棉布的需求量很大，连士兵的军服都用棉做，又用来与边疆地区的少数民族换马。

棉纺织业的推广，也带来一个意想不到的结果：纺织棉布既有经济收益，又可以一个人完成，成为农村重要的家庭副业。家家户户都纺织棉布，不但令棉纺织手工业没有发展成规模，还使一些很先进的丝织机器被淘汰，如大纺车和水力纺车。结果，棉纺织业在英国是工业革命的先锋，在中国却成了巩固小农经济的因素。鸦片战争后，中国开放通商口岸，但是英国的机织棉布却没有达到预期的好销量，当时英国人想了很多原因，用了很多方法，包括强迫中国减税等，但都没有什么作用。他们没有想过，这些棉布是妇女、儿童在农闲和晚上织的，没有什么人力成本，收入再微薄，也可以帮补家计。男耕女织的传统，令手工棉布的生命力出奇地大。

▲ **脚踏轧棉花车**

棉花加工要先去掉棉籽，人手去籽很花时间，效益不高，直到轧棉机器出现，问题才得以解决。这种轧棉工具在14世纪已经使用，以手转动曲柄，脚踏动车下踏条使另一轴向反方向转，两轴互相碾轧，便可令放入的棉花挤出棉籽。有了这个工具，轧棉工作可以一个人独立处理，适合家庭副业。

▼ **南宋棉毯**

这是至今发现的唯一一件古代棉毯。它的织工精细均匀，说明宋朝的棉纺织技术已经达到一定的水平。

▲ **白坯布**

白坯布即原色布，经染整加工后可制成色布、印花布等。中国家庭手工织的棉布极为均匀细密，不光自用，还曾出口外销。元朝松江府（治今上海松江区）是最先输入海南制棉先进工具的地方，从元朝以来就是棉纺织业中心，所产的棉布最有名，行销全国。清末开放通商初期，开放的口岸城市虽然流行进口的机织棉布，但内陆地区还是穿用手工棉布。直到19世纪七八十年代，洋布因售价降低，布幅又比手工织的阔，逐渐普及，农民才开始穿用洋布。

◀ **穿棉甲的明朝军官**

棉在明朝的产量很大。明初已经用棉花制战衣、战袄，明朝中后期大量使用布面的软甲，取代铁铠甲，内塞棉花或缝铁片，重量大为减轻，称为棉甲。制法是把棉花放入水中浸透，然后铺在地上，捶打踩实，直到成为不膨胀的薄毡，晒干后即可缝在棉布内。棉甲使士兵动作灵活，见雨不重，被鸟铳所击也不会大伤，是热兵器出现后的新式铠甲。

▲ **19世纪末的纺织厂**

18世纪蒸汽机的改进并用于棉纺织业，引发了西方的工业革命；到了19世纪，中国亦迈出工业化的步伐，纺织业由家庭式人力为主的小规模生产，进入工厂式的大规模生产，采用机器纺纱织布的纺织厂逐渐增多。

▲ **纺织厂使用的粗纱机**

发展机器棉纺织业，要有机器和新式技术。这台粗纱机把纤维条制成粗纱，并绕成卷装，这样才能继续下一个纺细纱的工序。粗纱机在19世纪初出现，而图中的粗纱机则是19世纪末成立的一家上海纺织厂使用的款式。

◀ **弹棉花**

轧去棉籽的棉花，要经过弹松才能用来纺纱，此过程称为弹棉，弹棉时也能去除一些杂质。这种以一根竹竿悬挂起来的弹弓，在宋朝已开始应用。

# 海上贸易的兴起

与北方民族潮同样关涉中国长久命运的，是海上贸易潮。

海上贸易在唐朝已见端倪，到宋元两朝，一发不可收，是海上贸易最兴旺的时期，高峰期时与中国有海上贸易关系的国家和地区达到140多个，远涉西亚和非洲。明清两朝，中国仍然是东亚最富有、航海技术最先进的国家，却经常实行海禁，只容许官方做有限度的贸易。

海上贸易能够急速兴起，一方面是因为西北方常常受军事纷扰，宋时受阻于辽、西夏、金，元朝则受阻于诸王叛乱，丝绸之路不是时常畅通；另一方面是因为海道贸易便捷、运量大、地域广，加上航海和造船技术渐渐成熟，海运取代陆运已经是大势所趋。

宋元两朝的海上贸易不仅规模大，更有可观的经济收益，有时甚至成为国家的重要财源。如南宋建国时，海上贸易收益一度占政府全年财政收入的15%。对这一重要财源，宋元政府都在重要港口设了市舶司，负责管理、接待和抽税。最多时在7个港口设市舶司，其中福建泉州一直是第一大港，马可·波罗说它是“世界上最大的港口之一，大批商人云集，商货宝石珍珠输入之多，不可思议”。

蓬勃的海上贸易，到明清时却经常被禁，对沿海居民的生计影响很大，海上贸易税收也不再受政府重视。然而以有限的孔道和不稳的贸易情况，明清两朝却仍然有大量出超。由于中国的手工业水平处于世界领先地位，又有茶、瓷器、丝绸几项独家产品，世界各地对中国商品需求极大，因此这种贸易顺差的局面，一直维持到19世纪20年代。18世纪是农耕文明的手工业产品领先工业文明的产品的最后一个辉煌时期。

◀《榜葛剌进麒麟图》

明朝经常实行海禁，只容许有限度的官方贸易，名为“朝贡贸易”。榜葛剌在印度东北部，约今孟加拉国和印度西孟加拉邦一带，是与明朝有朝贡关系的国家。榜葛剌国王于1414年和1438年两次来中国进献长颈鹿，由于从未见过这种生活在热带的动物，当时有些中国人就把它视为瑞兽麒麟。

▼ 海运与河运成本比较

永乐九年（1411），工部尚书宋礼疏浚会通河后，建议增加河运，减少海运。因为在相同成本下，河运的运粮量是海运的4倍，且海运风险较大，甚至可造成5%～25%的损失。

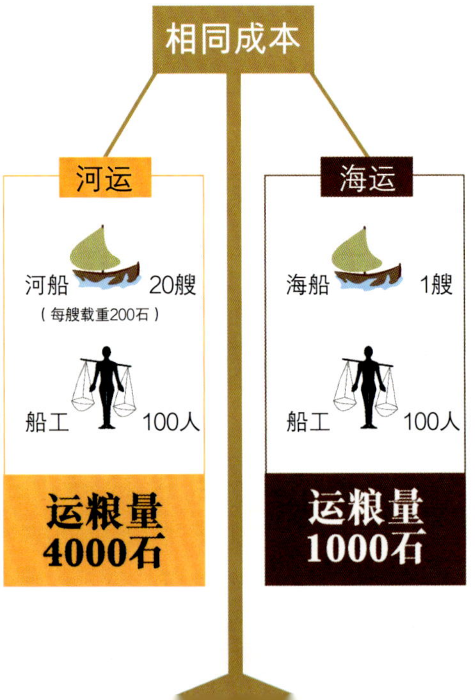

◀ **海船纹铜镜**

这面宋朝的铜镜，背面是一艘在波涛汹涌的大海中扬帆航行的海船。以航海为题材的工艺品，在宋朝并不罕见，说明当时的海上交通和贸易相当繁荣。

▶ **祈风送舶石刻**

泉州城西晋江北岸的九日山上，“山中无石不刻字”。现存的10方宋朝祈风送舶石刻尤为珍贵，记录了宋朝泉州郡守和市舶司官员为祈求海船一帆风顺、往来平安，向海神通远王祈祷的史实。

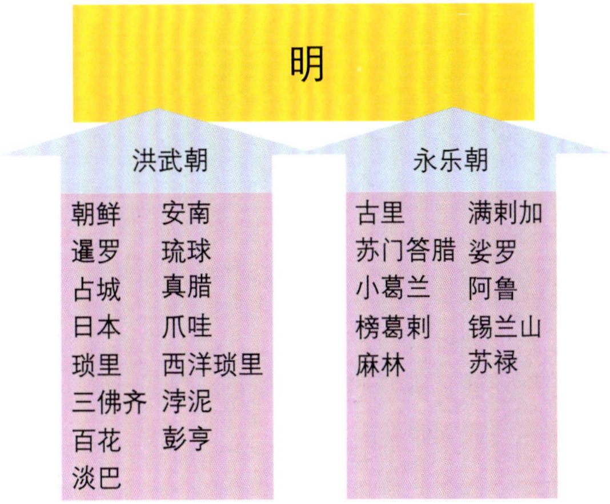


▲ **与明有朝贡贸易关系的国家和地区**

根据正德本《明会典》，早期与明有朝贡贸易关系的国家和地区共有63个，大部分是在洪武及永乐年间（1368—1398、1403—1424）开始建立关系的。《明会典》记载了图中这25个国家和地区与明交往的详细资料。

| 国家 | 输入中国 | | 从中国输出 | | | |
|---|---|---|---|---|---|---|
| | 白银 | 其他 | 丝及丝绸 | 茶 | 瓷器 | 其他 |
| 泰国 | | 米 | | | | |
| 日本 | √ | 刀剑、硫黄、扇、海产 | √ | | √ | 棉布、化妆品、金银箔、书籍、铜钱、名画 |
| 俄罗斯 | | 呢绒、毛皮、玻璃 | √ | √ | | 棉织品、染料 |
| 葡萄牙 | | 枪炮、玻璃 | | | | 农副产品 |
| 西班牙（经菲律宾） | √ | | | | | |
| 荷兰 | | 东南亚产的胡椒、锡、香料 | 转售欧洲各国 | | | |
| 英国 | √ | | √ | √ | | |
| 美国（18世纪末独立） | √ | 洋参、毛皮、羽纱、胡椒、棉花、铅、檀香木、平布 | | | | 棉布、肉桂 |

▲ **中国对各国贸易的商品**

◀ **磁州窑白釉黑花婴戏图瓷罐**

这件元朝磁州窑的罐是从元朝沉船中打捞上来的，可见瓷器是当时海外贸易的大宗商品。

# 造海船下西洋

由宋到明，中国的造船业相当发达，可以造多种和极大的船，而且采用隔舱设计，降低船舱入水沉没的危险，也装备了指南针，中国航海事业因而居于世界领先地位。船舵技术亦有创新，例如开孔舵，在舵叶上开许多孔，减少水的阻力。

远洋航行上的突破，是去到印度洋以西地区。虽然唐朝的海外贸易繁盛，但远洋航行由阿拉伯商船垄断；宋朝中国船只去到印度，再往西，则要换乘阿拉伯船；元朝船只则在非洲各大港口来往穿梭。由于具备了指南针导航、船尾舵控制航向、有效利用风力等远洋航行的必要条件，元朝的航海业享誉世界，经常有3～12帆的大型帆船行驶在印度洋上。

宋元的海船，大的可以容纳数百人到上千人，有几层甲板，船员有明确的分工。泉州出土的一艘宋朝海船上有许多表明身份的木牌签，反映船员有严密组织。远洋船上储存了大量生活必需品，粮食充足，还养猪、狗、羊等动物，有储水的水柜，连酒也不缺。

明朝初年，中国船只维持技术领先的优势，速度和作战性能比宋元时有所提高。从1405年开始，明政府在28年里7次派大船队下西洋，领队的是宦官郑和。这支远洋船队的规模在当时是世界上最大的，最多的一次有200艘船、27 000多人，在世界航海史上未有前例。可以想象，为这些下西洋活动，政府要投入大量人力、物力，做长期准备。而这时葡萄牙亦开始向海洋探索。

但在这种领先的情况下，明朝出现了一个奇怪的转折。明政府并不大力推动海上贸易以争取外贸收入，反而满足于朝贡贸易，而且回赠的往往比贡品还多，是亏本的官方行为。郑和之后，明朝再没有大规模的航海活动，后来还实行海禁。到清朝重开海禁时，航海世界已是另一种局面了。

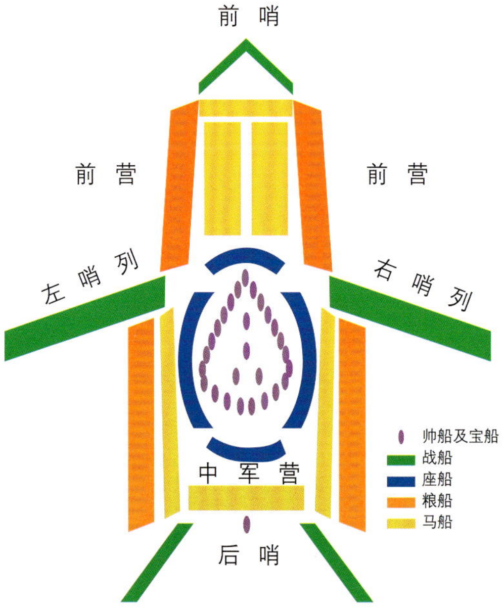


▲ **郑和船队图**

根据仅存的资料推测，郑和船队应以燕子式展翅行进，帅船被重重保护着。

▶ **《清明上河图》中的船**

宋朝的造船技术在当时很先进。图中航行在河中的货船，在桅杆下使用了转轴，能调整帆的角度，以迎合风向；船尾使用了平衡舵，这种宋初已经发明的技术，将部分舵面分布在舵柱的前方，以缩短舵压力中心与舵轴的距离，操作更加轻便灵活；船身有成排的钉帽显露在外面，说明造船时使用了“钉接榫合”的技术。

▶《唐船之图》之宁波船

中国船在日本被称为“唐船”，明末清初，往日本贸易的中国商船络绎不绝。由日本人绘制的《唐船之图》中可见11种帆船，均是当时来自中国及东南亚港口的船只类型。这艘宁波船属福船类，船底尖，有龙骨。船身各部位注明名称及尺寸，是非常珍贵的资料。

▲ 郑和宝船模型

宝船是郑和的指挥船，是船队中最重要和最大的船种，出土的宝船舵杆，用铁力木制造，高度是一般人身高的7倍。人们对宝船的体积和外观仍有争论，但它是当时世界上最大的木帆船，则毋庸置疑。旗舰的船型应是短宽型的，船宽则速度较慢，但相对平稳。

**历史链接**

**何处是西洋？**

西洋的意义随着贸易来往的范围扩大而扩展。郑和下西洋时，西洋是指南中国海以西的海洋和沿海地区，这是自南宋以来的称呼。欧洲兴起，各国来中国发展贸易后，西洋就变成了欧美的意思。

▶ 郑和宝船与哥伦布航船体积比较

根据记载，郑和下西洋分别早于西方的哥伦布、麦哲伦87年和114年，船只规模也比他们大得多。欧洲国家能造出如此规模的木帆船是18世纪末的事了，比中国晚了300多年。

# 大航海时代来临前的壮举——郑和下西洋

明代继承元代，维持着海陆两个方向的国际联系。但自明初开始，来自日本的倭寇时常侵扰中国的东南沿海，中国从而进入一个需要时刻考虑海疆安全的历史时期。这使海禁和开禁在明代社会经济与对外关系上，具有了不同于以往的新动向。

面对这一问题，明王朝最初实行的是消极的海禁政策，明成祖朱棣夺位后马上改为积极的管制。明成祖为了扩大明朝的声威和自己的统治影响力，积极开展朝贡贸易，联络海外各国，鼓励其与明廷发展官方关系，以将其纳入一个以中国为主体的海外关系网。在这一历史背景下，自明成祖始，明朝皇帝先后派郑和7次下西洋。

郑和，本姓马，小字三保。明初入宫为宦官，后赐姓郑，升为内官监太监。从明永乐三年（1405）起，郑和作为当时世界上最庞大舰队的总指挥，从有“六国码头”之称的苏州刘家港（今江苏太仓东浏河镇）出发，开始了他漫长而又充满荣耀的伟大航程。

为拓展朝贡贸易，明朝投入大量的人力、物力，郑和每次远航，都是万人出征、百舸齐发，船只最多时达200艘，各船各司其职，分别负责指挥、运粮、运兵等任务。船队配备有水手、船师、工匠、医生、翻译和武装人员，人数可达27 000多人。其规模、人数是当时世界上任何一个国家的船队都无法比拟的。

庞大的船队是中国驶向世界各地的和平之船，郑和向各国人民伸出了友谊之手。每次出发，船上都满载金银、丝绸、瓷器、漆器、铁器、金幡、香炉、香油、中药、茶叶、食物、家畜、植物等作为礼物和用于交换的货物，受到各地人们的欢迎。同时，郑和用佛教徒兼穆斯林的身份，与各国进行交往，尊重亚非各国的文化和宗教信仰，收到了良好的效果。如1405年，满剌加、苏门答腊和古里酋长分别派使者来华，明成祖赐以国王封号，并赐给印诰彩币。随后又在地处马六甲要冲的满剌加立镇国山碑铭，象征两国稳固的邦交；在当地建立基地，作为宝船的“外府”。1409年，郑和又以虔诚的佛教徒身份在锡兰立供施碑，分别用汉文、泰米尔文和波斯文三种文字刻写，此碑至今仍保存在斯里兰卡科伦坡国家博物馆里。

作为和平的使者，郑和船队所到之处皆留下了历史的印记。如在印度的科钦（明代称柯枝），当地渔民用于捕鱼的渔网至今仍称作中国网，相传是在郑和下西洋时，由中国水手带过去的。同时，科钦的一些建筑也具有中国的传统风格。另外，东南亚各地所建的三宝洞、三宝井、三宝庙等，都是对郑和的纪念。

和平友好的交往，也得到了各国的积极回应。每当宝船回航，都会有许多国家的国王或使者随船来到中国，以目睹中华的盛况。如1417年，

▲ **郑和铸造铜钟**

这是宣德六年（1431）郑和第七次远航前，为祈求平安而铸造并布施于寺庙的钟，高83厘米，重77千克，钟上铸有“国泰民安”“风调雨顺”等铭文。

菲律宾苏禄国的东王、西王和峒王率众来华访问，归国途中，东王病逝于今山东德州，政府为其就地建造陵墓，予以厚葬，并助其继承者回国继位，稳固政局。当时东王次子及侍从留下来为其守陵，死后附葬在墓地周围，其后裔的一支至今仍生活在中国。

由郑和船队传达的和平外交，传播到了更为遥远的国家，各国使节来华访问也越发地频繁，他们带来自己国家的特产进献给明朝皇帝。其中，榜葛剌国王于永乐十二年（1414）和正统三年（1438）两次来中国进献长颈鹿。由于从未见过这种热带动物，当时有些中国人就将其视为中国传统的瑞兽——麒麟，认为是极其祥瑞之物，在当时引起轰动。明初外国使者进献“麒麟”的图画至今仍珍藏在中国国家博物馆，另有很多文人学士应时而作的瑞应麒麟诗。

永乐年间，米昔儿（今埃及）、沙哈鲁（当时的帖木儿帝国苏丹）和阿速等国都曾派使团来华，并通过使团将遥远的中国的消息传递到地中海和黑海沿岸的伊斯兰国家，使其纷纷与中国建交，频繁交往。

从1405年到1433年，郑和用28年的时间，先后7次下西洋，航迹遍及太平洋、印度洋和大西洋，到达红海和非洲东海岸，足迹遍布占城、暹罗、马来半岛、南洋群岛、印度、波斯、阿拉伯以及索马里等30多个国家和地区。其中，马来半岛、南洋群岛及印度洋东部地区都处在明廷的政治控制之下，可以对这些国家和地区的对外政策直接施加影响，提振明朝的声威。再加上与世界其他很多国家和地区的友好交往，可以说郑和在外交上取得了巨大的成功。

7次西洋之行，成为大航海时代来临前的伟大壮举。郑和的船队开辟了历史上最长的航路，最远抵达属于南半球水域的麻林（在今非洲东岸肯尼亚的马林迪一带），建立了多条纵横交错的远洋航行网络路线。郑和还根据亲身体验，在《过洋牵星图》中详细记录了众多的星宿定位数据和不同海区天体高度的变化，对古代的天文导航作出了重要贡献。郑和也凭借着最大的船队、最远的航程，以及世界各地至今犹在的众多足迹，在世界航海史上留下了划时代的印记。

◀ **三宝庙**

位于印度尼西亚爪哇岛三宝垄市的三宝庙，是当年华侨和当地印尼人为纪念郑和而修建的，坐落在郑和当年登陆的地方。庙内有一“三宝洞”，供奉了一尊郑和的全身塑像。

# 热销世界的商品——瓷器

频繁来往于海道上的商船，抢购的是几种世界性热销商品。从海外输入中国的，宋元时以香料最瞩目，占了相当比例，所以宋朝的海外贸易又称为“香药贸易”。至于输出的商品，早在陆路交通时，丝绸已蜚声国际；从宋到清，丝绸之外，有两种商品冒起，一是瓷器，二是茶叶。茶叶是元朝时开始从海路输出的，在18—19世纪欧洲流行喝茶时销量很大，甚至牵动美国独立战争——1773年波士顿人民把茶叶倒进海里，抗议英国的转售厚利。瓷器出口更早，在宋朝就成为出口货的“新星”，直到清朝也没有中断。宋朝以来的海上贸易之路，被称为“陶瓷之路”。

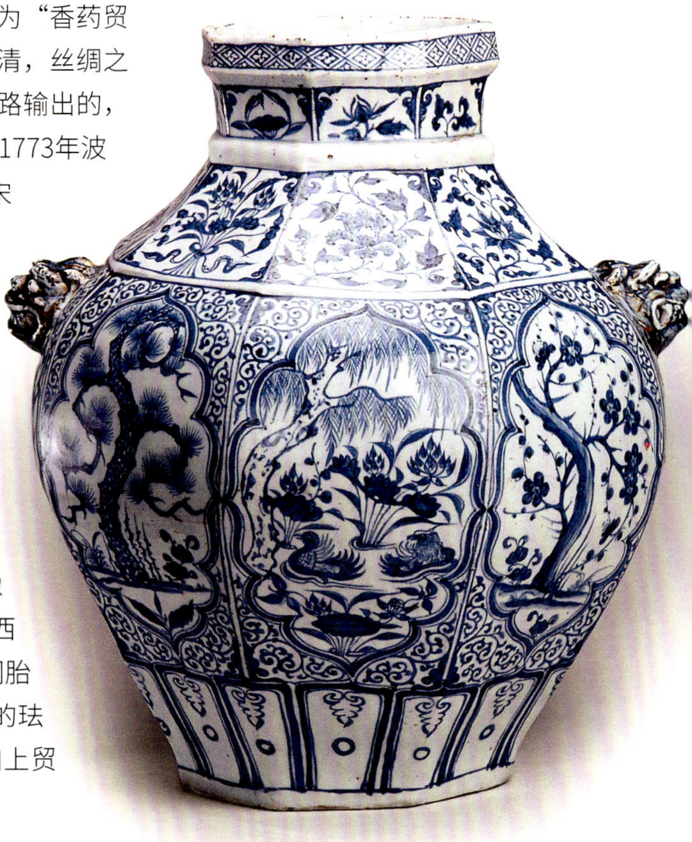

瓷器制造在中国有悠久历史，宋朝时达到高峰，虽然未有彩绘瓷器，但宋瓷的造型简洁，在色的处理上尤其令人赞叹，青瓷可以做到玉一样温润。宋以后，瓷器仍不断创新，尤其是在瓷器上绘画，每朝都有新变。元朝青花瓷成熟，五彩瓷初露头角；明朝把青花和釉上绘画结合，创出斗彩；清朝又创出珐琅彩和粉彩，前者有油画效果，后者属粉色系，能表现晕染的立体效果。

在瓷器的创新热潮中，善于利用外来物料的情况很值得注意。像青花的钴料，中国也有出产，但不及西亚的好，瓷器对外贸易发达使西亚钴料大量输入中国。珐琅彩把铜器上的珐琅技术与瓷器结合，而铜胎珐琅是元朝时从西亚输入的；珐琅彩和粉彩的颜料是仿造和改良输入的珐琅颜料得来的。中国的手工业者心灵手巧，又有新的元素和原料，加上贸易的热潮，于是出现了长期的瓷器艺术高峰。

## 瓷器发展的历程

| 商 | 东汉 | 魏晋南北朝 | 隋唐 |
|---|---|---|---|
| 原始青瓷 | 正式青瓷 | 青瓷成熟，出现褐斑点彩，白瓷初创 | 白瓷成熟<br>花釉产生 |

▲ 青釉弦纹尊

▼ 青瓷罐

▲ 青釉褐斑鸡首壶

▲ 绿彩枕

▲ 窑变色彩

▶ 景德镇釉前工序示意图

拉坯　镟坯　彩绘

◀ 青花八棱瓷罐

瓷罐器型端庄，装饰纹样蓝白相间、淡雅匀润，是罕见的元朝青花珍品。青花是用含钴的矿物颜料在瓷坯上绘画，然后上釉烧制而成的。唐朝工匠已经知道使用钴蓝作为彩绘原料。伊斯兰国家亦早在9世纪前后便能烧制青花瓷器，但技术较低。西亚的青花原料比中国的呈色鲜艳，输入中国以后，元朝在唐的基础上，烧制出精美亮丽的青花瓷器，远销海外，直到清朝仍是外销的热门瓷器。

◀ 五彩鱼藻纹盖罐

五彩是明朝的特色产品，在白瓷上加颜色，使之五彩纷呈。这是明朝官窑青花五彩的名品，体积硕大，画法古拙，设色明快。罐身八尾红色鲤鱼姿态各异，身施黄彩，覆以红彩，极其醒目；以荷莲瓣纹与蕉叶纹做配饰，构图丰富。

▲ 米色地珐琅彩洋花瓶

这件清朝瓷器是景德镇的出品，八块琵琶式花瓣组成的图案装饰，有西洋特点。珐琅彩瓷是清朝的瓷器新品种，专门为皇帝烧制，民间少见。它把元朝从西亚传入的珐琅技术改用到瓷器上，颜料凝厚，烧成后有微微突出之感。

| 宋 | 元 | 明 | 清 |
|---|---|---|---|
| 釉色大发展，冰裂纹、窑变等盛行 | 青花、釉里红大盛，五彩初创 | 斗彩新创，五彩大盛，色釉瓷丰富 | 珐琅彩、粉彩新创 |

▼ 冰裂纹

▲ 釉里红玉壶春瓶

▲ 斗彩

▲ 霁蓝釉

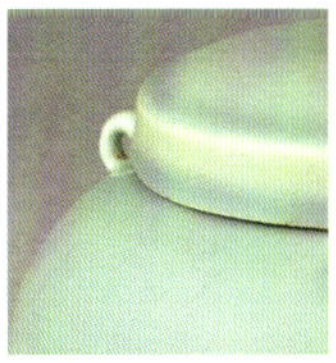

▲ 翠绿釉

▲ 红釉

▲ 黄釉

▼ 粉彩花卉盘

# 海禁三百年

从世界的角度来看中国历史，明朝实在是一个大转折。这个派出庞大舰队下西洋的王朝，却又受制于日本海盗之患，实行海禁，只容许朝贡贸易。在欧洲刚进入地理大发现的时候，强大的明朝却自我封锁在重重海防后面。

海禁法令从明朝开国第一次颁布，到清初撤销，300多年不许私人造船下海贸易，令中国远离了海洋世界。

海禁可能起于日本海盗抢掠沿海地区。日本海盗在元末已经出现，明后期变得严重，前后困扰中国达300年。明政府在沿海重重布防，部署兵力数十万，投入最先进的战船，建造防卫的堡寨关隘，像守长城一样。于是中国在北方的长城之外，又有一条沿海的“长城”，明朝就龟缩在这两条长城之内。

明朝禁止私人出洋贸易，实行朝贡贸易，域外的国家和地区来进贡，明政府再回赠礼物。这种官方贸易对明政府没有经济利益，又满足不了境外对贸易的需要，结果走私风行，海盗问题更严重。

清朝继明而起，由北方民族入主中原。这时海盗问题已解决，但是清军不擅长水战，为了削弱沿海和台湾的抗清力量，继续实行海禁，还迫使沿海居民内迁，烧掉民居和船只。直到收复台湾，清廷才撤销海禁。但是航运和造船业仍然不能正常发展，清政府对大船有戒心，限定出海的船的梁宽，船桅不得超过两支，而且不可以带武器。元朝时可以驶到非洲的中国帆船，海禁之后只能集中在东亚海域。

在另一边世界，1600年英国设立东印度公司，以国家武力开拓海外贸易。18世纪时，欧洲的木船已经在船底夹了铜板，而且有火器和先进的导航设施；英国经过工业革命，所造的船也越来越大。18世纪末，中国帆船连东南亚的航运领导权亦丧失，让出了最后一片远航的海洋。

◀ **倭寇**

倭寇是当时对日本海盗的叫法。元末，日本政局混乱，失业和破产的人到中国沿海抢掠。明政府颁布海禁，修整海防，大败日本海盗，令形势较为平静。明朝中期，海防废弛，日本的局势亦更乱，海盗越来越多，这时的海盗有日本南方的藩国支持，又有中国人参与。

▼ **明水军与倭寇激战**

明末绘制的《倭寇图卷》，描绘嘉靖时倭寇船侵入浙江沿海——登陆、探查地形、掠夺、放火，以及明朝百姓避难、明军出战并获胜的全过程。这段是官军与倭寇激战的情形。

**▶ 夹板船的构造**

铁壳船在19世纪后半期才盛行，但18世纪时欧洲国家已用铜皮包裹水线以下部分，增强对船只的保护，称为夹板船。夹板船远航到中国贸易，由于技术的差距，中国的帆船最后不敌夹板船，逐渐退出远航南洋的贸易。夹板船直到铁壳船盛行后才消失。图中是19世纪的木铁结构夹板船剖面图。

**▶ 广东战船模型**

清朝虽然放开海禁，但对船只有很多限制，例如不能做三桅的船，故在19世纪初，与西方造船业的差距越来越大。清朝水师战船很多取自民船模式，可乘载80～100人，都只适用于江河缉匪。这只以广东米艇改良的大兵船，两桅，以杉木造，体积大，吃水不深。

**◀ 蓬莱水城山上的炮台**

山东的蓬莱水城又名备倭城，是目前发现的唯一保存完好的明朝海防要塞。这是水城的西北面城墙和炮台，位于丹崖山上，是这一带的制高点，若有敌人来犯，可观察及控制海面情况。在此筑炮台，又可与水城东面的炮台形成夹角之势，利于防守。

# 纳入世界商业体系

当中国取消海禁时，英国早已打败西班牙无敌舰队，继葡萄牙和西班牙之后在美洲建立殖民地；印度莫卧儿帝国衰落后，欧洲各个殖民国家又从沿海蚕食印度。一个以欧洲为中心，联结欧洲在亚洲、非洲和美洲殖民地的世界商业体系逐渐形成，并逐渐靠近东亚的中国。富裕的中国是欧洲殖民扩张运动余下的最后目标，而且自《马可·波罗游记》流行以来，一直是吸引欧洲人的目的地。

中国这时虽然国力强大，但内部问题仍然不少。清朝制度遵从明朝，对外贸易也像明朝一样被动消极，加上满族是入主中原的北方民族，担心外商和汉人接触，因此对外贸抱着防范态度。乾隆自满地说中国自给自足，不需要对外贸易，可没料到欧洲主宰的世界商业体系早已影响到中国，而线索是银元。

明朝商品经济发展，白银成为正式货币。由于中国缺银，美洲新开采的白银被欧洲殖民国家铸成银元，经由贸易在明朝后期大量流入中国。机铸的银元不必剪下称量，比中国的银两方便，广受欢迎。银元大潮到清朝重开对外贸易时影响日益增大，流通地区已深入内陆。

这场白银流向中国之潮历时近3个世纪。怎样使巨量的白银从中国流出，成为殖民国家的关注重点。17世纪至18世纪初，欧洲重商主义盛行，认为金银多国家才富强，因此重视从外国输入金银。可是同期英国东印度公司来中国的货船，所携白银却占了90%。直到19世纪20年代末期或30年代中期，中国才因大量鸦片走私进口，由白银进口国逆转为白银出口国。

▼ 广州十三行

清朝乾隆时定广州为唯一对外通商口岸，又颁布了限制外商的琐细条文。外商不得与中国商人直接贸易，也不能直接交税给海关，而必须经过清政府特许的对外贸易商，习称为十三行。十三行的行商也负责管理约束外商，为外商的不守法行为负责。外商到广州不能和中国人杂居，必须住在十三行的夷馆。夷馆都是西式洋房，下层做仓库、中国雇员办公室、仆役室等，上层做账房、客饭厅，再上面做卧室。

◀ **行商**

这是1803年担任十三行总商的怡和行行商，外国人叫他浩官。由于对外贸易具有垄断性质，因此不少行商腰缠巨万。要获得行商资格，要花很多钱以求批准。政府也常常逼迫行商捐献，以救灾、充军饷、修建公共建筑。若想不当行商，往往也要花很多钱去贿赂，才能退出。

▲ **从美洲传入中国的辣椒、番茄、马铃薯**

除了美洲铸的银元之外，欧洲在美洲殖民，把美洲物产运到各地贸易，使辣椒、番茄、马铃薯这些美洲特有的农作物传入中国。辣椒成为许多地方祛寒、去湿气的佐餐食物。如果说番茄改变了意大利菜，那么辣椒也使四川菜变了个样，辣椒和四川原有的花椒结合，变成今天四川菜的麻辣风味。

▲ **西班牙银元——双柱**

明朝后期，中国的银矿已开采近于枯竭，虽然每年流入以百万计的外国银元，但是当时储蓄和信贷机构未发达，民间把大量白银埋入地下作为储蓄，使贸易得来的银元从流通领域消失，因此，中国对吸收国际流通的白银的意欲很大。西班牙银元是最早流入中国的外国银元，是机制币，多在墨西哥铸造。鸦片战争前后，西班牙银元在外国银元中占主导地位。这种银元背面是直布罗陀海峡的海格立斯双柱。

▲ **检验外国银元**

这是香港的商人在检查银元的真伪和成色。检查时，把两个银币拿在手上，敲击边缘，根据碰撞的声响辨别真伪。

# 初遇欧洲

▲ **利玛窦（左）与徐光启（右）**

传教士利玛窦试过直接宣传天主教或打扮成和尚传教，都不成功。后来他明白在科举主宰的中国，要以读书人面目出现，才能获得尊重，终于成功打入士大夫圈子。徐光启是明末的大官，热衷西洋科技，他接受天主教教义，利玛窦和他合作译出欧几里得的《几何原本》。

大约在郑和下西洋的同时，欧洲人被马可·波罗描写的富庶东方世界吸引，努力探求到东方的新航路。16世纪，葡萄牙、西班牙终于来到中国，从西班牙治下独立的荷兰以及与西班牙竞争的英国接踵而来。这些国家通过政府支持的商人和传教士，与中国展开第一阶段的接触，长达3个世纪。

但是此时的中国已经不是马可·波罗笔下的情况，变成了长期实行海禁，只进行有限的对外贸易的封闭国家。欧洲国家虽然想过动武，但是担心中国强大，于是像在印度那样，先掠取贸易据点。1553年葡萄牙通过欺骗手段侵占澳门，并引来西班牙和英国抢夺。荷兰则占领台湾一段时间。

商人的活动不及传教士引人注意。从16世纪中期开始，几百年间共有近800名耶稣会传教士来到中国。求财的海上贸易和东来的传教士结合，与欧洲当时的宗教情况有关。

16世纪初，新教成立，宗教改革运动在欧洲中部如火如荼。罗马天主教会反击，在南欧巩固地位。几任西班牙皇帝都厉行清除异端，并且认为扩张海权对西班牙和天主教有利。1534年一个西班牙人创立耶稣会，以保护罗马教会、争取新教徒回归、向异教地区传教为目的，得到罗马教会承认。1579年第一个耶稣会士来到中国，刚巧当时理学在中国思想界的一统地位动摇，各种思潮活跃，有利于天主教的发展。

耶稣会对如何向中国传教，有两派意见，一派主张用武力，另一派主张温和传教。利玛窦代表的温和派当时占了上风，他主张尊重中国文化，以西方科学吸引中国士大夫，得到教皇批准。不过天主教内情况也复杂多变，后来罗马教皇不再赞成利玛窦一派的方法，反对中国信徒拜孔子和祭祖，导致清朝禁教。

16—18世纪的中西交往相对和平，然而欧洲正从中世纪转向近代化，对外扩张已经开始，加上中国闭关锁国，冲突正在酝酿，只是地理阻隔，加上中西方的国力消长还不明显，所以未至于爆发全面冲突而已。

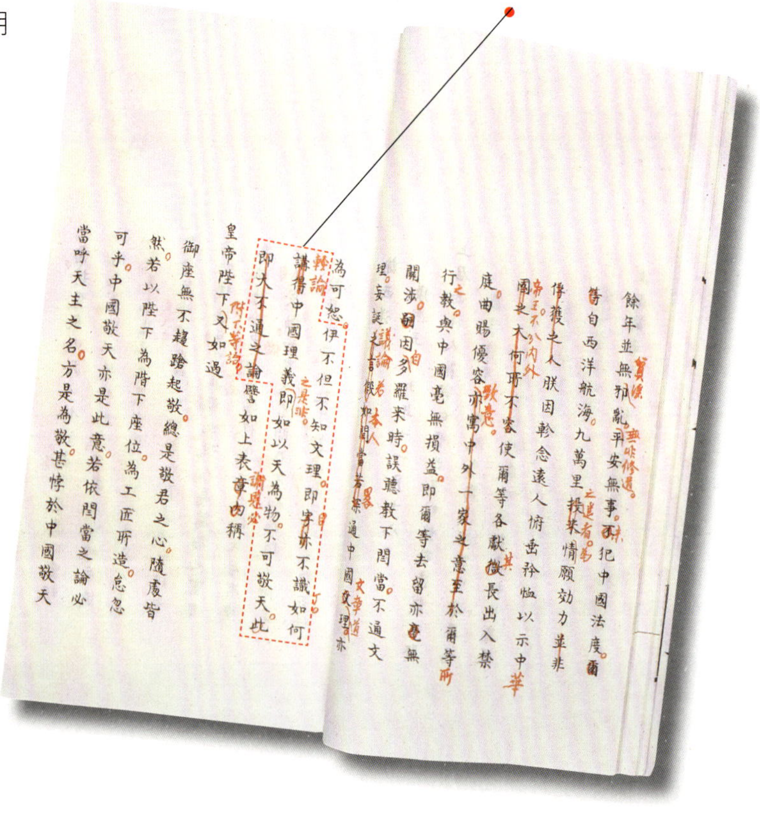


▶ **康熙致罗马关系文书**

耶稣会士曾经得到教廷认可，不反对中国祭祖。17世纪后期，这种传教方式受到非难。1705年，教皇派特使到中国，命令入教者不能祭孔子、祀祖。康熙接见特使并说明中国情况，凡传教士愿守中国法度的可留下来，不愿守的回国。康熙多次致函罗马教廷，教皇一再重申禁令，于是康熙亦下令禁教，此后数朝皇帝多次重申禁令。

牌坊、塔、亭、丝绸、瓷器等
中国事物成为插画的内容

▶《英使谒见乾隆纪实》

英商对限于广州通商及货物不畅销啧有烦言，为了扩大通商，1793年，英使马戛尔尼以祝寿为名，获乾隆接见。马戛尔尼不肯跪拜，乾隆虽没有强迫，但英国的通商要求亦被拒。随团的秘书斯当东把这次经过写成本书。

▲ 南堂内景

这是利玛窦获得明朝皇帝准许，在北京建立的教堂——南堂。除了与士大夫交往，利玛窦也迎合皇帝对欧洲科技和艺术的好奇心。1601年，利玛窦到北京向万历皇帝赠送时钟、西琴、天主像等西洋珍宝，之后获准在北京传教，建立教堂，从而奠定了天主教在中国传教的基础。

▼ 澳门大三巴

葡萄牙人为了通商和传教，处心积虑经营澳门。葡萄牙人在澳门设立澳门圣保禄学院，培养熟悉中国的传教士。学院被焚毁后残存的前壁，就是今天澳门的大三巴牌坊。

# 东西方文明互相试探

耶稣会士来中国时，欧洲已经从中世纪迈入近代，文明程度上了一个台阶。相反，中国的发展已趋于停滞，虽然政治和经济仍然有优势，但是天文学、地理测绘、机械和火炮制造等都已经落后。

东来的耶稣会士发觉用科技知识最能吸引士大夫甚至皇帝的注意，因此请求教会派更多擅长科技的传教士来。那时当传教士除了要懂神学，还要具备科学、艺术、文学等领域的修养，可说是欧洲的精英。于是东来的传教士也成了文明传播者，把文艺复兴之后的西方文明传播到东方。他们带来发明不久的望远镜和各种测绘量度仪器，编修新历取代元朝以来的“回回历”，绘制世界地图、中国全境地图，在中国的士大夫帮助下译出欧几里得《几何原本》，等等。当然，他们传来的学说也有局限，教会反对的，像伽利略的地球绕太阳转的学说，就不敢传入。

此外，传教士也把中国的情况告诉教会和欧洲朋友。由于他们交往的都是欧洲知识界人士，因此他们对中国的描述，像利玛窦称赞中国文人政治制度、清初传教士对康熙的明君称誉等，在欧洲引起不少反响，启蒙运动思想家用这些观点来攻击欧洲旧制度。王致诚（法国传教士）记述圆明园的艺术特色，亦令圆明园在欧洲获得极高声誉。

在东西方文化交流早期，传教士以平等和尊重的态度，对沟通双方的文明起了很好的作用。不过，他们在中国的交往范围以上层为主。明末时，传教士结识了一班追求新学问的士大夫，使新文明亦影响中国知识界。清初，传教士大多时候在宫廷里为皇帝做事，影响不出皇宫范围，这对他们自己、对中国吸收新文明都是遗憾。

▼《坤舆万国全图》

利玛窦带来一幅世界地图献给明朝皇帝，地图显示的地球是圆的，有六大洲，只少了大洋洲——当时还未被发现。利玛窦后来以那幅地图为蓝本，摹绘、修订成好几种版本，其中1602年的《坤舆万国全图》资料最详备。

◀ **红夷炮**

红夷炮的长度是口径的20倍以上，炮壁厚，是射程远、杀伤力大的火炮。弹丸是从炮口装填的。红夷炮在明末由中国人主动传入，是英国火炮，当时误以为是荷兰的，所以称为“红夷”。明清易代的战争中普遍使用红夷炮，尤其是在宁远之役，成为袁崇焕打败清军的重要武器。明朝在1621年开始仿制，后来清军缴获明军红夷炮，也大量仿制。

▶ **圆明园的水法**

水法，亦即喷泉。圆明园内东北角有多组宏伟的西洋建筑，是在清廷供职的传教士按乾隆的要求建造的，用13年时间全部完成。这组西洋庭园建筑，以各种形式的喷泉和水池景观为主，运用了机械推动装置。

▼ **望远镜使用情况**

康熙时的《古今图书集成》描绘了有支架的望远镜的使用场景。望远镜发明不久就传入中国。

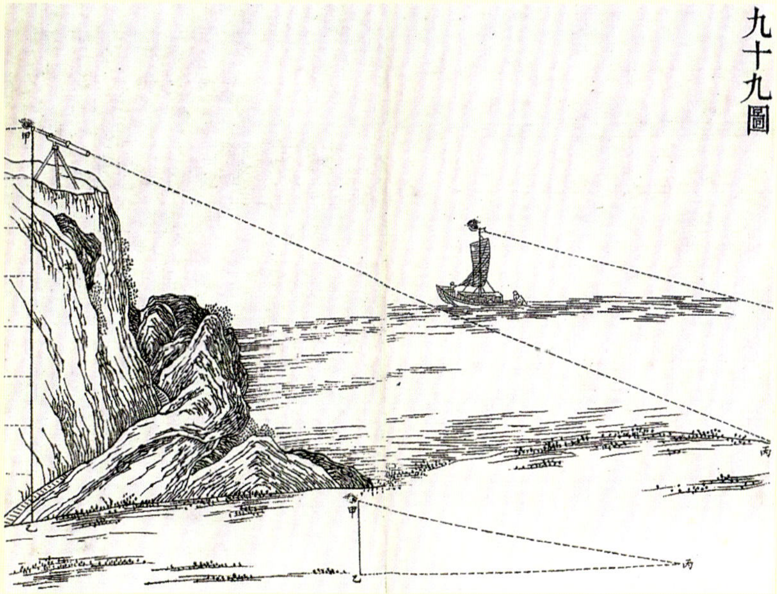

▶ **传教士墓碑**

耶稣会由西班牙一个军人创立，耶稣会传教士要立誓终身服从。耶稣会把世界分成许多教区，向中国教区传教是其中一项重要任务。传教士被派到中国，不少人终生未回欧洲。他们的墓碑上既有龙纹，又有耶稣会的徽号。

# 以鸦片为导火索的战争



1842年是中国历史的分水岭，古老的农耕国家与新兴的工业国家因鸦片打了一场仗，中国战败。这个战果在当时震动了中国社会，也令世代中国人长久不能释怀。

战胜者英国1588年打败西班牙无敌舰队，成为海上霸主。为了抢夺葡萄牙、西班牙的东方贸易财富，以及不再高价买入东方产品，英国积极东侵。这个新兴霸主与葡萄牙、西班牙、荷兰等老牌殖民国家有一点不同，它不光贩卖从殖民地得到的产品，还积极扩张商品市场。18世纪60年代，英国发生工业革命，生产力大幅提升，它有大量工业产品要找出路。

18世纪时，英国已成为中国外贸的最主要国家，可是它的产品像毛呢和棉布却打不入中国市场，反而因为欧洲人爱喝茶，要用巨额白银大量买入中国茶叶。当时英国重商主义流行，金银被视为国家财富的基础，白银长期大量流入中国的问题必须解决。正途的解决办法是派使节到中国要求扩大通商，东印度公司的解决办法却是向中国走私鸦片。

1793年英国马戛尔尼使节到来时，正当清朝盛世后期，在文治和武功方面都自认有建树的乾隆皇帝此时83岁，他对治下的富足和安定感到很自豪，对祖上传下来的朝贡贸易也不觉得要改变，并满足于中国社会自给自足的现状。英国使节以祝寿为名，实则想要扩大通商，结果无功而还。乾隆皇帝并不知道，早在1767年，鸦片走私数量已大增，他拒绝开放商贸时，鸦片在中国已经泛滥。延续一个多世纪的清朝盛世已近尾声。

东印度公司在印度种鸦片，通过分销商人运到中国沿海，走私入境。1829年底，英商用新出现的快速帆船贩运鸦片到中国，由于帆船航行时间缩短，走私的鸦片更多。不久，中国就变成白银出口国。

由于鸦片毒害严重，中国下令商人交出鸦片销毁。英国传言领事受辱，商务受威胁，决定出兵。鸦片战争是明清以来欧洲以武力迫使中国通商的总爆发，也是中国由闭关到落后的可悲结果。不过英国人将鸦片称为商品，声称是所谓的“贸易战争”，中国人却不会同意。

▲《南京条约》签署情景

中国在鸦片战争中战败，1842年钦差大臣耆英等赴南京议和，8月29日中英代表在英国战舰上正式签署《南京条约》，中国赔款2100万银元，割让香港岛，并开放5个口岸城市通商。

▶ 鸦片飞剪船

19世纪新出现一种快速帆船，因为帆的形状，俗称飞剪船。贩卖鸦片的公司就是用这种快速帆船从印度运来鸦片的，每年可以多运一两次。

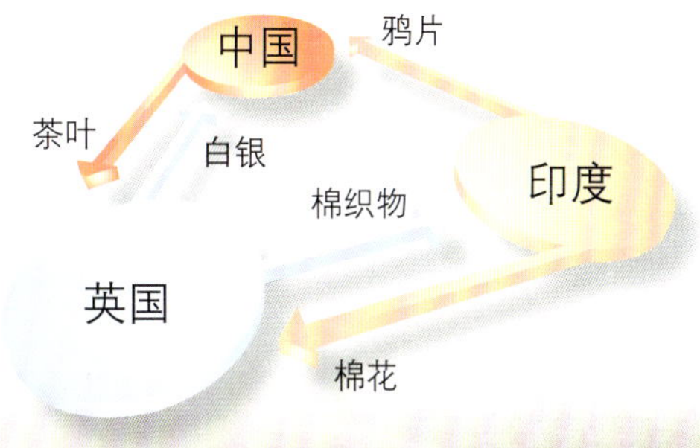


▸ **中国、英国、印度的三角贸易关系**

▸ **鸦片贸易的分销制度**

图示为19世纪30年代鸦片由印度运到广州的过程。

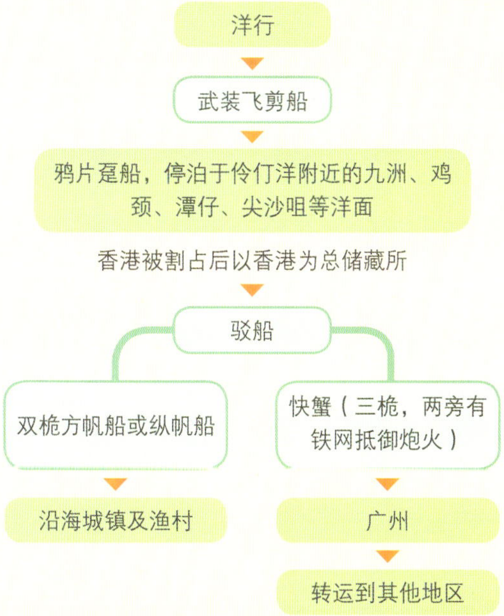

▲ 卖吸鸦片的用品

▲ 鸦片趸船

停泊在黄浦江走私鸦片的趸船，像个漂浮的仓库。香港未被割占前，鸦片趸船多停泊在伶仃洋等地，一方面使鸦片飞剪船不必进入口岸城市，缩减航行时间；另一方面避免走私鸦片存于陆上仓库被查封。鸦片趸船既有枪炮，又有武装船只保护。

▼ 吸食鸦片用具

鸦片是一种很古老的镇痛药。由药物变为毒物之后，在商业贸易利润的诱惑下，由西方商人导演，贪污的中国官员配合，19世纪时曾是中国最大宗的进口货。吸食是后来出现的食用鸦片的方法，导致进入人体的毒素更多。这是吸食鸦片的工具，使用时把烟斗接在烟枪上，放入烟膏，点燃烟灯烘烤烟斗，使鸦片受热变成气体，吸食者顺着枪管将之吸入体内。吸食鸦片成为当时中国社会的严重问题。

**历史链接**

**割让香港和香港回归**

香港是鸦片战争后英国强占的，当时香港是指香港岛。现在讲的香港，则包括了后来英国进一步割占的九龙半岛和租借的新界。20世纪80年代以后，经过中英两国政府多轮谈判，我国在1997年7月1日对香港恢复行使主权，香港回归祖国。

# 林则徐虎门销烟

19世纪上半叶，以英国为首的西方资本主义国家经济飞速发展，而中国闭关自守，因循守旧，国力日趋衰落。西方殖民者对东方财富垂涎欲滴，于是他们以鸦片作为武器，强迫打开了中国的国门，同时加速对中国人精神的腐蚀。鸦片的大量输入，使中国白银大量外流，经济发生严重危机。

林则徐等有识之士上书请求禁烟。林则徐在奏折中写道，鸦片泛滥将使“中原几无可御敌之兵，且无可以充饷之银”。1838年，道光帝命林则徐任钦差大臣，前往广东查禁鸦片。林则徐到达广州后，雷厉风行地开展禁烟运动。他命令外国烟贩3天内交出鸦片，并保证以后永远不再贩运，否则处以死刑，对拒不交出鸦片的英国商贩给予坚决打击。1839年6月3—25日，林则徐将缴获来的2万多箱、共100多万千克鸦片集中到虎门海滩公开销毁。这一壮举沉重打击了英国殖民者的嚣张气焰，向全世界昭示了中国禁毒的决心和反抗侵略的坚强意志。

中国禁烟运动损害了英国烟贩的利益，在西方引起很大震动。而道光帝下达的禁止一切对英贸易的政令在更大范围内、更深层次上损害了大英帝国的经济利益。利欲熏心的英国殖民者为了维持对华鸦片贸易，鼓动英国政府向中国发起蓄谋已久的战争。英军凭借着先进的坚船利炮攻陷中国沿海一带诸多城市，最终强迫清政府惊恐求和，签订了丧权辱国的《南京条约》。

其实，虎门销烟是鸦片战争的导火索，也是英国发动战争的借口。西方商品经济的发展和工业革命的完成，使英国迫切需要打开中国巨大的市场，即使没有虎门销烟，列强也会用枪炮进一步打开中国国门。

鸦片战争全面爆发后，道光帝把战祸归咎于林则徐销烟，将他革职，充军新疆。此后，林则徐转任陕西巡抚、云贵总督等职，66岁病逝。

林则徐是朝廷重臣，嘉庆年间（1796—1820）中进士，一生侍奉过三朝皇帝，担任过两广、湖广的总督，官场沉浮，大起大落，晚年被大臣们推举为求贤的首任候选官，可见声望之重。他不仅是勇于抵御外侮侵略的斗士，还是冲破天朝樊篱、开眼看世界的第一人。林则徐在广州期间，组织翻译英文版的世界地理、西方法律以及报纸资讯等，由他组织编译的《四洲志》成为中国第一部系统的世界史地著作，为国人开启了探求世界的知识之门。

▲ **厦门胡里山炮台**

胡里山是福建沿海最重要的海防要塞，由福建水师提督在1891年题奏募款筹建，历时5年建成。此炮台隔海与屿仔尾炮台互为犄角，控制厦门港口，今时墙堡、雉堞、兵舍仍保存完好。从图片可见，炮台面临大海，视野开阔。

▲ **烟波致爽殿**

1860年英法联军攻入北京，咸丰帝出奔热河，美其名为巡狩，最后病死在避暑山庄此殿中。

# 鸦片战争后的中国危机

鸦片战争的结果虽然令中国人震惊，但是这个古老文明并没有立即认识到自己的落后，以后70年中国走上屡战屡败、几乎亡国的地步。标志性的几次战败包括：

1860年再败于英法联军，而且首都陷落，皇帝出逃，圆明园被抢掠和焚烧。

1894年，被新兴的日本打败，经过20年建设的北洋海军覆没。

1900年八国联军侵华，首都再次陷落，圆明园再次被焚毁，剩下残垣断壁。

要想串起中国衰落的图像，还要补入一些重要环节：鸦片战争后，鸦片公然进入中国，毒祸蔓延和白银流出更厉害；而战败赔款摊到民间，受白银升值和鸦片毒害的农民，更加重了负担，社会骚动在酝酿；战败使清朝的威信下降，社会下层的反清秘密团体纷纷活动。战后不到10年，清朝最大的内部动乱从南方发起，席卷江南，使这个经济富庶地区蒙受灾难。

与日本战争之前的30年，环境相对平稳，中国在努力加强军备，以为可以从此不再受侵略，谁料在深切厚望下，全军覆没。中国的国际地位一落千丈，各国唯恐落后，争相逼迫中国租借土地，又私自划分“势力范围”。短短几年间，中国几乎被瓜分完毕。亡国的危机引起另一次大乱：农民因为贫穷破产，本来已极度不安，加上外国人在中国特权很多，外国传教士恃着本国的武力，偏袒教徒，鄙视中国习俗，令农民怒火积聚，结合民间的秘密结社和练拳习武组织，终于发展出高呼“扶清灭洋”口号的义和团。

18世纪还称盛世的清朝，这时被一个无知的太后操纵，竟然相信神力，与八国联军作战，最终又以割地、赔款收场。中国已经败无可败了，革命的呼声逐渐得到响应。

▲ 八国联军入侵北京

八国联军入京后，分区占领。德国占领区的情况最残酷，凡中国人不分男女老幼，格杀勿论。本来不曾逃走的极少数中国人，也争相逃离德国占领区。

▼ 破败的圆明园大水法

圆明园的西洋建筑以水法为中心，大水法又是各西洋水法的中心，对面设有皇帝观赏水法的御座。当大水法所有蓄水池都供水时，声音极大，对面不相闻。圆明园被焚毁后，大水法的雕花巨石成为引人注目的遗迹。

◂ **青岛和胶州湾景**

中国败于日本后，各国争相逼迫中国借出港口，德国强占胶州湾。胶州湾在山东半岛南边，湾内航道水深，水流平稳，潮差不大，常年不冻，是一个半封闭的天然良港。德国在强租的地界内建青岛市和港口，作为军港和商港；建造船所；开辟国际及中国沿海航线。青岛是德国在远东最大的商业和工业中心。第一次世界大战后，日本占领青岛，强迫中国承认日本继承德国在山东的权益。

▲ **传教士**

晚清天主教和基督教争相派传教士来中国传教，而且深入中国内陆。传教士对中国的教育和医疗等均有建树，但整体来说，中国人普遍憎恨炮舰保护下的传教士，再加上有纠纷时，传教士往往偏袒教民，更增加了中国人与外国传教士间的芥蒂。

**历史链接**

### 万园之园——圆明园

圆明园是清朝盛世以无数财富建设起来的皇家园林，在北京西北，占地5000多亩，集中了中国各地园林精华，是中国自宋以来园林建造的最华丽体现。法国作家雨果没有到过中国，他凭在欧洲听到的对圆明园的称誉，称它为人类梦幻艺术的典范，是属于全人类的成就。他对英法联军焚烧圆明园大感愤怒，说道：“两个来自欧洲的强盗闯进了圆明园。一个强盗洗劫财物，另一个强盗放火。”

▸ **义和团团民**

为了贯彻“灭洋”的宗旨，大部分义和团团民只用传统刀枪，不用洋枪。

# 被日舰击沉的高升号

1894年7月25日清晨，日本于牙山攻击中国军队并击沉中国运兵船，导致清朝8月1日与日本正式宣战，揭开了甲午中日战争的序幕。

中国在甲午战争中战败，影响极大。甲午之战有陆战和海战，但都以中国战败告终。海战之败，令清廷建设了20年的北洋舰队全军覆没，尤其令中国人目瞪口呆。甲午战役战况之惨烈，令人动容，从开战之前清廷一艘运兵船高升号的经历就可以看出。

高升号不是战船，而是英国怡和洋行的商船，租给中国运送士兵到朝鲜半岛增援。船长和水手都是英国人，当时有1100余名中国官兵在船上。1894年7月25日高升号在海上航行时，忽然遇到日本战舰拦截。当时中日两国还未正式宣战，但就在拦截高升号之前不久，3艘日舰已偷袭清军济远号舰，炮战1小时，造成死伤枕藉。济远号舰虽然拼命还击，但自知不敌，向西南逃走。日舰穷追负创的济远号舰，这时高升号远远驶来，接到济远号舰的旗语通知，立即掉头，但商船行驶较慢，最终被日舰追上。日舰要求英籍船长将高升号驶到日本或仁川，想俘虏中国士兵；中国官兵认为两国并未开战，自然不肯投降，要求船长驶回大沽口，双方僵持不下。没想到，这时日本突然要求英籍船长和水手下船，不理会轮船属于英国，且不是战船，仍准备开炮。船上的中国官兵并没有大炮等武器，但坚决拒绝投降，只好以步枪还击，胜负结果不问而知。最后高升号被击沉，士兵浮泅于海上，日舰非但不施援手，反而继续猛射，结果高升号全船大部分中国官兵壮烈殉难，鲜血染红了黄海。

消息传到中国，舆论哗然，对日本不顾国际惯例的野蛮行为感到愤恨至极，对中国海军徒然拥有铁甲战舰，却没有事先做好筹划保护，致使高升号上的中国官兵无端牺牲，大表愤慨。高升号官兵完全是清末政府无能、决策失误下的牺牲品。他们可能没估计到日本军人会这样残忍，但面对生死抉择，他们抱着必死的决心，在无奈中做负隅的一击，虽然有如螳臂当车、以卵击石，但浩气长存，给甲午海战增添了一曲悲壮的战歌。

◀ **《点石斋画报》之击沉高升号图**

清廷租用挂英国旗的商船高升号运兵到朝鲜，将到朝鲜时却碰上丰岛海战，日本视高升号为俘获的战利品，中国官兵却认为出港时尚未开战，要求按国际法让原船返回威海卫。结果，日舰开炮击沉高升号，800多名中国官兵罹难。

# 百日维新

鸦片战争以后，西方列强不断入侵中国，迫使清政府签订了一系列不平等条约，割地赔款，开放通商口岸，使中国沦为半殖民地半封建社会。为了挽救国家命运，朝廷内部进行了一些改革尝试。但是，中日甲午战争的惨败、《马关条约》的签订，以及列强在中国掀起的瓜分狂潮，使明智的中国知识分子开始提出从更基本的层面，包括政治体制上，进行变法维新的要求。

1895年5月，以康有为为代表的“公车上书”揭开了维新变法的序幕。光绪帝眼见朝廷上下要求变革和抵御列强的呼声高涨，他亦不甘做亡国之君，就极力支持变法维新，于1898年6月11日颁布“明定国是”诏，宣布实行变法。

变法期间，光绪皇帝根据康有为、梁启超等人的建议，颁布了一系列变法法令，包括裁汰冗员、废除科举制度、创办京师大学堂、奖励科学发明、提倡兴办民营工业、实行言论自由等，内容涉及政治、经济、军事、文化教育等诸多方面。但是，当时中国社会和政界支持变法的力量十分微弱，阻力重重。以慈禧太后为首的顽固派势力异常强大，官僚体制、地主经济以及功名教育根深蒂固，变法推行异常艰难。随着变法运动的高涨，维新派与顽固派的斗争迅速加剧。1898年9月21日，顽固派发动政变，光绪帝被幽禁，康有为、梁启超流亡日本，谭嗣同等人被杀。除京师大学堂继续筹办外，一切新政措施被摧毁殆尽，变法运动彻底失败。此次变法，历时103天，史称“百日维新”。

百日维新是新兴资产阶级在民族危亡时自下而上发起的一场变革，由于得到了朝廷上层势力的支持，发展为自上而下的改良运动。但是，当时中国资本主义经济基础薄弱，资产阶级力量极为有限，难以改造延续2000多年的强大的封建专制主义中央集权体制。变法的失败也表明：在半殖民地半封建社会的中国，资产阶级改良道路是行不通的。

百日维新是近代中国资产阶级的第一次全面改革运动，也是封建思想和资本主义思想的第一次大交锋。变法虽然失败，但是西方先进的科学文化知识、社会政治学说在中国得到了广泛的传播，极大地解放了中国人的思想，开阔了中国人的视野，唤起了中国人的民主意识，促进了中国人民的觉醒。

▶ **《点石斋画报》之伏阙陈书**

甲午战败后，各地知识分子对清廷割让台湾极为激愤。其中福建省的科举考生就趁在京会试期间，向都察院上书洋洋千言，继而10多个省士人亦纷纷上书。从1895年发生的康有为等人公车上书的事件，可见当时读书人忧国的风气正弥漫全国。

# 救国思想的曲折转变

中国是逐步认识到自己的落后的，因此它寻求改变也是渐进的，像巨石击出水波，一层一层推开。改革明显分成几个重要阶段，每个阶段的内容、提倡的人都不同。

1842年鸦片战争之败，震动了在沿海得风气之先的少数士大夫。但是他们人数少，地位不高，只能用文字表达。他们是先行者，但是力量薄弱。

鸦片战争之后10多年，中国又败于英法联军，震惊了清廷一些军政重臣，其中一些在江南与太平天国军队作战时，已体会过洋枪洋船的威力。这些军政重臣不分满汉，他们抵挡着朝中的守旧者，努力造船炮，想建设一个船坚炮利的中国，不再吃败仗。但在他们心目中，中国的制度和文化仍然是优良的，西方的威力只是在技术上。

30多年后与日本战争之败，撼动了整个士绅阶层，乡绅之家奔走相告。他们不明白30多年的“师夷长技”怎么能在几个月里灰飞烟灭，不明白日本以相似的基础、小得多的国力，是如何一举打败中国的。他们开始怀疑，开始想彻底了解西方文明。面对各国瓜分中国的危局，他们不断上书要求改革，要求推行仿效西方的新政。他们得到年轻皇帝重用，但被年老的太后视为夺权。改革变成权力之争，太后发动流血政变，政治改革最终失败。

眼见政局不可为，在民间和商界，西化已自动展开，但是民间的改革不免受到政治左右，19世纪几乎没有任何中国民间推动的改革能遇到好环境而顺利实行的。直到1900年中国败于八国联军，太后一党知道再阻挠改革是自找死路，现代化才算较为顺利地全面展开。

▲ **贴有大龙邮票的明信片**

邮局是由西方引入的，取代了中国民间的信局，算是清政府推动的改革之一。1878年海关试办邮政，由5处海关收寄公众信件，并由上海海关印制邮票。清朝的邮政从一开始创办就由海关经营，而海关则由外国人把持。1878年发行的第一套邮票，以江山云龙为图案，称为大龙邮票。

◀ **首批出洋留学的幼童**

为培养兴办洋务的人才，清廷在1872年曾挑选幼童赴美留学。后来，这批幼童因为剪辫和信教，与清朝的管理委员发生冲突，1881年全部返回中国。

▲ 购自德国的大炮

19世纪60年代开始的洋务运动，以学习西方科技达到船坚炮利为目的。这是洋务运动期间，从德国克虏伯兵工厂买入的280毫米口径大炮，当时德国的船炮相当先进。可是西方的武器竞赛日日出新，甲午战争前，英国发明的速射炮威力超过德国大炮，日本针对中国海军设施买入速射炮安装到舰上。

▲ 以海军经费修建的颐和园

中日甲午战争之前，日本天皇以内帑支援海军，中国的慈禧太后却以各种名义占用海军经费，如用来修建颐和园和紫禁城的北海、中海和南海御苑。

| 舰队 | 总吨位 | 布防基地 |
| --- | --- | --- |
| 北洋 | 41 200 | 大沽、旅顺、威海、营口、烟台 |
| 南洋 | 19 000 | 江苏、浙江海面及长江口 |
| 福建 | 9700 | 厦门、马尾 |
| 广东 | 14 000 | 虎门 |

▲ 四支海军舰队的规模及布防范围

▸ 举人上书

1894年中国败于日本后，各地读书人对割让台湾极为激愤。本图描绘了当时各省在京准备考试的举人上书的场景。

# 租界与殖民统治地区的生活

西方文明究竟是怎样的？中国几亿人里，除了使臣、留学生、少量出洋的商人和悲惨离国的贩运人口，更多人只能在中国土地上接触西方文明。西方的武力和文明再强大，也难以一下子渗透到中国内陆，所以又多是在被外国人占住的中国领土上接触西方文明，其中以上海和香港最有代表性。

香港被强行侵占后，由英国人直接管理；上海英租界是中国最早的租界。中国的主权被外国逐步侵蚀。外国人在这里做生意，包括卖鸦片；他们互相竞争，争着铺设电话线、电报线，以便更快知道欧洲市场需求，决定中国商品的收购价；又开银行，自己发行钞票，决定汇兑牌价，几乎代替了中国银行。传教士拼命建教堂、发展信徒，同时又办学校、医院和各种慈善团体，帮助传教。

无论是上海还是香港，最初都是华洋分住的，但是多次战乱使一批批难民避入租界或香港，变得华洋杂处。

从一方面讲，中国人生活在被外国人控制的地方，外国人有治外法权，有军队和警察，遇有冲突，外国人常受袒护；在管治机构里，没有中国人的位置；而且外国人罪恶横行，设有许多猪仔馆，不少中国人被拐骗出国，俗称“卖猪仔”。中国人不得不忍气吞声地生活。

从另一方面讲，通过长期接触，感受新式城市管理，使用各种新式城市设施，使谋求现代化的中国人得到很多新见闻。

在租界和殖民统治地区的华人，若与祸乱不断的中国内陆居民比较，生活上有方便、自由、先进的地方，但在趾高气扬的外国人底下生活，又不免受到压迫和感到自卑。

◂ **德国德华银行发行的钞票**

外国银行在中国发行的纸币，以中国货币或它们本国货币为单位。发行额不受中国控制，有些可以兑换，有些不可以。

◂ **庆祝法国国庆**

每逢西方的节庆，各国外侨都按自己的方式庆祝一番。图中是上海法国租界，张灯结彩的，这是在庆祝法国国庆。

◂ **上海会审公廨**

会审即由中国人和外国人一起审理案件。理论上，这是中国的司法机关，应当由中国官员全权审理租界内华人的案件，涉及洋人时，再由外方参与会审。实际上，租界巡捕捉到华人罪犯，领事都会参与会审。

▲ **上海的外国巡捕**

巡捕就是警察。上海本来只聘请欧洲人任巡捕，19世纪80年代才开始用华人巡捕。上海租界的巡捕还有印度、日本、越南等国人。印度当时是英国殖民地，越南是法国殖民地。

▶ **华人大律师——伍廷芳**

大律师资格要在英国考取。在香港生活的华人要想逐步改善自己的地位，就要考取各种英国资格，这样才能作为代表参加议会。这是第一个考得大律师资格的华人——伍廷芳，他后来还进入香港立法局，又在清朝灭亡后参与民国外交部工作。

◀ **香港高等法院的女神像**

蒙眼的女神像代表“法律面前，人人平等”。

# 鲁迅的《且介亭杂文》

《且介亭杂文》中的“且”字左边加“禾”为“租”，“介”字上面加“田”为“界”，鲁迅说自己是在半租界的亭子间里写这本书的。鲁迅在1927年由广州到上海，一直在上海住到1936年10月去世。上海有中国最早、最有名的租界，鲁迅的居所是在半租界，所以他以“且介”为书名，表示他对外国人管理中国土地的无奈和愤懑。什么叫半租界呢？鲁迅当时住在今天虹口区鲁迅公园一带，那里是公共租界（由英美租界合并而成）的北面，本来不属租界区，但是公共租界通过越界筑路的方法，扩大租界范围，攫取租界外地方的行政管辖权。越界筑路早在19世纪60年代已出现，进入20世纪，仍未停止，但因形势改变，没有得到承认划入租界范围，而维持半租界局面。半租界的面积，比原来的租界还大。

上海的出版业非常发达，不少作家住在上海，那些阮囊羞涩的，则租住石库门房子里一种叫亭子间的房间。亭子间低矮窄小、采光差，因被不少小说家提起过，所以在中国知名度很高。这种房间向北，面积小，位置差，多给用人住或放杂物。住在狭小空间里的作家，泛称为亭子间作家，著名的有鲁迅、巴金、叶圣陶、茅盾等。

作为中国人，住在外国人管理的地方，心情总有点别扭，且洋人自视高人一等，甚至洋人雇用的印度、越南警察也对中国人颐指气使。但这些地区又为中国作家逃避言论思想和政治倾向的迫害，提供了略可喘息的地方，他们在这里可以较自由地表达对中国社会的不满意见。不过，特务横行的时候，这些地方也不是安全的，鲁迅也曾搬家，又或躲到日本人经营的小旅馆里避难。

鲁迅在上海写了很多散文与杂文，做各种演讲，提携奖励文学青年，如柔石、萧军、萧红等，也和不少人进行过论战。1930年起，鲁迅先后加入中国自由运动大同盟、中国左翼作家联盟、中国民权保障同盟等，有时还因盛名而变成发起人，但他并不是中坚分子。毛泽东称他为中国文化革命的主将。《且介亭杂文》编集了他1934年在报章上发表的36篇杂文，并于1937年7月出版。

▲ 上海石库门建筑——张园今景

# 向工业化城市转变

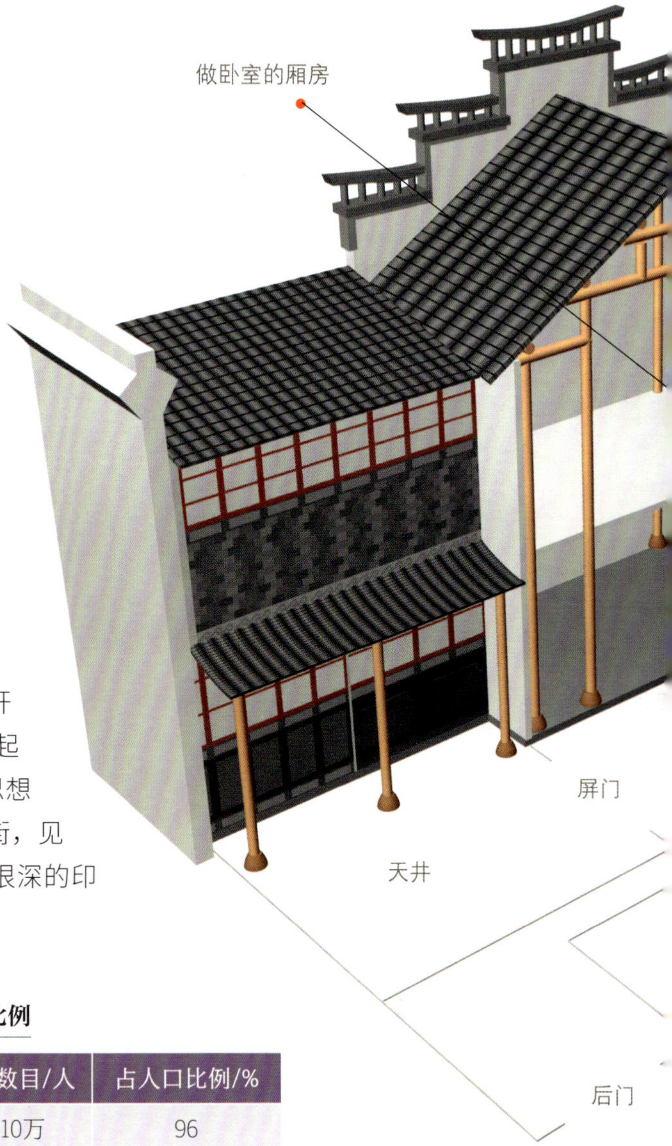


欧洲的新式城市是应工业化而生的，一切市政要满足工业的需要，如要有清洁的自来水，要有电力推动机器，要解决工人上下班的交通问题。卫生、消防、街道照明、水电煤气的供给、市内交通道路，都是衡量城市管理水平的指标。

外侨初来中国时只是贸易，并不设厂，但他们习惯了欧美城市的自来水、电力供应，一旦在中国攫取土地，也想维持同样的生活享受。办“市政”要巨额资金，于是需要税收。上海租界和香港对“市政”建设的经济规划描绘得很细致，用商业化方法经营，招标承包。战乱使大批内陆人避入租界和香港，房地产涨价，房地产税收大增，“市政”建设的经费也大增。

经过长时间建设，上海租界和香港的马路宽阔，铺碎石或铁力木，下雨时不会一片泥泞。城市内有煤气、洋油灯、电灯、自来水、电车，五光十色，喧嚣而有序。内陆乡镇居民去到上海租界和香港，都有大开眼界的感觉。这两个城市的“市政”，对中国其他地区的现代市政建设起到了示范作用，甚至影响了中国的改革者。孙中山甚至说，他的革命思想和新思想的发源，都和香港“市政”有关。他在香港读书时，闲步市街，见秩序整齐、建筑宏美，与他那个相距不远的故乡香山迥异，因此留下很深的印象。他是由研究市政进而研究政治的。

**▼ 消防救火**

中国传统城市很重视救火，但只能是储水救火。新式城市的救火是从地下水管取得水源，面对的可能是高楼火灾。上海的消防队最初由外国侨民义务担当，后来因租界范围太大，才聘请专职消防员。图中是上海消防队在外滩的中国通商银行大楼灭火。

**▼ 上海租界内的华人比例**

| 年份 | 华人数目/人 | 占人口比例/% |
|---|---|---|
| 1880 | 约10万 | 96 |
| 1890 | 约17万 | 97 |
| 1900 | 约34.5万 | 98 |

**▼ 上海最早的电灯**

最早的路灯是用煤气的，而且铺设煤气管也主要是为了供应路灯。这是1882年的弧光电灯，当时上海仅有15盏。电灯出现之后，煤气就多用在烹饪和部分工业生产上。

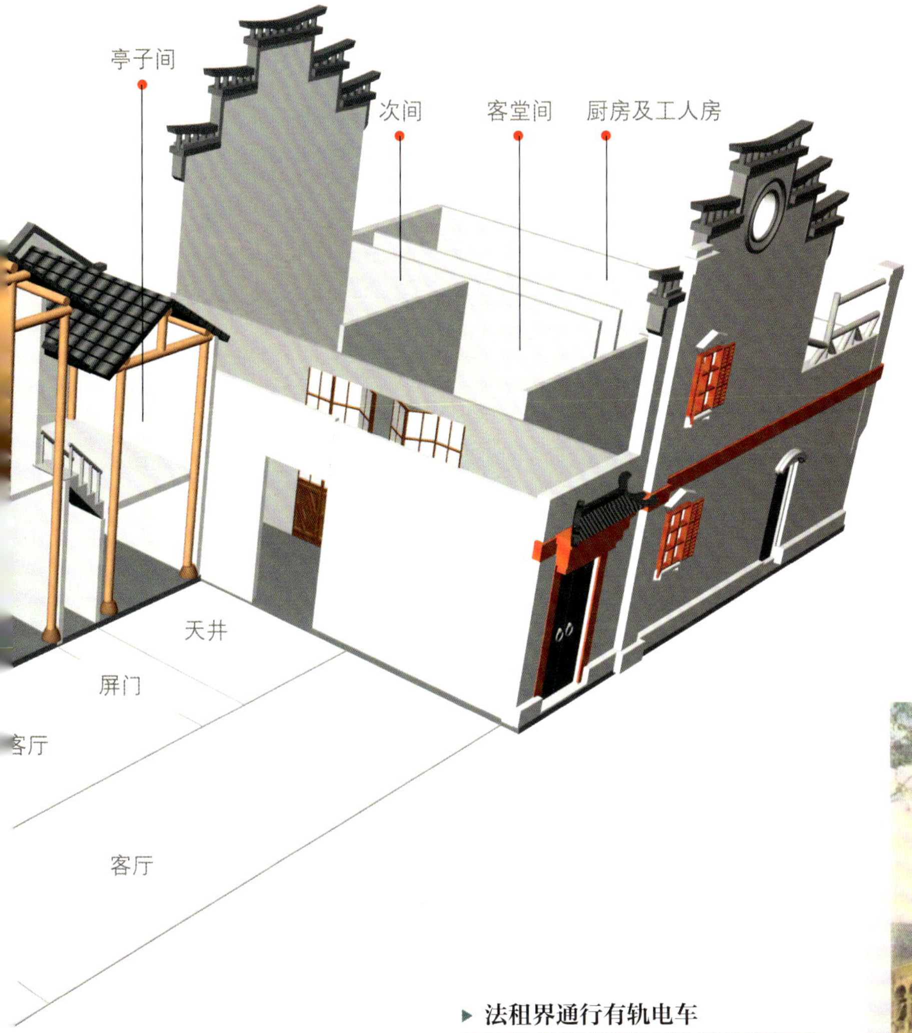


**◀ 早期石库门结构图**

上海有名的石库门，其实是结合中国传统生活习惯的商品房屋。商人按一致的规格成批盖好，卖给逃难涌入上海的富人。每间石库门占地虽然受限制，但尽量保留部分院落形式，门墙高耸，左右对称，房间又多，中间有近似庭院的天井，符合住惯了传统大院落的大族富户的生活习惯。

石库门是有别于传统的新生活标志，代表近代中国人都市生活的开始。

**▶ 法租界通行有轨电车**

1908年，上海法国租界和公共租界都通行电车。电车到20世纪初才在中国大城市出现，距世界第一条电车线的出现约有20年。这个新鲜事物虽然有中国人在外国坐过，但搬到中国来，仍然令惯见新鲜事物的城市居民惊奇，还曾经因怕触电而不敢轻易尝试。

**▼ 租界市容**

两岸分别是英租界和法租界。街道宽广，市容整洁，是租界比其他地方更吸引人之处。

**▼ 洒马路**

在马路洒水，可以防止尘土飞扬。

# 通信与交通的变化

现代信息交流的威力在于速度和孔道。19世纪欧美的科技还在高速发展，新发明的火车、轮船、电报、电话、无线电，有些很快就传入了中国。世界变化的步伐越来越快，已经不是以世纪，而是以年在计算了。

为了加快取得信息，赚更多钱，欧洲人在租界和香港引入许多新事物，如电报和电话。他们会用连接海底电缆的电报了解欧洲的订单，来决定收购中国的丝和茶的价钱，不再根据中国生产情况决定。各种新通信方法，影响中国的政治、军事和商业。

其中对民众影响最大的是报刊。中国早期的报刊是外国人办的，他们掌握先进的印刷技术，也更意识到报刊的作用。传教士为了传教，又拼命做字模，代替中国人攻破了中文活字印刷的难关。中国人见识了这些工具，又迫于被瓜分的危亡感，终于在20世纪之交，无论沿海或内陆省会，纷纷办报，建印刷厂，发挥信息传播的爆炸性作用。一时间，各种改良与革命主张竞相宣传，民间思想活跃，成为推翻帝制的一大动力。

长途交通渗入内陆的能力，可以和报刊相提并论。用蒸汽和机械动力的交通工具，19世纪中期传入中国，火车和铁路是欧洲国家夺取沿线矿产开采权的工具，蒸汽舰在英法联军战役中成为主力，外国轮船则大量来到中国做航运生意，把传统帆船航运驱赶入支流。巨变迫使中国官方和民间应付竞争，自办铁路和轮船公司。

火车和轮船影响人心，动摇了许多传统观念。在铁路沿线的农村，大人小孩争看飞驰而过的火车。青年人已不限于赴京考试，还坐轮船漂洋过海去留学。广大的中国土地上，更多人嗅到了时代变化的气息，虽然在几亿人里，这还只是一个小数目。见闻增广，是中国人整体改变的推动力。

▼ **清末教科书上的电报线**

有线的电报以电码传递信息。19世纪60年代，西方列强想在中国设电报，但遭到反对。1870年，丹麦和英国的公司违反中国意愿，擅自铺设电报线。了解电报作用的中国官员，也加紧铺设电报线，80年代已铺设在沿海地方，90年代已遍及中国，包括边远地区。

◀ **飞船图**

1884年上海出现中国最早的画报——《点石斋画报》，创办人是英商美查。画报以画为主，画上有说明，介绍当时大事、中外新鲜事物、民情风俗，甚至下层市井人物等，是知识普及的有效工具。最能向中国人传播新知的是介绍西方的最新发明，如热气球、潜水艇和各种飞行实验等。这是美国一次飞船试飞的报道。

▸ **电话局接线员**

电话在1876年发明，几乎同时就引入中国。19世纪70年代，上海和天津已有电话。1881年，上海有丹麦公司设电话服务。

之不改其向歐洲人得
其法用以航海尤爲便
利。
第四十九課
輪船
海道未通內地河港。
僅用舟楫。自歐洲人
發明蒸汽之理創爲
輪船。萬里重洋往来
便捷於是各國
交通而世界大
勢又一進步。
第五十課
火車
海洋用輪船陸路則有火車其法先築鐵
軌之路。置輪車其上用火力以轉動機輪
上編
十七

▲ **教科书上的轮船和火车**

清末的教科书对西方传来的新生事物已经有简单的介绍，这是教科书中有关轮船和火车的内容。

▲ **中国第一条铁路**

1825年英国第一次通火车，掀起欧美各国修筑铁路的热潮。40年后，铁路和火车出现在中国，是英商在北京修筑的，只有一小段，后被清朝拆毁。有人认为这不能算是中国第一条铁路。1876年，怡和洋行建成由上海到吴淞的铁路，全长11千米，被视为中国第一条铁路。图中可见洋人、中国工人和火车头。但这条铁路不久又被反对者买回利权后拆毁。不过，主张学欧洲造船炮的官员明白铁路的重要性，因此，5年之后就出现第一条中国人办的铁路了。

◂ **1908年的《字林西报》排字间**

《字林西报》是英国人在上海租界办的英文报纸，1864年出版。

# 大变局之下的生活变化

宗族、农村、科举是中国社会的基础，它在城市化和西方思想冲击的大变局面前动摇了。

由于农村经济破产和战乱，无论是农民还是富户，都纷纷涌入租界或香港。虽然城市里有宗亲会、同乡会，但是不能聚族而居，也难以执行族规。在西化的城市里，外侨的体育风尚，跳舞、赛马等娱乐活动，成了中国市民追求的时髦玩意。而光学和机械发展，又带来电影和机动游乐设施，娱乐生活更加多彩。西式的城市没有城墙和门禁，有电灯照明，夜夜笙歌，夜生活更显得自由甚至放纵。勤俭持家、黎明即起、祖宗法度统统与新式生活格格不入。

民生日用方面的改变就更明显了。化学工业的发展，使火柴、肥皂、煤油、橡胶制品大量进口，取代了原有的产品，挤去不少人的生计。除了煤油因易惹火灾而曾被人抗拒之外，其他新鲜的生活用品既方便又价廉，大部分与传统生活习惯没有抵触，因此很快被接受。西方医学虽然有不少进步，包括麻醉、外科手术、无菌操作，以及改良明朝传去欧洲的人痘接种为牛痘接种，但中国民众基于隔膜，又不满传教士欺压非教民，对教会医院和西方医术有许多谣传，后来才逐渐接受。

在追求文明和西化生活的影响下，中国的改革掺有不少西方思想，像主张妇女解放，女子也可以读书，反对三妻四妾，尤其反对缠足；废弃科举制度和私塾，设大中小学，加入许多新课程，重视音乐、手工和体育课程。抱着工商业救国的希望，耕读不再是知识分子的唯一理想，不少科举出身的精英做实业家，办现代企业。科举士人代表的旧精英和留学生代表的新精英一同摸索中国的现代化之路。

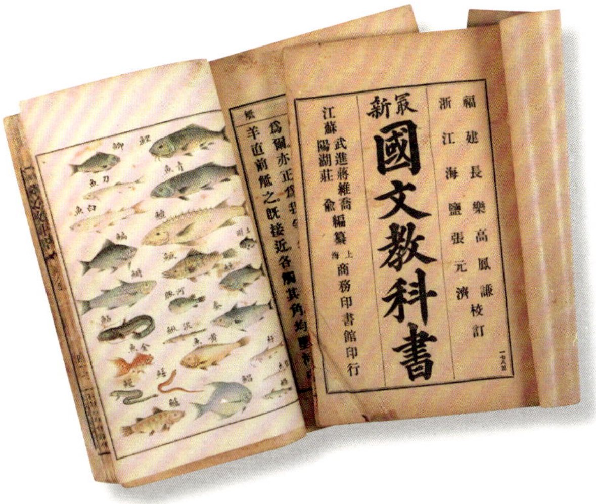


**最新国文教科书**

1905年废除科举之后，教学内容由儒家哲理转向科学知识。这本清朝末年的国文教科书有各种彩印的鱼做插图。

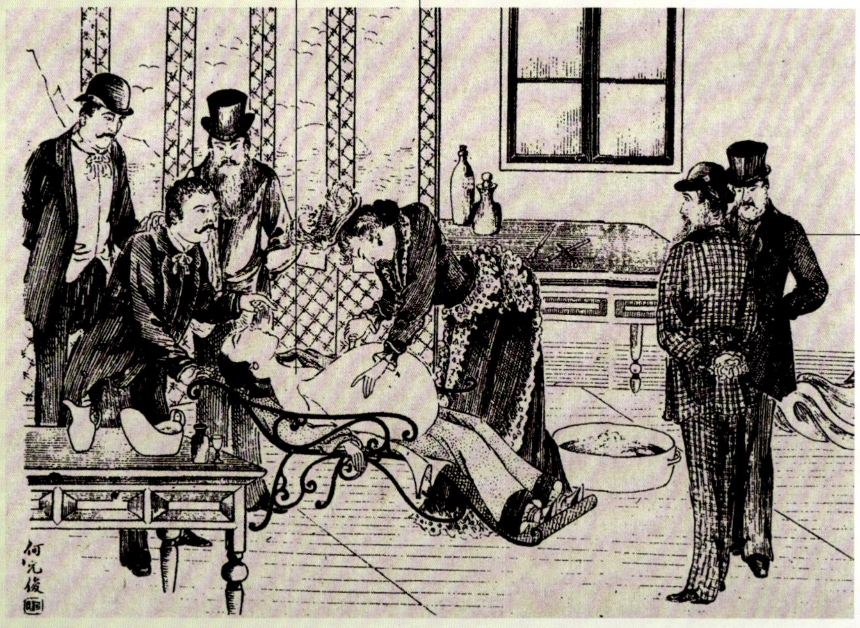


**割瘤手术**

这是画报上一次有关西医手术的报道。女西医替胸前长肿瘤的女病人做手术，病人后来康复。报道又指出，由于西方未曾见过类似病例，故西医把切割下来的肿瘤寄回本国研究。

▶ **乞丐**

鸦片战争之后，农村经济破产，大量农民涌入城市出卖劳力或成了乞丐。19世纪50—70年代，农民被哄骗或拐卖出洋，填补了全球奴隶解放后的劳动力缺口，许多人死在异乡。

▼ **外侨的板球队**

外国侨民喜欢划艇和各式球类活动，足球、板球、网球、棒球比赛纷纷举行。

▼ **撑竿跳**

运动、习武并不在私塾学生的课程内。眼看中国接连战败，吸食鸦片成风，有舆论认为中国人体质不佳、体育不振，因此新式学校很重视体育课。在体操课上，男女学生一律穿上体操衣，周围有许多人围看，认为是一种新时尚。受日本影响，男学生的体操课有教兵操和学开枪的。学校还举行运动会。这是清末上海田径赛的撑竿跳情景。

**历史链接**

**畸形的美——缠足**

缠足追求走路时摇摆的美态，可能是汉族在宋朝时兴起的风俗。明朝时宫眷不缠，但民间妇女已普遍缠足。清朝时，缠足已经成了社会上扭曲的审美观，妇女的美丑，第一是看脚小不小。因此，为了女儿嫁得出去，母亲要狠心把幼女的脚骨扭断。这种畸形的美是清末提倡妇女解放的首要改革对象。

# 服饰里的多元民族文化

在西化潮流和现代化生活的影响下，很多中国人的衣着已西化，偶尔才会穿民族服装。现在公认代表中华民族的国服，是蜕变自满族女服的旗袍。所谓“旗”，就是满族八旗制度。

服饰问题，在中国古代是改朝换代的大文章。满族刚入主中原时，以统治者身份强迫全国男性遵从东北民族的习俗，剃发梳辫，当时引起严重的满汉冲突。最后有不成文规定：男从女不从，汉族妇女不必严格穿用满族服饰。而可能是出自反抗心理，明朝时宫眷不缠足，清朝时有地位的汉族妇女却大力推行缠足。清末国力衰落，男性剃发梳辫这种在清朝盛世时没有受到西方来者讥笑的民族习尚，和汉族女性的缠足一样，被视为古怪落后，受到歧视。清末，天足运动如火如荼展开，推翻清朝后，剃发留辫制亦正式取消。

民国初期，汉族女性一改千年来上衣下裳的服饰穿搭，穿起满族的旗袍。20世纪30年代还由上海这个西化先锋城市领导其风气，把旗袍改造成时装，变成展示女性曲线体态的现代服饰。旗袍几乎完全脱离原来样子，再配以西化发饰、高跟鞋、手袋，与西化的城市生活并存不悖。

中华民族服饰以出人意表的方式，结束了近300年的满汉文化、近代以来的中国和西欧文化的冲突与融合历程。

▲ 新发型配汉装的民国女性

这是名诗人徐志摩的太太陆小曼，著名的新潮人物，以西式剪短的发型，搭配汉族的上衣下裳服装。由此可见，民国时期服饰的多元和融合。

▲ 穿长衫马褂的新潮人物

图中4人都是北京大学著名人物。左起是蒋梦麟和蔡元培，先后做过北京大学校长，蔡元培开创的北京大学精神——思想自由、兼容并包，直到今天仍受人推崇。右起是李大钊和胡适，他们是新文化运动、五四运动的积极参与者，李大钊还是中国共产党创始人之一。照片摄于1920年，4人穿着清朝男性的服饰。事实上，长衫马褂是当时男性的日常衣着，也是出席盛典的正式衣服。

▲ 高尔夫球的装束

图中男的穿西服，女的穿西服或新式旗袍，中西共冶一炉，有点让人意想不到。

▲ **满族旗袍**

满族妇女多穿袍服，因为八旗制度，满人又称旗人，所以满族妇女的袍服也称旗袍。未入关时，旗袍两边开衩，方便骑马，入关后有取消开衩的。衣和领分开，衣服是圆领，天冷或隆重场合可以装一条围在脖子上的假领，假领的一头垂在胸前。

▲ **新式旗袍**

民国之后新式旗袍花样繁多，加了立领、衣身收窄等，配上有跟皮鞋，成了妇女展示摇曳风姿的时装。这时的服装已无法想象与关外生活的联系了。这是穿旗袍的名演员阮玲玉。

▸ **剪辫穿西装的留学生**

清末留学美国的学生早已剪去辫子。这一群留学康奈尔大学的中国学生拿着代表清朝的龙旗拍照。

# 中国帝制的结束

中国迈向近代的两个大挑战：一是与北方民族的融合，二是西欧新文明的东来，最后以1911年推翻清王朝、结束帝制告终。

1911年革命成功后，没有大规模杀戮或驱逐满族人。革命党人立刻提出以汉、满、蒙、回、藏五族为代表的多民族合作，以及建立民主共和体制的政治理念。提出这一新理念，虽然有照顾、调和政治和社会现实的因素，但是中国历史长久形成的以汉民族和汉文化为主体，兼容其他多元文化和民族的历史性格，也是能迅速揭示新民族和新政治理念的重要基础。此外，近代多民族国家政治理念的输入，也是重要的因素。

共和政体的出现，标志中国维持了2000多年的君主专制制度彻底告终。自公元前221年到公元1911年，无论分裂还是统一、汉族统治还是少数民族统治、治域大小、国家盛衰，中国历史都遵从朝代兴替模式，维持中央集权的君主专制制度。清末革命虽然有内部叛变和统治民族更替的性质，但由于主导革命的是一群由传统士大夫蜕变而成的现代型知识分子，他们受过西方传入的民主思想和政治理论的洗礼，因此能跳出朝代兴替的传统，而有近代政治革命的性质。中国历史自此走上新的阶段。

不过，革命的成功出于突然，之后军阀割据，乱象丛生，而外国入侵的压力也没有消失，新生的中华民族与共和体制仍然要经历长久的考验。

▲ **教科书上的大清国旗**

清朝的国旗以龙为主题，随着清朝的覆亡，龙旗也被中华民国的国旗取代。

◀ **挂上旗帜的太和殿**

太和殿是明清皇帝的金銮大殿，革命成功后，革命军受制于掌握清朝军队的军阀袁世凯，临时大总统孙中山被迫辞职，袁世凯就在太和殿就职成为中华民国第一任大总统。1916年，他又想在太和殿登基做皇帝，最终失败。

五色旗，中华民国南京临时政府成立时的国旗，旗上的5种颜色代表汉、满、蒙、藏、回五族

青天白日旗，19世纪末革命期间使用的旗帜

**▸ 孙中山祭明太祖**

孙中山1894年成立革命团体兴中会，目标包括“驱除鞑虏，恢复中华”，因此革命成功后，孙中山在南京明太祖陵墓前，拜祭清朝以前的汉族王朝开国者。孙中山领导革命时，曾依赖民间秘密团体的武力，这些团体大都主张“反清复明”。但是革命成功后，孙中山立即转向“五族共和”思想，“驱除鞑虏”已经不重要。

◀ **国民革命成功**

1911年革命成功，帝制结束，揭开了中国历史的新一页。中华民国的建立，曾经为不少人带来希望。

**历史链接**

### 清朝末代皇帝

中国最后一个皇帝是溥仪（1906—1967），他3岁登位，6岁下台，但没有被杀，还在紫禁城里维持一个小朝廷长达13年。像所有末代皇帝那样，他命途坎坷，被各方面的势力摆布。日本侵略中国时，他做过日本控制的伪满洲国的傀儡皇帝，战后变成战犯，直到1959年被特赦。他写过一本自传，生动地描述自己前半生的生活。这是穿着朝服的溥仪。

- 大清皇帝辞位后，尊号仍存不废，中华民国以待各外国君主之礼相待
- 规定中华民国政府每年拨出经费予清皇室
- 准许清皇帝暂居宫禁之内，一如既往地设有护卫队
- 中华民国承诺永远奉祀清朝宗庙陵寝
- 保证王权世袭，以及满、蒙、回、藏四族的权利

▲ **清室优待部分条件**

| 年份 | 事件 |
| --- | --- |
| 前221 | 秦始皇建立中央集权王朝体制 |
| 439 | 北方民族鲜卑拓跋部成为第一个统治半个中国的少数民族政权 |
| 581 | 融合汉族和北方民族的隋王朝成立 |
| 1271 | 北方民族蒙古入主，建立第一个少数民族统一王朝 |
| 1644 | 北方民族满族入主，建立第二个少数民族统一王朝 |
| 1911 | 推翻清朝，五族共和，成立民国 |

▲ **由封建王朝到民主共和国的大转折**

# 建立民国的孙中山

孙中山原名孙文，1866年出生于广东香山普通家庭，流亡日本时曾化名中山樵，大家习惯称他为中山先生。孙中山自小求学于广州、檀香山、香港等地，1892年毕业于香港西医书院，是澳门第一个取得执照的华人西医。

从1840年的鸦片战争到1894年的甲午战争失败，清政府一路走来，与外国签订的不平等条约，不是割地就是赔款，大好中国任人宰割。清廷的丧权辱国和奢侈的宫廷生活，激怒了国内大批仁人志士，对清廷彻底绝望的热血青年，纷纷奔赴西方先进国家寻求救国之路。当国家面临被瓜分的危险时刻，很多人主张以暴力彻底推翻清廷，建立新的共和政体，这些人大都接受过西方教育，聚集在海外。1894年在檀香山成立的兴中会，就是由孙中山领导和组织的，其他组织者还有黄兴、宋教仁、蔡元培等。他们将“驱除鞑虏，恢复中华，创立合众政府”的誓言化为行动。1905年又创立同盟会，将政治纲领发展为“驱除鞑虏，恢复中华，创立民国，平均地权”，提出民族、民权、民生的“三民主义”，以此作为革命目标，改革帝制，振兴中华。

孙中山深受西方宗教、科学、民主和法律教育的影响，痛恨祖国的愚昧与落后，誓要彻底改革。为了尽早实现“三民主义”，他经常奔走于中国香港、澳门，欧美及日本等地宣传、筹款，向民众传播民主思想，呼吁各地华人支援。1895年秋，他在广州领导兴中会成员及追随者发动了广州起义。起义失败后遭到清政府通缉，孙中山因而扬名国际。1911年，辛亥革命推翻了清王朝的反动政治，结束了2000多年的君主专制制度。1912年1月1日，经历多次起义失败、为实现中国民主富强而奋斗的孙中山，终于在南京正式宣布中华民国成立，并宣誓就任民国临时大总统。这是中国历史上第一个共和政府。推翻清朝后，革命口号改为“民族统一，主权在民，五族共和”，以求统一当时分崩离析的中国。孙中山强调，国家之本在于人民，“合汉、满、蒙、回、藏诸族为一人，是曰民族之统一”。

卒于1925年3月12日的孙中山，是近代中国民主革命的伟大先行者，他鞠躬尽瘁、死而后已的精神，永远值得我们纪念和学习。

▲ 南京中山陵